中国高等教育学会工程教育专业委员会新工科"十三五"

INFORMATION
TECHNOLOGY PROJECT
MANAGEMENT

IT 项目管理

刘玲　王信敏　安贵鑫　主编

ZHEJIANG UNIVERSITY PRESS
浙江大学出版社

图书在版编目(CIP)数据

IT 项目管理 / 刘玲，王信敏，安贵鑫主编. —杭州：
浙江大学出版社，2022.1
ISBN 978-7-308-20846-8

Ⅰ. ①I… Ⅱ. ①刘… ②王… ③安… Ⅲ. ①IT 产业
—项目管理 Ⅳ. ①F49

中国版本图书馆 CIP 数据核字(2020)第 237765 号

IT 项目管理

主编　刘　玲　王信敏　安贵鑫

责任编辑	吴昌雷
责任校对	王　波
封面设计	北京春天
出版发行	浙江大学出版社
	（杭州市天目山路 148 号　邮政编码 310007）
	（网址：http://www.zjupress.com)
排　　版	杭州朝曦图文设计有限公司
印　　刷	嘉兴华源印刷厂
开　　本	787mm×1092mm　1/16
印　　张	18.25
字　　数	440 千
版 印 次	2022 年 1 月第 1 版　2022 年 1 月第 1 次印刷
书　　号	ISBN 978-7-308-20846-8
定　　价	42.00 元

内容简介

本书参考美国项目管理协会于 2017 年发布的 PMBOK 指南(第六版)项目管理知识领域,结合新工科背景下我国 IT 领域项目管理特色编写。全书共分为 11 章。第 1 章为绪论部分,对信息技术及项目等关键概念的缘起及内涵加以梳理,第 2 章对 IT 项目管理涉及的理论基础进行了概要性的介绍,第 3 章至第 11 章分别选取了项目的启动与采购管理,以及项目的整合管理、范围管理、进度管理、成本管理、质量管理、人力资源管理、沟通管理、风险管理八大知识领域的基本职能过程,结合 IT 领域的项目管理特征、关键内容及相关案例进行编写,初步构建了一般项目管理知识应用于 IT 行业的学科知识体系。

为了引导学习者有目的和目标地进行自学性学习和理解,每一章开篇均设有本章摘要、关键词、学习目标,每一章正文内容后面配有案例分享、习题和本章参考文献,部分章节在正文或文末附有专题研究及拓展阅读,书后附录主要为 IT 项目管理文档模板及 IT 项目管理团队实践课程设计。

全书以通俗易懂的语言、清晰简洁的系统导图形式,向读者展示在每一个知识领域各个管理过程实施的基本依据及输出结果,并系统阐述了与 IT 项目管理相关的概念、方法、工具及技术,适合作为信息系统与信息管理专业、数据管理及应用专业、计算机技术及应用专业、软件工程类专业学习项目管理课程的参考教材。全书充分利用互联网渠道和资源,为读者提供 IT 项目管理知识的学习和能力训练,体现了新工科背景下 IT 项目管理教材的特色。

前　言

先从一个失败的项目说起。北京 BD 公司是国内一家著名的中文印刷与传媒行业技术服务提供商,为客户提供领先的信息处理技术、产品、解决方案和增值服务。三个月前,BD 公司中标了 SK 出版社的数字化转型升级—移动端门户网站及数字产品发布平台建设项目,标的 112 万元,工期 3 个月。

由于工期较紧,BD 公司负责该项目的项目经理小王抽调了两个正在该公司实习的计算机专业大四学生小刘和小孟负责该项目门户网站开发及测试,数字产品发布平台部分的开发任务则交给了入职两年正担任另一个项目技术经理的小于。随后团队就展开了项目的需求调研和框架搭建,并迅速进入了网站与平台开发阶段。

起初,小刘和小孟还是激情满满,希望能通过这个项目获得个人技术与项目经验的积累和能力提升。但随后,小刘发现,仅凭自己在学校所学的技术知识根本就无法满足门户网站的建设要求,于是只好边学边开发网站,不得不经常加班。小孟在项目期间正赶上要回学校参加毕业答辩,因此未完成的集成测试部分就只好交给了小刘,由他自己完成。小于则由于同时忙于另一个项目,因此,数字产品发布平台建设无论从界面还是操作方面都做得非常粗糙,项目验收的时候,门户网站的一个关键功能出现了好几个 bug(漏洞),平台建设水平则令 SK 出版社的相关人员非常不满。该项目不得不继续修改,最终工期又拖了半年才验收,整个项目耗费的成本严重超支。也就是说,这个项目最终失败了。

在移动互联网时代,信息技术的快速变化和复杂性使得包括互联网产品开发项目在内的 IT 项目管理比以往任何时代都更加具有灵活性和多变性。它涉及对资源的调配、团队管理、工期控制等多个方面及其相互之间的影响。由于项目组成员比以往任何时候都具有更大的流动性,因此,项目从一开始就潜伏着一系列风险,随时会因为重要成员在项目运行过程中离职而爆发。IT项目无论是对项目管理环境、项目分包还是用户需求开发及管理都提出了新的要求。在为用户提供完整的解决方案时,开发商不仅要在技术上满足客户的需求,同时还要对客户投资的实用性和有效性进行分析,为客户提供培训、技术等方面的服务;开发商不仅要具有项目咨询、工程设计、施工、培训、后期支持及服务的能力,还应具备从技术规范化到项目管理科学化等多方面的知识:

总的看来,IT项目管理课程具有以下几个方面的特点:

第一,IT项目管理课程涉及的学科知识及能力具有极强的综合性。

从学科知识体系看,IT项目属于典型的多学科领域,其项目管理知识体系涉及管理学、系统工程学、信息技术等学科知识,以及IT技术应用于具体行业的业务知识等,因此具有极强的综合性。如开发地理信息系统(GIS)项目需要地理信息技术、电子技术、无线射频技术等。

从项目立项到实施的整个过程看,IT项目需要得到来自不同领域和岗位的、具有不同利益需求的项目干系人的支持和配合,因此,项目经理和团队成员必须具备综合的问题解决能力。这些项目干系人包括项目的发起人、开发方,与项目投融资相关的银行、政府、客户,以及产品用户甚至外包方,等等。项目经理及其团队不但要与不同干系人进行充分的沟通以便了解各自的利益需求,同时还要将IT领域的一些专业术语转化为通用的表达方式以便被干系人正确理解,更重要的是,需要项目经理及其团队利用自身的专业知识、技能、行业经验及沟通能力建立起各方对项目团队的信任。从项目的立项、计划制定、工作设计到项目实施全过程,都需要考虑各方利益及关系的协调,并根据实际情况与目标计划间的差异做出及时调整。

第二,IT项目管理知识体系具有极强的实践性。

IT项目管理知识体系的形成具有极强的实践性,源于多年来国内外对众多具体IT项目开发实践的经验总结和理论提升;IT项目知识体系在指导项目开发和实施方面同样具有实践性,必须根据具体的项目特点选择适合的项目管理方法、流程和工具等,因此,许多成功的IT企业都拥有自己独特的项目管理知识体系、流程和工具。

第三,IT项目管理在多方面具有明显的时代性。

IT项目管理在知识体系、项目开发方式及项目组织模式等方面具有明显的时代性。自21世纪以来,社会经济活动日益复杂化、全球化及互联网化,项目环境发生巨大变化,IT项目管理的知识体系更加复杂,其在项目开发方式及组织模式方面也日趋灵活化和多样化,以便能更好地适应数字时代赋予的网络化及智能化等特点。

刘 玲

2020年8月于青岛

C目录
Contents

第1章 绪 论

【本章摘要】

本章是 IT 项目管理的绪论部分,界定了信息技术及项目等几组基本概念;对与信息技术开发及应用密切相关的信息系统、平台及应用软件进行了比较分析;梳理了项目、IT 项目的含义、类型及特征;并对企业信息化、数字化与智能化及其与 IT 项目间的关系进行了分析,旨在帮助读者对 IT 项目这一概念范畴建立基本的理论与实践认知。

【关键词】

信息技术;平台;项目;企业信息化、数字化与智能化

【学习目标】

* 理解三组基本概念:信息技术,信息系统、应用软件及平台,企业信息化、数字化与智能化;
* 掌握项目与 IT 项目的主要特征;
* 理解企业需求与信息技术、IT 项目之间的关系。

§1.1 与信息技术有关的几个概念

1.1.1 信息技术

现代意义上的信息技术一词最早出现在《哈佛商业评论》1958 年发表的一篇文章中。作者哈罗德·J.莱维特(Harold J. Leavitt)和托马斯·L.威士勒(Thomas L. Whisler)将一种没有确定名称的新技术称为信息技术(IT)。它的定义包括:处理技术、统计和数学方法在决策中的应用,以及通过计算机程序模拟高阶思维。其中,基于计算机的数学技术在决策中的应用旨在替代中层管理者,以便使得信息在企业经营过程中流通更及时、更顺畅、更准确,从而提高企业的经营水平和管理水平。

近 70 年来,计算机科学与通信技术作为信息技术的基础已经获得了革命性的进步,由此也衍生出极为丰富的信息技术。虽然迄今为止,该术语通常用作计算机和计算机网络的同义词,但它也包括其他信息传播技术,如手机、电视和电话。经济领域内如计算机硬件、软件、电子、半导体、互联网、电信设备和电子商务等与信息技术相关的一些产品或服务,有时候也被包含在信息技术这一大的概念范畴中。

维基百科对信息技术(Information Technology,IT)做了如下定义和解释:在商业组织或其他企业的范畴内,信息技术,即 IT,是指基于计算机系统对数据或信息进行存储、检索、传输及操控的技术的总称。信息技术通常被认为是信息与通信技术的一个子集。

百度百科中,信息技术是指用于管理和处理信息所采用各种技术的总称。它主要是应用计算机科学和通信技术来设计、开发、安装和实施信息系统及应用软件。由于与通信技术的深度融合,因此常被称为信息和通信技术(Information and Communications Technology,ICT),主要包括传感技术、计算机与智能技术、通信技术和控制技术。

1.1.2　新一代信息技术

随着智能移动终端及"可佩戴"计算设备的出现,人类的行为、位置及身体生理数据等每一点变化都成了可被记录和分析的数据。一个大规模生产、分享和应用数据的时代正在开启。当下,大数据、云计算及人工智能(AI)作为引领未来信息通信技术发展趋势的重要标志被相继提出和发展。

大数据通常是指通过射频识别(RFID)数据、传感器数据、社交网络交互数据及移动互联网数据等方式获得的各种类型的结构化、半结构化(或称之为弱结构化)及非结构化的海量数据。大数据常用技术主要包括大数据采集、大数据预处理、大数据存储及管理、大数据分析及挖掘、大数据展现和应用(大数据检索、大数据可视化、大数据应用、大数据安全等)。大数据技术能够将隐藏于海量数据中的信息和知识挖掘出来,为人类的社会经济活动提供依据,从而提高各个领域的运行效率,大大提高整个社会经济的集约化程度。在我国,大数据重点应用于商业智能、政府决策及公共服务三大领域。公共服务领域,如电信数据、电网数据的处理与挖掘,气象信息分析,环境监测,警务云应用系统(道路监控、视频监控、网络监控、智能交通、反电信诈骗、指挥调度等公安信息系统),等等。大数据将逐渐成为现代社会基础设施的一部分,世界优秀科技公司和互联网企业,如谷歌、苹果、华为、阿里巴巴、字节跳动等都是大数据技术开发与应用的引领者。

云计算则是大数据处理和分析的支撑技术,是一种新兴的资源使用和交付模式。云计算的基础技术包括硬件技术、海量数据管理技术、虚拟化技术、云平台管理技术等。另外,移动互联网技术的发展与进步使得WEB技术、无处不在的接入、集约化的数据中心、灵活多样的终端等也加入云计算当中。

人工智能技术是指用于模拟、延伸和扩展人的智能化的工具和技术。模拟人的思维和行为,代替人类脑力完成某些高难度的工作,降低人力成本并能避免人为误差,快速产生精确结果,提高劳动率,提升智能服务水平。计算机和大脑在工作中的相似性使得用计算机模拟人脑成为可能,这为人工智能的提出奠定了重要基础。人工智能的核心技术包括机器学习、自然语言处理、计算机视觉、语音识别和机器人,它们正在发展各自独立的产业链并应用于家居、新零售、医疗诊断、教育培训、交通运输、安防、金融、环保等诸多场景,满足人类对自动化和智能化的需求。例如,2020年3月,阿里达摩院医疗AI技术在湖北、上海、广东、江苏等16个省市的几十家医院的疫情防控工作中得到应用。该技术已对数万个临床疑似新冠肺炎病例CT影像进行了诊断,单个病例影像分析所用时间短、准确率高,大大缓解了人工诊断压力,提高诊断效率。

1.1.3　信息系统、应用软件及平台

1. 信息系统

随着信息通信技术的发展及广泛应用,IT 领域常常出现"信息系统、应用软件、平台"这三个术语的混用。例如,在 2020 年新冠肺炎疫情发生后,与教育、办公有关的各种系统、软件及平台如钉钉在线办公软件、QQ 语音通话系统、腾讯云课堂平台等被居家隔离的学生和工作人员频频使用。大多数人都分不清楚这几个概念有什么区别。

信息系统通常特指基于计算机的信息系统。即以提供信息服务为主要目的的**数据密集型、人机交互的计算机应用系统**,由计算机硬件、软件、网络和通信设备、信息资源、信息用户和规章制度组成,以处理信息流为目的。从技术角度看,信息系统是指为支持决策和组织控制而收集/获取、处理、存储、分配信息的一组相互关联的部件。除此之外,信息系统也用来帮助分析解决问题,使复杂性可视化,以及创造新的产品。从应用角度看,信息系统是组织或个体用于解决环境提出的挑战、基于信息技术的管理方案。

信息系统可以从智能化水平、应用层次、信息支持、管理职能、行业领域等多个维度进行分类。例如,按照应用层次可以分为决策支持系统(DSS)、管理信息系统(MIS)、业务操作系统(DPS);按照管理职能可以分为采购系统、生产系统、财务系统、营销系统、人力资源系统、办公自动化系统等;按照行业或业务领域则可以分为教育培训系统、金融投资系统、卫星通信系统、物流交通系统、电子政务系统、医疗诊断系统、气候监测系统、人脸识别系统等。在实际应用中,某种具体情境下的信息系统往往同时涵盖这几个维度的内容,如表 1-1 所示。

表 1-1　信息系统的应用实例

信息系统名称	所属行业	应用层次	职能	信息支持	智能化水平
成绩录入系统	教育	DPS	教学管理	提高效率	低
股票交易系统	金融	MIS	投资服务	转化价值	中
人脸识别系统	公安	DSS	身份认证	管控风险	高

2. 应用软件

软件是一系列计算机指令的集合,往往指可执行的计算机应用程序。软件开发是一门科学技能,拥有这门技能的个人或团队都可以研发出临时的指令任务,也可以研发出实用的信息系统、软件产品(如现在的互联网产品)。从目前软件功能来看,基于 PC 端、网页端或移动手机端(如 App、小程序)的应用类软件最为普遍。

应用软件现在多简称为应用,是除了操作系统之外的另一类计算机软件或手机软件,是针对用户某种具体的应用目的而编写的软件。应用软件既包括用户可以使用的各种程序设计语言,也包括用各种程序语言编写的应用程序集合,分为应用软件包和用户程序。在各种基于计算机及移动信息通信技术的信息系统中,基于组织层级或针对个人开发的各类应用软件产品是最为广泛的,它在改善组织管理水平、加强组织间协同合作、提升个人学习及工作效率、满足各方面需求以及推动整个经济社会发展方面起到了不可替代的

作用。目前,各种应用软件尤其是基于移动端的 App 和小程序非常流行,例如,用于群里签到、识别图片文字、公共场所扫码健康等轻应用,以及微博、在线医疗(如春雨医生)、青岛米图出行、顺丰速运、问卷星、e 城 e 家等小程序。

3. 平台

一般情况下,与业务系统或应用软件相比,平台在功能上更为强大,在结构组成方面也更为复杂。平台的含义比较丰富,不同行业或同一行业从事不同工作的人对平台的理解可能都会不同。

从运行环境来看,基于 B/S 架构的大型信息平台(信息系统)通常是一种基础的、可用于衍生其他软件或应用的环境,一般可以分为系统平台、开发平台以及开放平台三大类。系统平台一般是指在手机、平板电脑、计算机及其他终端设备里为软件提供运行环境的系统,包括硬件环境和软件环境。典型的系统平台包括该设备的硬件架构、操作系统、编程语言等。开发平台则是建立在系统平台基础之上,在特定的开发方法指导下为软件开发提供框架、引擎、内置模块、语言开发工具(如 Visual Studio 等)及辅助工具等完整开发环境。开发平台包括技术平台和业务平台,技术平台主要是开发人员使用,而业务平台主要是业务人员使用,例如,OpenExpressApp 的 Roadmap 就是属于业务平台概念。开放平台更多的是指一种为第三方开发者或服务者提供新应用服务的网络服务模式和商业生态环境。该平台开放自身接口,允许第三方开发者运用和组装自身接口来开发新的应用,或者允许其他第三方服务提供商应用自身接口来产生新的应用服务,开发应用和产生新应用都在这个开放平台上进行。例如,门户平台、手机 API(应用程序编程接口)平台或腾讯公司的微信平台等。无论是哪一种,开放平台模式的本质都是通过自身服务和第三方应用的互利互惠,提高用户对平台的黏性和使用程度,进而为平台商和第三方找到适合的盈利模式和利益分摊模式。

从结构组成来看,平台又可以分为部署平台、基础应用(业务)平台,以及数据库相关平台(如数据中台)三个部分。其中,部署平台主要为系统部署提供基本架构及支持,包括云平台、消息总线、服务总线、系统运行监控平台及分布式文件存储服务容器等。云平台提供各种类型的服务器虚拟容器和云主机运行环境:如应用服务器容器、数据库服务器容器、DNS 服务器容器、开发环境服务器容器等;消息总线提供系统/模块间通信机制;服务总线将系统/模块对外提供的 WEB 服务挂接到服务总线进行统一管理;系统运行监控平台负责监控系统设备运行情况,对日志进行统计分析;分布式文件存储将大量文件均匀分布到多个存储服务容器上等。基础应用平台为整个系统提供公用的基础服务,主要提供以下功能服务:对整个系统的用户、组织机构、角色、权限和单点登录进行管理;为业务系统提供运行框架与集成服务;提供用户界面的可视化配置工具;为公用功能提供 WEB 服务方式的访问接口等。数据库相关平台提供数据库相关的基础服务,包括数据库容器镜像服务;引接外部数据资源;管理及维护平台内的数据并提供可视化服务;为业务系统提供底层统一的数据库访问接口和服务;对平台内的数据提供可视化的显示服务。

综合来看,系统平台和开发平台可以与部署平台这一术语相对应,开放平台可以与基础应用平台相对应。这里特别要提到云平台和数据层平台。

当下的云平台计算技术正在迅速取代传统的 IT 系统架构。尤其基于容器、微服务为核心的 PaaS 平台的成熟和普及,为 IT 系统的构建和运维提供了全新的模式和效能。目前,国内外很多新兴科技公司致力于云平台(DevCloud)和开发者生态链的构建,推出了很多应用于政府、军队、军工、金融、制造、航天、能源、交通和建设等各个领域和行业的云平台系列产品,例如,移动开发云平台、企业开发云平台,以及开发运维云平台。

而在数据层平台发展方面,随着数字化进程在各个领域的全方位推进,从不同渠道及应用层被记录和获取的数据日趋广泛甚至趋于无限,大数据时代来临。数据类型的日趋复杂、数据治理和服务需求的日趋强烈,驱动数据中台概念的诞生。数据中台是面向数据应用的数据智能平台,它通过数据技术,对海量数据进行采集、计算、加工,同时统一标准和口径,之后形成标准数据,再进行存储,形成大数据资产层,作为全域数据的共享能力中心,为公司内部各业务部门或外部客户提供数据采集、数据模型、数据计算、数据治理、数据资产、数据服务等全链路的一站式产品、技术、方法论的服务。以诞生及应用于金融领域的数据中台为例,其典型架构及组成如图 1-1 所示。

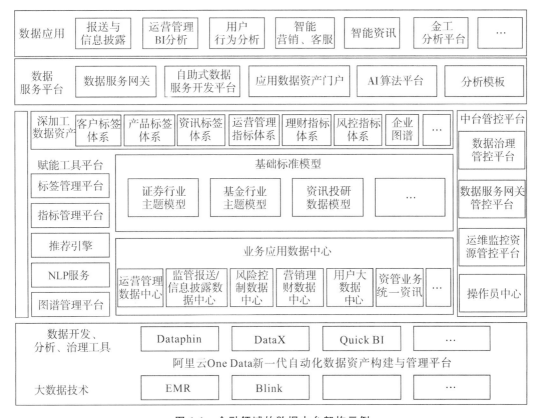

图 1-1　金融领域的数据中台架构示例

如图 1-1 所示,金融领域的数据中台主要分为三层。底层是数据基础平台,采用阿里云的新一代自动化数据资产构建与管理平台,主要包括大数据技术平台和数据开发、分析、治理工具,负责给整个平台提供公共的 IT 技术能力,实现数据的收集、存储、计算,数据资产构建、管理,异构数据的处理等功能;中间部分是公共平台,包括业务应用数据中心、基础标准模型、统一指标和标签平台,负责数据模型研发和提供对外服务的数据;顶层是数据应用、服务平台,包括数据应用服务和数据分析服务,负责将公共平台层的数据包装并提供服务,同时提供一些数据服务开发平台,满足前端业务或用户的需求;另外,赋能工具平台和中台管控平台几乎贯穿始终,赋能工具平台包括各类开发工具和工具管理平台,提供中台数据开发能力;中台管控平台包括数据治理管控、服务网关管控等,负责对中台全链数据的管理和监控,保证中台的运行。

从三者的关系来看,信息系统包含软件,应用软件是大多数业务信息系统组成的核心部分,一个大型的信息系统或者多个信息系统最终可以构成具有不同功能、可以提供不同层次和领域服务的平台。很多情况下,平台会与信息系统同时研发,通过界面开发规范统一界面风格,采用相同的技术体制研发基础平台和各个业务系统,以便于进行总体集成和测试。最终联调时,通过集成的方式组合成整个系统。而应用软件则是系统在上线前通过打包方式装载在系统中,或者后期为系统做单独的开发,完成后以模块的方式嵌入信息系统或直接加入应用平台。而这所有的开发活动,都可以通过项目的方式来实现。

§1.2 项目与IT项目的含义、类型及特征

1.2.1 项目的含义、类型及特征

今天的人类社会与经济活动越来越多以项目的方式来运作,但与此同时,还需要一些常规的活动加以维持,因此,并非所有的活动都属于项目。如表1-2所示的这些活动,你认为有哪些活动可以被称作项目呢?

表 1-2 项目型活动识别

序号	活动描述	是否项目(Y/N)
1	工业和信息化部教育与考试中心推迟2020年上半年计算机技术与软件专业技术资格(水平)考试	
2	由日本政府主办的2020年第32届夏季奥林匹克运动会(后因新冠疫情被推迟到2021年)	
3	某大三学生为半年后的考研做准备	
4	珞石(ROKAE)公司组织开发一款xMate工业机器人	
5	市发改委审核通过中国海洋石油集团有限公司2019年(第二批)油气田开发产能建设项目	
6	青岛西海岸新区交通运输局有序推进青岛西海岸新区国省干线养护维修工程	
7	某公司召开创新年会	

续　表

序号	活动描述	是否项目（Y/N）
8	长安汽车计划在 2025 年建立 5000 人的软件开发团队	
9	2020 年春节，"带货一哥"李佳琦首次直播售卖凯迪拉克汽车	
10	读完《人月神话》，用知识导图做一份读书笔记	

1. 项目的含义

项目一词最早于 20 世纪 50 年代在汉语中出现，是指在一定的约束条件下（主要是限定时间、限定资源），具有明确目标的一次性任务。美国项目管理协会（Project Management Institute，PMI）在其出版的《项目管理知识体系指南》（*Project Management Body of Knowledge*，PMBOK）中为项目所做的定义是：项目是为创造独特的产品、服务或成果而进行的临时性工作。具体而言：项目是指一系列独特的、复杂的并相互关联的活动，这些活动有着一个明确的目标或目的，必须在特定的时间、预算、资源限定内，依据规范完成。项目侧重于过程，它是一个动态的概念，例如，我们可以把一款游戏的开发过程视为项目，但不可以把游戏本身称为项目。在日常社会及经济生活中，如安排一次大型歌舞演出，开发一种新产品，策划一个环境保护公益活动，建设一个交通智能监控系统，对某个企业实施数字化转型，举办一次学术交流会议等，这些活动都可以称为项目。

2. 典型的项目类型

项目类型的划分可以从多个角度进行。

从应用角度来看，项目类型包括：科研型项目、产品/服务应用与推广项目、组织变革项目、政治/社会团体性行动项目、能源/建筑工程项目、军事项目、文娱/体育项目、IT 项目等。

从项目开发与实施的性质来看，可以分为业务项目和自我开发项目。业务项目是由专业性项目公司为特定的客户或业主所完成的项目；自我开发项目是项目团队为自己企业或组织所完成的各种开发项目。

从项目主体来看，可以将项目划分为企业项目、政府项目和非营利机构的项目。企业项目是由企业提供投资或资源，并作为项目业主或顾客。政府项目是由国家或地方政府提供投资或资源，并作为项目业主或顾客。非营利机构的项目是指由学校、社团、社区等组织提供投资或资源，为满足这些组织的需要而开展的各种项目。

从项目的经济性来看，可以分为营利性项目和非营利性项目。营利性项目是以获得平均利润为目标而开展的项目；非营利性项目是以增加社会福利或公益为目标所开展的项目。

从项目规模来看，还可以分为大项目、项目和子项目。按照项目的规模和统属关系有"Program"、"Project"和"Subproject"三个。一个项目可以组合分解成各种不同层次的子项目。反之，一系列相互关联或相似的项目不但可以构成大项目，还可以构成项目群。

3. 项目的主要特征

不同行业或领域的项目各自具有不同的特征。对所有一般性项目而言，存在以下几个方面的典型特征：

（1）项目及项目组织具有临时性。临时性也称一次性或"时限性"，是指每一个项目都有自己明确的时间起点和终点，都是有始有终的，而不是不断重复、周而复始的。当项目目标已经实现、由于项目目标明显无法实现或由于项目需求已经不复存在而终止项目时，就意味着项目的结束，但临时性并不意味着项目历时短，有些项目需要历时数年。

项目组织的临时性是指项目开始时需要建立项目组织，项目组织中的成员及其职能在项目的执行过程中将不断地变化，项目结束时项目组织将会解散。因此，项目组织具有临时性。

◇◇◇◇◇◇ 专题研究：临时性组织的相关研究 ◇◇◇◇◇◇

临时性组织的概念最早由罗尔夫·A.伦丁（Rolf A.Lundin）和安德斯·塞德霍尔姆（Anders Söderholm）在1995年正式提出。在这篇论文中提出了一个时间维度，即该类组织具有明确的开始和结束时间。

……

（2）项目产出成果具有独特性。独特性是项目的一个重要特征，是指项目生成的产品、服务及成果与其他产品、服务及成果相比具有一定的独特之处。即便在同一领域甚至同一公司，都没有完全一样的项目，厂商要根据不同的客户提供不同的产品或解决方案，即使有现成的产品也要根据客户的特殊要求进行一定的客户化工作。项目的独特性特点使得任何项目在运作还未开始前就要通过合同或其他方式对项目的成果有一个清晰、明确的描述。

（3）项目过程的渐进明晰性。渐进明晰性是由项目的临时性和独特性衍生出来的又一重要特征，是项目过程的分布和连续积累过程。由于项目的产品、服务及成果的事先不可见性，在项目前期只能大致粗略地对项目范围及成果定义，随着项目的开展，项目范围及成果特征才能逐渐完善和明确。渐进明晰性对项目的指导意义有以下两点：第一，在项目的推进过程中一定会进行很多修改，产生很多变更，因此，在项目执行过程中要注意对变更的控制；第二，由于项目计划本质上是基于对未来的估计和假设进行的预测，项目推进过程中会遇到各种风险和意外，因此，很多项目会由于初期范围定义的不准确性或项目过程中的范围蔓延导致项目不能在规定的时间、按规定的预算由规定的人员完成。

（4）项目还具有项目目标的多目标层次性、项目组织的开放性及项目后果的不可挽回性等特征。项目目标是指一个项目为了达到预期成果必须完成的各项指标标准。项目的多目标性是指对一个项目而言，项目目标往往不是单一的，而是一个多目标系统，希望通过一个项目的实施，实现一系列的目标，满足多方面的需求。最常见的项目目标表现为质量（技术性能）目标、工期目标和投资（成本/盈利）目标三大目标。很多时候这些目标之间存在着冲突，实施项目的过程就是多个目标协调的过程。项目目标的层次性是指对项目目标的描述需要有一个从抽象到具体的层次结构。即，一个项目目标既有最高层次的战略目标，也有较低层次的具体目标。通常明确定义的项目目标按意义和内容表示为一个递阶层次结构，层次越低的目标描述得应该越清晰具体。

项目组织的开放性是指一个项目往往需要多个甚至几百上千个组织机构共同协作，

它们通过合同、协议以及其他的社会联系组合在一起,项目组织没有严格的边界。项目的不可挽回性是指项目成果的不可逆转性。由于项目过程是渐进明晰的,对项目潜在的风险很难一开始就能准确识别并做出全面正确的风险识别和管理决策,因此一旦项目风险出现,就很可能导致项目失败,要么成果达不到验收标准,要么项目延期或超支,甚至出现项目终止的情况。

1.2.2　IT 项目的含义、类型及特征

1. IT 项目的含义及类型

正如信息系统、平台及应用软件概念的混淆一样,IT 项目与信息系统项目两个概念也经常被混用。《信息系统项目管理师》一书对信息系统项目做了如下定义:信息系统项目是根据用户需求,优选各种技术和产品,进行设计开发,将各个分离的"信息孤岛"连接成为一个完整、可靠、经济和有效的整体,并使之能彼此协调工作,发挥整体效益,达到整体优化的目的。

从广义上讲,IT 项目是指所有企业或组织机构使用信息技术开发或运作的各类业务项目。数字时代,IT 项目无时不在,无处不在。例如,卫星发射、国家数字图书馆、互联网金融与支付系统、企业 ERP 与智能制造、电子商务平台建设与网络营销、基于大数据的数据挖掘与人工智能、云平台建设等都包含有 IT 项目的开发与运营。其中,企业的信息化、数字化及智能化建设都是通过典型 IT 项目实施呈现的具体表现形式。

IT 项目按照其产品开发或项目运营的复杂性通常分为:信息技术产品研发项目、应用软件开发项目、系统集成项目、管理咨询项目、系统维护与服务项目等。一般而言,信息技术产品研发项目是 IT 类科研院所或 IT 公司研发部门从产品的概念提出、产品孵化及标准化再到产品产出的过程。这类项目需要较大的科研力量,投入资金大,项目周期相对较长,且市场风险较大,但在 IT 产业链中占据顶端节点位置,一旦具有市场需求,可以对行业产生较大的引领作用。应用软件开发项目是大多数行业性软件公司或大型公司的信息部门从事的应用类软件产品的开发及实施业务,该业务实现软件的完整开发流程。系统集成项目、管理咨询项目则属于系统集成商或管理咨询公司为企业提供特定的融合产品及系统的解决方案,这类项目最为复杂,往往涉及多个厂商,需求定制、系统改造对接等,交付周期较长,项目金额一般较大。系统维护与服务项目是指系统上线运行后衍生出的售后服务,具体包括为用户提供应用过程中相关问题的回答、技术咨询以及升级服务。这类项目相对简单,往往只需一两个人就能进行,但运维周期长,且有时候需要到用户现场提供服务或指导。

2. IT 项目的特殊特征

IT 项目或信息系统项目除具有一般项目的特点外,还具有以下一些特殊特征。

(1)时间的紧迫性。任何项目都有周期限制,但是 IT 行业的特点决定了其在这方面有更加严格的要求。随着信息技术的飞速发展,IT 项目的生命周期越来越短。时间甚至成为项目成功的决定性因素,因为市场机会稍纵即逝。

(2)较大的不确定性。项目不可能完全在规定的时间内按规定的预算由规定的人员完成。这是因为,项目计划和预算本质上是基于对未来的"估计"和"假设"进行的预测,且

由于 IT 项目属于需求不够明确并且需求变化频繁的智力密集型项目,通常需要采用大量新技术,同类项目的类比较困难,因此,项目能否顺利运行具有较大的不确定性。

(3)项目成员能力对项目具有重要影响。IT 项目开发的整个过程是一个设计过程(基本没有制造过程),同时,它不需要使用大量的物质资源,主要资源是人力资源。与其他项目相比,IT 项目中人力资源成本很高,团队成员能力直接影响项目的成败。

(4)具有一定的行业壁垒,市场开发较慢。由于 IT 项目有别于工程项目,需要针对不同的客户进行量身定做,技术标准很难统一。这就要求开发者必须具备较好的用户所在的行业经验,也提高了对 IT 公司人才的要求。那些没有充足的行业性人才储备或客户资源的 IT 公司,很难进入这些带有一定行业壁垒的领域,由此使得一般的 IT 公司往往都立足于某个自己熟悉或擅长的行业,很难实现跨越,市场开发速度比产品型公司要慢。

§1.3 IT 项目的推进:从企业信息化到智能化

就企业的信息化而言,任何一个企业的信息化建设都是一个系统工程,是对企业的经营逐步进行改良,而不是单纯地对某个单元技术进行改造。因此,企业信息化会随着企业战略发展而呈现"螺旋"式进化,从最早的自动化控制,到管理信息化、数字化,再到智能化。

1.3.1 企业信息化及发展阶段

信息化概念起源于 20 世纪 60 年代。1963 年,日本学者梅倬忠夫在《信息产业论》一书中预言信息科学技术的发展和应用将会引起一场全面的社会变革——信息革命,并将人类社会推入"信息化社会"。1967 年,日本政府的一个研究小组从经济学角度正式对"信息化"概念进行界定:"信息化是向信息产业高度发达且在产业结构中占优势地位的社会——信息社会前进的动态过程,它反映了由可触摸的物质产品起主导作用向难以捉摸的信息产品起主导作用的根本性转变。"1997 年,首届全国信息化工作会议定义:"信息化是指培育、发展以智能化工具为代表的新的生产力并使之造福于社会的历史过程。国家信息化就是在国家统一规划和组织下,在农业、工业、科学技术、国防及社会生活各个方面应用现代信息技术,深入开发广泛利用信息资源,加速实现国家现代化进程。"2006 年,《2006—2020 年国家信息化发展战略》定义:"信息化是充分利用信息技术,开发利用信息资源,促进信息交流和知识共享,提高经济增长质量,推动经济社会发展转型的历史进程。"由此可见,对信息化这一概念的定义带有明显的时代性,并且随着信息技术的不断发展及应用得以拓展,而企业信息化的内容和目的也随之发生变化。

企业信息化大致可以分为三个发展阶段:

第一阶段为基础应用阶段,主要实现设备自动化、数据电子化(如基础 OA、简单会计核算、企业网页、薪资核算等基础的业务操作应用),涉及的信息系统大多是业务操作系统,企业信息化目标致力于提升业务单元的工作效率和控制能力。

第二阶段为关键应用及优化升级阶段,主要实现会计核算、财务管理、人力资源管理、核心业务(采购、生产、营销、库存等)流程的数字化。这一阶段应用的信息系统以管理信息系统为主,逐渐上升到集成化信息系统,如产品生命周期管理(Product Lifecycle Management,PLM)、企业资源计划(Enterprise Resource Planning,ERP)、客户关系管理(Customer Relationship Management,CRM)、电子商务等。信息化目标致力于降低企业经营管理成本及提升企业业务管理效率。

第三阶段为战略应用阶段,主要实现企业管理和服务的数字化、智能化和智慧化。这一阶段应用的信息系统以决策支持系统为主,由于大数据、云计算及物联网技术的快速发展,企业信息化(数字化、智能化或智慧化)以增强企业信息服务能力和市场竞争能力为目标。

从上述关于企业信息化的定义和发展阶段可以看出,一般所指的企业信息化主要是第一阶段的设备自动化和数据电子化和第二阶段的管理信息化。当下正在进行的企业数字化和智能化是企业信息化的高级阶段。每个阶段的建设内容、目标及建设模式都各有不同,往往是与当时的环境以及企业战略保持一致的。阅读和分析本章后面"石化业的信息化革命"案例,可以加深我们对企业信息化及发展阶段的理解。

1.3.2　企业数字化与智能化

企业数字化则是利用物联网、智能传感设备和自动化数据采集系统,对企业相关的业务流程、数据、图像等进行自动识别、采集和在线化,形成基于计算机和互联网的数字流程及数据(包括可视化的语音及图像等),从而为智能化奠定基础。

随着大数据、云计算、人工智能发展,完成数字化转型的企业有了进一步实现企业智能化的可能。全面运用智能管理体系和设备,实现企业在技术创新、业务流程优化、管理决策支持以及组织团队管理等方面相关的人机要素的智能化高效整合,最终实现"人机协调"。这一过程离不开企业对数据资源的挖掘和利用,在此基础上将智能监控设备和技术应用于决策支持系统,以便实现系统对决策的实时智能反馈。到达这一阶段的企业往往面临极其复杂的市场和社会环境,涉及的业务活动及决策的复杂性超过了人的掌控能力。因此,企业必须具备强大的管控、运营和联动能力,能够通过各种技术手段与社会资源的整合,实现对企业自身、合作伙伴乃至社会资源(人才、物料、设备、仓库、运输车、资金)的集中调度。

1.3.3　IT 项目对企业信息化、数字化及智能化的推进

进入 21 世纪第三个十年,众多优秀企业的信息化已经进入企业数字化、智能化以及智慧化的战略应用阶段。随着数字时代的来临与信息技术的发展,企业既有的经营管理理念、模式及技术可能会面临挑战,从而遭遇一系列影响运营效率或市场竞争力的问题。另一方面,数字时代社会经济生活的快速变化也将不断给企业创造出新的发展机遇。无论是哪一种情境,都将驱动企业在信息化建设方面不断投入,通过不同战略层面及不同业务领域的IT 项目建设成果来满足企业在提升管理效益和增强市场竞争力等方面衍生的需求。

这些项目成果从基于信息与通信技术的平台、操作系统到业务领域的信息系统及各种应用,涉及面广,建设期长,因此在企业从初级信息化向数字化、智能化转型和进化中具

有里程碑意义。具体而言,这些阶段性成果将清晰地呈现企业信息化发展的脉络。首先通过基于计算机的信息系统建设,对企业的生产过程、物料移动、事务处理、现金流动、客户交互等业务数据电子化,构建企业内部的信息资源管理环境,实现企业初步的信息化;在此基础上基于互联网通信技术、云计算及物联网对业务流程进行优化、重构和在线化,构建企业数据资源管理环境,实现企业的数字化转型;随着大数据及人工智能技术的发展,数据挖掘与机器学习、语音及模式识别、计算机视觉等先进信息技术为企业智能化转变提供了技术保障。这些新技术对企业生产经营活动中内外各环节产生的实时在线数据进行深度挖掘与利用,可以为企业生产要素组合优化提供决策支持,从而提高企业的经济效益和市场竞争力。从这个意义来看,面向企业不同阶段战略目标的 IT 项目建设是帮助企业实现从信息化、数字化到智能化的推进器。

 案例分享

石化业的信息化革命和蒙牛乳业的数字化转型案例告诉我们,不管企业信息化进行到哪一阶段,都需要企业管理理念的创新、思维模式的转变、业务流程的优化,以及对新一代信息技术的勇于探索和及时跟进。

※ 石化业的信息化革命

 扫码阅读材料,比较分析中国石化各下属分公司或集团各部门在企业信息化建设的内容及目的方面的不同。

※ 蒙牛乳业的数字化转型之路

 扫码阅读蒙牛乳业数字化转型案例,分析:该公司在数字化转型方面先后进行了哪些方面的建设?这些数字化转型建设对于蒙牛的竞争力提升有何作用?

 习题

※ 理解分析题

1. 列举应用于不同领域或情境的 5 个 IT 项目实例。

2. 如何理解以下三组概念及其与 IT 项目的关系?它们是如何应用于企业需求的满足(包括问题解决及机会发现两大方面)?请用逻辑图表示并简要描述:①信息技术;②信息系统、平台及应用;③企业信息化、数字化及智能化。

※ 信息归纳题

 扫码阅读材料,找出 5 个关键词,并对该材料提供的关键信息进行归纳,形成一段 200 字左右的摘要。

本章参考文献

［1］Whisler T L，Leavitt H J．Management in the 1980's ［J］．Harvard Business Review，1958,36(6)：41-48.

［2］Lundin R A，Anders S．A theory of the temporary organization ［J］．Scandinavian Journal of management，1995,11(4)：437-455.

［3］周金根．平台分类：系统平台、开发平台和开放平台［EB/OL］．(2009-11-18)［2019-11-18］．http://zhoujg.cnblogs.com.

［4］胡春华．智慧金融背景下恒生数据中台的设计与构建［D］.青岛：中国石油大学(华东),2019.

［5］Engwall，M．No project is an island：linking projects to history and context［J］.Research Policy，2003,32(5)：789-808.

［6］Bakker R M．Taking stock of temporary organizational forms：a systematic review and research agenda ［J］．International Journal of Management Reviews，2010,12(4)：466-486.

［7］Winch G M．Three domains of project organising［J］．International Journal of Project Management,2014,32(5)：721-731.

［8］赵云.西北油田采油三厂启动智能油田建设［EB/OL］.(2020-07-08)［2020-08-30］.oil.in-en.com/html/oil-2900516.shtml.

［9］新时代背景下的蒙牛数字化转型之路［EB/OL］.(2018-09-03)［2020-08-30］.economy.gmw.cn/xinxi/2018-09/03/content_30949603.htm.

第2章　项目管理的理论基础

【本章摘要】

本章对 IT 项目管理课程涉及的项目管理理论基础部分进行概要性介绍。首先回顾项目管理的产生与发展历程、当下面临的挑战,由此引出项目管理的基本概念及基本要素,进一步探讨项目管理的组织环境以及项目的生命周期及管理过程等。IT 项目的兴起及 IT 项目的生命周期模型等穿插其中。

【关　键　词】

项目管理;项目组织;项目阶段与管理过程;IT 项目生命周期模型

【学习目标】

- 学习项目管理(包括 IT 项目管理)的基础理论,理解项目管理发展各阶段的主要特征以及 IT 项目管理兴起的原因;
- 理解项目管理的基本要素及面临的环境,明确项目阶段的划分及管理过程;
- 了解 IT 项目的生命周期模型及管理特点。

§2.1　项目管理的产生与发展

凡有文明之处,就有项目。项目管理是人类在从古至今的工程项目实践中逐步积累起来的管理成果。这些工程项目为人类文明的发展创造了辉煌的奇迹。

2.1.1　项目管理的萌芽(古代到 1900 年)

直到 20 世纪初,项目管理这一理念及方法都只存在于工程技术人员及专家学者的潜意识中。但这并不意味着他们不会运用项目管理的相关知识和技能,事实上,在人类发展的历史长河中,人们已经在大型建筑、水利等建设工程实践中总结出一些行之有效的工程管理方法。从中国古代的大禹治水、秦始皇修长城,到古埃及金字塔的修建,以及古罗马供水渠这些伟大的工程,无不体现了古人在大型工程管理方面的智慧。

1. 古埃及金字塔建设

金字塔是怎样建成的？相传有个聪明的年轻人叫伊姆荷太普,在给埃及法老左塞王设计坟墓时,用山上采下的呈方形的石块来代替传统的泥砖,并不断修改完善陵墓的设计方案,最终建成埃及历史上第一座石质陵墓。金字塔是梯形分层的,因此又称作层级金字塔。

2. 古罗马城市的给排水工程

罗马人的给排水系统被认为是古代历史上最伟大的工程之一。随着罗马帝国向外扩张,所到之处都建起了带有引水渠的罗马城。这些引水渠并非为居民提供饮用水或出于提高卫生质量的考虑而建,而主要是作为逃生通道或军事需要,顺便也为城市居民提供了家庭用水、花园浇灌,还有水上表演、推磨、喷泉景观等其他功能。

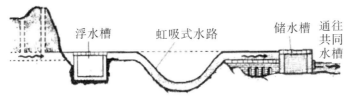

图 2-1　古罗马的渠道建设

古罗马在渠道建设中的思路非常明确。首先是从地下寻找水源,并将这些来自四面八方的地下水通过水渠引入建好的拱形储水库中进行存储,水面上方开孔或露天与外界空气联通,再通过露天的混凝土水渠将储水库中的水自然引流出来。在输水过程中,罗马人还建设了许多坚固的高架输水渠、虹吸管、隧道以避开深谷和悬崖。最后,水渠里的水流入混凝土做成的水窖进行沉淀和净化,净化后再通过水渠分别通往分水池,供城市居民使用。具体如图 2-1 所示。这一建设过程充分体现了统筹兼顾的系统管理思想,与我国宋代大臣丁渭主持修复汴梁皇宫的思路有异曲同工之处。

3. 宋京都汴梁宫殿修复

宋代科学家沈括在《梦溪笔谈·权智》中记载了丁渭成功修复京都汴梁被焚宫殿的故事:"祥符中(1015 年)禁火,时丁晋公主营复宫室,患取土远。公乃令凿通衢取土,不日皆成巨堑。乃决汴水入堑中,引诸道竹木排筏及船运杂材,尽自堑中入至宫门。事毕,却以斥弃瓦砾灰壤实于堑中,复为街衢。一举而三役济,计省费以亿万计。"这是一个复杂的工程,不仅要设计施工、运输材料,还要清理废墟,任务十分艰巨。丁渭制订了一个施工组织方案:考虑到工程需要大量的土,而土源过远,于是就近挖开大路取土,变成一条大沟;又命令挖开汴河,与大沟相通形成水道,解决了物资运输问题;工程完工后,将残砖断瓦等建筑垃圾填入大沟,恢复大道。由此,一举解决了取土、运输和垃圾处理三大问题,节约了大量银两。整个工程建设过程充分体现了现代管理科学中全面布局、统筹兼顾的系统优化思想,向我们展示了中国古人具有高超智慧的管理实践。

图 2-2　科隆大教堂

4. 世界建造周期最长的教堂:德国科隆大教堂

德国科隆大教堂是科隆市毫无争议的标志性建筑(如图 2-2 所示)。始建于 1248 年,1880 年竣工。整个建造工程前后跨越六个多世纪。它先后的建筑者都持有同样的信仰,而且绝对忠诚于原定计划。大教堂工程规模浩大,至今仍保存着成千上万张设计图,其建筑期长达 632 年,堪称世界之最。157米高的钟楼使得它成为德国第二(仅次于乌尔姆市的乌尔姆大教堂)、世界第三高的教堂,另外也是世界上第三大的哥特式教堂。

上述这些伟大的成果都是古代项目实践的典范,几乎都是依靠人类智慧及实践经验的代代传承而完成的,其间隐含着管理科学思想的萌芽,但缺乏明确的管理方法和工具。

2.1.2 传统项目管理的方法与技术突破(1900—1980 年)

1. 进度计划的可视化工具:甘特图

传统项目管理的起源最早可以追溯到 19 世纪末。1896 年,东欧和中欧地区著名管理研究人员卡洛尔·阿达米耶基(Karol Adamiecki)在钢铁行业工作期间发展了自己的协调管理理念,并且开发了一种基于图形分析的"协调工作"方法来显示工作环节之间相互依赖的过程,从而提高了生产计划的可见性。1931 年,他进一步详细描述了该图表,并将其称为协调图(Harmonograms or Harmonygraph)。如图 2-3(a)所示,在表格垂直轴(左侧)上标有日期刻度,表格表头从左到右按照活动发生的先后顺序依次列出各项活动名称。每项活动都由带刻度的长条表示,当前活动的时间表和持续时间由长条位置和长度来描绘。这种将每个活动承前继后进行列表的方式在大约 60 年后被称为关键路径法(Critical Path Method,CPM)和计划评审技术(Program Evaluation and Review Technique,PERT)的前身。然而,由于阿达米耶基所发表文章的语言主要为波兰语和俄语,因此,他提出的协调图在英语世界鲜为人知。而在那之前的 1917 年,美国学者亨利·甘特(Henry Gantt)制定出与之类似的生产进度图并且得到迅速传播和应用,如图 2-3(b)所示。因此,项目管理领域把这种计划进度可视化的图表统一称为横道图或甘特图。

与协调图不同的是,甘特图用横轴来表示时间,纵轴(左侧)表示活动(项目),线条(横道)表示在整个项目期间计划完成和实际完成的活动情况。它直观地表明任务计划在什么时候进行,以及计划要求与实际进展的对比。管理者由此极为便利地弄清一项任务(项目)还剩下哪些工作要做,并可评估工作是提前、滞后还是正常进行,是一种理想的进度控制工具。1939 年第二次世界大战前夕,甘特图在军事、航空工程与建筑项目的计划和控制管理中广为使用。但是,当想要在那些大型项目中展示间隔的活动之间并行、续接等更为复杂的逻辑关系时,甘特图表现出了极大的局限性。这为后来项目管理中功能更为强大的进度计划工具,如箭线图法(Arrow Diagram Method,ADM)或前导图法(Precedence Diagramming Method,PDM)的开发提供了契机。

time	From	—	—	—	A—1	B—1	...
	To	A—2	B—2,C	D—2	A—3	E—1	...
	activity	A—1(4)	B—1(4)	D—1(2)	A—2(4)	B—2(3)	...
	1	■	■	■			
	2	■	■	■			
	3	■	■				
	4	■	■				
	5				■	■	
	6				■	■	
	7				■	■	
	8				■		
	9						
	10						
	11						
	12						
	13						
	14						

(a)阿达米耶基的协调图

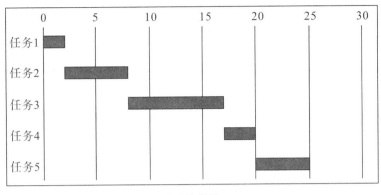

（b）甘特图

图 2-3　协调图与甘特图

2. 项目权力、计划、协调与监控：曼哈顿计划

1939 年 9 月，第二次世界大战爆发。德国在著名物理学家、量子力学主要创始人沃纳·卡尔·海森堡（Werner Karl Heisenberg）主持下进行原子弹的研究。与此同时，爱因斯坦在利奥·西拉德推动下上书罗斯福总统，建议美国抓紧原子弹研究，防止德国抢先掌握原子弹。

20 世纪 40 年代，美国把研制第一颗原子弹的任务作为一个项目来管理，即"曼哈顿计划"。该工程集中了当时除德国以外的西方国家最优秀的核科学家，动员了 10 万多人参加这一工程，项目历时 3 年，耗资 20 亿美元，于 1945 年 7 月 16 日成功地进行了世界上第一次核爆炸，并按计划制造出两颗实用的原子弹，分别投掷到日本的广岛和长崎，从而加速了日本投降和二战结束。整个工程取得圆满成功。美国退休将军莱斯利·R. 格罗夫斯（L. R. groves）后来写了一本回忆录《现在可以说了》，详细地叙述了"曼哈顿计划"的组织领导、人员配备、厂址选择、工程建设、保安保密措施、军事科技情报搜集，以及第一颗原子弹试爆和向日本投掷原子弹前后的情况等。其中不少情节描述了在项目中如何运用政治及权力进行项目的计划和协调，从而推动项目进展。

与英合作。早在美国提出"曼哈顿计划"之前，英国就拥有了较为先进的核武器技术。1943 年 3 月，柯南特冒着暴露武器设计机密的风险去邀请詹姆斯·查德威克和其他几位英国科学家来洛杉矶参与原子弹设计，因为这个项目非常需要他们这类技术人员。1943 年 8 月，丘吉尔和罗斯福签订了《魁北克协议》，这个协议正式实现了双方科学家在科研问题上的互相合作。

在工程执行过程中，著名美籍犹太裔物理学家尤利乌斯·罗伯特·奥本海默作为"曼哈顿计划"的领导者，对项目的成功起到了关键作用。他应用系统工程的思路和方法，进行整个工程的规划和监控，并在关键时刻处理工程中遇到的危机，大大缩短了工程所耗时间。这一工程的成功促进了第二次世界大战后系统工程的发展，也为现代项目管理理论奠定了基础。

3. 项目管理方法与技术的突破：项目管理学科的诞生

20 世纪五六十年代，关键路径法、计划评审技术、挣值分析法的出现及其在项目管理中的应用,标志着项目管理正式成为一门新的管理科学。

(1)CPM 的诞生:路易斯维化工厂检修项目。在 1957 年之前,美国的路易斯维化工厂每年都不得不安排一定的时间,停下生产线进行全面检修。过去的检修时间一般为125 小时。后来,他们把检修流程进行分解,竟然发现在整个检修过程中所经过的不同路线上的总时间是不一样的。缩短最长路线上工序的工期,就能够缩短整个检修的时间。他们经过反复优化,最后只用了 78 个小时就完成了检修,节省时间达到 38%,当年产生效益达 100 多万美元。这就是著名的进度管理技术:关键路径法(CPM)。

(2)PERT 的发明:北极星导弹项目的工期估算。项目计划评审技术最早出现于 20世纪 50 年代末。就在 CPM 方法发明一年后的 1958 年,美国海军开始研制北极星导弹。这是一个军用项目,技术新,项目巨大,据说当时美国有三分之一的科学家都参与了这项工作。管理如此庞大的尖端项目的难度可想而知。为改进北极星项目的进度管理,当时的项目组织者研究推出了三点估算法:为每个任务分别估计一个悲观的、一个乐观的和一个最可能情况下的工期,在关键路径法的基础上,用“三值加权”方法进行计划编排,最后竟然只用了 4 年的时间就完成了原定 6 年完成的项目,节省时间 33%以上。这就是著名的计划评审技术(PERT)。

项目管理方法的系统运用:阿波罗载人登月计划。1961 年 5 月至 1972 年 12 月的 11年间,美国组织实施了由 42 万人参加,耗资 400 亿美元的“阿波罗”载人登月飞行计划,并取得了巨大的成功,先后 6 次完成了登月。在工程高峰时期,参加工程的有 2 万家企业、200 多所大学和 80 多个科研机构。该计划在组织管理的整个过程中都采用了项目管理的方法和步骤。首先,国家宇航局设计了阿波罗计划办公室主管的全部工作,并分别在宇航局附属的三个研究中心成立了阿波罗项目办公室,受阿波罗计划办公室的领导,负责分管不同的项目工作。其次,在项目计划制定过程中采用工作分解结构(Work Breakdown Structure,WBS)方法,将整个计划由上而下逐级分成项目、系统、分系统、任务、分任务等六个层次。另外,在制定进度计划时,采用关键路径法和计划评审技术相结合的方法对项目进度进行估算和优化。

直到 1960 年之前,项目管理的部分工具和方法还只是在军事、航天、化工、建筑等少数领域应用。阿波罗载人登月计划的成功让项目管理方法得到系统的运用,项目管理方法开始在国际上广为传播。

(3)挣值分析法。挣值分析法又称为赢得值法(Earned Value Analysis,EVA),作为一项先进的项目管理技术,起源于 1958 年美国国防部开发北极星导弹项目的项目评审技术。

1962 年,项目评审技术在美国北极星导弹项目进度管理中取得成效以后,进一步被引入成本控制系统,并推出基于三点估算法的 PERT/Cost 技术。1967 年,美国国防部针对大型项目合同管理推出“成本/工期控制系统规范(Cost/Schedule Control Systems Criteria, C/SCSC)”标准。该标准关注项目开发时的成本/进度综合绩效评价数据,为此正式采用了挣值分析法的概念。

4. 两大国际项目管理体系的诞生与发展

(1)IPMA、IPMP 及 ICB。1965 年,全球第一个专业性项目管理的非政府组织——国际项目管理协会(International Project Management Association,IPMA)在瑞士洛桑成立。IPMA 的成员主要是各个国家的项目管理协会。IPMA 以英语作为工作语言开发了大量的产品和服务,包括研究与发展、教育与培训、资质认证以及资质标准等。

国际项目管理专业资质认证(International Project Management Professional,IPMP)是该组织在全球推行的四级项目管理专业资质认证体系的总称,是一种对项目管理人员知识、经验和能力水平的综合评估证明。IPMP 认证等级由高到低依次划分为 A\B\C\D 四个等级。获得认证的人员分别具有负责大型国际项目管理的高级项目经理资质、大型复杂项目的项目经理资质、一般复杂项目的项目管理专家资质,以及具有从事项目管理专业工作的项目管理专业人员资质。

IPMA 组织对项目管理人员知识、经验和能力水平进行综合评估并进行不同等级资质认证的标准称为 IPMA 能力基准(IPMA Competence Baseline,ICB)。该基准由代表知识和经验部分的 28 个核心要素和 14 个附加要素以及代表个人素质的 8 个特征要素组成。具体如表 2-1 所示。

表 2-1　ICB 资质基准的要素构成

要素类别	要素构成
知识和经验的 28 个核心要素	1.项目和项目管理;2.项目管理的实施;3.按项目进行管理;4.系统方法与综合;5.项目背景;6.项目阶段与生命周期;7.项目开发评估;8.项目目标策略;9.项目成功与失败标准;10.项目启动;11.项目收尾;12.项目结构;13.范围与内容;14.时间进度;15.资源;16.项目费用与融资;17.技术状态与变化;18.项目风险;19.效果量度;20.项目控制;21.信息、文档与报告;22.项目组织;23.团队工作;24.领导;25.沟通;26.冲突与危机;27.采购与合同;28.项目质量管理
知识和经验的 14 个附加要素	1.项目信息管理;2.标准和规则;3.问题解决;4.谈判、会议;5.长期组织;6.业务流程;7.人力资源开发;8.组织的学习;9.变化管理;10.法律方面;11.系统管理;12.行销、产品管理;13.安全、健康与环境(HSE);14.财务会计
个人素质的 8 个特征要素	1.沟通能力;2.首创精神、务实、活力、激励能力;3.联系的能力、开放性;4.冲突解决、辩论文化、公正;5.敏感、自我控制、价值欣赏能力、勇于负责、个人综合能力;6.发现解决方案的能力、全面思考;7.忠诚、团结一致、乐于助人;8.领导能力

(2)PMI 组织、PMP 资质认证以及 PMBOK 知识体系。1969 年,全球第二个专业性项目管理的非营利组织——美国项目管理学会(Project Management Institute,PMI)在美国乔治亚理工学院创立。PMI 的成员主要为来自全球 185 个国家的项目管理专业领域内的研究人员、学者、顾问和经理。该组织积极为业界树立标准,从事科学研究、传播专业知识、促进行业发展,并拓展职业前景。此外,它还提供教育和认证服务,促进会员间的交流沟通和商机拓展。1976 年,PMI 提出了制定项目管理标准的设想,之后的二十多年里,该组织一直致力于项目管理程序及方法的标准化。

1984 年,美国项目管理学会开发了项目管理师(Project Management Professional,PMP)资质认证。

1987 年,美国项目管理学会推出用于支持 PMP 资质认证的项目管理知识体系

(Project Management Body of Knowledge，PMBOK)。1996 年，第一版修订完善的项目管理知识体系(PMBOK)出版；2013 年，PMBOK 修订到第五版，由 10 大知识领域(在1996 年基础上新增"干系人管理")组成的静态管理和 5 大项目过程的动态管理集成的项目管理知识体系。到 2017 年，则进一步修订到第六版。具体如表 2-2 所示。

表 2-2　PMBOK(2017 版)知识领域

知识领域类别		具体知识领域
10 个管理职能领域	关键领域(4 个)	范围管理；时间管理；成本管理；质量管理
	辅助领域(6 个)	整合管理；资源管理；干系人管理；沟通管理；风险管理；采购管理
5 个管理过程领域		初始过程；计划过程；实施过程；控制过程；结束过程

整体来看，PMBOK 指南第六版重点调整了 5 大知识领域、提高了标准化程度、给出了知识领域剪裁指南和敏捷化指南，相较于第五版有 10%～15%的内容更新。经过不断发展和完善，PMBOK 目前已经成为全球公认的项目管理资质认证考试基础及知识体系标准。国际标准化组织以 PMBOK 为框架，制定了 ISO1006 标准。

比较 PMBOK 与 ICB 两大知识体系可以看出，PMBOK 所涉及的知识领域较为全面，并且是在一个大的系统中包含了 9 个完整的小系统，而且每个系统又紧密联系，并不是独立出现的。ICB 的知识与经验则显得较为松散，不能连贯起来，但它却在某一知识点上加以扩充，而这些要素在 PMBOK 中未有涉及或只是稍微介绍，如安全、健康与环境、营销、生产管理等。PMBOK 创造性地以项目为研究对象，比传统以范畴为内核的学科体系能更准确地反映项目管理知识急剧增长、演化和聚集的过程与结构，因而很快得到国际学术界的广泛响应。这两大知识体系为行业及公司项目管理的知识体系提供了核心内容和基本过程。例如，以华为、苹果、谷歌、腾讯、阿里巴巴和京东等为代表的 IT 互联网企业，以项目组织的形式进行持续而高效的产品与技术创新，也在实践中不断摸索，创建了应用于公司层面的项目管理体系。

2.1.3　现代项目管理的多维化发展(1980 年至今)

从 20 世纪 80 年代开始，计算机科学与网络通信技术的迅猛发展及其在社会经济组织中的广泛深入应用，加剧了众多企业在全球范围内的市场竞争及产品服务的快速更迭，动摇了传统企业的金字塔式组织形式及职能型组织结构的稳定性。面向市场开拓、产品服务创新及企业间合作的项目组织、网络组织不断衍生，项目团队及规模不断扩增，相关利益者间的冲突加剧，项目开发成本及风险上升。学术界、政府部门及优秀企业先后投入大量的人力、物力去研究和认识项目管理的基本原理，开发新的项目管理模式及方法，从而推动项目管理在国际化、职业化、专业化、学科化及信息化等多个维度迅速发展。

1. 项目管理的职业化、学科化及专业化发展

在职业化方面，以 PMBOK 和 ICB 为代表的现代项目管理的学科知识体系逐渐完善，由国际项目管理协会(IPMA)和美国项目管理学会(PMI)发起的两大项目管理职业资格认证体系走向成熟和细分领域。项目管理分工更加细化，在工程领域及 IT 领域等形成了一系列的项目管理的专门职业。例如，美国造价工程师协会（Association of American Cost Engineers，AACE）主办的造价工程师资格认证，英国皇家特许测量师协会（Royal Institute of Chartered Survey，RICS）主持的工料测量师、营造师资格认证等。而在 IT 领域，与网络、软考、信息安全等相关的职业资格认证更是随着数字时代的发展不断推陈出新。其中，典型的认证包括思科网络工程师、信息系统项目管理师、系统架构师、产品经理国际资格认证（NPDP）等。产品经理国际资格认证是由美国产品开发与管理协会（PDMA）设立的认证，也是全球在产品开发领域唯一公认的认证。由于产品经理国际资格认证考试 2016 年才引入国内，目前考点主要集中在东部沿海城市，具体有北京、上海、深圳、广州、苏州、南京、天津、合肥、武汉、杭州、青岛、东莞、成都、大连等。引入国内的这几年时间，百度、阿里巴巴、京东、腾讯等已经为全公司上下的产品经理定制了培训，目前，它也是华为、联想、IBM、海信等大公司产品经理入职的敲门砖。软考是由国家人力资源和社会保障部、工业和信息化部共同组织的国家级考试，既属于国家职业资格考试，又是职称资格考试。另外还有一个 ITIL（Information Technology Infrastructure Library）资格认证，由英国商务部开发，旨在应对行业及服务不断增长的要求，提供管理的最佳实践。ITIL 融合全球最佳实践，是 IT 部门用于计划、研发、实施和运维的高质量的服务准则，是目前全球 IT 服务领域最受认可的系统而实用的结构化方法。自 1980 开始发展，经过行业专家、顾问和实施者的共同努力，ITIL 已经成为服务管理领域最佳实践事实上的国际标准。这些工作极大地推动了项目管理职业的细分和职业化的发展。

在专业化和学科化方面，自 20 世纪 50 年代末 60 年代初以来，学术界与各有关专业人士对项目管理的研究主要致力于两个方向：本学科（如计算机、控制论、模糊数学等）理论、方法在项目管理中的应用；项目管理的理论、方法在本行业（如建筑业、农业、军事工业以及 IT 行业等）的应用。这种双向探索极大地促进了项目管理的学科化及专业化发展。项目管理在吸收各学科相关理论、方法与技术基础上逐渐形成一些独立的内容体系。如 PMBOK、ICB、ISO9006、PRINCE 2 等资质认证体系，国内外大学建立的学士、硕士、博士学历教育体系、非学历教育的项目管理课程体系，以及项目管理方法、工具、标准、法规等。除此之外，项目管理在不同行业的应用逐渐发展出众多行业型项目管理学，如工程项目管理、房地产项目管理、IT 项目管理、互联网项目管理等。

2. 中国项目管理的兴起与发展

从 20 世纪 60 年代起，随着我国老一辈科学家钱学森推广系统工程理论与方法，华罗庚推广"统筹法"，国家有关部门开始有计划地引进国外大型项目的项目管理理论和方法。20 世纪 80 年代，我国与日本合作伙伴将现代项目管理方法运用于云南鲁布革水电站项目并取得良好效果，引起政府部门重视并开启了对国际项目管理成功经验的借鉴学习阶段，之后建立了中国项目经理认证制度及项目经理负责制的管理模式。这一时期的二滩水电站、三峡工程都是采用现代的项目管理方法。

20 世纪 90 年代初，西北工业大学等单位倡导成立了我国第一个跨学科、跨行业的项目管理专业学术组织——中国项目管理研究委员会（Project Management Research Committee，China，PMRC），其上级组织是中国优选法统筹法与经济数学研究会。PMRC 的成立是中国项目管理学科体系开始走向成熟的标志。该组织于 1996 年代表中国加入

IPMA,成为 IPMA 会员组织。在此之后,许多行业也纷纷成立了相应的项目管理组织,如中国建筑业协会工程项目管理委员会、中国国际工程咨询协会项目管理工作委员会、中国工程咨询协会项目管理指导工作委员会等都是中国项目管理学科得到发展与日益应用的体现。1994 年,中国成达化学工程公司任职的胡德银发表在《化工设计》期刊的两篇相关论文首次对挣值分析方法的原理及其在项目费用/进度综合控制中的应用进行了系统阐述。之后,挣值分析方法在我国理论界得到广泛关注,但在工程项目成本控制中的实际应用却微乎其微。

2000 年,国家外国专家局引进 PMBOK,成为 PMI 在华唯一一家负责 PMP 资格认证考试的组织机构和教育培训机构。2001 年,PMRC 在其成立 10 周年之际正式推出了《中国项目管理知识体系》(C-PMBOK)。2002 年,劳动保障部正式推出了"中国项目管理师(CPMP)"资格认证,标志着我国政府对项目管理重要性的认同,项目管理职业化方向发展成为必然。2016 年之后,项目管理成为全球几乎所有职场人士的必备技能。

2.1.4 IT 项目管理的兴起及发展

1. 早期软件项目

(1)培养程序员的大学:SAGE 防空系统和 SABRE 飞机预订系统。

SAGE 防空系统是世界上第一个代码超过 100 万行的大规模计算机项目,在 20 世纪 50 年代后期到 80 年代期间用于控制北美防空联合司令部(NORAD)对苏联空袭的反应。该系统由大型计算机和相关联的网络设备组成,基于众多雷达站点数据生成大范围空域的统一图像。项目总开支达 80 亿美元,开发早期全美的 1200 名程序员中超过 700 人参与了该项目。

SABRE 飞机预订系统则是第一个工业资助软件,由美国航空公司于 1954 年交由 IBM 公司开发。该项目雇用了大约 200 名软件工程师,耗资 3000 万美元,最终于 1960 年完成。经过 60 年的发展历程,该系统已经发展成为全球旅游行业的庞大商业生态系统,并且成立了 SABRE 旅游软件技术公司。

SAGE 和 SABRE 系统成了"程序员的大学"。此后,许多程序员散布全美,用在这些大项目上学到的知识创立了他们自己的公司。在当时,大型计算机生产商忙于承接大客户的软件项目,没有足够的资源为中等规模的客户开发软件,由此诞生了第一批专业软件(编程)服务公司。1955 年,世界上第一家专业软件服务公司——计算机惯用法公司(CUC)诞生。它由两位前 IBM 同事创立,他们利用 4 万美元创业资金开始为不止一个平台提供软件服务。当年便为加利福尼亚研究公司开发了一个模拟石油流动的程序,接着又为保险及零售连锁公司开发软件。

(2)作为业务单元的项目组织的诞生:IBM 的个人电脑项目。

IBM 个人电脑(PC)项目的开发是一个项目成为 IT 公司业务活动核心的典型实例。20 世纪 70 年代末,为了绕过 IBM 公司令人窒息的官僚程序,PC 项目团队将工作地点放在佛罗里达博卡拉顿一个漏雨的仓库,把自己置于组织主流业务之外,以一个独立的业务单位来运作。

然而,这只是众多软件项目中较为成功的典型案例。在 20 世纪五六十年代期间,软件开发遭遇了越来越多的挫折和失败。1968 年,北大西洋公约组织(NATO)在联邦德国的国际学术会议创造软件危机(Software crisis)一词,用来反映软件项目在这一时期出现的普遍现象,即项目运行超时,超支现象严重,软件质量低,通常不匹配需求,项目无法管理,且代码难以维护。这一时期,硬件以每年大约 30% 的速度成长,而软件每年只勉强以 4%~7% 的速度在成长,信息系统交付日期一再延后,许多待开发的软件系统无法如期开始。20 世纪 60 年代,软件开发成本占总成本的 20% 以下,70 年代,软件成本已达总成本的 80% 以上,其中 65% 的费用用于软件维护。为了解决这些问题,软件工程及软件项目管理的概念随后被提出。

2. IT 项目管理的兴起

最早的 IT 项目管理由 20 世纪 70 年代中期发生在美国的软件危机引发。当时美国国防部专门研究了软件开发不能按时提交,预算超支和质量达不到用户要求的原因,结果发现 70% 的项目是因为管理不善而非技术原因引起的。这反映出人们对软件项目的管理还缺乏经验和有效的知识管理手段。

尽管在随后的二三十年里,软件开发者逐渐重视软件开发过程中的各项管理,但软件研发项目管理不善的问题仍然存在。1997 年,Standish Group 公司对全美 6516 个信息技术应用项目统计发现,成功的项目所占比例仅为 27%,50% 的信息技术项目超支,损失高达 590 亿美元。这一时期,以弗雷德里克·布鲁克斯(Frederick P. Brooks, Jr.)、汤姆·迪马可(Tom DeMarco)、蒂姆·李斯特(Timothy Lister)为代表的软件业专家对软件开发项目中的诸多问题进行研究,并先后出版了与软件项目管理问题有关的几本经典书籍——《人月神话》《人件》《最后期限》《与熊共舞》等,如图 2-4 所示。

图 2-4　软件项目管理的经典书籍

《人月神话》为人们提供了大量软件工程实践案例及管理复杂项目的诸多深刻见解。作者为北卡罗来纳大学 Kenan-Flagler 商学院的计算机科学系教授、图灵奖获得者布鲁克斯,被美国计算机协会(ACM)誉为"对计算机体系结构、操作系统和软件工程做出了里程碑式的贡献"。他曾担任 IBM 公司 Stretch 和 Harvest 计算机的体系结构设计师、360 系统的项目经理,并在 System 360 家族和 OS 360 开发设计中积累了丰富的项目管理经验,被称为"IBM 360 系统之父"。《人件》则挑战了人们对于软件团队的传统认识,探讨了基于人本管理思想的软件开发和维护的团队管理问题,强调知识型企业(软件开发项目管理)的核心是人,而不是技术。作者迪马可及李斯特同时也是《与熊共舞》的作者。除此之外,迪马可还是《最后期限》的作者、结构化分析和设计的创始人之一,对软件开发管理及方法有深入研究,对信息科学做出了重大贡献。李斯特的主要研究领域为软件组织和项目的风险管理。《最后期限》以全球顶级知名企业及组织(包括特纳建筑公司、空中快递公司、美国宇航局、美国联邦调查局、波音公司和康菲石油公司等)所发生的真实商业案例为基础,通过跌宕起伏的情节描写,向读者展示了真正的"以人为核心"的大型复杂软件开发项目的进度管理艺术,即如何通过极其有效的管理来完成看似不可能完成的任务。《与熊共舞》主要介绍了软件行业的风险管理理念、风险管理的益处及缓解风险的相关策略,强调要学会识别风险,并大胆(而审慎)地拥抱有价值的风险。

§2.2 项目管理的概念及内涵

2.2.1 项目管理的定义

项目管理就是"对项目进行的管理"。这一直观的理解强调了项目管理所有的观点、方法和理论来源于项目实践。随着项目实践在各个领域的展开,以及管理学理论、方法的发展,项目管理的内涵逐渐变得丰富,形成了至少两个方面的理解。一是指一种管理活动,即一种有意识地按照项目的特点和规律,对项目进行组织管理的实践活动;二是指一种管理学科,即以项目管理活动为研究对象的一门学科,它是探求项目活动科学组织管理的理论与方法。前者是一种客观实践活动,后者是前者的理论总结;前者以后者为指导,后者以前者为基础。就其本质而言,两者是统一的。

基于以上观点,我们给项目管理定义如下:项目管理是指项目经理和项目组织运用系统的观点、方法和理论,对项目从投资决策开始到收尾结束的全过程进行有效的计划、组织、协调和控制,以实现项目特定目标而形成的一整套管理知识体系。

人们通常认为,项目管理作为一门学科是第二次世界大战的产物(如:曼哈顿计划)。在 1950—1980 年期间,项目管理主要应用于国防建设部门和建筑公司。经过近 40 年的发展,不但形成了 PMBOK 和 ICB 两大国际项目管理知识体系,同时,项目管理的应用已经广泛扩展到从制造业到服务业的各个领域(行业),如医疗制药、电信运营、软件开发、互联网产品开发与创新、物联网、智能制造、商业模式创新以及管理咨询等行业,并且形成了各个行业的项目管理学理论。因此,特定行业的项目管理知识体系往往来源于一般管理学知识、行业知识,以及一般项目管理知识等几大知识领域的整合。而特定企业的项目管理体系则是企业基于自身的业务模式,以项目为中心构建的业务运营体系。例如,华为的项目管理体系(见本章《拓展阅读》)。

2.2.2 项目管理的基本要素

项目管理的基本要素包括:项目干系人、干系人需求、资源、目标。

1. 项目干系人

项目干系人是指参与项目或其利益受该项目影响(受益或受损)的个人和组织,其涵盖范围比项目参与人更广泛。项目干系人主要包括:项目的客户方、项目的开发方及其他相关方。各方的具体组成如图 2-5 所示。

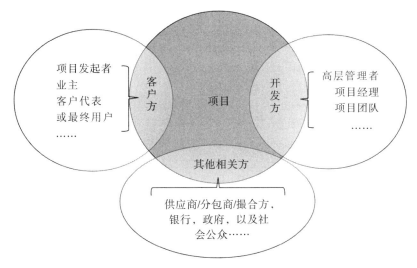

图 2-5　项目干系人的主要组成

不同的干系人对项目的影响或关注点不同。例如,项目客户对项目的成果认可度决定着开发方的项目资金能否顺利收回;项目高层管理者及项目经理是非常重要的项目干系人,对项目的支持程度则直接决定项目成败;项目最终用户对项目是否满意反映出该项目的客户满意度;分包商和供应商是否按照计划提交产品则影响着该项目的进度和质量;政府则关系项目带来的税收和社会效益;社会公众对项目的关心往往表现为该项目结果对其周边生活环境的影响或该项目相关服务水平是否提高。

除了上述的项目各方以外,项目干系人还可能包括新闻媒体、市场中潜在的竞争对手和合作伙伴等,甚至项目团队成员的家属也应视为项目干系人。不同的项目干系人对项目有不同的期望和需求,他们关注的问题常常相差甚远。例如,雇主也许十分在意时间进度,设计师往往更注重技术方面,政府部门关心税收,附近社区的公众则希望尽量减少不利的环境影响等。弄清楚哪些是项目干系人,他们各自的需求和期望是什么,对于项目管理者非常重要。只有这样,才能对干系人的需求和期望进行管理并施加影响,调动其积极因素,化解其消极影响,以确保项目获得成功。

由于不同项目干系人的责权差别很大,从偶尔参与调查到成为项目团队的重要成员,再到成为整个项目的发起人或投资者,不同的参与程度会对项目产生不同的影响。根据干系人对项目的影响可以分为积极的项目干系人及消极的项目干系人。积极的项目干系人,指那些会从项目成功中获益的利害相关人;而消极的项目干系人是指那些在项目成功中看到负面结果的利害相关人。对于项目的积极干系人,他们的利益会因为项目的成功而更好地达成,因此他们会提供支持,例如帮助项目获得许可证。项目的消极干系人则会通过提出更多的、更大范围的环境检查来阻止项目顺利推进。项目的消极干系人经常被项目团队忽略,这可能会对项目目标造成严重影响。因此干系人识别是项目初期非常重要的一项工作。同时,识别项目干系人又并非一件容易的事情,尤其是对于那些大型复杂项目,往往牵涉很多干系人,而这些干系人的职位、在项目中的重要性,以及他们的需求都各自不同,因此需要在充分调研的基础上,编制出较为详细的干系人登记册,尤其是关键干系人识别表。典型的项目关键干系人登记册包含的信息如表 2-3 所示。

表 2-3　项目关键干系人登记册

姓名	手机号码	邮箱	公司	部门	职位	在项目中角色	对项目关注点	影响环节	备注

2. 干系人需求

所谓干系人需求,是指项目发起人、客户和其他干系人的已量化且记录下来的需要和期望。常表现为业务需求(business requirement)和用户需求(user requirement),有时也直接表现为功能需求(functional requirement)。

在 IT 项目中,项目需求包括业务需求、用户需求及功能需求三个层次。业务需求反映组织机构或客户对系统、平台或软件产品可理解、高层次的应用目的及要求,它们在项目章程、范围说明或产品说明等文档中呈现;用户需求描述用户使用信息系统、平台或软件产品必须实现的目标或获得的体验,它在用例文档和方案脚本等文档中予以说明;功能需求定义帮助用户完成他们的任务、达到他们的目标或获得他们的体验、满足他们的要求的系统、平台或软件产品所必须具备的明确的性能或质量水平。有些隐含的但必须满足的非功能需求或其他约束条件往往是与功能需求或用户需求相辅相成的。通过项目实施,功能需求和非功能需求的实现意味着所交付的产品能够满足合同/协议、项目章程等客户的商业要求,进一步满足客户的业务需求。三者的关系如图 2-6 所示。

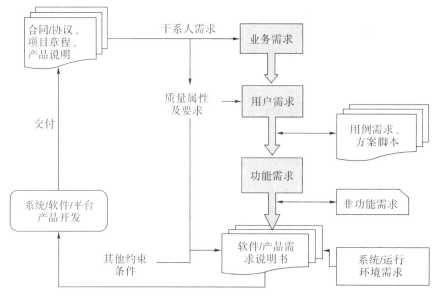

图 2-6　信息系统项目的需求层次

通过收集需求整理出的项目干系人的需求文件是定义项目范围、创建工作分解结构（Work Breakdown Structure，WBS）以及核实范围的重要输入。只有明确的（可测量和可测试）、可跟踪的、完整的、相互协调的，且主要干系人认可的需求才能作为基准。

3. 资源

资源的概念内容十分丰富，可以理解为一切具有现实和潜在价值的东西，包括物质资源和人力资源，内部资源和外部资源、有形资源和无形资源。诸如人力和人才、原料和材料、资金和市场、信息和科技等。此外，专利、商标、信誉、某种社会联系等，也是十分有用的资源。而在大数据时代，数据资源作为信息原料的价值日益显现。资源轻型化、在线化现象日益普遍。

资源具有以下特点：

（1）资源的合理高效使用对项目管理尤为重要。由于项目特有的临时性特征，项目资源不同于其他组织机构的资源，它多是临时拥有和使用的。

（2）资金需要筹集，服务和咨询力量可以采购（如招标发包）或招聘，有些资源还可以租赁。

（3）项目过程中资源需求变化较大，获得的时间和质量会直接对项目产生影响；有些资源用完后要及时清偿或遣散。任何资源积压、滞留或短缺都会给项目带来损失。资源的合理、高效使用对项目管理尤为重要。

4. 目标

项目目标与项目的目的不同，它是目的的量化描述，包括必须满足的规定要求和隐含或附加的期望要求，是为了达到预期成果必须完成的各项指标标准。因此，项目目标的规定要求或指标标准包括项目实施范围、质量要求、利润或成本目标、时间目标，以及必须满足的法规要求等。其中，进度（Time）、质量（Quality）、成本（Cost）通称为项目的三大目标。在一定范围内，这三者是互相制约甚至是相互冲突的。当进度要求不变时，质量要求越高，则成本越高；当成本不变时，质量要求越高，则进度越慢；当质量标准不变时，进度过快或过慢都会导致成本的增加。通过管理谋求快、好、省的有机统一和均衡。期望要求则包括对开辟市场、争取支持、减少阻力等产生重要影响的要素。譬如一种新产品，除了基本性能之外，外形、色彩、使用舒适，建设和生产过程有利于环境保护和改善等，也应当列入项目的目标之内。

当项目完成了既定目标，满足了项目 TQC 三要素的基本要求，同时项目成果被客户接受，就可以认为项目基本成功了。

项目目标的设定（描述）必须满足 SMART 原则，一个不能用来清晰指导判断项目成败的目标一定不是一个好的目标。如表 2-4 所示。

表 2-4　项目目标的 SMART 原则

原则	内涵
具体性（Specific）	对细节做出描述
可衡量的（Measurable）	可以通过定性或定量方式对目标进行衡量

续　表

原则	内涵
可达到的(Attainable)	目标必须是切合实际可以实现或达到的
相关性(Relevant)	项目目标必须和公司其他目标具有相关性
时限性(Time-bound)	必须在指定时间内实现目标

　　项目目标一定要按照上述原则清晰地描述出来,并获得项目发起人和主要干系人的确认。有了明确的项目目标,后面的工作才能有据可循、有界可定。反之,如果没有明确的项目目标,项目经理很容易让整个团队在遇到事情时陷入忙乱无绪的困境。一般来说,项目目标的确定过程或基本思路如图 2-7 所示。

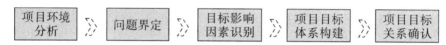

图 2-7　项目目标的确定过程

　　首先对项目面临的整个环境进行分析,包括外部环境、上层组织系统、市场情况、相关干系人(客户、承包商、相关供应商等)、社会经济和政治/法律环境等,从中发现通过项目开发实现公司或组织单元的发展机遇或问题解决可能性。这是项目目标的初始化。

　　在此基础上,发现是否存在影响项目开展的因素和问题,并对问题分类、界定。分析得出项目问题产生的原因、背景和界限。

　　进一步根据项目当前问题的分析和定义,确定可能影响项目发展和成败的明确、具体、可量化的目标因素,如项目风险大小、资金成本、项目涉及领域、通货膨胀、回收期等。具体应该通过项目可行性研究及论证环节来确定。

　　通过项目因素,确定项目相关各方面的目标和各层次的目标,并对项目目标的具体内容和重要性进行表述。

　　对各目标的关系确认,包括哪些是必然(强制性)目标,哪些是期望目标,哪些是阶段性目标,不同的目标之间有哪些联系和矛盾,确认清楚后,有利于对项目的整体把握和推进项目的发展。

§2.3　项目管理面临的环境

　　项目管理面临的环境包括来自项目组织所属企业外部的宏观环境和市场环境、企业内部组织系统环境、企业及项目组织的过程资产。

　　外部宏观环境及市场环境要素包括社会经济及科技发展趋势、经济文化法律等方面的制度和规约、市场竞争及投融资环境、相关物理或地理条件等。它们可能会给项目立项、投融资、实施方案、风险管理、产出成果水平及定价等诸多方面带来积极或消极影响。

　　来自于企业内部组织系统的环境因素包括:①组织战略计划、日常运营;②项目组织结构；③基础设施、资源（包括员工能力及信息技术）的可用性等。

企业及项目组织的过程资产是企业或项目组织积累的，与政策制度、流程规范及知识经验等有关的要素。过程资产的累积程度是衡量一个企业管理水平高低及项目组织管理体系成熟度的重要指标。

2.3.1　日常运营、项目管理及其与战略计划的关系

大多数组织在其存续过程中都会制订战略计划或阶段性发展目标，这些战略计划或目标的实现离不开两大类工作：日常运营和项目管理。

组织的日常运营是指对提供产品或服务的组织系统进行设计、运行、评价和改进的重复与持续过程。对企业而言，是指与产品生产和服务创造密切相关的各项管理工作的总称。根据企业的性质，组织运营可以分为生产运营和服务运营。生产运营是根据现有的流程，在标准化的生产线上持续生产标准化产品；服务运营则是根据既定的服务流程和标准提供持续服务。总的来看，企业的日常运营都是根据产品生命周期中的制度化标准，利用既定资源进行规范作业，生产或提供标准化结果。因此，负责日常运营的组织相对封闭和稳定，承担的职能也相对固定。企业运营最基本的职能是财务会计、人力资源、采购生产、市场销售及客户服务等。企业日常运营是这五大职能有机联系的循环往复过程。不过，随着互联网及大数据等信息技术应用的深入，企业的运营范畴已经由企业内部扩展到与企业合作伙伴之间，运营的层次也从基本的职能层运营上升到战略运营，并且实现了运营战略、新品开发设计、采购供应、生产制造、物流配送、客户服务的价值链集成。

同日常运营相比，项目管理是为了帮助组织推进战略计划或阶段性目标，在环境资源约束下和有限的时间期限内，按照项目运作的基本流程为特定客户创建出独特的产品或提供特定服务，以满足各方干系人需求。与日常运营相比，项目管理面临的团队组织是开放的和临时性的，项目结束就意味着项目团队的解散；项目交付的成果（产品或服务）与以往任何一次项目成果相比都是独特的、非标准的；项目管理随着项目从立项、启动、实施到结束是一次性过程，并非循环往复的。正因如此，项目管理与日常运营相比，面临更多的不确定性，但同时也意味着团队成员可以获得更多成长和发展的机会。

另一方面，项目管理和运营并非毫无关联。项目管理和日常运营都是用于实现组织战略计划或目标的基本手段，都需要计划、实施及控制等基本管理过程，并且其实施过程都受到环境和资源的约束。运营为组织的成长和业务发展提供稳定的支撑环境，项目管理则为组织的创立、变革和业务创新等开辟道路（如图 2-8 所示）。因此，项目管理和运营通常会在组织、产品或服务的生命周期阶段的某个时点发生交叉，例如，在组织发生规模、架构等方面的调整时，在企业进行产品开发（业务开发）、升级（业务提升）或退出运行（业务终止）时。这些时点都会涉及组织或企业特定资源在日常运营与项目管理之间发生转移。另外，在现代企业管理中，项目、子项目或项目集的开发日益成为企业战略目标实现的重要手段，用于组织那些受日常运营限制而无法进行的活动。例如，当运营从职能层上升到战略层之后，企业会通过更多的项目方式（而非日常经营方式）来进行资源的重组和调配，以便更好地支持战略目标的实现。

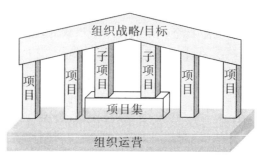

图 2-8　管理、运营与组织目标的关系

在一个组织内,以下一项或多项的战略考虑,是项目被批准的典型依据:①用以满足新市场开拓的需求或现有市场的新用户需求(例如疫情期间,各种在线教育平台在短时间内推出的各种云课堂平台);②用以满足业务发展的需求(例如某能源行业的 IT 公司应中国石化公司的要求,着手智能油田项目建设);③用以满足特定用户要求开发的项目,或企业自身的技术改造项目、技术研发项目,或应法律要求、政府要求而开发的项目。

2.3.2　项目的组织结构形式

项目活动能否有效展开,项目目标能否最终实现,在一定程度上取决于该组织的组织结构能否支持项目管理的组织方式。组织结构制定了正式的汇报关系,包括层级中的数量以及经理与主管的控制范围;组织结构确定了构成组织的部门及构成部门的个人,并设计了相应的渠道来确保部门之间的有效沟通、协调与整合。典型的项目组织结构包括职能型、矩阵型及项目型三种形式。

1.　职能型组织

职能型组织是最常见的一种组织结构形式。这种组织结构的典型特点是各职能部门具有明确的等级划分,员工依据各人专长供职于相关的职能部门。

在这样的组织环境下推进项目,项目的各个任务都将首先分配到相应的职能部门,职能部门经理对分配到本部门的项目任务负责,并从本部门中抽调员工参与项目工作。项目缺乏明确的项目经理或项目负责人。涉及职能部门间的项目事务或问题由部门经理层进行协调。如图 2-9 所示。

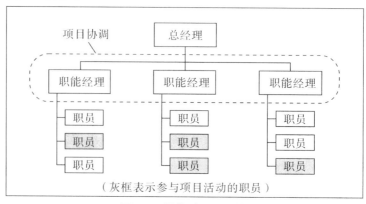

图 2-9　职能型组织结构

2. 矩阵型组织

同时运行多个项目的公司适合采用矩阵型组织结构。这也是众多现代企业采用的组织结构形式。一方面,通过企业的事业部或市场部推进项目的启动与开发,指定或分派项目经理;另一方面,项目团队成员往往来自于公司各常规运营的职能部门,因此,项目在运营中可能同时受到事业/市场部与职能部门的双重约束。结构如图 2-10 所示。

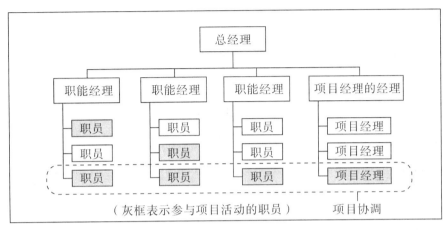

图 2-10　矩阵型组织结构

3. 项目型组织

与互联网和高科技有关的公司则更愿意采用项目型组织结构。但关于什么是项目型组织,业界有几种不同的解释。PMBOK 认为项目型组织是项目经理可以全权安排优先级、使用资源和指挥项目人员,把项目凌驾于职能工作之上的一种组织结构。IBM 对项目型组织的特征进行了解释:项目型组织以组织的项目、产品分类、地域划分等为依据,把组织人员按项目划分到各个项目组,由各个项目的项目经理全面领导和管理项目组。当项目结束之后,项目组就解散,人员在组织范围内重新分配,再进入不同的项目组。华为公司将项目型组织定义为一种为顺利完成项目或项目群目标而建立的工作团队。项目型组织通常独立于功能型组织,成员来自一个或者多个功能型组织。根据上述解释或定义可以将项目型组织划分为纯项目式组织和基于项目的组织两类。

纯项目式组织是把组织的人员按照项目划分到各个项目组,由各个项目的项目经理全面领导和管理,项目结束后解散,人员再重新进入不同的项目组。即这种组织结构以项目为核心,围绕项目进行资源配置并对客户负责,专职的项目经理对项目团队拥有完全的项目权力和行政权力。一个个项目组织就像微型公司。其结构如图 2-11 所示。

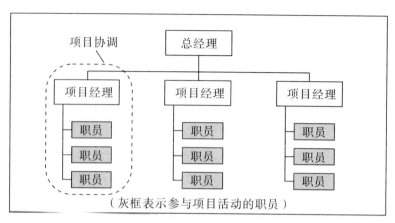

（灰框表示参与项目活动的职员）

图 2-11　项目型组织结构

上述每种类型的组织结构都有其优势和不足。具体如表 2-5 所示。

表 2-5　不同项目组织结构形式的优缺点比较

组织结构类型	优点	缺点	项目适用的组织环境
职能型组织结构	便于组织内专业知识和经验的有效积累； 人员有稳定的部门、便于统一指挥、灵活使用，资源调配灵活； 有利于保持项目在专业技能方面的连续性； 能为项目组成员提供正常的职位晋升渠道	不太关心客户需求； 缺乏明确的项目负责人，不利于项目推进； 跨部门沟通较为困难	适合规模小、偏重技术的项目，不适合创新型项目或大型复杂项目
矩阵型组织结构	关注客户需求； 有明确的项目负责人便于跨部门沟通	跨部门多项目的资源共享存在一定困难，容易产生资源冲突问题； 团队成员分属于职能部门及项目部，容易受到双边领导的困扰	适合开发需要调配多种资源、从事研究开发型项目的公司或单位
项目型组织结构	高度关注、更快响应客户需求； 组织内决策和沟通效率高； 项目经理拥有充分权利调动项目内、外资源	项目经理对团队成员依赖性较高，成员流动对项目影响较大； 不利于项目经理和团队成员长远职业规划	适合于规模大、项目/产品开发多和快的组织

要使一个项目获得成功，良好、高效的组织环境是成功的第一要素。据统计，在 IT 企业的产品研发项目中，项目失败的一个主要原因就是项目组织结构设计不合理，责任分工不明确，组织运作效率不高。反之，那些拥有成功项目实践的公司，往往都有属于自己的独特的组织形态或运作模式。著名 IT 公司或互联网公司的组织结构形态示意图如图 2-12 所示。

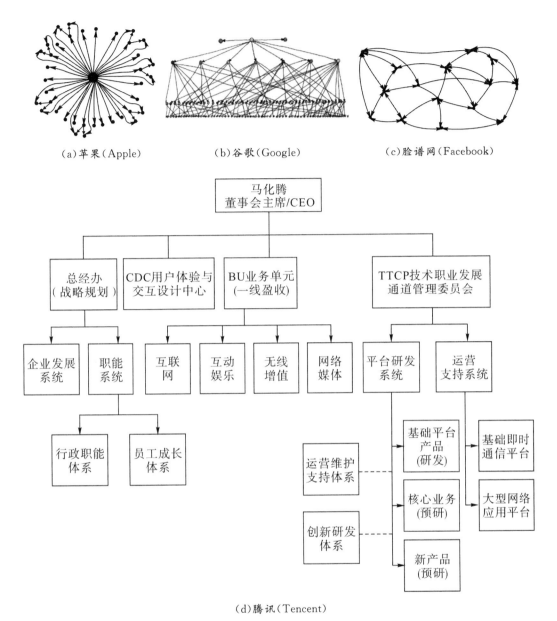

(a)苹果(Apple)　　　　(b)谷歌(Google)　　　　(c)脸谱网(Facebook)

(d)腾讯(Tencent)

图 2-12　著名 IT 公司及互联网公司的组织结构形态示意图

这些公司的组织结构虽然随着公司发展而不断变化,但它们的项目运作模式及特征仍然能从这些经典的组织结构示意图中得以呈现。

以苹果公司为例。曾经以史蒂夫·乔布斯(Steve Jobs)为核心的苹果公司组织结构饱受诟病。核心团队由值得信赖的成员组成,现任首席执行官蒂姆·库克(Timothy O. Cook)通过管理业务中无趣的部分也进入了乔布斯的核心圈子。近几年来,乔尼·艾维(Jonathan Ive)掌控着苹果设计主管(曾经由 Jobs 担任)的位置,而库克则管理其他所有事情。根据苹果在其网站上的关键人物页面,库克有 17 个直系下属,包括艾维、首席财务官卢卡·马埃斯特里(Luca Maestri)、首席经营官杰夫·威廉姆斯(Jeff Williams),以及多位高级副总裁(SVP)和副总裁。

　　每个项目的团队内部分享着苹果的秘密(与新产品开发有关的所有事情)。但项目团队通常不知道其他团队正在做什么——公司故意将他们分开。事实上,公司有很多小团队,一切都建立在"需要知道"的基础上。值得注意的是,苹果公司是一个"功能性组织",尽管具有包括软件和服务、手机和计算器硬件在内的多元化业务,但并不会根据产品系列或业务分裂和扩展自身,例如,菲尔·席勒(Phil Schiller)的营销组织负责所有产品的营销。而项目团队则会随着产品的增加而不断扩展,最终形成基于核心团队不断向外发散的项目组织架构。这种结构可以使项目团队成员能够较好地保持创业心态和创新精神。

　　此外,全球领先的ICT(信息与通信)基础设施和智能终端提供商华为公司,自20世纪末开始,在营销和研发等体系逐步引入项目管理,并经过多年实践,推广至目前的基建等领域,形成了一套完备的项目管理运作模式。

◇◇◇◇◇拓展阅读：华为的项目管理体系◇◇◇◇◇

　　　　1999年，华为公司正式引入IPD（集成产品开发）咨询，第一期合同额为3 000万美元，合作期为5年。在这5年期间，华为公司在IBM咨询顾问的带领下，对华为公司的产品和流程进行重整，对项目管理体系也进行了细致梳理。
　　　　……

2.3.3　事业环境因素与组织过程资产

　　上述这些与组织内外有关的环境要素在 PMBOK 又被划分为事业环境因素(Enterprise Environment Factors，EEFs) 及组织过程资产(Organizational Process Assets，OPAs)两大类。

　　事业环境因素是指源于项目外部环境的、项目团队不能控制的、对整个企业或项目产生影响的各种条件。它是很多项目管理过程,尤其是大多数规划过程的输入。这些因素可能会提高或限制项目管理的灵活性,并可能对项目结果产生积极或消极的影响。因此有效开展项目必须考虑这些因素。

　　组织过程资产是指执行组织所特有并使用的、对具体项目管理会产生积极或消极影响的计划、过程、政策、程序和知识库。包括以下几个方面:①来自任何(或所有)项目执行组织的、可用于执行或治理项目的任何工件、实践或知识组织;②来自以往项目的经验教训和历史信息;③该项目已经完成的成本、进度、风险及成果数据。组织过程资产是许多项目管理过程的输入。由于组织过程资产存在于组织内部,在整个项目期间,项目团队成员可对组织过程资产进行必要的更新和增补。

　　在本章中,事业环境因素及组织过程资产往往是项目管理各知识域中的各过程推进的重要依据。但为了避免重复论述,在后续涉及各过程依据时,均以"其他"来代表这两种因素。

§2.4　项目的阶段划分与管理过程

2.4.1 项目的生命周期及阶段划分

1. 项目的生命周期

项目生命周期是指项目作为一种创造独特产品与服务的一次性活动是有始有终的，项目从始到终的整个过程（所有阶段）构成了一个项目的生命周期。项目的生命周期是描述项目从开始到结束所经历的各个阶段，最一般的划分是将项目分为"规划→计划→实施→完成"四个阶段。实际工作中根据不同领域或不同方法再进行具体的划分。

项目生命周期确定了项目的开端和结束。例如，当一个组织看到了一次机遇，它通常会做一次可行性研究，以便决定是否应该就此设立一个项目。对项目生命周期的设定会明确这次可行性研究是应该作为项目的第一个阶段，还是作为一个独立的项目。

项目生命周期的设定也决定了在项目结束时应该包括或不包括哪些过渡措施。通过这种方式，我们可以利用项目生命周期设定，使得项目执行组织可以有序地进行项目的相关运作和管理活动。项目的整个生命周期由项目的各个阶段构成，每个项目阶段都以一个或一个以上的工作成果的完成为标志。

2. 项目生命周期的三个关键概念

项目生命周期涉及三个与实践密切相关的关键概念：检查点（Check Point）、里程碑（Mile Stone）和基线（Base Line）。

（1）检查点。指在规定的时间间隔内对项目进行检查，比较实际与计划之间的差异，并根据差异进行调整。可将检查点看作是一个固定"采样"时点，而时间间隔根据项目周期长短不同而不同，频度过小会失去意义，频度过大会增加管理成本。

（2）里程碑。指设于道路旁边，用以指示公路里程的标志。多用来比喻在历史发展过程中可以作为标志的大事。项目的里程碑则是指项目过程中与具有标志性意义的重大事件相联系的一个时间点，这些重要的时间点通常意味着一个可支付成果的完成。在制定项目进度计划时，通常需要在进度时间表上设立一些重要的时间检查点（即里程碑事件），以便在项目执行过程中利用这些重要的时间检查点来对项目进程进行检查和控制。

里程碑是项目中完成阶段性工作的标志，标志着上一个阶段结束、下一个阶段开始，将一个过程性的任务用一个结论性的标志来描述，明确任务的起止点。一系列的起止点就构成了引导整个项目进展的里程碑。里程碑定义了当前阶段完成的标准（Exit Criteria）和下一新阶段启动的条件和前提（Entry Criteria），并具有下列特征：层次性，即在一个父里程碑的下一层次中定义子里程碑；不同类型的项目，里程碑可能不同；不同规模项目的里程碑数量不一样，里程碑可以合并或分解。

在不同的项目情景里，可能会用到不同的项目关键里程碑划分的方式，最常见的两种方式有:强调过程的按阶段拆分;强调结果的按迭代拆分。这与项目的工作分解结构方式有关。具体可参见《IT项目范围管理》对应章节的内容。在软件项目管理中,基于阶段划分里程碑的方式在瀑布模型中比较常见,比如拆成需求分析、设计、编码、测试、上线等阶段。而强调结果的里程碑划分方式在敏捷模型中比较常见,比如拆成用户支付、用户下单等功能点。具体采用哪种方式需要基于项目特点和环境做慎重的判断和选择。

其次,在软件开发中错误发现得越晚,对于开发造成的损失越大。里程碑式开发模式可根据每个阶段产出结果分期确认成果,避免血本无归。通过早期里程碑评审,一般可以提前发现需求和设计中的问题,降低后期修改和返工的可能性。例如,在需求分析阶段发生的错误,那么最多就是把需求分析写一遍,损失的是一个人的劳动;而到了测试阶段发现了需求错误,再回去重新做需求分析,那么损失可能是致命的。

而且一般人在工作时都有前松后紧的习惯,里程碑强制规定在某段时间做什么,从而合理分配工作,细化管理粒度。对复杂的软件开发项目而言,每一阶段的进度都需要逐步逼近目标,里程碑产出的中间"交付物"就是每一步逼近的结果,也是控制的对象。如果没有里程碑,项目过程中想要了解"现在进度做得怎么样了"则是很困难的。

(3)基线。指一个(或一组)配置项在项目生命周期的不同时间点上通过正式评审而进入正式受控的一种状态。基线其实是一些重要的里程碑,但相关交付物要通过正式评审并作为后续工作的基准和出发点。基线一旦建立后变化需要受控。

综上所述,项目生命周期可以分成规划、计划、实施和完成四个阶段,如图 2-13 所示。项目应该在检查点进行检查,比较实际和计划的差异并进行调整;通过设定里程碑渐近目标、增强控制、降低风险;而基线是重要的里程碑,交付物应通过评审并开始受控。

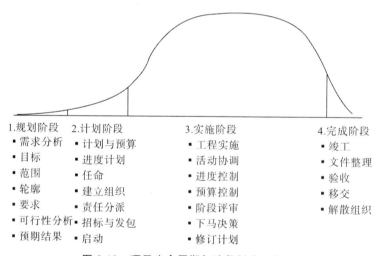

图 2-13 项目生命周期与阶段划分示意图

3. 项目的阶段划分及任务

(1)规划阶段。在这一项目阶段中,人们提出一个项目的提案,并对项目提案进行必要的机遇与需求分析和识别,然后提出具体的项目建议书。在项目建议书或项目提案获得批准以后,就需要进一步开展不同详细程度的项目可行性分析,通过项目可行性分析找出项目的各种备选方案,然后分析和评价这些备选方案的损益和风险情况,最终做出项目方案的抉择和项目的决策。这一阶段的主要任务是提出项目、定义项目和做出项目决策。

（2）计划阶段。在这一阶段中,人们首先要为已经做出决策要实施的项目编制各种各样的计划（针对整个项目的工期计划、成本计划、质量计划、资源计划和集成计划等）。在做这些计划工作的同时,一般还需要开展必要的项目设计工作,从而全面设计和界定整个项目、项目各阶段所需开展的工作、有关项目产出物的全面要求和规定（包括技术方面的、质量方面的、数量方面的、经济方面的等）。实际上,这一阶段的主要工作是对项目的产出物和项目工作做出全面的设计和规定。

（3）实施阶段。在完成项目计划和设计工作以后,人们就可以开始项目实施了。在项目实施的同时人们要开展各种各样的项目控制工作,以保证项目实施的结果与项目设计和计划的要求及目标相一致。其中,项目实施工作还需要进一步划分成一系列的具体实施阶段,而项目控制工作也可以进一步划分成项目工期、成本、质量等不同的管理控制工作。这一项目阶段是整个项目产出物的形成阶段,所以这一项目阶段的成果是生成的项目产出物,不管项目的产出物是实物形态的（例如,一栋建筑物）,还是知识或技术形态的（例如,一项科研成果）。

（4）完成阶段。项目实施阶段的结束并不意味着整个项目工作的全部结束,项目还需要经过一个完工与交付的工作阶段才能够真正结束。在项目完工与交付阶段,要对照项目定义和决策阶段提出的项目目标,以及项目计划与设计阶段所提出的各种项目计划和要求,先由项目团队（或项目组织）全面检验项目工作和项目产出物,然后由项目团队向项目的业主（项目产出物的所有者）或用户（项目产出物的使用者）进行验收移交工作,直至项目的业主/用户最终接受了项目的整个工作和工作结果（项目产出物）,项目才算最终结束。

上述四个项目阶段的流程如图 2-14 所示。

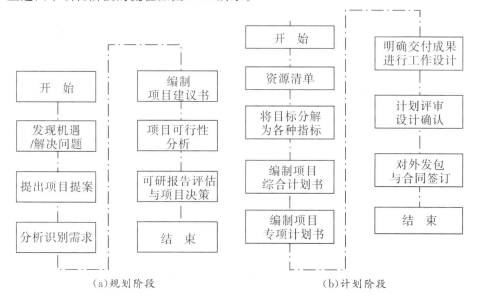

（a）规划阶段　　　　　　　　　　（b）计划阶段

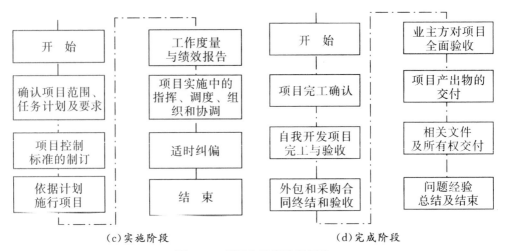

（c）实施阶段   （d）完成阶段

图 2-14　项目各阶段流程示意

2.4.2　项目管理的过程及过程组

1. 项目管理的过程构成及特点

　　一个项目的全过程或项目阶段都需要有一个相对应的项目管理过程。这种项目管理过程一般由五个不同的管理具体工作过程构成。起始过程主要定义一个项目阶段的工作与活动、决策一个项目或项目阶段的起始与否，以及决定是否将一个项目或项目阶段继续进行下去；计划过程包括拟定、编制和修订一个项目或项目阶段的工作目标、工作计划方案、资源供应计划、成本预算、计划应急措施等方面的工作；控制过程主要是制定标准、监督和测量项目工作的实际情况、分析差异和问题、采取纠偏措施等管理工作和活动，以保障项目目标得以实现，防止偏差积累而造成项目失败；实施过程主要是组织和协调人力资源和其他资源，组织和协调各项任务与工作，激励项目团队完成既定的工作计划，生成项目产出物等方面的工作；结束过程包括制定一个项目或项目阶段的移交与接受条件，将项目或项目阶段成果移交，从而使项目顺利结束的管理工作和活动。如图 2-15 所示。

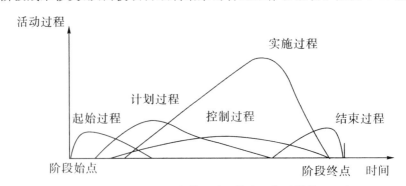

图 2-15　一个项目阶段中管理过程的交叉与重叠关系示意

　　这些项目管理过程具有以下三个特点：

　　（1）每一个过程包含的工作强度都会随着进程发生由低到高再逐渐降低的变化，各个过程并非独立的一次性事件,而是彼此交互和重叠的。

在一个大的项目中,每一个阶段内部,都可以包含起始、计划、控制、实施和结束过程,形成过程循环迭代的架构。单个过程组包含在项目周期里面,这些过程可能在一个过程组内部交互,也可能在不同的过程组之间交互。

(2)前一个阶段结束产生的可交付成果将成为下一阶段启动过程的依据。

一个独立的项目过程定义了本过程推进所需的依据(输入)、采用的主要方式及技术,以及过程结束时获得的成果或结果(输出)。一个项目过程组包括由依据、结果密切关联的各个过程组成,一个过程的结果是另一个/几个过程的依据或条件。任何项目都需要的五个过程组之间有清晰的相互依赖关系和顺序,这些关系适用于所有领域和行业的项目。如图 2-16 所示。

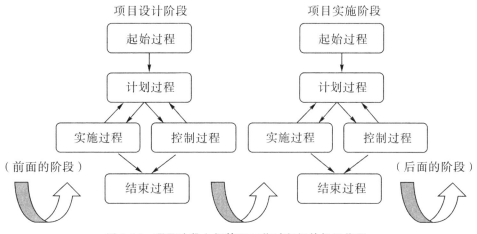

图 2-16　项目阶段之间管理工作过程间的相互作用

大多数项目生命周期确定的阶段的前后顺序通常会涉及一些技术转移或转让的,比如设计要求、操作安排、生产设计。在下一阶段工作开始前,通常需要验收现阶段的工作成果。但是,有时候后继阶段也会在它的前一阶段工作成果通过验收之前就开始了。当然要在由此所引起的风险是在可接受的范围之内时才可以这样做。这种阶段的重叠在实践中常常被叫"快速跟进"。

(3)不同的项目阶段及过程投入资源强度不同、风险水平和不确定性不同。

项目在起始阶段,对工作人员和资金等资源的需求最初较少,在向后发展过程中需要越来越多,当项目要结束时又会剧烈地减少,但项目总耗费随项目进行而不断增加。

在项目开始时,风险和不确定性是最高的,项目干系人的决策及能力对项目及最终产品特性的影响是最大的,因而项目成功的概率很低。随着项目逐步向前推进,风险和不确定性水平、项目干系人的影响能力逐渐降低,成功的可能性也越来越高。这主要是由于随着项目的逐步发展,投入的成本在不断增加,而出现的错误也不断得以纠正。

2. 过程组与知识域的映射

PMBOK 项目管理知识体系由五个项目过程、十大知识领域集成。如表 2-6 所示。

表 2-6　PMBOK 项目管理知识域

知识领域	过程组				
	启动过程组	计划过程组	执行过程组	监控过程组	收尾过程组
整体	制定项目章程	制定项目管理计划	指导和管理项目执行,管理项目知识	监控项目工作,综合变更控制	项目收尾
范围		收集需求;范围定义及 WBS		范围核实;范围变更控制	
时间		活动定义;活动排序;资源估算;历时估算;制定进度计划		进度控制	
成本		成本估算;成本预算		成本控制	
质量		质量规划		执行质量控制	
人力资源		制定人力资源计划	组建团队;团队建设及管理		项目收尾
沟通		规划沟通	管理沟通	控制沟通	
风险		规划风险管理;风险识别;风险应对		风险监控	
采购		采购规划	实施采购	控制采购	结束采购
干系人	识别干系人	规划干系人管理	管理干系人参与	控制干系人参与	

§2.5　IT 项目的周期模型及管理方法

2.5.1　IT 项目的周期模型

IT 项目周期模型是指 IT 项目开发全部过程、活动和任务的结构框架。对于软件项目而言,软件开发包括需求、设计、编码和测试等阶段,有时也包括维护阶段。软件开发模型能清晰、直观地表达软件开发全过程,明确规定了要完成的主要活动和任务,用来作为软件项目工作的基础。对于不同的软件系统,可以采用不同的开发方法、使用不同的程序设计语言和各种不同技能的人员参与工作、运用不同的管理方法和手段等,以及允许采用不同的软件工具和不同的软件工程环境。IT 项目周期模型包括:瀑布模型、迭代开发模型、快速原型模型、螺旋模型及敏捷开发模式等。

1. 瀑布模型

瀑布模型是美国温斯顿·罗伊斯(Winston Royce)向 IEEE WESCON 提交的一篇名

为《管理大规模软件系统的开发》的论文中首次提出的。该模型将软件生命周期划分为计划、需求分析、设计、编码、测试和运行·维护等六个基本活动，开发进程从一个阶段"流动"到下一个阶段，它们自上而下、相互衔接，如同瀑布流水逐级下落。每个阶段都会产生循环反馈，如果有信息未被覆盖或者发现了问题，最好"返回"上一个阶段并进行适当修改。如图 2-17 所示。

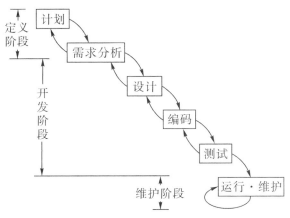

图 2-17　IT 项目的瀑布模型

瀑布模型具有以下比较明显的优点：软件开发的各项活动严格按照线性方式进行，能够为项目提供按阶段划分的检查点；当前活动接受上一项活动经过验证的工作结果，因此当前一阶段完成后，开发者只需要关注后续阶段；可在迭代模型中应用瀑布模型。同时，瀑布模型也存在一些典型的缺点：在项目各个阶段之间极少有反馈，早期的错误可能要等到开发后期的阶段才能发现，由此增加了开发的风险；通过过多的强制完成日期和里程碑来跟踪各个项目阶段，另外就是产生大量的文档，增加了项目经理及开发团队的工作量。瀑布模型适合需求易于完整定义且不易变更的软件系统。

2. 迭代开发模型

最早的迭代模型可能要追溯到 20 世纪 50 年代的 SAGE 项目开发中的分段模型（stagewise model）。该模型后来被统一软件过程（Rational Unified Process，RUP）定义为包括产生产品发布（稳定、可执行的产品版本）的全部开发活动，以及产生该产品发布所必需的所有其他外部要素。因此可以说迭代开发是一次完整地经过需求、分析、实施及测试等所有工作流程的过程。而这些流程还可以细分为迭代。每一次的迭代都会产生一个可以发布的产品（成果），这个产品是最终产品的一个子集。由于该模型能够显著地减少软件开发及产品发布过程中的风险，因此自 20 世纪 90 年代开始，在现代过程方法极限编程（eXtreme Programming，XP）及 RUP 中就得到广泛应用。

迭代开发模型从组织管理的角度将整个软件开发生命周期分为四个阶段：初始、细化、构造、移交，可进一步描述为周期（Cycle）、阶段（Phase）、迭代（Iteration）。每个阶段都包含一定工作量的核心工作流和辅助支持工作流。具体如图 2-18 所示。

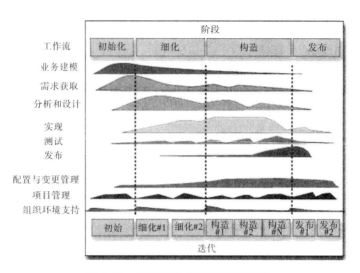

图 2-18　IT 项目生命周期迭代模型

　　从阶段工作来看,初始化阶段系统地阐述项目的范围,选择可行的系统构架,计划和准备业务案例;细化阶段主要细化构想、过程、基础设施以及构架,并选择构件;构造阶段主要进行资源管理和控制、过程最优化、完成构件开发并依据评价标准进行测试、根据构想的验收标准评估产品的发布等工作;发布阶段主要进行同步并使开发的构造增量集成到一致的实施基线中,根据完整的构想和需求集的验收标准评估与实施有关的工程活动的实施基线。

　　核心工作流从技术角度描述迭代模型的静态组成部分,包括:业务建模、需求获取、分析和设计、实现、测试、发布,几乎每个部分在所有的时间段内均有工作量,阴影部分描述不同工作流在不同时段工作量的大小。辅助工作流则包括配置与变更管理、项目管理及组织环境支持。

　　在迭代过程中,每一阶段都包括不同比例的所有开发活动。迭代开发是针对问题解决和解决方案开发的基于团队的方法。它要求所有参与的人(包括开发、客户和管理团队等)都采用协作的技术。这种模型适于需求明确且较为稳定的项目(如游戏项目)开发。

3. 快速原型模型

　　快速原型是利用原型辅助软件开发的一种新思想。经过简单快速的需求分析,迅速建造一个可以运行的软件原型,用户与开发者在试用原型过程中加强通信与反馈,达成共识,通过反复评价和改进原型,减少误解,弥补漏洞,适应变化,最终提高软件质量,在确定的需求基础上开发客户满意的软件产品。如图 2-19 所示。

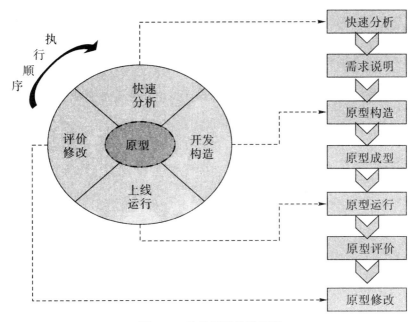

图 2-19　快速原型模型示意

快速原型模型允许在需求分析阶段对软件的需求进行初步而非完全的分析和定义，快速设计开发出软件系统的原型，该原型向用户展示待开发软件的全部或部分功能和性能；用户对该原型进行测试评定，给出具体改进意见以丰富细化软件需求；开发人员据此对软件进行修改完善，直至用户满意认可之后，进行软件的完整实现及测试、维护。

该模型的典型优点是能够实现客户与系统的交流，进一步细化待开发软件需求，使开发人员可以确定客户的真正需求是什么。这种模型适合预先不能确切定义需求的软件系统。但缺点也比较明显，开发周期长，容易受到需求变化的各种影响，除此之外，应用原型模型的前提是要有一个能展示出来或可视化的产品原型，因此在一定程度上不利于开发人员创新。

4. 螺旋模型

螺旋模型是一个演化软件过程模型，将原型实现的迭代特征与线性顺序（瀑布）模型中的控制结合起来。使软件的增量版本的快速开发成为可能。在这个模型中，软件开发是一系列的增量发布。在早期的迭代中，发布的增量可能是一个以上的模型或原型，在以后的迭代中，被开发系统的更完善版本逐步产生。螺旋模型的开发过程呈具有周期性重复的螺旋线状。四个象限分别标志每个周期的四个阶段：制定计划、风险分析、实施工程和客户评估。具体如图 2-20 所示。

螺旋模型具有如下特点：将原型实现的迭代特征与线性顺序模型中控制的和系统化的方面结合起来，使软件增量版本开发成为可能；强调了其他模型所忽视的风险分析。但螺旋模型也存在典型的缺点，即软件开发的成败很大程度上依赖于风险评估的成败。需要开发人员具有相当丰富的风险评估经验和专门知识。这种模型适合需求不能完全确定，同时又存在技术、资金或开发时间等风险因素的大型开发项目。

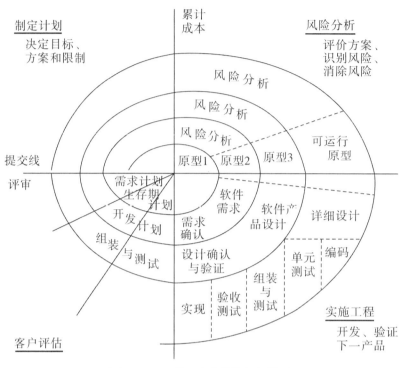

图 2-20　IT 项目生命周期螺旋模型

5. 敏捷开发模式

从本质上讲,敏捷(Agile)并不是开发方法,而是一种理念。对于项目管理而言,敏捷是一个全新的术语,敏捷强调在软件研发过程中持续性地根据用户反馈和需求优先级来发布新版本,不断进行迭代,让产品逐渐完善。

直到 20 世纪 90 年代之前,以瀑布模型为核心、面向流程的结构化项目管理方法一直是 IT 项目(尤其是软件开发)的主要方法。20 世纪 90 年代开始,随着互联网技术的快速发展及深入普及式的应用,基于互联网的软件产品生命周期大大缩短,用户的需求变化频繁成为常态,因此,研发人员需要一种能够灵活管理用户反馈、Bug 和需求的方法,由此催生了软件行业的敏捷开发模式。

敏捷开发是一种以人为核心、迭代、循序渐进的开发方法。在敏捷开发中,软件项目的构建被切分成多个子项目,各个子项目的成果都经过测试,具备集成和可运行的特征。换言之,就是把一个大项目分为多个相互联系,但也可独立运行的小项目,并分别完成,在此过程中软件一直处于可使用状态。敏捷开发是一种应对快速变化的需求的软件开发能力。相对于"非敏捷",更强调程序员团队与业务专家之间的紧密协作、面对面的沟通(认为比书面文档更有效)、频繁交付新的软件版本。能够很好地适应需求变化的代码编写和团队组织方法,也更注重软件开发中人的作用。

敏捷开发是一些小公司(40 人以下)应用最多的开发模式。其特点是短周期、增量式开发。由程序员和测试人员编写的自动化测试来监控开发进度;通过口头沟通、测试和源代码来交流系统的结构和意图;写代码之前先写测试代码,也叫作测试先行。缺点是团队组建困难,对每个成员的要求都很高,要求测试员完全掌握各种脚本语言编程,会单元测试。

　　基于敏捷开发思想,且目前在很多公司广泛使用的 Scrum 是一个包括了一系列的实践和预定义角色的过程骨架(是一种流程、计划、模式,用于有效率地开发软件)。Scrum 对角色和活动定义明确,能够深入浅出地用于与非技术人员沟通,因此深得许多互联网组织的青睐。Scrum 中有三种主要角色:

　　第一种角色是具有自我管理和持续改善能力、能够独立完成任务的开发团队(Development Team,Dev Team),人数少而精,一般在 7 人左右。团队中每个成员都拥有自己的特长,根据任务需求自行安排工作内容。

　　第二种角色是产品负责人(Product Owner,PO),很多时候被称为产品经理(Product Manager,PM),这一角色不但在英文缩写方面与项目经理(Project Management,PM)相同,其作用也类似,负责产品规划和产品开发项目的实施。因此,从两种角色差别看,产品经理包含了项目经理的职能。

　　第三种角色是产品/项目主管(Scrum Master,SM),代表公司利益所有者,是比 PM 对团队和产品走向更有影响力的角色,但并不直接参与产品或项目的开发。

　　敏捷式开发也意味着开发团队在产品或项目开发中会经历一个又一个冲刺(Sprint)。每一个冲刺一般在 1—4 周,在这期间由开发团队创建可用的(可以随时推出)软件的一个增量(Item)。每一个冲刺所要实现的特性来自产品订单(product backlog),产品订单是指按照优先级排列的需要完成的工作(Task)的概要性需求(目标)。在冲刺的过程中,没有人能够变更冲刺订单(sprint backlog),这意味着在一个冲刺中需求是被冻结的。

2.5.2　IT 项目管理特点

　　IT 项目管理在具备一般项目管理共性的同时,也有自己的特点。

　　(1)需求来源复杂多样。信息技术的普及为 IT 项目在各个行业中的应用奠定了基础。IT 项目的需求往往来自多个方面:①市场需求。IT 项目带来的诸多便利性,是市场需求扩大的根本原因,例如近年来流行的移动支付业务,以及各类电子商务活动等。随着 IT 项目的逐渐成熟,其市场需求和应用前景也会越来越广阔。②效率需求。依托 IT 项目开展业务管理,可以用计算机、网络等代替人工完成一些基础性的工作,从而切实提升了效率。③用户需求。IT 项目管理需要坚持以用户需求为导向,例如快递公司可以借助信息技术建立物流管理系统,为用户提供更加便捷的物流查询等服务。

　　(2)技术更新日趋频繁。与普通的工程项目相比,IT 项目具有明显的更新换代速度快的特点。同时,随着信息技术的成熟,更新换代的频率也随之提升。例如在 20 世纪 90 年代,信息技术进行一次自我迭代大约需要 24—36 个月,但是进入 21 世纪后,完成一次换代只需要 12 个月,现阶段一些前端的技术领域,往往几个月的时间里就需要进行一次软件更新升级。不断更新的技术也要求在开展 IT 项目管理时,必须采用更加灵活的管理手段,这样才能确保 IT 项目在实际运行后,能够适应当前市场需要,发挥应有的功能和价值。此外需要注意的是，IT 项目管理人员应避免盲目追求技术先进性，将一些不成熟的技术应用到 IT 项目中，反而容易给 IT 项目的实际价值造成负面影响。

（3）管理方法特殊。IT 项目管理强调做到技术、人员、资源等方面的集成利用，因此在具体管理方法上的运用，也体现出较强的特殊性。例如，管理人员在协调 IT 项目的进度时，如果软件代码编写已经完成了 80%，这并不意味着剩下的 20% 时间都可以用来进行项目调试。还需要将 IT 项目的市场前期推广、市场信息反馈，以及 IT 项目本身的优化，纳入到管理工作中。因此，在具体开展 IT 项目管理时，协调好时间、资源等要素十分必要。

（4）项目组织灵活。IT 技术自身不断变化，从管理信息系统到当今大数据下的数字/智能化系统及云平台，系统架构及功能日益复杂，与之相应，IT 项目开发与组织也更加灵活多样，专业化开发与直接定制化采购及应用相区隔，IT 公司项目管理与客户方项目管理难度出现两极分化。

（5）IT 项目管理人才稀缺。在移动互联网和数字化浪潮下，当前云计算、大数据、物联网、人工智能等数字技术逐渐成为社会及企业发展的主流，全球正在快速进入数字经济时代。从"互联网＋"行动计划到国家信息化发展战略纲要，数字经济已经连续两年被写入《政府工作报告》。企业正纷纷抓住"数字中国"建设的契机，加快数字化转型步伐，基于此时代背景，IT 项目管理人才培养显得更为紧迫。

（6）IT 项目管理过程知识域的集成性。IT 项目管理过程是一般项目管理过程与 IT 产品或系统开发过程知识领域的集成。如图 2-21 所示。

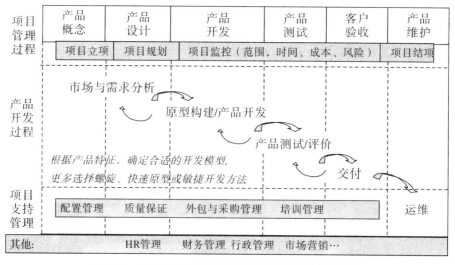

图 2-21　IT 项目开发与管理过程知识领域的集成框架

2.5.3　IT 项目管理方法

1. 从 PROMPT Ⅱ 到 PRINCE Ⅱ

1975 年，Simpact Systems 公司建立了一种 IT 项目管理方法，名为 PROMPT Ⅱ（Project Organization Management and Planning Techniques）。1979 年，英国政府中央

计算机与电信局(Central Computer and Telecommunications Agency,CCTA)采纳了PROMPTⅡ项目管理方法作为政府部门信息系统项目的项目管理方法。在 PROMPTⅡ项目管理方法的基础上,20 世纪 80 年代,CCTA(后来并入英国政府商务部(OGC))出资研究开发 PRINCE,1989 年,PRINCE 正式替代 PROMPTⅡ成为英国政府 IT 项目的管理标准。

1993 年,OGC 将注意力转移到 PRINCE 新版 PRINCEⅡ的开发上。通过整合现有用户的需求,该方法成为基于流程、面向所有类型项目的、通用的、最佳实践的结构化项目管理方法。PRINCEⅡ是一项适用于 IT 项目与非 IT 项目的综合标准,在英国十分流行,目前世界上也有 50 多个国家(包括中国)引进这种方法。随着 IT 治理(IT Governance)在全世界的兴起,PRINCEⅡ作为 IT 项目管理高效的方法,与 PMBOK、ITIL、CobiT 以及 ISO27001/27002 等一起逐渐成为 IT 治理重要的支持工具。

PRINCEⅡ并不试图将项目管理中所涉及的各方面都囊括进来,尤其是项目管理过程中所涉及的具体技术方面,因为具体的技术方法会因为每个项目所处环境、设定的目标等因素的不同而产生很大的差异。

PRINCEⅡ可以用于任何项目环境中,它包含了一套完整的理念和管理方法。如图2-22 所示。作为项目运行与管理来说,这些理念和方法是不可或缺的。

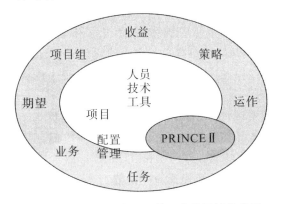

图 2-22 PRINCEⅡ与项目管理整体环境的关系

2. 敏捷项目管理

敏捷的思想来自 20 世纪 30 年代著名管理学大师休哈特的计划-执行-学习-行动(PDSA)的质量管理方针,此方针为戴明环(PDCA)由来的依据,可见敏捷是一种非常典型的质量管理思想。敏捷项目强调商业价值的尽早交付,项目团队的自组织,不断响应客户动态的需求变化,持续优化项目产品和交付流程。

推动敏捷思想落地的组织是在 2001 年成立的敏捷联盟,它构建了敏捷宣言和敏捷原则等理论体系。比较熟知的就是敏捷宣言,一共包括四条。

(1)个体和互动高于流程和工具。敏捷强调自组织,通过每天的站立会、阶段冲刺(迭代)的评审会和冲刺(迭代)完成后的回顾会等形式优化之前无效的流程和减少具体环节由于等待流程而浪费时间和资源的可能性。这些都充分体现敏捷强调沟通协作等特点。

(2)可工作软件高于详尽的文档。敏捷强调持续交付和尽早的用户体验,文档够用就好。杜绝瀑布式开发周期过长和拖到项目收尾阶段再交付产品所带来的不必要的风险。敏捷希望最好的需求、架构和设计应出自团队与客户的不断互动。团队成员应该是跨职能的,即每个人可以兼具需求分析、架构设计、开发和测试等能力。这样在文档不尽详细的情况下,可以通过自我的不断学习和技能突破来交付可工作的软件。

(3)客户合作高于合同谈判。敏捷强调客户对产品开发工作的全程参与,通过紧密的客户合作及时发现最有价值的产品特性,并优先开发,在需求交付方面与客户达到协同和共赢的局面。有价值的需求也是客户实现商业价值的本质保证,所以要与客户合作持续交付最有价值的内容,而不是对立地通过合同约束来约束所谓的甲乙双方。

(4)响应变化高于遵循计划。敏捷强调动态适应业务战略或市场需求的变化,允许在合理的成本控制下的项目或阶段中后期的变更。敏捷原则承认利用变更可以为客户创造更多的竞争优势,即尽早实现客户的市场或商业价值。针对这一条来讲,敏捷比 PMP 或 PRINCE Ⅱ 更加大胆,因为未来市场上的商业需求更加多变,且更加强调每个用户个体需求的多样性,比如 C2F(客户的需求直接和工厂的制造对接)的模式将更加普遍。敏捷需要有计划,但是不完全拘泥于计划,这一点是值得其他理论体系学习的。

敏捷项目管理有别于传统的基于 PMBOK 或 PRINCE Ⅱ 的项目管理模式。传统软件开发管理通常采用的是瀑布式、部分迭代开发模式,要求在项目建设时,需求足够明确、文档足够规范,迭代过程中需求变更越多、越晚,对项目影响越大,会影响到项目的交付质量。敏捷项目管理作为新兴的项目管理模式,简化了传统项目管理的繁琐流程和文档。以 Scrum 为代表,欢迎需求变更,在客户需求不明确的时候,以在较短的周期内开发出可用的软件为目标,来帮助客户描述自己的需求。迭代过程中的需求变更会加入项目继续迭代需求池,丰富项目的产品功能。

PMI 经过多年调查发现许多项目需求不断地变更、成员小于 10 人的团队,套用以往"先做计划再做事"的思维,项目根本推不动。因此,PMI 提倡采用敏捷的方法管理变动的项目,并从 2011 年开始正式推出 PMI Agile Certified Practitioner(PMI-ACP)认证,使技术开发经理与项目经理能够具备快速应变的能力。

如今,敏捷已经成为包括互联网与软件、智能制造与研发等各个行业产品开发与项目管理的首选方法,在全球范围内,每年有超过 2 万人学习敏捷方法与敏捷实践,在中国,每年有 2000 人参加 PMI-ACP 课程与考试,参与学习最新的敏捷开发与管理方法,敏捷已经成为互联网、IT、软件、通信、消费电子、制造研发等行业的专业工程师、项目经理、产品经理、研发经理、项目总监、敏捷教练、PMO 人员及所有对敏捷有兴趣的人员的必备技能。

◇◇◇◇◇◇ 拓展阅读:企业对项目经理及IT项目管理人才的要求 ◇◇◇◇◇◇

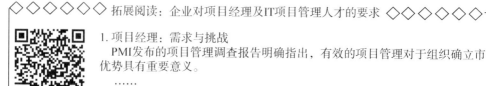

1.项目经理:需求与挑战
PMI发布的项目管理调查报告明确指出,有效的项目管理对于组织确立市场竞争优势具有重要意义。
……

案例分享

阅读下面的案例,分析该项目是如何一步步演变为焦油坑的?

※焦油坑:一个典型软件故事

No scene from prehistory is quite so vivid as that of the mortal struggles of great beasts in the tar pits.

史前史中,没有别的场景比巨兽在焦油坑中垂死挣扎的场面更令人震撼。上帝见证着恐龙、猛犸象、剑齿虎在焦油中挣扎。——摘自《人月神话》

······

习　题

※ 理解分析题

1. 阅读 2.1"项目管理产生与发展"的相关材料,讨论并回答以下问题:从古代的项目实践经验总结到现代的项目管理多维化发展,你认为项目管理理论及学科的发展离不开哪些条件的支持?

2. 项目管理的基本要素有哪些? 这些基本要素对项目目标可能会产生什么样的影响?

3. 如何看待项目管理的过程及过程组? 项目管理过程有什么特点?

4. IT 项目有哪些主要的周期模型? 它们各自适合于什么样的 IT 项目?

本章参考文献

[1] 和劲松,金杰. 古罗马城的供排水系统与城市文明[N],光明日报,2014-01-08.

[2] Adamiecki, Karol. Harmonygraph[M]. Przeglad Organizaciji,1931.

[3] Patrick W, F. A. I. C. D., PMP FCIOB. A Brief History of Scheduling-Back to the Future[M]. Mosaic Project Services Pty Ltd,2014.

[4] 欣旋咨询,IT 认证哪些是很有必要考的[EB/OL]. (2017-02-12)[2020-6-02],http://zhihu. com/question/371427052.

[5] 胡德银. 应用赢得值评估原理实行项目费用/进度综合控制(下)[J]. 化工设计,1994(03):3-49.

[6] 胡德银. 应用赢得值评估原理实行项目费用/进度综合控制(上)[J]. 化工设计,1994(02):46-51.

[7] 张献国. 信息系统项目中需求机器变更管理的影响[D]. 呼和浩特:内蒙古大学,2005.

第 3 章　IT 项目的启动与采购管理

【本章摘要】

本章主要介绍 IT 项目的选择、合同签订及启动涉及的重要环节。对于大型复杂的 IT 项目,在项目启动前进行可行性研究是非常必要的,也是必需的。由于信息化服务对技术性和专业性的要求较强,IT 项目商务合同对项目立项及项目后续实施与交付产生较大的影响。对于 IT 项目,无论选择何种方法或流程,每个项目都必须从启动开始。立项至关重要。

【关 键 词】

可行性研究;项目启动;采购合同

【学习目标】

- 掌握 IT 项目可行性研究的概念及过程,学会撰写可行性研究报告;
- 了解 IT 项目启动的主要依据、技术/方法及产出,熟悉 IT 项目启动的基本程序;
- 了解 IT 项目采购管理的基本过程,理解 IT 项目采购的合同定价类型。

任何项目的实施都意味着资金与资源的投入,同时也意味着或大或小的机会成本,因此,项目立项必须经过严格的可行性研究或立项论证,并经有关部门评估审核,通过后才能立项并进入项目启动阶段。规模越大或风险越大的项目,其论证和评估的过程就越严格。一般情况下,从项目构思到项目启动前要经过如图 3-1 所示的论证与评估流程。

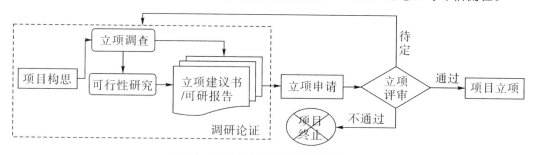

图 3-1　项目立项前的论证与评估流程

§3.1　IT 项目立项论证:可行性研究

现代企业按照创造价值的业务来划分,可以分为产品主导型企业、项目主导型企业或产品项目混合型企业。企业越来越依靠项目的方式来帮助推动产品业务的创新,以及企业的发展战略。项目的机会很多,因此如何选择就成为企业的重要决策内容之一。一般来说,项目机会的选择必须依据一套规范化的流程,对每个可能的项目机会进行可行性研究。在此基础上对项目是否投资立项做出决策。

3.1.1　项目可行性研究的概述

在世界各国流域的开发当中,美国田纳西河流域的开发是最成功的典范。1933 年 5 月,美国国会通过了《田纳西河流域管理局法案》,设立了田纳西河流域管理局,授权其负责田纳西河流域的水利工程建设,并拥有规划、开发利用、保护流域内各种自然资源等广泛权利。田纳西河流域管理局用三年的时间,对流域的合理开发和综合利用进行充分论证,并对全流域资源进行统一规划,制定了流域开发建设的一系列具体方案,涉及该项目实施的资金筹措、人力资源获取、环境保护等多方面,由此开创了至今仍被广泛应用于科技、经济与社会活动的可行性研究方法。但在我国,直到 20 世纪 80 年代才逐渐将可行性研究的概念及方法引入基本建设、技术设备引进等领域,同时,国家经济建设主管部门也将该方法应用于宝钢建设、石化装置引进、核电站开发等多个重大项目中。

项目可行性研究是一种系统的投资决策科学分析方法,具体是指应用战略分析、调查研究、预测技术、系统分析、模型方法等,对拟建项目相关的社会、经济、技术、环境等进行调研、分析比较,以及预测建成后的社会经济环境效益,在此基础上综合论证项目建设的必要性、财务的营利性、经济上的合理性、技术上的先进性和适应性,以及建设条件的可能性和可行性,从而为该项目的投资决策提供科学依据。

项目可行性研究是确定项目是否值得投资立项、项目立项后如何展开实施的重要依据,也是防范项目风险、提高项目效率的重要保证。一般来讲,可行性研究报告的用途包括以下三类:①下属项目开发部门提交给上级资金资助部门,供其对该项目审批;②项目投资机构提交给银行等金融机构,供其对该项目资金回收及营利能力进行认可审批;③特定项目的开发方(或准开发方)在与项目客户方签订合同或协议后,提交给对方供其了解并认可该项目的具体开发方案,从而推动项目顺利开展。用于不同情境的项目可行性研究侧重的内容有所区别,有些侧重关注项目的社会经济效益和影响,有些则侧重关注项目在经济上是否可行,还有一些侧重关注项目的技术可行性及投资效益。

3.1.2　IT 项目可行性研究的概念及主要内容

对于大型复杂的 IT 项目,在项目启动前进行的项目计划和选择工作中进行可行性研究是非常必要的,也是必需的。可行性研究帮助完成项目计划所需的初步估算,其估算范围涵盖项目或 IT 产品的开发范围、投入回报和项目风险等,反映到可行性研究中,主要是对项目所涉及的技术、经济、社会与环境等各种因素进行评价。可行性研究并不能形成项目的详细计划,但它可以在项目规划和定义阶段用较小的代价减小项目投资与建设中出现的决策失误,从而避免未来在一些不必要的项目上投入资源、浪费时间和错失其他更好的项目机会,或者因项目技术难度太大,在实施过程中遭遇社会、环境甚至法律等方面的障碍而带来不可避免的损失。

但另一方面,即便通过可行性研究得到了项目可行的结论,也并不意味着项目就一定能取得成功。事实上,可行性研究是在项目规划阶段进行的活动,根本无法对项目后续实施过程中的风险做出充分估计,因此并不能保证项目就一定能取得成功,获得预期收益。

得到肯定结论的可行性研究只能为项目成功提供一个基本的实现路径与方法。

IT 项目的可行性研究一般涉及对项目必要性、可能性及效益性三个方面的论证。IT 项目开发的必要性强调该项目在解决企业在目前信息化中存在的问题，帮助企业抓住信息产业的发展机遇，提升企业在信息化方面的竞争能力等方面的重要性和紧迫性；项目的可能性则强调该项目在实施过程中所具有的技术、人才及资金等资源实力，项目可能得到的其他相关支持及环境制度保障等；项目的效益性则重点从投入产出方面论证实施 IT 项目可能带来的经济、社会甚至环境效益。总的来说，IT 项目的可行性研究是指对项目所涉及的技术、经济、社会等方面的条件和情况进行调查研究，对可能的信息技术及工程建设方案进行论证，最终确定整个项目是否可行的一套系统科学的研究方法，其主要内容包括技术可行性分析、经济及社会可行性分析、运行环境可行性分析，以及其他方面的可行性分析。

1. 技术可行性分析

技术可行性分析是指对在当前市场的技术、产品条件约束下，能否利用现在拥有的技术储备及可能拥有的技术能力来实现项目目标的分析和论证。技术可行性分析重点关注相关技术的发展趋势和当前所掌握的技术是否支持该项目的顺利开发，以及市场上是否存在支持该技术的开发环境、平台和工具。其次，技术人员的有效性作为技术实现的重要主体，其技术储备是否充足、投入到项目中的人力资源数量是否足够、能否通过市场获取或内部培训获取等都属于技术可行性分析的范畴。除此之外，技术可行性分析还包括对相关技术资源可用性的分析，即分析是否存在对项目具有关键支持作用的其他技术资源，如一些设备和可行的替代产品。

2. 经济及社会可行性分析

经济可行性分析主要是指对整个项目的投资及所产生的经济效益进行分析，包括支出分析、收益分析、收益投资比分析、投资回收期分析、敏感性分析。

基于计算机系统的成本支出一般由四部分组成：购置并安装软硬件及有关设备的费用，系统开发费用，系统安装、运行和维护费用，人员培训费用。

常用的经济可行性分析方法有三种：投资回收期法、净现值法、内部收益率法。在选择适当的经济评价法对项目进行经济可行性评估时，还需要进一步对各种不确定因素的可能变化对项目经济影响做不确定性分析。不确定分析包括盈亏平衡分析和敏感性分析。

在项目经济可行性研究中，除了对项目进行经济效益方面的分析之外，一般还需要对项目的社会效益进行分析，例如，通过项目实施，可以在管理水平、技术手段、人员素质等方面获得潜在的收益。对于非产品型 IT 项目的开发，其经济可行性从经济收益方面有时候难以估量，因此更加注重通过项目实施所获得的社会效益。

3. 运行环境可行性分析

IT 项目的产品大多数是一个软硬件配套的信息系统，或需要安装并运行在用户单位的软件、相关说明文档、管理和运行规程。运行环境是制约信息系统在用户单位发挥效益的关键，这就需要对用户组织内的企业管理体制、管理方法、规章制度、工作习惯、人员素质、数据资源积累、硬件平台等多方面评估,以确定软件在交付用户单位后正常运行。

4. 其他方面的可行性分析

IT 项目的可行性分析除上述三方面可行性分析外,还包括诸如合同责任、知识产权法等法律可行性问题,特别是系统开发和运行环境、平台和工具,以及产品功能和性能方面,往往会涉及软件版权问题。此外,可能还涉及项目实施结果对自然环境的影响。

虽然 IT 项目可行性分析包括上述几个方面,但对于具体项目,应该根据实际情况选取重点进行可行性分析,而并非要求每个项目可行性分析都包括这些方面。

3.1.3　IT 项目可行性研究的过程

一般项目可行性研究是一个逐步深入的过程,要经过机会研究、初步可行性研究和可行性研究三个步骤。机会研究的任务,主要是为建设项目投资提出建议,寻找最有利的投资机会。有许多工程项目在机会研究之后,还不能决定取舍,需要进行比较详细的可行性研究,然而这是一项既费时又费钱的工作,所以在决定要不要开展可行性研究之前,往往需要进行初步可行性研究,它是机会研究和正式可行性研究的中间环节。在实际工作中,依据项目规模和繁简程度可以将前两个阶段合二为一,甚至省略,但详细可行性研究不可缺少。升级改造的 IT 项目只做初步和详细研究,小的 IT 项目一般只进行详细可行性研究。

1. 初步可行性研究

初步可行性研究是介于机会研究和详细可行性研究的一个中间阶段,一般是在对市场或客户情况进行调查后对项目进行的初步评估。其目的是:

(1)分析项目是否有前途,从而决定是否应该继续深入调查研究;

(2)分析项目中是否有些关键性的技术或问题需要解决;

(3)分析必须要做哪些职能研究或辅助研究(如实验室试验、中间试验、重大事件处理、深入市场研究等)。

IT 项目的初步可行性研究的主要内容包括:市场需求及项目必要性分析;信息技术产品开发或系统建设所需的条件及资源分析;项目建设及技术方案;进度安排、投入产出估算及融资渠道等。初步可行性研究报告虽然比详细可行性研究报告粗略,但是对项目已经有了全面基本的描述、分析和论证,可以作为正式的文献供决策参考,也可以依据项目的初步可行性研究报告形成项目建议书提交给相关部门审核批准,决定该项目是否立项。

2. 详细可行性研究

详细可行性研究是在投资决策前对 IT 项目有关的工程、技术、经济等各方面条件和情况进行详尽、系统、全面的调查、研究、分析,对各种可能的建设方案和技术方案进行详细的比较论证,并对项目建成后的经济社会效益进行预测和评价的一种分析过程和方法,最终提交的可行性研究报告将成为进行项目评估和决策的依据。

典型的详细可行性研究报告的内容结构如图 3-2 所示。

第1部分 概述	第6部分 投资估算与资金筹措计划
• 1. 项目背景	• 10. 项目投资估算
• 2. 可行性研究的结论	第7部分 人员及培训计划
第2部分 项目技术背景与发展概况	• 11. 项目组人员组成
• 3. 项目提出的技术背景	第8部分 不确定性（风险）分析
• 4. 项目的技术发展现状	• 12. 项目风险
• 5. 编制项目建议书的过程及必要性	第9部分 经济和社会效益预测与评价
第3部分 现行系统业务、资源、设施情况分析	• 13. 经济效益预测
• 6. 市场情况调查分析	• 14. 社会效益分析与评价
• 7. 客户现行系统业务资源设施情况调查	第10部分 可行性研究结论与建议
第4部分 项目技术方案	• 15. 可行性研究报告结论
• 8. 项目总体目标	• 16. 附件
第5部分 实施进度计划	
• 9.项目实施进度计划	

图 3-2　典型的详细可行性研究的内容结构

（1）市场情况调查分析。市场情况调查分析主要分析市场对目前信息技术或系统的基本需求信息,包括:当前信息技术或系统所涉及的地域市场范围、客户市场细分及需求规模;拟建设的 IT 项目、开发的软件系统产品在所预测时期内预期达到的市场渗透率及增长情况等。

（2）项目技术方案的确定。项目技术方案涉及 IT 项目可行性研究中的技术评价与选择问题。

技术评价应反映下述几个方面:该技术方案的获得方式、应用原则及范围;项目建设成果水平与国内外同行相比所具有的先进性和实用性;技术方案及项目成果在应用过程中的稳定性和可靠性;技术后果可能潜在的危害性,即该技术成果的应用是否会给社会带来不良影响,或者在什么情况下可能给社会带来不良反应(例如对周围环境的影响、人体健康的影响、资源损害或浪费等),将采取什么措施来避免或减小这些不良反应。

（3）投资估算与资金筹措。

①总投资费用。总投资费用主要包括 IT 项目的投资建设费用与项目建成后相关系统或设备的运维升级费用,其中 IT 项目的投资建设费用包括市场、商务合同费用、可行性研究和其他咨询费、资金成本、软硬件采购成本、技术或产品开发费用、培训费,以及系统上线后的运行及维护费用等。

在不同的研究设计阶段,投资估算的精确性不同。机会研究阶段的估计精度一般在±30％,初步可行性研究要求估计精度在±20％,详细可行性研究及评估与决策要求估计精度在±10％。如表 3-1 所示。

表 3-1　IT 项目可研报告提供的工作内容、成果及估算精度

工作阶段	机会研究	初步可行性研究	详细可行性研究	评估与决策
工作性质	项目设想	项目初选	项目拟定	项目评估
工作内容	鉴别投资方向,寻找投资机会(地区、行业、资源和项目的机会研究),提出项目投资建议	对项目做专题辅助研究,广泛分析、筛选方案,确定项目的初步可行性	对项目做深入细致的技术经济论证,重点对项目进行财务效益和经济效益分析评价,多方案比较,提出结论性意见,确定项目投资的可行性和选择依据	综合分析各种效益,对可行性研究报告进行评估与审核,分析判断可行性研究的可靠性和真实性,对项目做出最终决策
工作成果及作用	提出项目建议,作为制定经济计划和编制项目建议的基础,为初步选择投资项目提供依据	编制初步可行性研究报告,判定是否有必要进行下一步研究,进一步判明建设项目的生命力	编制可行性研究成果,作为项目投资决策的基础和重要依据	提出项目评估报告,为投资决策提供最后的依据,决定项目取舍和选择最佳投资方案
估算精度	±30%	±20%	±10%	±10%

②资金筹措。大型投资项目的资金来源主要分为两类,一类是股权资金,包括自有资金和募股资金;另一类则是债权资金,包括银行或财团贷款和发行企业债券等。各类资金各占多少,要有适当的比例,这是因为股权资金要分红,财务成本高,但财务风险小,而债权资金要还本付息,财务风险大,但财务成本较股权资金低。各类融资方式及其条件应当与有关当事人商讨,并在可行性研究中拟定。

③开发成本。大多数投资前的可行性研究报告只算生产成本,生产成本在可行性研究中的用途是计算盈亏和净周转资金的需要量,并用于财务评价。类似于生产成本,IT项目开发成本一般分为四大类:研发成本、行政管理费、销售与分销费用、财务费用和折旧。前三类总称为经营成本。

④财务报表。主要的财务报表包括:现金流量表、损益表/净收入报表、资产负债表。

(4)经济评价及综合分析。经济评价分为企业经济评价和国民经济评价。企业经济评价大致可以分为三个步骤:第一步,进行分析的基础准备;第二步,编制财务报表;第三步,进行经济效果计算。基础准备工作大致包括产品销售预测、技术方案拟定、产品的价格预测、投资估算及产品成本估算等,在这些工作的基础上就可着手编制财务报表,接下来便可选择适当的评价方法和评价指标进行分析。国民经济评价是从国家和社会的角度,评价项目对实现国家经济发展战略目标及对社会福利的实际贡献。它除了考虑项目的直接经济效果外,还要考虑项目对社会的全面的费用效益状况。与企业经济评价不同,它将工资、利息、税金作为国家收益,它所采用的产品价格为社会价格,采用的贴现率也为社会贴现率。

在对项目进行经济评价后,还需要对项目进行综合评价分析。这是因为一方面拟建项目未来所处的环境可能随时发生一定的变化;另一方面也需要分析项目的实施对整个社会及国民经济的影响。

项目的效益表现为多种形态,如经济效益和社会效益、直接效益和间接效益、近期效益和远期效益等。对于效益的量化和计算方法,我国最优化协会的王希贤将其归纳为以下四种:函数求解法、相关关系法、模糊数学法和专家意见法(也叫德尔菲法)。IT项目效益评估方法通常采用专家意见法,即聘请有经验的专家,从不同专业视角进行评估,由于采取多轮征询来求得大体一致的评估意见,因此该方法可以尽量将专家的主观印象和偏见剔除,同时使评估结论尽量接近客观事物的真实水平。除了这四种方法以外,实际计算工作中还经常使用成本降低法、利润增加法等简单实用的方法来对项目的效益进行评估。

3.1.4 IT项目可行性研究案例分析

本案例报告改编自《H公司互联网数据中心建设项目可行性研究》。限于篇幅,请扫码查看详细案例。

报告对项目建设背景及必要性、市场及业务需求分析、建设方案及规模、建设的可行性条件、组织机构与劳动定员、建设进度安排、投资估算及资金筹措、经济评价、项目风险分析等几个方面的可行性进行了论证。结论认为:该项目完工后将增强H公司的综合竞争力,并为公司带来一定的直接效益和间接收益;同时,该项目在改善我国通信服务质量,提高我国整体数据通信水平方面也将会取得良好的社会效益。
······

§3.2 IT项目的启动

对于IT项目,无论选择何种方法或流程,每个项目都必须从启动开始。启动阶段是项目团队、客户及利益相关者首次相聚的环节,也是依据所拥有的信息(包括可行性研究、项目提案、合同或项目章程等)设置和定义项目范围、时间和成本的首要环节。这是项目的核心内容,据此可以进一步确定关键的利益相关者、项目团队、目标及可交付成果,因此,做好项目启动对管理好一个项目来说至关重要。虽然好的项目启动并不意味着项目就成功了一半,但一个失败的项目启动往往会让项目一开始就陷入泥潭,举步维艰。

项目启动过程的依据与结果如图3-3所示。

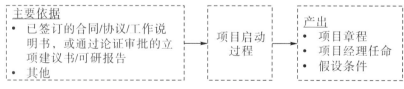

图3-3 项目启动示意图

3.2.1　项目启动的主要依据

当项目来自于外部客户时,项目启动往往是在商务合同或协议签订之后进行的。当项目来自于组织内部时,项目启动往往是依据相关部门审核通过的论证报告,如立项建议书或可行性研究报告。

项目工作说明书(Statement of Work,SOW)是对项目所要提供的产品或服务的简要的叙述性描述,是任何一个项目都必须提供的基本工作指南。

工作说明书可能由内部项目的发起者或投资者基于业务需要或市场需求提出,也可能由业主方或招标方提供给实施方或竞标者,SOW 的目的是便于用户理解工作意图及基本要求,如采购文件、邀标书等常常作为合同中的一个关键组成部分。SOW 是客户与供应商或开发方之间的高层共识,将帮助沿着正确的方向安排策划工作,是 WBS 的基础。由于项目还处于启动阶段,因此,SOW 只是包括对所有期望工作的概要性描述,这些描述不需要很详细,事实上也不可能非常详细,尤其是对一个大项目而言,在 SOW 中要把握住细节是很不切实际的,只能是在较高层次上描述组织的战略计划、项目目的、产品范围、交付成果及验收标准,以及可能与项目过程管理相关的工作。一旦 SOW 获得批准,这份文档就将作为项目计划的一部分,并且是基线的部分。维基百科提供了一个标准IT 项目 SOW 信息分类。

工作范围:工作的详细描述,用到的软件和硬件,准确的工作属性。

工作场所:在工作场所完成的工作要比在其他地方好,这可能比较适合在海外执行项目工作的 SOW。

执行期限:项目的开始和结束日期、每一时段的最高收费等。

交付进度:对于项目的交付时间,它可能包括开发的全部时间、质量测试、用户认可测试等。

合适的标准:行业标准和其他的标准都影响着项目的交付成果,可能包含任何标准,如 ISO、CMM、CMI 等。

认可度:这里可能包括项目经理必须符合的任何质量标准,比如:0 优先,1 缺陷。它们也可能包括一些其他必须满足的条件,比如一定数量的测试案例、一定数量的执行案例等。

特殊需求:这将包括任何特殊资质的员工,比如一个 PMP 认证项目经理。

一个 IT 项目典型的工作说明书模板如图 3-4 所示。

从本节开始,项目管理各知识域各个过程推进中所涉及的"其他"要素主要指事业环境因素和组织过程资产。

在项目启动时,必须考虑涉及并影响项目成功的事业环境因素及组织过程资产。这些因素或资产可能促进项目,也可能阻碍项目。具体包括以下几个方面:

1 前言
 1.1 目的
 1.2 术语
 1.3 参考
2 项目概述
 2.1 项目目标
 2.2 项目实施前提及假设
  2.2.1 开发场地
  2.2.2 开发设备
  2.2.3 其他
 2.3 系统体系结构
 2.4 应用体系结构

3 项目工作范围
 3.1 项目的工作任务1
  3.1.1 工作描述
  3.1.2 乙方的职责
  3.1.3 甲方的职责
  3.1.4 工作交付物
  3.1.5 工作完成标志
 3.2 项目的工作任务2
  3.2.1 工作描述
  3.2.2 乙方的职责
  3.2.3 甲方的职责
  3.2.4 工作交付物
  3.2.5 工作完成标志
 3.3 项目的工作任务

4 系统需求范围
 4.1 系统包含的功能
 4.2 系统不包含的功能
 4.3 系统的性能要求
5 项目交付清单
6 项目验收标准
 6.1 软件验收标准
 6.2 软件过程文档验收标准
7 项目实施进度
8 项目组织结构
 8.1 组织结构图
 8.2 角色分派及角色职责
9 变更管理流程
 9.1 变更管理流程
 9.2 重大变更定义
 9.3 变更责任
10 业务连续性及过渡性安排

图 3-4 工作说明书模板示意

（1）宏观或中观层面的因素。例如，国家或行业标准、行业数据库，以及市场状况等，这些因素往往为项目组织或企业发展带来更多的机会或挑战，而通过项目的运作可以把握这些机会或减少这些威胁。

（2）业主方或客户方的因素。例如，现有的企业文化及组织结构、人力资源现状、人力资源政策及实施情况、项目管理系统或平台、现有的设备及资产等基础设施，以及项目干系人对风险的承受力等，这些因素对于项目能够顺利启动会带来积极或消极的影响。

（3）组织过程资产因素。在制定项目章程和后续的项目文档时，可以从组织得到用以促进项目成功的全部的组织过程资产，包括项目实施组织现有的企业计划及相关政策、项目管理采用的相关标准、规程和指南、项目管理及过程管理知识（或数据库）、经验教训、沟通工具等。

3.2.2 项目启动的技术/方法

从本节开始，在项目管理各过程进行时所涉及的“技术/方法”主要指帮助推进该过程实现的各种方式、方法、技术工具及模板等。

在项目启动环节，涉及的技术/方法主要包括项目管理的基本方法/标准/平台/系统，以及帮助决策项目启动如何进行的专家判断。项目管理方法定义了有关项目实施和运作的基本过程、流程、方法工具及标准等，有助于项目团队有效制定项目章程。项目管理平台则是组织内用来进行团队沟通及工作推进的信息系统或自动化工具集，项目推进过程中，该平台内可以产生及更新各种与项目管理有关的文档性成果。例如在启动环节，项目管理团队用该平台来制定项目章程，细化项目章程以促进反馈，控制项目章程的变更并发布批准的项目章程。专家判断通常用于评估项目启动所需要的条件或依据，这些专家由任何具有专门知识或受过专门培训的团体或个人构成，并可能来自于开发方、咨询公司、干系人、行业团队多个途径，专家意见将用于任何技术和管理细节。

3.2.3 项目启动结果的产出

（1）项目章程。项目章程是正式认可项目存在的一个文件，它对其他文件既有直接作用,也有参考作用。有关项目章程的内容参见第 4 章。

（2）项目经理任命。通常,项目经理应该尽可能在项目的早期进行指定和委派。例如在项目计划实施开始之前,甚至在许多项目规划完成之前。

（3）假设条件。主要是指本过程能够顺利推进的假设及制约因素,假设因素必须具有科学性、真实性和确定性。例如:如果项目启动日期已经确定但关键人物不能到场,则项目团队就应该设置一个可以让项目顺利启动的替代方案或确定一个可以替代关键人物的其他角色。这种假设或制约因素往往意味着可以预见的风险,因此也可以被认为是该过程推进时可能发生的风险。制约因素则是针对项目团队的限制性因素,例如事先确定的预算或合同条款就是制约项目团队进行项目运作的一个很重要的因素。

3.2.4　IT 项目的启动:以阿里巴巴公司为例

阿里巴巴公司的 IT 项目启动包括项目价值研究、项目启动准备,以及项目启动会三个环节[①]。

1. 价值研究

价值研究是整个项目的第一步,是从一个想法到一个项目的孵化过程,这个阶段的主要目的是证明把想法变成项目是否有价值、是否符合公司现阶段战略的方向、是否有足够的 ROI(投入产出比)等。这部分工作往往是由业务和产品部门负责,价值研究的明确输出就是市场需求文档(Market Requirements Document, MRD),通过了 MRD 评审的项目,就可以进入项目的启动准备阶段。

2. 启动准备

启动准备阶段是整个项目启动过程中最重要和最耗费时间的部分。项目启动会既是项目启动阶段的高潮,也是这一阶段的终点,所有启动准备阶段的工作及交付成果将在启动会上做整体展示。启动会之后,项目将正式进入规划和执行阶段。

启动准备阶段是阿里 IT 项目启动过程的第二个环节,这一阶段要重点关注项目的目标、项目范围、关键里程碑、人员组织架构,以及项目的信息同步机制等内容。

（1）项目目标。项目的目标是衡量项目成败的重要指标。项目的目标必须符合 SMART 原则,必须清晰、准确地表达出来并获得项目发起人和主要干系人的确认,以便能够用于确定项目的工作重点。

（2）项目范围。项目范围是确定项目要做什么和不做什么。项目范围是随着项目进展而逐步细化的,因此在启动阶段,是很难制定(事实上也不需要)详细的项目工作范围,但必须确定范围的边界,以便确定关键干系人及项目需要投入的关键人力资源。

（3）项目的关键里程碑。项目的关键里程碑是项目组根据以往的项目经验或参照其他项目共同制定的,它决定了项目阶段的划分及相应的成果产出,很多时候,里程碑还涉及各阶段投入的主要资源及相关责任人,因此,里程碑的划分必须获得项目组成员的一致认可。获得共同认可的里程碑可以作为项目内部做事的基准。但要注意的是项目的关键里程碑要尽量与外部强制性的阶段性期限大致保持一致,一般要比外部限定的相应时间节点稍微提前一些,以便给项目组留出应对意外事件的缓冲期。

(4)项目人员组织架构。确定项目人员组织架构是项目管理中非常关键的一项工作。首先识别出项目的关键干系人有哪些角色,在此基础上明确这些关键干系人对项目的需求和期望,以及对项目的影响等;其次,依照干系人之间的业务关系构建项目干系人组织架构图。构建方式有两种,第一种是基于项目组织相关方的梳理方式,目标是明确在项目中各个组织的定位和职责,例如把项目核心工作团队和周边相关组织分离出来,明确项目核心工作团队和上层管理决策团队、兄弟依赖团队、行业运营团队等部门之间的关系;第二种是基于项目任务的拆分,明确各个子系统、模块的负责人,这样的好处是确定每个干系人的职责范围和项目工作汇报关系。

值得注意的是,干系人识别工作也是一个贯穿始终、不断补充和完善的过程。因为在不同的项目阶段,项目的干系人会不同。同时,项目在运行过程当中,干系人也会发生变化。当干系人发生变动时,要重新对干系人进行识别和评估。

(5)项目信息同步机制。项目信息同步机制的确定是项目启动准备中非常重要的一环,让项目中的信息做到快速平稳的流动,做到项目信息对项目干系人公开透明是降低项目风险、推动项目进展的重要手段。常见的项目中信息的同步机制如表3-3所示。

表 3-3　项目信息的同步机制

形式	目的	参与人
项目例会	项目进展同步、重要决策达成、风险问题强调	项目主要负责人
项目周报	项目进展同步、风险问题强调	所有项目干系人
每日站会	组内工作同步、问题解决	项目团队所有成员
IM工具	信息快速广播传递、及时问题响应	大群、小群

3. 项目启动会(kickoff meeting)

如果完成了上面的项目启动准备工作,后面就可以准备好进行项目管理中第一个非常关键的项目仪式,也是整个项目启动阶段的高潮:项目启动会,也常叫作项目 kickoff(简称 KO)。

现在都流行说生活不能缺少仪式感,项目更是如此,所以设计一个高效、有仪式感的项目启动会就至关重要了。

首先,要澄清项目启动会的目标和价值。一般来说项目启动会有下面几个目标:统一参与人对项目的认知;项目经理获得项目管理授权;取得管理者对项目投入的承诺;明确项目管理机制;鼓舞项目成员士气。基于上面这些目标,项目启动会就有了特定的设计原则和会议议程。一个普通的产品型项目启动会上需要发言的可能包括负责业务、技术及项目的管理人员。流程如图3-5所示。

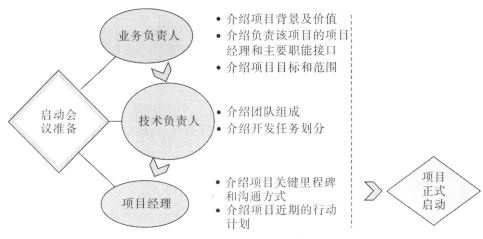

图 3-5　阿里巴巴项目启动的流程

正式的项目启动会都会有一些仪式环节,通过这些象征性的仪式,增强项目中各个关键参与人的参与感和对项目的承诺。常见的仪式可能包括剪彩、授旗、开香槟、砸金蛋、放气球、目标板签名,以及全员合影留念等,有些项目启动会还会要求项目团队成员统一着装。

需要注意的是 KO 会议时间要短,太长的会不利于鼓舞士气,毕竟大家注意力集中的时间有限。会议室尽量选在一个适合演讲的地方,而不是一个适合讨论的地方。不确定的地方需要在 KO 前核对落实好,相关干系人和参与者都应该到场,提前沟通好会议时间安排。

§3.3　IT 项目的采购合同

从 IT 项目的生命周期来看,项目的采购行为最早发生于具有信息化需求的企业或组织向软件开发方、IT 咨询企业或信息工程建设方等发出的产品或服务采购邀约。从项目管理涉及的范畴来看,IT 项目采购则主要指发生于承接项目的开发/实施方对项目的分包方发出的采购邀约及后续相关过程。本节主要指后者,并在论及采购管理内容时与 PMBOK 中的项目采购管理保持一致。

3.3.1　IT 项目采购管理的基本过程

IT 项目的采购管理包括从 IT 项目团队外部采购或获取所需产品、服务或成果的各个过程,具体如下:

(1)规划采购管理:记录项目采购决策、明确采购方法,及识别潜在卖方的过程;

(2)实施采购:获取卖方应答、选择卖方并授予合同的过程;

(3)控制采购:管理采购关系、监督合同绩效、实施必要的变更和纠偏;

（4）关闭合同的过程。

在实践中，采购的各个过程并非独立，而是在知识领域及项目过程中相互交叠和作用，其工作重点是对与采购相关的协议及文档进行编制和管控。这些协议及文档包括合同、订购单、协议备忘录（MOA），或服务水平协议（SLA）等。

3.3.2　IT 项目采购管理的发展趋势

来自软件工具、风险、过程、物流和技术等方面理论及方法的发展，给项目采购管理发展，也带来了新趋势和实践。

首先表现为用于采购及协同的在线工具日趋丰富和便捷。近十年来，本地采购软件已经逐渐被基于移动端及云平台的在线采购工具或高度集成的 ERP 系统替代，无论是招标方使用在线工具集中发布采购邀约，还是竞标方使用政府、大公司或行业建设的电子采购平台查找采购信息，都非常方便。信息技术的发展给项目各相关方都带来了更便捷的沟通渠道与更高效的协同平台。

其次，随着超大型项目在近几年的显著增加，项目各方的风险管理能力不断提高，尤其是项目承包方，在编制分包合同时越来越倾向于将具体风险分配给最有能力对其加以管理的分包方。2018 年 12 月，中央经济工作会议首次正式提出"新型基础设施建设"，主要包括 5G、人工智能、工业互联网、物联网四大领域，强调要加快各产业的数字化升级和智慧城市建设。这一战略目标的实施将为 IT 领域带来更多数千万元以上的超大型项目的开发和建设。事实上，在 IT 基础设施建设、网络及信息工程项目领域，我国城市政府发起的超大型项目数量近几年已经显著增加。这类项目的产品、设备、物料采购甚至工程建设将牵涉多个行业、多个地区甚至国外的多家承包商及分包方。在复杂的信息工程领域，有些产品的订购时间可能需要提前 2—3 个月甚至半年。对周期较长的分包项目，其建设工期及交付环节是否顺利也将直接影响整个项目的进度。承包方在这些错综复杂的合作关系中面临较大的不确定性和风险，这使得他们比以往更重视在采购过程中与客户尽早开展合作，加强风险管理和供应链管理，项目早期就确定主要的采购渠道及备选渠道，同时为了减少执行过程中的问题和索赔，项目各方越来越倾向于采用业内或国际公认的标准合同范本。

第三，为了改善与相关各方的关系、取得对方的信任，政府或一些优秀企业在 IT 项目（尤其是一些基础设施项目）建设中可能采用网络摄像或直播设备，将项目建设现场及进展情况发布到指定媒体平台，而视频资料也可以储存下来，以便在发生纠纷时提供证据，避免对事实产生分歧，从而能够把与现场施工有关的争议降到最低程度。

3.3.3　IT 项目采购中的合同定价与评审

合同是指具有法律效力的协议，是在项目采购过程中用来描述买卖双方之间关系的重要形式。因应用领域不同，协议可以是合同、服务水平协议（SLA）、谅解备忘录、协议备忘录（MOA）或订购单。软件、数据库产品或一般 IT 技术人才的采购协议相对简单，但涉及网络信息工程建设、IT 咨询或技术方案或国际交易的合同则相对复杂。

合同是连接企业与客户共同利益的文档化证明和纽带。合同管理包括合同签订、合同履行及合同控制三个重要环节,这几个环节环环相扣。通过有效规范的合同管理,建立符合双方利益的规范性制度、流程、控制手段,对合同进行全流程动态、系统的管理,对于项目目标的实现具有重要作用。在项目实施过程中,合同也是对业主、开发方、监理、外包方等项目干系人权益的明确与约束,因此也是保障项目顺利推进的基础。

　　签订一份有效合理且相对公平的合同是后续项目顺利实施及项目效益获取的保证。从合同涉及的甲方来看,合同签订之前的主要工作:一是对供应商进行选择和评估;二是确定合同总价范围内供应商提供的产品或服务能否满足采购目标,这就衍生出对合同定价及合同内容评审的问题。除此之外,合同对于违约的情景假设和责任规定也是合同签订前需要双方商议后明确的内容。从合同涉及的乙方来看,合同签订前的主要工作是尽早与甲方接洽和沟通,进行项目立项前的可行性研究或招标文件解读,全面调查项目开发环境,并结合自身的实际情况向对方提供具有竞争力的合同报价及竞标方案。

1. 合同定价类型

　　不同的合同报价类型决定了风险在甲乙双方分配,因此对合同定价类型的选择是合同签订过程中合同相关方关注的焦点之一。甲方的目标是把最大的实施风险转嫁给乙方,同时保证项目能满足自身需求或有利可图,乙方则会通过合同中的定价、责任及义务等规定尽量把自身风险降到最低,同时通过项目实施实现自己的利益。双方需要根据招标项目的内容、范围及任务分解等因素选择最适合的合同报价方式,常见的类型大体包括总价型、成本补偿型及单价型三种,具体如表 3-4 所示。

表 3-4　IT 项目的合同定价类型

合同类型	合同类型细分	适用项目特点
总价型合同	固定总价(FFP);总价加激励费(FPIF);总价加经济价格调整(FPEPA)	适用于工作类型可预知、需求能清晰定义且不太可能变更的项目
成本补偿型合同	成本加固定费用(CPFF);成本加激励费用(CPIF);成本加奖励费用(CPFA)	适用于工作不断演进、很可能变更或未明确定义的情况
单价型合同/工料型合同		适合于工时或物料单价明确的情况

　　(1)总价型合同,就是给出一个项目总价后,承包方根据给出的价格完成合同里所有的项目内容。这种合同的优点是方便甲方(或招标方)根据各竞标方在标书中提供的价格快速找到报价最低方,加快合同签订进程,同时,也方便项目的分阶段支付。总价型合同并不适用于那些工期较长、技术含量要求高、风险及工程量都较大,而且无法进行精确估算的软件开发项目或 IT 咨询方案项目,因此,采用总价合同的前提条件就是招标方自己拥有较为全面的项目设计及工作分解,对项目的各个环节有明确详细的说明。

　　在总价合同类型中,固定总价类合同是货物的采购价格在一开始就已确定,并且不允许改变(除非工作范围发生变更)。总价加激励费合同会在合同中设置一个价格上限,高于此上限的全部成本由乙方承担。总价加经济价格调整则会在总价合同中增加特殊条款项说明,允许双方根据市场上的某些经济条件的变化,如通货膨胀、某些特殊商品的成本增加(或降低)对合同价格进行最终调整。

（2）成本补偿合同，是指在合同签订前事先由双方约定好特定的支付方式，支付给乙方的酬金并未写入合同内。合同类的价格（支付金额）主要是项目实施的实际成本，这种合同方式要求甲方支付该项目实施的所有成本，因此项目的风险都由甲方承担，乙方则由于不承担风险而导致获得的报酬往往较低。这种方式会导致项目实施者（乙方）缺乏节约项目成本的动力，而导致项目实施成本具有一定的不确定性，这类合同适合时间较为紧迫的项目或 IT 领域内的高科技研发项目。在常规项目情境下，甲方会通过对实施过程的监督来对乙方进行约束。

在成本补偿合同中，成本加固定费用合同要求实施成本一开始就确定。这类项目适合买方易于控制总成本、风险最小，而卖方风险最大、但潜在利润可能最大的情境。成本加激励费用是甲方为乙方报销履行合同工作所发生的一切可列支成本，并在乙方达到合同规定的绩效目标时，甲方向乙方支付预先确定的激励费用，这类合同适合于长期的、硬件开发和试验要求多的项目。成本加奖励费用则是甲方为乙方报销一切合法成本，当只有在乙方满足合同规定的、某些笼统主观的绩效标准的情况下，才向乙方支付大部分费用，奖励费用完全由甲方根据自己对乙方绩效的主观判断来决定，并且通常不允许申诉。

（3）单价合同也叫工料合同，是在进行投标时，采购方提供的招标文件中，对招标项目的各个工程及物料费用（包括工时单价和单品单价）在工程量表中都有具体说明，而竞投标方就是根据工程量表进行投标。相较于总价合同，单价合同的风险要低很多，单价合同适用范围的局限性相对较小且优点就是承包人能够清楚了解该项目的每一项内容，并对其进行调整，提高效率，同时也可以为发包人节约成本。但单价合同也存在着一个缺点，就是在单价和确定工程量的方法上面，交易双方必须达成一致才能够进行下一步骤。

软件项目计费常使用固定总价合同和功能点计费合同。固定总价合同把需求变更和成本增加的风险从业主方转移到开发方，但由于固定价格不变，开发方不得不节约成本，从而带来软件产品质量下降的风险。功能点计费合同是按功能点的个数（有点类似单价合同）支付报酬，这种合同要求在项目开始的时候就应该估计好项目的规模，即通过功能点分析估计功能点数，每个单位功能点价格也要标注清楚，最终项目结束后通过功能点数和单位价格的计算得到总价格。

2. 合同内容评审

在正式签订合同之前，双方要对拟定中的合同进行评审，主要从合同内容的完整性、合理性、明确性（非歧义性）等方面对合同的内容进行评审。

合同内容结构一般包括项目时间表（最好为项目重点部分设立对应的里程碑）、验收标准（如项目质量标准，包括适用性和安全性等）、项目维护和升级事项、项目价格和付款方式、双方的义务和责任、保密条款（如价格保密和代码保密等）、软件所有权问题（所有权归投资方还是开发方）、合同修订方式和修订程序、合同法律效力（确认合同是有效的）、合同相关附件（包括需求范围，项目质量标准等）、违约责任、其他责任等。具体内容可参见以下合同示例。

2018 年 11 月，中华人民共和国商务部通过中国机械进出口（集团）有限公司代理机构向中国国际电子商务中心采购商务大数据应用项目，合同金额为 2172 万元，该采购邀约通过中国政府采购平台发布。商务部作为采购人，通过该平台提供了合同范本。其条款项组成如图 3-6 所示。

商务大数据应用项目合同(封面页) 　商务大数据应用项目合同签署页 　委托方及受托方基本信息 一、定义 二、服务内容 三、合同服务期限 四、转让和分包 五、质量保证 六、合同文件和资料 七、验收 八、合同价款及支付方式 九、违约责任 十、相关权利 十一、不可抗力 十二、不竞争条款 十四、税费 十五、终止合同 十六、索赔 十七、计量单位	十八、通知和合同修改 十九、争议的解决 二十、合同生效 二十一、其他条款 商务大数据应用 一、实施内容 二、服务内容 　(一)商务大数据资源库 　(二)网络零售分析应用 　(三)电商企业分析应用 　(四)电子商务大屏 　(五)外资大屏 　(六)外贸大屏 　(七)对外投资和走出去大屏 　(八)流通发展大屏 　(九)消费升级大屏 　(十)汽车全流通大屏 　(十一)重要产品追溯大屏 　(十二)业务运维服务	三、项目资源占用情况 　(一)物理机 　(二)云平台设备 　(三)负载均衡系统设备 　(四)NAS 存储设备 　(五)网络和安全设备 四、运营系统环境维护内容 　(一)设备维护 　(二)系统维护 　(三)数据库运维 　(四)资源管理 　(五)IT 机房基础设施运维 　(六)网络安全服务 五、运维服务地点与服务方式 　(一)运维服务地点 　(二)运维服务方式

图 3-6　商务大数据应用项目合同(条款项组成)

在合同内容指定的过程中,双方已经进行了非常充分的交流,对大部分的合同内容都达成了一致的意见。在评审中,重点是对不一致的部分进行讨论和确定。

在合同评审结束后,应确保所有不明确的问题都已得到解决,即可以请双方的代表签订合同。

3. 合同的签订

合同的签订是 IT 项目启动的条件。合同的管理主要解决 IT 项目实施中的投资回报与相关风险问题,核心内容包括 IT 项目的决策、收入、成本、合同条款、执行跟踪和回款等内容。由于信息化服务对技术性和专业性的要求较强,IT 项目的商务合同往往对项目的后续实施与交付产生较大的影响。如果商务及项目经理不太关注技术的细节,在售前阶段缺乏与技术人员的沟通,忽略交付过程的难度,对合同条款也未进行详细分析,常常会导致合同执行期间出现争议,客户不验收,回款出问题,或者陷入无休止的系统维护,因此,合同签订阶段的一些关键问题值得高度重视。

首先,IT 项目合同签订面临的一个基础问题就是需求管理、相应的工作量估算、合同价格评估。几乎没有哪个项目能够在项目合同签订的时候就可以精确地预测需求的内容和范围,也没有哪个项目能够在合同阶段准确地估算出项目的工作量,从而导致 IT 项目在价值评估方面往往缺乏统一的标准。事实上,定制开发软件在不同行业、不同地区、不同客户及服务商之间价格差别很大,不具可比性,对于任何一个开发商来讲,定价本身就是一个很大的难题。化解这些风险的方法之一是在合同里对双方能够精确估算的部分进行确认,把能够稳定的需求先定义清楚,把能够预测的计划先制订好,对于变动部分,应该在合同中加以说明。条款可以按照两种类型来做:一种是双方对于不确定的部分,按照实际工作量进行确认合同款,或者先预估一个合同款,最后按照实际的工作量进行确认。对工作量的预估,可依据项目的工作说明书,从项目工作内容着手进行细化和分解。尤其是对于 IT 项目中的二次开发,即专门为客户定制开发的部分,要做好功能点的分析和度量,以便让客户理解这部分的工作量和价值;第二种是先估算整个项目的合同款,然后在项目进展到一定阶段,对整个项目的需求基本明确,再进行合同款的变更,或者根据项目的合同款折算成为一个封顶的人月数,这样,所有的需求,应该控制在整个人月数范围之内。

其次,涉及软件产品功能范围、时间计划及资源投入等方面的合同条款,要尽量避免过度承诺。如果客户提出相关要求,则一定要和实施与开发团队充分沟通达成一致,同时为自己留出 $10\%\sim20\%$ 的合同款余量处理例外事务的预算。在时间计划方面,阶段性交付时间设置为一个时间段而非一个时间点,此外在合同中要增加一些不可控因素的考虑,排除因客户因素导致的计划延迟责任等。

第三,项目验收条件与付款计划是新手签订合同时容易忽略的一个问题,但项目各阶段验收与付款的安排对项目现金流、资源的及时调配、人员激励及收款可能性都非常重要,因此一定要在合同中制定合理的验收时间与阶段性付款比例来尽量降低风险。

第四,还要注意客户在合同履行中的责任。甲乙双方作为合同主体,在合同中的责任和义务应该尽量对等,并对赔偿金额的上限有所限定。在 IT 项目中,甲方一般应该承担如表 3-5 所示的责任:

表 3-5　IT 项目合同甲方责任

甲方责任	责任描述
现场环境责任	为现场实施服务和安装调试准备相关的软硬件和网络环境
提供业务数据和资料的责任	按照项目计划提供项目所需各类资料,及时准备和梳理系统运行所需的业务数据
逾期付款赔偿责任	如果甲方超过规定的付款期限,需按照与乙方的延迟交付责任对等地承担赔偿责任
组织验收责任	对乙方提交的产品要及时组织验收
保密责任	甲乙双方都有对项目信息和资料保密的责任

对于国际项目,合同书写形式也应符合当地关于合同签订的规定。合同应明确说明预期的可交付成果和结果,包括从卖方到买方的任何知识转移,合同中未规定的任何事项则不具有法律强制力,文化和当地法律对合同及其可执行性均有影响。大多数组织都有相关的书面政策和程序来专门定义采购规则,并规定谁有权代表组织签署和管理协议。在世界各地,组织虽然用不同的名称来称呼负责采购的单位或部门,如购买部、合同部、采购部或收购部,但其实际职责大同小异。

虽然所有项目文件可能都要经过某种形式的审查与批准,但是,鉴于其法律约束力,合同或协议需要经过更多的审批程序,而且通常会涉及法务部。在任何情况下,审批程序的主要目标都是确保合同充分描述将由卖方提供的产品、服务或成果,且符合法律法规关于采购的规定。通常把描述产品、服务或成果的文件作为独立的附件或附录,以便合同正文使用标准化的法律合同用语。

在复杂项目中,可能需要同时或先后管理多个合同。这种情况下,不同合同的生命周期可在项目生命周期的任何阶段开始与结束。买卖方关系是采购组织与外部组织之间的关系,可存在于项目的许多层次上。

因应用领域不同,卖方可以是承包商、供货商、服务提供商或供应商,买方可能为最终产品的所有人、分包商、收购机构、服务需求者或购买方。在合同生命周期中,卖方首先是投标人,然后是中标人,之后是签约供应商或供货商。

除此之外,合同中还需要考虑对运行维护的约定。

3.3.4　软件委托开发合同的注意事项

从软件开发者手中获得软件的方法主要有三种:从软件开发者取得软件使用许可,获得软件的使用权;从软件开发者那里全盘买下软件的财产权;通过委托软件开发者开发某一软件从而获得该软件的使用权,或者该软件版权的所有权。

委托开发软件一般是应用户(委托方)需要,编制适用于其生产或经营特点的软件,这种软件一般在市场上买不到或买到后需经修改才能使用,但是该客户没有开发或修改软件的能力,必须委托一定其他具有开发、修改软件能力的机构从事该项工作。被委托方虽然是开发软件方面的专家,但他可能对委托方所从事的行业或具体的生产、经营特点、方式了解甚少,因此,双方签订的软件合同就有许多需要明确的内容。

1. 委托开发软件合同中的主要问题

(1)在完成软件开发后,被委托方认为应增加开发费用。委托开发软件合同通常是根据所需开发软件的难易程度计算费用的,但也有是根据开发软件所需要的天数或编程行数计算费用的。而签订合同时,开发费用是被委托方根据初步分析计算出来的,这种初步分析往往与实际所开发软件的难易程度、所需天数及编程行数相比有误差。加之被委托方在对开发费用报价时多少怀有投票拉生意的心理,因此初步报价可能偏低。随着委托人对软件功能的要求不断增设或对软件范围认识的扩大,有可能造成在完成软件开发后,实际所需的开发费用高于合同规定或估算的费用。

(2)未能在合同规定的时间内完成软件的开发。被委托方在计算开发软件所需时间时很可能有较大的误差。被委托方为了获得项目,往往大幅缩减时间周期,容易出现合同完成时间偏紧,而实际上很可能延迟完成,对委托方来说,项目延迟会造成一定的损失。例如,委托方把需要开发的软件用于一套新的计算机系统,并且按照委托开发软件合同认定的完成时间提前购置了一套计算机系统,如果软件开发方未能如期完成,这就意味着该套计算机系统将闲置,如果委托人是借助软件开发进行新的生产或经营活动,而软件未能按照合同完成,这就意味着委托人将受到一定的损失。

(3)软件功能等方面的质量未达到委托人的要求。对委托开发软件合同来说,这是一个经常发生的问题。因为从计算机软件技术角度看,在委托合同中对所开发软件的各方面质量做出一个明确的规定是非常困难的。而通常委托人认为所开发的软件不应存在任何错误,由于这些原因,委托人经常认为被委托人开发的软件未达到他所预期的质量。

(4)合同对所开发的软件的版权规定不明确。按照版权法,软件版权是一种由许多分项权利集合组成的财产权,它包括对软件的修改权、翻译权、使用许可权、出租权、发行权等。如果委托软件合同对这些权利的归属规定不明确,有关的纠纷就容易发生。

从上面几个问题可以看出,委托开发软件合同订得是否妥当、合同条款是否完备、合同双方是否考虑周密,对委托开发软件本身能否顺利运行起着非常重要的作用。

2. 委托开发软件合同主条款

第一条,前言。明确合同双方当事人的名称及主要营业地的具体地址,确定合同所适用的法律,如《中华人民共和国技术合同法》或者《中华人民共和国技术引进合同管理条例》。

第二条,委托开发程序的名称和有关技术的标准。在此条款中应确定以下内容:第一,委托开发程序的名称;第二,委托开发程序所适用的计算机机型;第三,编译程序所使用的计算机语言;第四,委托开发程序功能要求,例如响应时间、处理能力、排版格式和输出、输入媒体等。

第三条,软件开发计划。此条款主要是明确被委托方完成全部软件开发的工作时间,以及被委托方应每隔一段时期向委托方通报开发工作的进展情况。

第四条,软件的交付。此条款应确定被委托方在完成软件开发工作后,应在何时、何地以及以何种方式将所开发的软件交付给委托方。如果合同规定与所开发软件有关的一切知识产权归委托方,对被委托方来讲非常有必要将计算机程序及其文档分为两批交付。第一批可以包括用户手册等委托方检验软件时必需的文档,而其他程序设计的文档,特别是源码应在第二批交付。能够有效地保障被委托方能在近期收到价款,并且也能保证在委托方基本履行合同前不使程序设计文档失密。

第五条,软件检验和接受。此条款对合同双方都非常重要,它关系到如何确认以下几个问题:

(1)委托方在收到计算机程序及第一批文档后多长时间内完成对软件的测验,以及在多长时间内委托方有权以计算机程序质量未达到合同所规定的技术标准要求为由,要求被委托方对程序进行修改,使其达到合同规定的标准;

(2)对程序进行修改的费用应该由哪方负责;

(3)被委托方应在多长时间内完成修改程序的工作,并且应在何时、何地、以何种方式将修改后的软件交付给委托方;

(4)委托方收到修改过的软件之后应在多长时间内完成第二次测验,并应在多长时间内将第二次测验的结果通知被委托方;

(5)如第二次测验计算机程序仍未达到合同规定的技术标准要求,委托方是否有权拒绝接受程序,并且是否有权要求被委托方按合同规定的索赔条款进行赔偿;

(6)如果委托方未按期将首次或者第二次测验的结论通知被委托方,是否可以视为委托方已接受被委托方开发的软件;

(7)如果程序文档分为两次交付,在委托方实际接受软件后多长时间内被委托方应将第二批文档交付给委托方。

第六条,价格、支付形式方法。此条款首先应确定委托开发软件的总价为多少,支付币种是什么,其次应明确该总价是否包括被委托方开发过程中的一切费用。支付形式可以分为总会形式(即一次付清全部价款)、分期支付形式(即按一定的百分比,分几次付清价款),以及按提成费支付形式(即委托方按所采用软件技术而获得利润的一定比例按期支付)。最后确定支付的方式,是电汇还是信汇等。

第七条,保护条款。此条款的作用是保证委托方不陷入不必要的侵权纠纷之中,并且保证不因侵权纠纷而受到任何损失,因此,此条款确定以下两个内容:①如果合同规定软件版权归被委托方,委托方只有使用权,在此条款中被委托方应向委托方保证他是所开发软件版权的合法所有人,并将软件使用权许可给委托方。如果合同规定软件版权归委托方,在此条款中被委托方向委托方保证他所交付的软件是其独立开发的。②如果发生第三方指控所开发的软件侵犯他人版权时,应由被委托方与第三方交涉,并承担法律上和经济上的全部责任。

第八条,软件版权的归属。软件版权的归属有两种处理方法:其一是软件版权归委托方,其二是软件版权归被委托方。但是实践中软件版权的归属是一个比较难处理的问题,作为委托方,以下三方面的因素促使其认为必须掌握软件版权的归属权:①支付了许多费用后只获得对软件的使用权,而且版权对软件的使用权还有许多的限制;②掌握了软件的版权就可以免除对软件使用、修改、转让等方面的法律限制,同时也可以任意将软件转让给第三人或许可第三人使用,从而获得一定的赢利;③掌握软件版权就意味着控制对软件的使用,从而委托方可以通过对软件技术使用的控制防止竞争者获得其投资开发的软件技术的使用权。反过来,对被委托方来讲,控制软件版权更为重要,委托方没有限制地使用委托开发软件中的若干例行程序即构成软件版权侵权。在实践中不乏委托开发软件因合同双方在软件版权归属问题上争执不休而最终无法达成协议的事例,如遇到这种情况,实际上可采取以下办法解决,即软件版权归委托人,反过来委托人给予被委托人在一范围内使用软件的许可,如允许被委托人使用例行程序开发其他软件等,由此双方都能各得所需。

第九条,保密条款。此条款主要是规定双方应负什么样的保密责任。保密条款在合同中十分重要,一方面,软件的源码及程序流程图等对合同双方都是专有技术(Know-How),另一方面,委托方为使被委托方能开发出符合合同规定的技术标准,常常将一些商业秘密或专有技术信息告诉被委托方,所以,合同双方都需要对有关的信息予以保密,并且保密的时间可超过合同的有效期限。

第十条,索赔条款。该条款主要规定如果被委托方不能按合同规定的期限交付软件时应如何赔偿委托方损失,以及如果委托方不能按合同规定的期限交付价款时应如何赔偿被委托方损失。

第十一条,不可抗条款。本条款是为了明确在合同履行期内如果发生了人力不可逆转的事件,如火灾、水灾、地震等,以至于合同一方无法履行义务时应如何免责。

3. 合同的形式和文件的权利归属

在委托开发计算机软件时,其文件的著作权问题非常重要。

委托开发合同特别是以编制特定分系统、子程序为目的的软件时,按照合同规定编制的文件,程序的著作权可视为物权转让给委托方。

在承包型委托合同中必须注意的是软件开发公司从用户或计算机厂家接受编制特定应用程序时,已经积累了大量的文件资料和应用程序,因接受新的委托时,可以将已有的程序修改为新的程序出售,这些大量的例行程序,经验数据已成为自己的财产。计算机软件公司接受委托开发时,如将软件文件视为委托方的著作权,则计算机软件公司就不能制作同类软件,积累的财产有效性将会消失。因此,著作权应保留在软件公司,供给使用者的只是固定在储存媒介上的二进制码信息,委托单位和使用者不能再复制出售,第三者如违法复制,委托和受托双方可以起诉。

将委托方与受托者的权利义务关系在合同中条款化,明确规定著作权的归属,但在实际情况中操作的困难不少。例如:"根据委托单位要求而编制的专用软件,其著作权应属于委托单位。但软件公司,对于同类型中的能用例行程序、经验数据向其他委托者提供时不受限制。此规定在本合同终了后依然有效。"这样的条款常有出现。

根据上述规定,委托单位对第三者起诉,要求著作权侵权赔偿时,鉴于条款后半部规定,因著作权不属于委托方,将导致诉讼拖延,必须视实际情况,而不仅限于合同条文的解释来处理诉讼纠纷。

4. 程序编制业务的特别规定

在签订合同里必须明确受托者与委托者承担的范围。例如:使用者委托编程单位开发软件的业务范围,是指合同以下条款说明的范围"①立案论证业务;②系统设计业务;③程序设计业务;④数据输入业务;⑤维修业务;⑥咨询业务"。

如前所述,受托前单位接受委托的业务是②~④,但是有时①与⑥也包括在内。

在基本合同或分合同中,承担业务内容应具体,委托方、受托方要分工明确,以确定责任范围。

5. 与分合同的关系

由于基本合同规定了与各分合同的关系,如果分合同不成立,具体的债务关系也不成立。为了防止业务处理上的混乱,大都制定有关分合同成立的规定。例如:

"甲乙双方的分合同,在甲方将委托书交付乙方,乙方表示承诺后生效。乙方在收到委托书10日之内没有异议时,视为承诺合同。"

受托书中包括下述事项:①委托业务种类;②使用范围;③程序种类;④使用硬件;⑤交付方式;⑥交付资料的规定;⑦交付期限;⑧费用决定方法。若无书面记载时,则合同失效。

6. 相关资料的所有权

在分合同中带有义务性乙方(开发方)的文件,其所有权属于甲方(委托方)没有异议的,却可能在原程序清单方面出问题。应用程序在对外承包时,由于在提交目标程序(机器语言)的同时提交了原程序清单,就容易发生例行程序著作权转让问题。

与硬件接近的操作系统(OS)程序所有权应该如何处理呢?从操作系统程序的交易状况来看,乙方为知名企业时,可以将大量技术秘密作为交换条件,也可以技术秘密不公开,按照在硬件上进行复制的形式一次收取行政收使用费,原程序清单不公开。

7. 程序本身的权利问题

程序本身除了有版权保护外,还必须考虑到有可能受到专利权保护。合同往往作如下规定:"乙方(受托方)在履行本合同或分合同时制作的程序和有关文件,当与第三者在工业产权或版权上发生纠纷时,必须作为乙方责任来处理,但是在其原因是甲方提供资料而引起时,双方按比例分担责任。"

8. 关于编译问题

即使版权属甲方(委托方)所有,著作权人身权仍属乙方或乙方的工作人员,但著作的同一性保持权不属于委托方,将妨碍甲方编译,因此在签订合同时应注明:"甲方(委托方)可以编译本合同及分合同完成的计算机程序。"

版权被保留在受托单位时,委托单位为了享有自由编译权也应在合同中注明可以改编,因为改编权只有著作权者才拥有,编译的界限较难区分。如较广义地承认,则变为允许原程序流通,对权利者带来不利,因此合同必须注明:"前项的编译,不能变更程序处理业务的内容、使用硬件和使用单位。"

9. 保密义务

这与著作权的归属问题无关,因甲乙双方通常要求规定保守计算机程序技术秘密的条款。保密义务涵盖的内容包括受托公司的软件秘密,委托单位的业务内容及使用秘密,在受托方制作程序基本规格书时,不可避免地要接触到用户的营业系统、工厂生产系统、会计处理等方面的企业机密。这些保密做不到就不可能委托编制业务用软件。因此必须注明保密,合同条文为:"委托方在本合同及分合同履行过程中,或其后不得向第三者泄露开发内容。"

 案例分享

※ S 公司商务合同管理问题

 S 公司是一家从事企业信息化咨询与服务的 IT 企业,向客户提供 ERP、OA 系统等系统规划设计与实施服务。

......

 习　题

※理解分析题

1. 为什么说项目的可行性研究对于项目成功有很重要的影响?

2. IT 项目的可行性研究报告应该包括哪些内容?

3. 作为乙方,项目合同签订前要注意哪些事项?

4. IT 项目启动有哪些环节?为什么说启动环节对于 IT 项目的成功至关重要?

本章参考文献

[1] 刘旭辉. 美国田纳西河流域开发和管理的成功经验[J]. 老区建设,2010(03):57-58.

[2] 田光宇. H 公司互联网数据中心建设项目可行性研究[D]. 长春:吉林大学,2015.

[3] 中华人民共和国商务部. 商务大数据应用项目合同[EB/OL]. (2018-11-22)[2019-04-15]. htgs. ccgp. gov. cn.

[4] 鹿迦. 在阿里,我如何做好一个项目的启动[EB/OL]. (2019-04-26)[2019-04-30]. https://mp. weixin. qq. com/s/grlz4epXuLYjWY06WY-mLw.

第4章 IT项目的整合管理

【本章摘要】

项目的整合管理也叫项目的综合管理或集成管理。本章在定义项目整合管理含义基础上介绍项目整合管理过程及知识域,进而重点介绍 IT 项目整合管理中项目章程的制定及项目计划的制定等。整合计划贯穿项目始终,需要应用系统观对项目进行审视和管理。

【关 键 词】

整合管理;项目章程;项目计划;变更控制

【学习目标】

- 理解项目整合管理的含义及核心内容;
- 掌握项目整合管理的过程;
- 明确项目章程的作用,理解项目章程的内容,学会制定项目章程;
- 掌握制定 IT 项目计划的方法及内容。

§4.1 项目整合管理概述

4.1.1 项目整合管理的含义及过程

项目整合管理也叫集成管理、整体管理或综合管理,是指在项目的整个生命周期内,基于对项目管理知识领域的集成,对隶属于项目管理过程组的各种过程和项目管理活动进行识别、定义、组合、统一和协调的各个过程。在项目管理中,整合兼具统一、合并、沟通和建立联系的性质,这些行动应该贯穿项目始终。

项目整合管理会涉及以下一些重要的基础性活动。首先是做好项目的立项和启动工作,包括制定项目章程,结合项目实际定义初步的项目范围,并在此基础上编制项目计划;其次,对项目进行工作设计和分解,并依照项目流程分别执行这些分解后的工作,同时对工作的进展情况进行动态监测,及时跟踪,依据变更控制流程,有选择性地对部分影响项目绩效的活动进行调整或变更,最终保证项目的顺利完成。在第 6 版 PMBOK 中,项目整合管理被分为以下几个基本过程。具体如表 4-1 所示。

表 4-1　项目整合管理过程

知识领域	过程组				
	启动过程组	计划过程组	执行过程组	监控过程组	收尾过程组
整合管理	制定项目章程	制定项目计划	指导和管理项目执行,管理项目知识	监控项目工作,综合变更控制	项目收尾

（1）制定项目章程:项目章程是一个标志着项目存在并启动的正式文档,授予项目经理可以应用组织资源管理项目活动的合法权限。

（2）制定项目计划:定义、准备和协调所有专项计划的组成部分,并将其合并为综合性项目计划的过程。

（3）指导和管理项目执行:包括领导和执行项目计划中定义的工作,以及实施批准的变更以实现项目目标的过程。

（4）管理项目知识:使用现有知识并生成新知识,如项目的经验或教训,以实现项目目标,并且帮助组织学习的过程。

（5）综合变更控制:审查所有变更请求的过程,批准变更并管理对可交付成果、组织过程资产、项目文档和项目计划的变更,传达决策。

（6）项目收尾:完成项目、阶段或合同的所有活动的过程。

上述这些过程虽然以界限分明和相互独立的形式出现,但在实践中,它们会相互交叠和相互作用。

4.1.2　项目整合管理的核心内容

由于项目及项目管理本身具有的综合性和复杂性,负责项目整合管理的工作只能由项目经理而非其他知识领域的专家来完成。为此,项目经理需要整合所有其他知识领域的成果,掌握项目总体情况,并对整个项目承担最终责任。

具体来看,项目整合管理包括以下工作:通过项目计划的编制,确保项目最终的产出成果、交付日期与项目目标保持一致;确保将合适的知识运用到项目中并从项目获取新的知识、经验或教训,使之成为组织资产;确保应用合适的方法和工具对项目范围、进度、成本及其绩效等进行测量和监督,并在必要时做出有关变更的综合决策;收集并分析已经达成结果的相关数据以便获取信息,并与相关干系人分享;完成项目取得实质性进展及收尾所必需的各项工作,包括阶段评审、成果验收以及合同处理。

项目越复杂,干系人的利益需求及期望就越多样化,项目整合管理的要求及工作就越多,因此,对项目经理的整合能力要求就越高。

4.1.3　项目整合管理的发展趋势和新兴实践

随着信息技术的发展、多学科知识、工具等在项目管理中应用的日益深入,项目整合管理特征将进一步强化,并呈现与整合管理过程相关的发展趋势。具体包括(但不限于)以下方面:

（1）在要求短时间内处理大量数据或信息的情境下,项目管理信息系统(平台或软件)

及自动化工具、可视化管理工具等将被更为广泛地用于项目数据采集、处理及要素监测等方面，以便提高项目团队内部及项目经理与干系人之间信息分享和沟通的效率，确保项目目标和效益的实现。

（2）快捷的交通方式和沟通方式加速了项目组织的组建、成员流动及变化，团队的不稳定性增加，这就要求必须采用更严格的知识管理过程，以确保在整个项目生命周期中的知识沉淀、积累及定向传播。在这方面，项目经理将比以往承担更多的职责，更早介入项目和更迟退出项目，以便在项目生命周期内完成知识管理的全过程。

（3）将会有更多的新方法、新工具甚至新的管理模式不断融入项目管理实践中，这些新方法和新工具会因为便捷的互联网渠道而被快速传播和使用。例如，采用敏捷做法能够促进团队成员以相关领域专家的身份参与整合管理，在适应型环境下，项目经理可以把具体产品的规划和交付授权给团队，而将自己的关注点集中在营造合作型项目团队和决策氛围上，并确保团队能够灵活应对变更。

§4.2　项目章程的制定

并非所有的公司或项目组在实施项目时都会编制项目章程，但大型项目一定会编制正式的项目章程，它通常是项目开始后的第一份正式被批准的项目文档。对于特大型项目，若分阶段进行，则项目章程还可能成为批准现行项目是否进入下一阶段的正式文档。

4.2.1　项目章程的作用

项目章程用以正式宣布项目的存在或批准项目进入下一阶段（期），对项目的开始实施赋予合法地位。项目章程往往承担着高层管理者任命项目经理并授权其对团队进行资源分配的发布功能，因此通常会对项目经理、项目团队构成人员、项目发起人及高层管理者在项目中承担的主要角色及责任进行简要描述，这有利于项目能够尽快有序地进入到项目计划阶段。因此，项目章程常常作为项目启动的重要交付成果，对项目满足的商业需求及交付成果或产品进行基本描述，具体包括对项目目标、时限、范围、成本预算，以及交付成果的质量要求等方面做出基本规定和约束。除此之外，项目章程还可以将项目与日常运营结合起来。在一些组织中，项目只有在需求调研、可行性研究或初步范围确定后才被正式批准和启动。

项目章程一般由项目实施组织外部的第三方组织基于特定原因签发，例如由项目组织所属的企业批准制造某个产品、新创某个营运业务或开拓某个新的市场，并由企业项目管理委员会或项目管理办公室（PMO）发布，或者由项目组织与客户方达成协议后由实施方的高层管理者颁布，或者由项目组织需要为之负责的特定政府部门为了发展当地经济、增加居民福利而批准建设某个新的政府工程项目颁布。驱动或激励这些部门颁发项目章程的因素，总的来看，可以归纳为发现市场机会或解决某个问题，这些激励因素的核心是决策部门必须对这些问题或机会进行全面系统的分析，做出如何应对及批准何种项目并颁发项目章程的决策。这涉及项目选择方法或决策准则,包括估算项目对于项目关键干系人的价值或吸引力。

4.2.2　项目章程的内容

项目章程需要关注客户方的商业需求、项目立项的理由与背景、对客户需求的现有理解和满足这些需求的新产品、服务或结果。由于项目章程并没有统一规定的内容组成或框架结构,因此每个公司的项目章程模板可能都会有所不同,甚至同一家公司的不同项目,其章程的内容结构可能也会有区别。图 4-1 所示的两份章程模板从内容结构及详细程度来看是不同的。

a. 某电信运营商的项目章程目录	b. 某软件公司的项目章程目录
一、项目概述	1 项目总览 ....
二、项目目标	2 项目目标 ....
2.1 时间目标	3 项目范围与实施策略 ....
2.2 可交付成果目标	3.1 项目范围 ....
2.3 费用目标	3.2 实施策略 ....
三、项目管理团队	4 项目团队 ....
3.1 项目赞助人	4.1 项目组织 ....
3.2 项目经理	4.2 项目人员职责 ....
3.3 项目 PMO 代表	5 项目计划 ....
3.4 项目技术负责人	5.1 项目阶段划分及关键任务..
四、项目主要阶段及里程碑..	5.2 时间表 ....
五、项目团队成员名单	5.3 里程碑 ....
六、项目干系人名单	5.4 项目计划执行和报告 ......
七、项目沟通汇报需求	6 项目文档管理 ....
	7 项目沟通管理 ....
	8 项目风险管理 ....
	9 项目变更管理 ....
	10 知识转移 ....
	11 质量控制 ....
	12 验收标准 ....
	13 文件签署 ....

图 4-1　不同公司的项目章程模板

电信运营商的项目章程模板用于公司内部的项目实施,是由公司管理层审核批准后由项目管理办公室颁布的,因此该模板成为公司通用模板,属于"项目组织所属的企业批准制造某个产品"的情况,而软件公司的项目章程用于项目组织同客户方之间就项目关键要素及环节达成共识,属于双方认可的文件,具有合同性质,因此在项目背景或总览一项的描述各有不同。

对于电信运营商的项目章程,其项目背景描述范式如下:

> 一、项目概述
>
> 　1.　项目名称.
>
> 　《XXXXXX》项目.
>
> 　2.　项目背景.
>
> 　根据具体的项目进行简述.
>
> 　3.　项目目的.
>
> 　本节可来自《项目建议书》,或对项目建议书中的相关内容进行进一步细化.
>
> 　4.　项目主要工作.
>
> 　本节可对《项目建议书》的相关内容继续进行细化.对项目的范围进行初步描述.本节将作
>
> 为划分项目主要阶段和里程碑的依据.

对于软件公司与客户方达成共识的项目章程,其项目总览描述如下:

> **1 项目总览**
>
> XXX(客户方)公司决定实施 K 生产制造管理系统,并选择 JD 公司进行 K 生产制造系统实施。该项目章程作为双方同意的文件,将包括项目目标的定义,实施策略的制定,项目组成人员和责任的确认,以及项目工作的计划。
>
> 为保证项目实施达到预期的目标,该文件的签署将赋予公司实施小组权责并开始工作。

在项目章程的模板上,除了上述两种以 Word 形式形成的文档,还有一些公司(如阿里巴巴公司)的项目章程是以表格的形式,简明扼要地展示项目的名称、背景、基本范围、目标、启动时间和完成时间、核心团队成员关键信息,以及项目关键里程碑和计划时间点等。如表 4-2 所示。

表 4-2　阿里巴巴公司的项目章程(模板)

项目章程				
项目名称	项目核心团队成员		项目其他干系人	
	姓名	角色	姓名	角色
项目背景和基本范围				
项目目标 (SMART)	项目启动时间		计划完成时间	
	项目关键里程碑		计划时间点	
项目约束				
	项目授权人签字		签字时间	

还有些项目章程会将商业需求及产品描述融入对项目目标及交付成果的规定中,而有些章程则会涉及对项目前期调研和分析后做出的商业论证、标书及合同协议等的说明。但不管进行怎样的内容安排或以什么样的形式发布,有一项是不可缺少的,即在项目章程中必须对项目经理的角色及权限进行说明,以此为项目经理开展项目活动授权,这是项目章程最重要的目的之一。

总体看来,项目章程的内容一般包括以下几个方面:

(1)项目名称、背景、目的或批准项目的原因;

(2)可测量的项目目标和相关的成功标准;

(3)概括性的项目描述及总体要求;

(4)委派的项目经理及其职责和职权;

（5）发起人或其他批准项目章程的人员的姓名和职权；

（6）关键里程碑及进度计划；

（7）项目授权方及审批要求；

（8）其他与项目有关的要素，如项目风险。

4.2.3　项目章程的制定

在第 6 版 PMBOK 中，制定项目章程的 ITO（输入、工具与技术、输出）各要素间的关系如图 4-2 所示。

图 4-2　项目章程的制定

项目章程的制定一般在项目的启动阶段完成。项目启动的内容可参见第 3 章。

项目章程的性质按照商业和非商业可以分为两类。非商业类主要指项目组织向所在公司或上级机构提交立项建议书或可行性研究报告，提出立项申请，通过审批允许立项后编制的项目章程。商业类主要指依据所签订的合同/协议，以及公司以往既定的商业需求分析、投入产出分析、项目立项前的可研报告等文件编制的项目章程。这些依据的文档都具有一定的时效性，因此在作为项目章程制定依据时，要首先审核其是否有效，是否符合当前的社会环境、国家政策及商业机遇。它们并非项目文件，项目经理无权进行更新或修改，但可以有选择地采纳或向高层经理提出建议。如果涉及企业重组或企业被收购，一定要对商业文件进行审核，以保证拟开发项目能够对现有的业务或战略目标起到真正的支持作用。

如第 3 章中在项目启动环节所采用的专家判断法所述，专家的意见在制定项目章程中也将发挥重要作用，他们基于自身所拥有的特定学科理论、行业发展趋势洞察力、业务知识及经验、相关技术技能等，以个体或组织的形式对项目的关键过程、范围、目标等加以明确，从而帮助相关机构尽早拟定或颁发项目章程。

但与启动环节的方法/技术有所区别的是，制定项目章程一般是项目启动前的重要准备工作，因此，其方法/工具会更多涉及项目章程编制所需的数据收集。这些数据收集技术包括头脑风暴法、焦点小组及现场访谈等。事实上，数据收集不单是编制项目章程的重要方法或工作内容，而且是后续项目管理许多过程中将要经常用到的方法/技术，只不过不同环节选择的数据收集方法稍有侧重。

项目章程能否顺利制定和颁布还与项目干系人之间的人际关系和团队技能有关。例如，无论是项目经理与项目总监之间，还是项目组织与客户方之间，好的人际关系都有利于相关方就目标、成功标准、高层级需求、项目描述、总体里程碑等内容达成一致意见。为此，作为项目组织的核心成员，项目经理要学会有效引导干系人及团队达成决定、提出解决方案。另外，在组织会议的过程中，要注意对会议形式的选择及会议内容进行管理，最终形成书面的会议纪要和行动方案。

4.2.4　对制定项目章程的特别说明

（1）项目章程旨在项目执行组织与需求组织之间建立伙伴关系，一般由项目发起人制定，而非项目经理。

（2）项目启动会的一项重要功能就是借助具有仪式感的形式宣布项目章程的获批，项目立项及项目经理的任命，这意味着该项目得到公司认可和支持，项目经理具有了协调相关资源和安排人力物力的合法权限。

（3）项目经理要尽早确认和任命，最好能让项目经理在前期参与项目章程的制定，以便对项目要求有基本的了解。如果因为意外情况导致颁布项目章程时项目经理还没有确定下来，也必须在规划开始之前落实，以便让项目经理实施项目规划。

（4）项目启动由项目以外的实体，如发起人、项目集或项目管理办公室等来实施，发起人是乙方的高级管理层。

（5）通过编制项目章程来确认项目符合组织战略和日常运营的需要。

（6）在执行外部项目时，通常需要用正式的合同来达成合作协议。合同是确定这个项目能否正常开始的前提条件，确认了之后才开始项目，但项目章程不能等同于合同，因为其中未承诺报酬、金钱或用户交换的对价。

§4.3　制定项目计划

项目管理中最重要的活动就是编制、实施与调整项目管理计划。项目管理计划是定义、准备和协调项目计划的所有组成部分，并把它们整合为一份综合项目计划的过程，简称项目计划。从形式上看，它是一个与流程规范及各个过程或领域问题解决相关的总纲性文件，也是一个整合了项目5大管理过程组和44个管理过程的，内容充实、结构紧凑的文件。

4.3.1　制定项目计划遵循的基本原则

项目计划用于确定所有项目工作的基础及其执行方式，它通常只开展一次，是项目经理及成员为实现项目目标而开展各项项目活动的基本依据。编制项目计划必须遵循的基本原则包括：全局性原则、全过程原则、人员与资源的统一组织与管理原则、技术工作与管理工作协调的原则。

项目的各方干系人通常有不同的，甚至是互相冲突的利益需求，因此对项目目标及相关技术管理方案很难达成一致的理解和认同，尤其是在既互相关联，又互相制约的项目进度、成本和质量三个目标及相关方案方面。项目经理在编制项目计划和方案时要对干系人的需求及项目目标做出权衡，确定项目目标和干系人需求的优先级顺序，在此基础上采用最适合的技术及管理方案，尽可能满足各方干系人的基本需求，以便减少项目实施过程中来自于干系人的干扰和阻碍。

项目整体管理的任务之一是对项目全生命周期进行管理。各个管理过程与项目生命周期的各个阶段有紧密的联系,各个管理过程在每个阶段中至少发生一次,必要时会循环多次。项目阶段的统一管理首先需要通过制定统一的项目计划来实现,然后通过积极执行这个项目计划来实施项目。在项目的实施过程中还要对任何变更进行统一管理,直至项目收尾。

4.3.2　项目计划的内容

项目计划的内容依据应用领域和项目复杂性的不同而不同,可以是概括性的,也可以是详细的,其制定过程及内容的复杂程度取决于应用领域的复杂性、风险性和具体项目的规模及要求等。一般而言,规模越大的项目,重要性程度越高的项目,或者风险性越大的项目,项目计划会越详细。与此同时,还要具有一定的弹性,以便可以应对不断变化的项目环境并做出适当调整(而非改变整个计划)。因此,项目计划的制定和更新适合采用敏捷性方法,以便随项目的进展产出更准确的信息。

总的来看,项目计划大致包括以下内容:项目背景、目标、干系人、总体技术方案、项目生命期、里程碑划分,以及项目概要计划等。对于某些大型项目,项目计划中还会包含相对独立的项目进度、成本、质量、人力资源、沟通、风险、采购等制定分计划。某 IT 公司的项目计划内容结构如图 4-3 所示。它明确了项目如何实施、如何进行监督和控制,以及项目如何收尾。

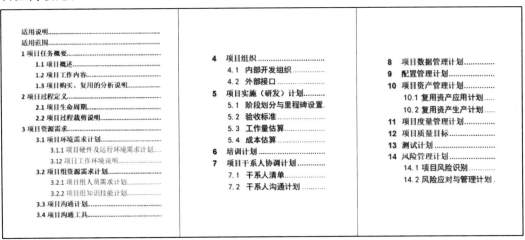

图 4-3　某 IT 公司的项目计划内容结构

4.3.3　项目计划的制定

项目计划的制定是一个渐进明细、逐步细化的过程。一般来说,项目计划的制定主要由项目经理及核心团队成员负责,大致需要以下基本过程:

(1)明确项目的总体目标和阶段目标。

(2)组建初步的项目团队。项目团队成员有可能预先确定,也有可能会随着项目进展在不同时间加入项目团队,随着分配的工作完成而退出团队。核心团队成员在项目启动时就要尽量确定下来,以便尽早参与制定和理解项目计划。

（3）工作准备与信息收集：项目经理组织前期加入的项目团队成员准备项目工作所需要的规范、工具、环境，如开发工具、源代码管理工具、配置环境、数据库环境等，并在规定的时间内尽可能全面地收集项目信息。

（4）项目计划的编写：依据标准、模板，由项目经理核心成员编写初步的概要性项目计划及必要的专项计划，包括范围管理计划、进度计划、成本管理计划、质量管理计划、风险管理计划等，并由项目经理将专项计划整合到项目概要计划中，或以附件形式存在。

（5）项目计划的审核与批准：由相关方对项目计划进行评审和批准，获得批准后的项目计划就成了项目的基准计划。

制定项目计划的过程如图 4-4 所示。

图 4-4　项目计划的制定

当项目启动并且完成项目章程的制定工作以后，项目经理就开始承担项目规划与计划阶段的相关工作，并结合其他规划过程组中的专项计划，编制综合性的项目计划。

其他专项规划产出主要是指项目基准或专项计划。项目基准计划主要与范围、进度及成本有关，分别是范围规划过程输出的范围管理计划，进度计划过程输出的进度管理计划，以及成本计划过程输出的成本管理计划。除了三大基准计划以外，还有其他各种专项计划，包括干系人管理计划、人力资源计划、沟通管理计划、质量管理计划、采购计划，以及与这些计划密切相关的风险管理计划。它们之间及其与项目计划之间的关系如图 4-5 所示。

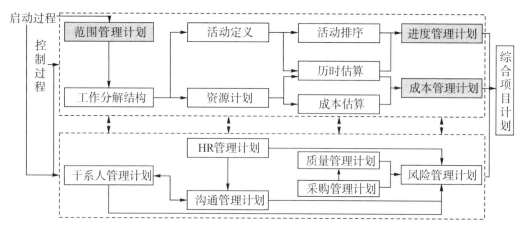

图 4-5　制定项目计划的重要依据之一：其他过程的输入

从图 4-5 可以看出，在制定这些基准计划、专项计划、项目计划的过程中，控制过程将贯穿始终。

能影响项目计划制定的事业环境因素包括（但是不限于）：政府或者行业标准、项目管理信息系统(例如自动工具套件、进度管理的软件工具、配置管理系统、信息收集和分配系统、与其他在线自动化系统的网络接口等),基础设施(例如现有的设施和生产设备),人事管理(例如雇佣和解雇方针、员工绩效评估,以及培训记录等)。

项目计划的制定需要得到来自相关知识领域的专家的判断和支持。有时候,项目经理本身就是具有综合知识和行业经验的专家,这些专家技能主要用于以下决策:过程剪裁、技术和管理细节、资源和技能水平、配置管理、变更控制等。

由此可见,制定项目计划是一个需要不断收集数据,并与多方干系人反复沟通确认的过程。因此在制定项目计划过程中,项目经理需要灵活使用各种沟通渠道和技巧,与团队成员及相关干系人保持良好的人际关系,以便获得他们的支持。

§4.4　项目的执行、监控、变更控制及收尾

4.4.1　指导和管理项目执行

项目计划制定完成并获得批准成为计划基准后,项目经理的工作重点就转入对项目的执行进行统一协调的管理,把握项目实施的全局。具体包括:建设项目团队、与各相关干系人及时沟通和协调、推动项目进展、对项目执行情况进行指导和检查、向有关干系人报告项目实施与进展情况等。因此,指导和管理项目执行过程不仅关注项目产品的完成情况,还要关注项目的进度、项目预算、项目过程和交付物的质量等,管理项目的范围、进度、成本和质量等子目标之间的冲突与协调,以及管理项目各有关干系人之间的冲突与协调。

指导和管理项目执行工作的具体依据可能包括(但不限于)以下要素:项目计划、已批准的纠正措施、预防措施、变更申请、缺陷修复等。输出结果则可能有新的变更请求,例如请求的相关变更、已实施的变更、已实施的纠正措施、已实施的预防行动、已实施的缺陷修复等。除此之外,也可能有大量的工作绩效信息,例如可交付成果、实际进度、已发生的成本、实际质量、实际的生产率等。

为了更好地管理项目执行,项目经理要对项目团队人员进行相应的授权,以使他们承担的责任和拥有的权利相称。项目经理带领项目管理团队一起按计划指导项目活动的执行,并管理存在于项目内的各种技术接口和组织接口。项目执行过程受项目应用领域的直接影响。可交付物是执行项目计划过程的一种输出,收集可交付物的完成状态及那些已经完成的工作绩效信息是项目执行工作的一部分,并且这些信息会提供给绩效报告过程。

在项目执行过程中,发生意外在所难免,因此,项目经理能否对项目中遇到的问题给予及时恰当的处理、在项目中期工作强度较高的时候能否协调好各方的资源、对团队成员的工作效率及心理变化等能否及时掌握等显得尤为重要。

4.4.2　监督和控制项目

监督和控制项目过程(简称监控过程)是全面地追踪、评审和调节项目的进展,以满足在项目计划中确定的绩效目标的过程。监控是贯穿整个项目始终的项目管理的一个方面,监控过程包括全面地收集、测量和分发绩效信息,并且通过评估结果和过程来实现过程改进。连续监控可以使项目管理团队洞察项目的状况是否正常,并且找出要特别注意的任何方面。

监督和控制项目过程关注:

(1)以项目计划为基准,比较实际的项目绩效(包括完成了哪些交付物、实际的进度、实际的成本、实际的质量等项目绩效)。

(2)评估绩效以确定是否需要改正或者预防性的行动,必要时推荐这些行动。

(3)单项的改正或者预防性的行动,如进度控制中"建议的纠正措施"在执行之前,应评估对其他方面如成本、质量等的影响。项目的监控过程协调这些纠正措施对其他方面的影响,也协调一方干系人的改正或者预防性的行动对其他干系人的影响。

(4)分析、追踪和监控项目风险,以确保风险被识别,它们的状态被报告,和适当的风险应对计划被执行。

(5)维持项目产品和它们的相关文档的一个准确和及时的信息库,并保持到项目完成。

(6)提供信息,以支持状态报告和绩效报告。绩效报告包括:到报告日期为止项目计划完成情况与实际完成情况的对照、差距分析;打算采取的改正或者预防性的行动,该行动影响的方面和人员;项目的现状与预测、需要的协调与支持等。影响的各方面是综合和整体性的,不局限于范围、进度、成本、质量等各单个方面,影响的人员也不限于甲方或乙方,而是相关的各方。

(7)提供预测以更新当前的成本和当前的进度信息。

(8)当变更发生时,监控已批准的变更执行。

当项目正式进入实施阶段以后,对项目进度与成本等的跟踪与监控常常需要借助项目管理系统等辅助进行。好的项目管理系统或平台能够帮助项目经理与团队成员及时沟通,了解项目进展。除此之外,项目经理还需要利用项目周报、月报等定期向高层正式汇报项目的进展情况,包括已经完成的和正在进行的项目任务、项目开支和项目进度是否按照计划在执行,在项目中是否遇到困难或问题、需要什么资源,以及下一步将要进行的任务、资源计划等。监控过程与执行过程基本上是同期进行,或者根据项目阶段定期进行进度、成本与人力资源等方面的计划和实际的比较分析,利用挣值分析法、鱼翅图、时间序列或回归分析等方法找出偏差及原因。识别偏差可能产生的潜在风险,并对风险进行跟踪,采取相应的措施进行风险把控。

监督和控制项目的输入包括项目计划、工作绩效信息、绩效报告(包括但不限于当前的状态、本报告期的重要成果、计划的活动以及事件)。输出则包括请求的变更(包括但不限于建议的纠正措施、预防措施及缺陷修复)、项目报告(包括状态报告、进度报告、成本报告、绩效报告、配置状态报告和预测)等。

4.4.3　整体变更控制

由于项目本身具有的渐进明细性,因此要在一开始就万事俱备或考虑周全是很困难的,这就意味着大多数项目在执行过程中对范围、进度、成本甚至团队成员等进行适当调整和变更是不可避免的。

引起变更的原因可能来自于项目内部,也可能是由外部原因引起的。不管是哪一种情况,项目经理作为变更的对接者,都需要依据先前项目章程或项目计划中规范的变更管理流程及变更控制系统来执行变更。整体变更控制包括变更的申请、记录等,分析变更产生的原因,评估变更产生的影响,包括范围、进度、成本、质量等,将变更报告整理输出后进行讨论审批,将审批的结果反馈变更提出方,同时对项目计划进行更新,再执行变更,对变更进行监控,并做到及时反馈。

整体变更控制过程贯穿于整个项目过程的始终,包括对项目范围说明书、项目计划和其他项目可交付物必须进行变更管理(或是拒绝变更或是批准变更),被批准的变更将被并入一个修订后的项目基准(基线也叫基准,英文为 Baseline,被批准的项目计划就是项目基准)。整体变更控制过程基于项目的执行情况在不同层次上包含以下变更管理活动:

(1)维持所有基线的完整性。

(2)识别可能发生的变更,在必要时提出变更申请,并根据已批准的变更,更新范围、成本、预算、进度和质量要求,协调整体项目内的变更。这些变更需要调整项目计划或者其他项目计划。例如,一个被提出的进度变更通常会影响成本、风险、质量和人员配置。

(3)维护一个及时、精确的关于项目产品及其相关文档的信息库,直至项目结束。

每个记录下来的变更申请,都可能被项目管理团队之内或者一个外部组织的责任者批准或者拒绝,例如变更控制委员会(CCB)就是这样的责任者。变更控制委员会的角色和责任在配置管理和变更控制过程之内被清楚地定义,并且被所有项目干系人认可。许多大型的组织提供一个有多层结构、层与层之间分工明确的变更控制委员会。如果项目是基于合同开展的,那么有关每个合同的变更将需要该合同客户的批准。

变更控制的实施程度依赖于本次变更本身、项目所在的领域、具体的项目的复杂程度、合同要求以及项目执行的背景和环境。在管理项目时,项目的范围、进度、预算和质量都可能发生变更,项目管理的其他方面,如团队管理、干系人管理、风险应对、风险监控和合同管理等控制过程的结果也可能引起变更,这些变更与整体变更控制过程之间的关系如图 4-6 所示。

在 IT 项目尤其是软件开发项目中,往往使用配置管理系统来管理软件需求、功能等方面的变更,以便同时对变更影响的其他方面进行调整。这样标准化的流程将使得变更管理更加规范,避免项目在进度及成本等方面出现严重问题,同时,严格的变更管理也避免了对客户在项目进展过程中不断提出新的不合理要求而导致项目范围蔓延。变更控制系统则作为配置管理系统的一个子系统,主要包括每个软件组件的规格说明书(脚本、源代码、数据定义语言等)。

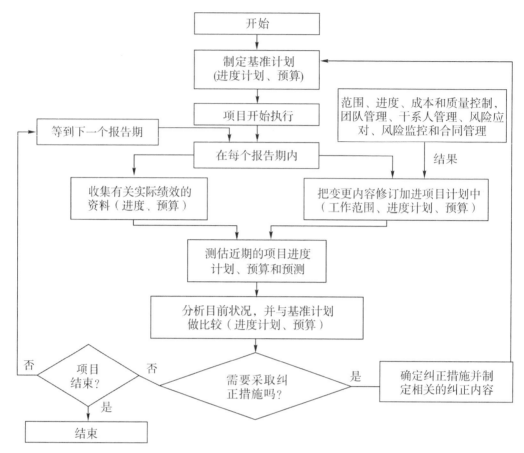

图 4-6　项目局部变更与整体变更控制过程的关系

4.4.4　项目收尾

项目收尾过程是结束项目某一阶段中的所有活动,正式收尾该项目阶段的过程。当然,这一过程也包括关闭整个项目活动,以收尾整个项目。项目收尾过程还要恰当地移交已完成或已取消的项目和阶段。

项目收尾过程也确定了验证和记录项目可交付物的步骤:协调并与客户或赞助人互动,以便他们正式接受这些可交付物;如果项目在完成前就被终止,要对采取这一举措的原因进行分析和记录。

总的看来,项目收尾过程包括对于管理项目或者项目阶段收尾的所有必要活动,具体可以分为项目管理收尾和合同收尾。

管理收尾包括:确认项目或者阶段已满足所有赞助者、客户,以及其他项目干系人需求的行动和活动;确认已满足项目阶段/整个项目的完成标准,或者确认项目阶段/整个项目的退出标准的行动和活动;当需要时,把项目产品或者服务转移到下一个阶段,或者移交到生产和运作的行动和活动;活动需要收集项目或者项目阶段记录、检查项目成功或者失败、收集教训、归档项目信息,以方便组织未来的项目管理。

　　合同收尾部分涉及结算和关闭项目所建立的任何合同、采购或买进协议，也定义了为支持项目的正式管理收尾所需的与合同相关的活动。这一办法包括产品验证和合同管理的收尾(更新反映最终结果的合同记录并把将来会用到的信息存档)，合同在早期中止是合同收尾可能涉及的一种特殊情况，这种情况一般由合同相应条款规定。

　　项目收尾的输入要素包括：项目计划、合同文件、组织过程资产(包括但不限于项目收尾要求，如项目后审计、项目评估、产品确认及验收标准等；历史信息和教训知识库，如项目记录和文档、所有项目收尾信息和文档、关于以前的项目的决策结果信息和绩效信息以及风险管理信息等)。项目收尾的输出要素则包括：最终产品、服务或成果的移交、管理收尾办法和合同收尾办法、已更新的组织过程资产(包括但不限于正式的验收文档、项目文档、项目收尾文档、历史信息等)。

　　项目收尾是很多项目经理容易忽略的问题。项目收尾除了核实相关数据外，更重要的是要总结每次项目过程中的经验和教训，为下一次项目做好了准备。

　　总的看来，项目整合管理活动具有合并、统一、沟通及相互作用的特征，这些行动应该贯穿项目始终，受项目多个干系人约束和影响。例如，项目计划中的相关基线水准会直接影响后续各个环节能否顺利推进，以及成功实现项目目标的可能性。有关进度变更的决策或行动通常会影响成本及质量等领域的变动，因此必须在项目一开始就学会用全局的、系统的思维去理解项目管理各知识领域之间的相互依存关系，制定能够满足项目目标的项目计划和规范性流程，做好项目活动或过程中所需资源与其他活动或过程所需资源的协调配合，以及项目关键干系人之间利益的平衡。在项目管理中如果整合管理做得不好，尤其是在制定项目计划时考虑不全面，很可能对项目产生较为严重的后果，而成功的项目管理包括积极地管理过程间的相互作用，做好项目干系人各方的利益和需求的权衡。

 案例分享

项目整合管理有多重要

 小王刚被 M 公司提拔为项目经理，带领公司 40 多位团队成员接手了一个为期一个半月的电信运营商通信线路巡检项目。

　　　　……

 习 题

※ **理解分析题**

1. 项目整合管理的核心内容包括哪些方面？
2. 项目章程在项目管理中有何作用？
3. 项目计划大致包括哪些主要内容？制定项目计划的基本过程是怎样的？

本章参考文献

[1] 刘旭辉.美国田纳西河流域开发和管理的成功经验[J].老区建设,2010(03):57-58.

[2] 毕新华.管理信息系统项目可行性的综合模糊评价[J].技术经济,1994(01):63-64
＋38.

[3] 边防.论信息系统工程项目的可行性研究[J].信息系统工程,2018(04):135.

[4] 李昀.全景项目案例集 09:项目整合管理有多重要?[J].敏捷视界,2020(03):12.

第5章　IT 项目的范围管理

【本章摘要】

本章系统阐述 IT 项目范围管理的内涵及过程。首先界定项目范围的含义,剖析项目范围、时间及成本间的关系;其次,分别阐述项目范围管理的五个基本过程、相关方法及工具,重点讲解创建工作分解结构(WBS)这一重要工具的应用。

【关 键 词】

项目范围;定义范围;WBS;确认范围;控制范围

【学习目标】

- 理解项目范围及项目范围管理的含义;
- 熟悉项目范围管理的主要过程,每一管理过程所用的主要技术或工具;
- 理解前后过程输入和输出结果的关系;
- 学会运用工作分解的思想和方法对具体项目及产品结构进行分解。

◇**导入案例**

某 IT 公司承担了 A 公司的一个 ERP 系统开发项目。项目实施过程中,系统需求似乎永远无法确定,用户说不清楚自己的需求,怎么做他们都不满意,需求不断变更,功能不断增加,李部长认为功能该这样,王经理又认为这样不行,结果让软件开发人员无所适从。该项目已进行两年多,何时结束却还是未知,因为用户不断有新的需求提出来,项目组也就要根据用户的新需求不断去开发新的功能,大家对这样的项目完全丧失了信心。

IT 公司针对这种局面派出项目管理专家刘工负责 ERP 项目组的管理工作,刘工通过对项目文档分析和 A 公司相关人员的沟通认识到,该项目一开始就没有明确界定整个项目的范围,也没有一套完善的变更控制管理流程,任由用户怎么说就怎么做,从而导致整个项目成了一个烂摊子。

§5.1　项目范围概述

5.1.1　项目范围的含义

项目范围是指为创建项目产品或服务所做的所有工作及产生这些产品/服务的过程,即"项目所提供的产品或服务的总和"。项目范围包括产品范围和工作范围,产品范围用来表征产品或服务的特性与功能,工作范围是指为交付具有特定属性和功能的产品/服务而必须完成的工作。

对于 IT 项目,明确项目范围是有效管理需求变更的唯一方法。有明确的项目范围才能够学习和分析项目范围内的业务流程,建立系统的功能需求,在开发过程中,当客户需求变动的时候,有效管理工作范围,按照预算在指定的时间内完成项目的交付。

客户不能准确告诉软件开发人员需要哪些功能,他们只知道系统需要完成哪些目标。功能需求并不是由客户或用户提供,而是项目组成员在理解目前的人工作业后分析出来的结果。建立功能需求是软件开发人员的重任,不是客户或用户能够提供的内容。

项目范围不是由客户或用户提供的,而是依据要开发的项目目标和项目最终交付成果而制定出来的,项目目标是实施项目所要达到的期望结果。没有项目范围便不能建立有关系统的功能,不能控制任务的工作量,不能预估完成日期并按时完成。从项目整个过程来看,随着项目的进展,项目运作日趋复杂,项目范围的不确定性应该逐渐降低。

5.1.2 概念解析:目标、目的及范围

在 Quora 问答平台上,"目标、目的、范围及交付成果之间有何区别"之类的问题经常被提出。从学生实践项目也可以看出,对项目目标、意义、范围及交付成果的定义不清或相互混用是各项目小组存在的典型问题。事实上,这些概念的内涵不同但彼此存在密切联系。

目标或目的的关键是一定要表述清晰,参与该项目的任何人都应能查看结果并一致明确认识到项目最终是否实现目标。为此,需要基于 SMART 原则定义每个目标:具体、可衡量、可实现、符合现实和有时限。以阿波罗登月计划为例,其目标被明确定义为:"到第十年末,我们将送一个人到月球,并让他安全返回地球。(肯尼迪总统)"

目的和意义经常被放在一起描述为实现目标(价值)的利益。阿波罗计划的目的或意义如下:"通过将人类送上月球,美国成为太空竞赛的领导者,并开发许多新的商业和军事技术。"

范围则是对目标的详细描述,包括将要做什么和将不会做什么,项目范围随项目的进行逐渐明晰和详细。项目范围有时候也称为工作范围,是指为了实现项目目标必须完成的所有工作,一般通过定义交付物(Deliverable)和交付物标准来定义工作范围。工作范围根据项目目标分解得到,它指出了"完成哪些工作就可以达到项目的目标",或者说"完成哪些工作项目就可以结束了",后一点非常重要,如果没有工作范围的定义,项目就可能永远做不完。要严格控制工作范围的变化,一旦失控就会出现"费力不讨好"的尴尬局面,一方面做了许多与实现目标无关的额外工作,另一方面却因额外工作影响了原定目标的实现,造成商业和声誉的双重损失。阿波罗计划的范围包括阿波罗火箭的制造、测试和使用,命令模块、月球游览模块、宇航员培训、计算机制导系统的开发等。

如上所述,可交付成果或预期结果根据项目目标分解得到的具体化或可视化的产品及其他成果,能够通过项目实施结果,清楚地知道项目最终提供的可交付成果或预期结果是否真正实现了项目目标。如果将预期结果列表扩展到整个阿波罗计划,则表述为"有19 个人在月球上行走,我们开了一个沙丘越野车,我们进行了实验,我们测量了到月球的精确距离,并在其后面留下了反射器,以便我们可以继续该项目",等等。

5.1.3　项目范围与项目时间、成本及质量之间的关系

项目目标决定了项目的范围,而项目范围、时间、成本及质量几个要素之间是相互影响、相互制约的,而且项目范围常常会影响项目的时间、成本或质量。其关系如图 5-1 所示。

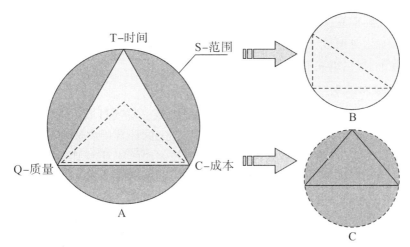

图 5-1　项目范围(S)与项目时间、成本及质量(TQC)之间的关系

从图 5-1 可以看出,一旦项目范围确定以后,就需要在项目时间、成本与质量三者之间进行平衡,以便实现项目目标的最优化。不同的项目对时间、成本及质量三个子目标的偏重不同,时间紧迫的项目可能会牺牲一定的成本和质量来满足时间目标的要求,而看重可交付物质量的项目则可能会在项目耗费的时间和成本方面做出适当让步。看重项目盈利率的公司则会在满足顾客基本要求的基础上尽量减少项目成本支出,所以不会为了追求更高的可交付物质量水平而付出更多。上述这三种情境在实际项目运作中都是正常的,但项目范围一旦蔓延或失控可能会导致项目成本、质量及时间目标都无法实现,因此需要对这些目标都做出适当约束。

1. 项目的范围约束

没有任何一个项目的立项是没有理由和目的的,项目是为支持组织目标而启动的,帮助组织目标的实现则是启动一个项目最基本的目的,只有明确了项目的目的(或组织运营项目的目标),才能将抽象的目的转变为具体的项目目标和项目范围。作为营利性项目的项目经理,首先必须搞清楚项目的商业目标,明确把握项目发起人期望通过项目获得什么样的产品或服务价值来实现商业目标。对于项目的范围约束,容易忽视项目的商业目标,而偏向技术目标,导致项目最终结果与项目干系人期望值之间出现偏差。

项目的范围可能会随着项目的进展而发生变化,从而与项目时间和成本等约束条件之间产生冲突,因此面对项目的范围约束,主要是根据项目的商业目标做好项目范围的变更管理。既要避免无原则的变更项目范围,也要根据时间与成本的约束,在取得项目干系人一致意见的情况下,合理地按程序变更项目的范围。

2. 项目的时间约束

项目的时间约束就是规定项目需要多长时间完成,项目的进度应该怎样安排,项目的活动在时间上的要求,各活动在时间安排上的先后顺序。当进度与计划之间发生差异时,如何重新调整项目的活动历时以保证项目按期完成,或者通过调整项目的总体完成工期以保证活动的时间与质量。

在考虑时间约束时,一方面要研究项目范围的变化对项目时间的影响,另一方面要研究项目历时的变化对项目成本产生的影响,并及时跟踪项目的进展情况,通过对实际项目进展情况的分析,提供给项目干系人一个准确的报告。

3. 项目的成本约束

项目的成本约束就是规定完成项目需要花多少钱。对项目成本的计量,一般用花费多少资金来衡量,但也可以根据项目的特点,采用特定的计量单位来表示。关键是通过成本核算让项目干系人了解在当前成本约束之下所能完成的项目范围及时间要求。当项目的范围与时间发生变化时,会产生多大的成本变化,以决定是否变更项目的范围,改变项目的进度,或者扩大项目的投资。

在实际完成的许多项目中,多数只重视项目的进度,而不重视项目的成本管理。一般只是在项目结束时,才交给财务或计划管理部门的预算人员进行项目结算。对内部消耗资源性的项目,往往不做项目的成本估算与分析,使得项目干系人根本认识不到项目所造成的资源浪费,因此对内部开展的一些项目也要进行成本管理。

由于项目是独特的,每个项目都具有很多不确定性的因素,项目资源使用之间存在竞争性,除了极小的项目,项目很难最终完全按照预期的范围、时间和成本三大约束条件完成。项目干系人总是期望用最低的成本、最短的时间,来完成最大的项目范围,这三个期望之间是互相矛盾、互相制约的。项目范围的扩大,会导致项目工期的延长或需要增加加班资源,会进一步导致项目成本的增加,同样,项目成本的减少也会导致项目范围的限制。作为项目经理,就是要运用项目管理的十大知识领域,在项目的五个过程组中科学合理地分配各种资源,来尽可能地实现项目干系人的期望,使他们获得最大的满意度。

§5.2 项目范围管理的基本过程

项目管理的十大知识领域均会对项目的最后成果产生积极影响,然而从十大知识领域对项目成功产生影响的轻重程度来看,项目范围管理最为重要。范围管理是项目启动以后首先要做的工作,其目的是确定项目完成的具体任务、工作成果等。

项目范围管理也就是对项目应该包括什么和不应该包括什么进行相应定义和控制的过程,用以确保所做的工作充分且必要。具体包括三层含义:所确定的产品范围和工作范围是充分的、工作范围不包括那些不必要的工作、工作范围规定要做的工作和产出的成果能够实现预想的商业目标。

项目范围管理工作包括用以保证项目能按要求的范围完成所涉及的所有过程,一般指收集需求、定义范围、创建工作分解、确认范围及控制范围五个过程。管理项目范围所需的各个过程及工具与技术因应用领域而异,并通常作为项目生命周期的一部分加以确定,包括经批准的详细项目范围说明书,以及相应的工作分解结构、工作分解结构词典、构成项目的范围。

在进行项目范围管理之前,有一项与范围管理有关的工作必须在项目计划阶段完成,那就是项目范围计划的编制。并非所有的 IT 项目都需要编制详细的范围计划,但大型复杂的IT 项目集常常需要对各个子项目及项目集的范围管理进行规划,对制定项目范围说明书、根据详细项目范围说明书创建 WBS、确定如何审批和维护范围基准、正式验收已经完成的项目可交付成果等工作的管理过程做出规定,以便在整个项目期间对如何管理范围提供指南和方向。IT 项目范围计划可以是正式或非正式的,非常详细或高度概括的。

为了完成范围计划的编制,需要借助项目章程及其他专项计划,如软件质量管理计划、软件开发方法,以及项目生命期描述等资料,做深入的文本分析和数据收集,结合专家经验和意见,通过会议等方式来收集需求、详述项目和产品范围、创造产品、确认范围和控制范围,确定 IT 项目范围计划的内容。软件质量管理计划涉及项目组织所在企业的质量方针、政策、方法和标准,会直接影响项目和产品范围的管理方式,可以帮助明确项目组织的方式。

在项目计划阶段,伴随 IT 项目范围计划产生的还有另一份重要文档:需求管理计划。需求管理计划也可以作为 IT 项目计划的组成部分,描述在整个项目生命周期内如何分析、记录和管理项目和软件产品需求,其文档内容主要对一系列需求的开发、跟踪、报告、变更及控制等活动如何进行、采用什么方法工具、规范流程等方面做出规定。

5.2.1　收集需求

需求是指符合特定协议或其他强制性规范的产品、服务或成果所必须具备的条件或能力,它包括发起人、客户和其他相关方的已量化且书面记录的需要和期望。

许多组织把需求分为项目需求和产品需求。项目需求包括商业需求、项目管理需求、交付需求等,产品需求则包括技术需求、安全需求、性能需求等。需求是工作分解结构的基础,成本、进度和质量规划也要在这些需求的基础上进行。

为了增加项目成功的可能性,应该尽可能地让项目的相关方积极参与需求的探索和分解工作,并详细地探明、分析和记录对产品、服务或成果的需求,将其包含在范围基准中,并在项目执行开始后对其进行测量。

需求开发始于对项目章程和干系人登记册中相关信息的分析。收集需求是为实现项目目标而确定并记录干系人需求的过程,这一过程旨在定义和管理客户期望,以便为定义产品范围和项目范围奠定基础。收集需求过程如图 5-2 所示。

图 5-2　收集需求

1．收集需求的主要依据

（1）项目章程：正如第 4.2 节所述，项目章程在编制过程中主要关注客户方的商业需求、项目立项的理由与背景、对客户需求的现有理解和满足这些需求的新产品、服务或结果，因此，在项目章程的内容中，项目背景、项目目标及项目总体描述等信息都会明确包含对客户需求及需求实现载体（产品、服务或结果），并由此引出对项目需求及产品需求的具体化。

（2）项目计划：是项目章程结合其他过程输出而得到的重要综合性项目计划，因此必然包含对项目章程核心内容（项目范围及需求）的描述及相关专项计划（包括范围计划、需求计划，以及相关干系人的参与计划），这些也是需求开发及需求文件编制的重要依据。例如，从相关干系人参与计划中了解相关干系人的沟通需求和参与程度，并对其需求做出合理的评价和选择。

（3）商业文件：包括与客户方签订或达成的具有法律效力的合同或协议。项目目标、产品及项目需求等内容往往以合同附件形式明确。

（4）干系人登记册：用于识别那些能提供详细的项目和产品需求信息的干系人在项目中的角色及其对项目的影响等。只有明确那些关键干系人对项目的需求，才能增加项目顺利推进，在后期减少范围变更的可能。详细一些的干系人登记册就是干系人分析表，一般用电子表格来表示，如表 5-1 所示。

表 5-1　IT 项目干系人分析表（示例）

序号	干系人类型	职责	姓名	所属公司、部门及职务	问题和障碍	关注的方面	提供的信息	参与时机	主要需求	是否关键干系人	联系方式	
											手机	邮件
1	用户											
	技术支持部门用户											
	1.1.1 技术接口	相关软件使用维护										
1.1	1.1.2 技术接口	相关硬件使用维护										
	1.1.3 技术接口	项目软件故障维护										
	1.1.4 技术接口	项目硬件故障维护										

序号	干系人类型	职责	姓名	所属公司、部门及职务	问题和障碍	关注的方面	提供的信息	参与时机	主要需求	是否关键干系人	联系方式	
											手机	邮件
1.2	实际使用用户											
	1.2.1 用户	业务分析用户										
	1.2.2 用户	业务录入用户										
	1.2.3 用户	业务数据使用用户										
	1.2.4 用户	业务操作用户										
2	客户											
2.1	客户决策层											
	2.1.1 客户	总经理										
	2.1.2 客户	信息部经理										
	2.1.3 客户	各处室负责人员										
	2.1.4 客户	业务主管										
2.2	受益者											
	2.2.1 受益者	决策层										
	2.2.2 受益者	业务主管										
	2.2.3 受益者	数据使用者										

续　表

序号	干系人类型	职责	姓名	所属公司、部门及职务	问题和障碍	关注的方面	提供的信息	参与时机	主要需求	是否关键干系人	联系方式	
											手机	邮件
2.3	发起人（项目主管、甲方的接口人、协助解决问题和决策的人）											
	2.3.1发起人	发起人										
	2.3.2发起人	发起人										
2.4	客户联系人											
	2.4.1联系人	联系人										
2.5	客户业务专家											
	2.5.1内部顾问	业务顾问/专家										
2.6	负面人物（不希望项目成功的人）											
	2.6.1负面人物	施压人员										
	2.6.2负面人物	利益受损/工作量增大										
3	核心项目团队											

序号	干系人类型	职责	姓名	所属公司、部门及职务	问题和障碍	关注的方面	提供的信息	参与时机	主要需求	是否关键干系人	联系方式	
											手机	邮件
3.1	项目核心人员											
	3.1.1 项目核心人员	项目经理										
	3.1.2 项目核心人员	业务专家										
	3.1.3 项目核心人员	需求分析人员										
	3.1.4 项目核心人员	系统设计师										
	3.1.5 项目核心人员	测试经理										
	3.1.6 项目核心人员	软件工程师										
	3.1.7 项目核心人员	系统架构师										
3.2	营销人员											
	3.2.1	销售人员										

　　(5)其他方面:包括事业环境因素、组织过程资产、假设日志及经验教训登记册等。假设日志提供了对项目产品、环境、干系人的识别及影响需求的假设条件;经验教训登记册提供以往类似项目或公司积累的在需求收集过程中有效的需求收集技术或需要避免的问题。

2. 收集需求的技术/方法

最常用的需求收集技术/方法包括专家判断、头脑风暴、访谈/问卷、焦点小组、标杆对照及文件分析等。

在商业分析、需求收集的流程、方法与技术等方面能提供专业指导的相关个人或小组专家往往来自于项目组织内部，如项目经理、需求分析师，或者公司业务部门的业务专家。

头脑风暴是一种群体创新技术，用来产生和收集项目需求与产品需求的多种创意的技术。

访谈和问卷都是围绕主题（需求）提出相关的问题，并记录或收集他们回答的调研方式。不同之处在于访谈一般是针对个体（有时候也可能同时包括多个受访者），面对面或通过视频/电话方式向受访者提出预设和即兴的问题，或者与调研对象（干系人）直接进行引导式交谈，并记录他们的回答。访谈有经验的项目参与者、发起人和其他高管，以及主题专家，有助于识别和定义所需产品可交付成果的特征和功能，访谈也可用于获取机密信息。问卷调查是提前设计一系列结构化的书面问题，向众多受访者快速收集信息，这种方法由于受众广泛、效率高、不受时间和地点限制且可以及时查看调研统计结果而被广泛使用。

焦点小组是召集预定的相关方和主题专家，了解他们对所讨论的产品、服务或成果的期望和态度，由一位受过训练的主持人引导大家进行互动式讨论。焦点小组往往比"一对一"的访谈更热烈。

标杆对照在收集需求中主要用来对拟开展的项目及交付的产品与实际类似的项目及产品进行比较，以便识别需求的通用范畴或要素。

文件分析通过分析现有文件来识别和获取与需求相关的信息。这些可供分析的文件包括（但不限于）：商业文件/协议、业务流程、规则方面及用例等文档或资料、市场报告、政策/程序/法律法规。

除此之外，个人独裁式决策与群体决策在不同的情境下被用于需求的收集与确定。

在群体情境中，良好的人际关系与团队技能可以让面向个体或群体的数据收集技术更好地发挥作用，提高数据收集的效率和效果。观察和交谈是指直接察看受访者个体在各自的环境中如何执行工作（或任务）和实施流程。当产品使用者难以或不愿清晰说明他们的需求时，就特别需要通过观察来了解他们的工作细节，以便挖掘隐藏的需求。

引导可以应用于多种数据收集方法，对个体或群体的有效引导有助于在参与者之间建立信任、改进关系、改善沟通，从而缩短数据收集的时间，并收集到更为准确的需求。引导技能常常用于软件行业的联合应用设计或开发（JAD）研讨会，也常常用于互联网产品。这种研讨会注重把业务主题专家和开发团队集中在一起，以收集需求和改进软件开发过程。用户故事是对所需功能的简短文字描述，经常产生于需求研讨会。利用"用户故事"这一方式，引导受访者（用户）讲述自己的"故事情境"，以便识别出那些能从产品功能中受益的角色及其使用目的期望。

3. 需求信息的呈现方式

互联网和信息技术的深入广泛应用发展出比以往更丰富的数据呈现方式，包括原型法、KJ 分析法、思维导图及交互图等。

（1）原型法。原型法是指在实际制造产品之前，先造出该产品的实用模型，并据此征求对需求的反馈意见。原型是有形的实物，它使干系人有机会体验最终产品的模型，而不是只讨论抽象的需求陈述。原型法符合项目渐进明细的理念，因为原型需要重复经过制作、试用、反馈、修改等过程。在经过足够的重复之后，就可以从原型中获得足够完整的需求，进而进入设计或制造阶段。故事板是一种应用广泛的原型技术，通过一系列的图像或图示来展示顺序或导航路径。在敏捷和其他软件开发项目中，故事板使用实体模型来展示网页、屏幕或其他用户界面的导航路径。

（2）KJ 分析法。KJ 分析法又叫亲和图（Affinity Diagram）法或卡片法。该方法将未知的问题、未曾接触过的领域问题的相关事实、意见或设想之类的文本资料收集起来，并利用其内在的相互关系制作归类合并图，以便从复杂的现象中整理出思路，抓住核心，找出解决问题的途径。

◇◇◇◇◇◇ 拓展阅读：KJ之亲和图法 ◇◇◇◇◇◇

　　　　KJ法是日本人类学家川喜田二郎发明的。人类学家在田野调查中（所谓实地调研或人种志调研）会收集到大量相对零散的事实，如何对这些定性的素材进行有效的比较和分类、识别规律，从而建立假说或发展理论呢？KJ法最原始的核心就在于解决这一问题。也正因此，它十分适合用于UDC流程中的需求探索阶段。

　　　　……

（3）思维导图。思维导图又被称作脑图、概念地图等，是一种基于图像的思维辅助工具。它是用一个中央关键词或想法引起形象化的构造和分类的想法，并以辐射线形连接所有的代表字词、想法、任务或其他关联项目的图解方式。在产品开发或项目实施过程中，思维导图可以用来作为与客户沟通获取需求的工具。在软件开发需求分析中制作的思维导图如图 5-3 所示。

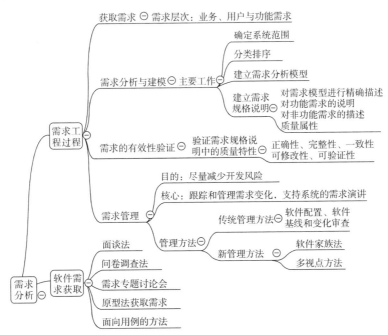

图 5-3　软件项目需求分析方面的思维导图

在基于面向对象方法进行系统需求分析时，UML 建模主要涉及对象（实例）和消息两大元素。交互是为达某一目的而在一组对象之间进行消息交换的行为，它可以对软件系统的类、接口、部件及节点对象为实现某一任务而必须实施的动态行为进行建模，并对这些对象的动态特性进行视化、说明、建造和建档。

（4）交互图。交互图描述对象之间的动态合作关系、合作过程中的行为次序，例如用来描述一个用例的行为，显示该用例中所涉及的对象及这些对象之间的消息传递情况，即一个用例的实现过程。交互图可分为时序图和协同图两类，时序图中描述对象按照时间顺序的消息交换，协作图着重描述系统成分如何协同工作。它们在语义上是等价的，彼此之间可以相互转化，只是从不同角度表达了系统中的交互和系统行为。

系统交互图是范围模型的一个例子，它是对产品范围的可视化描绘，显示业务系统（过程、设备、计算机系统等）及其与人和其他系统（行动者）之间的交互方式。图 5-4 是机房收费系统分别用时序图和协同图表述的交互图。

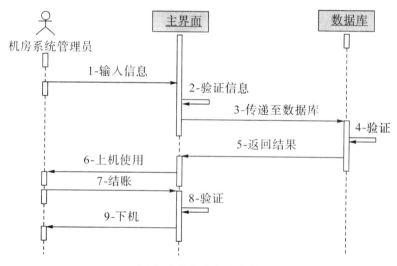

（a）机房收费系统时序图

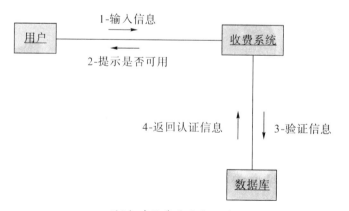

（b）机房收费系统协同图

图 5-4　机房收费系统交互图

4. 收集需求产出的可交付成果

收集需求产出的可交付成果包括需求文件和需求跟踪矩阵。

需求文件描述各种单一的需求将如何满足与项目相关的业务需求。一开始可能只有概括性的需求,然后随着信息的增加而逐步细化。只有明确的(可测量和可测试的)、可跟踪的、完整的、相互协调的,且主要干系人愿意认可的需求才能作为基准。需求文件的格式多种多样,既可以是一份按干系人和优先级分类列出全部需求的简单文件,也可以是一份包括内容提要、细节描述和附件等的详细文件。

需求文件的内容可能包括(但不限于):

(1)业务需求或需抓住的机遇,描述当前局面的不足以及启动项目的原因;

(2)可跟踪的业务目标和项目目标;

(3)功能要求,描述业务流程、信息,以及与产品的内在联系,可采用适当的方式,如写成文本式需求清单或制作出模型,也可以同时采用这两种方法;

(4)非功能性要求,如服务水平、绩效、安全、防护、合规性、保障能力、保留/清除等;

(5)质量要求及验收标准;

(6)体现组织指导原则的业务规则;

(7)对组织其他领域及团队内外部的影响;

(8)对支持和培训的需求;

(9)与需求有关的假设条件和制约因素。

上述这些有关需求的内容可能通过几种不同的需求文档来共同呈现和表达。IT 项目中常见的需求相关文件包括需求调查表、用户需求说明书、需求确认单、软件需求规格说明书等。

需求跟踪矩阵是一张连接需求与需求源的表格,以便在整个项目生命周期中对需求进行跟踪。需求跟踪矩阵把每一个需求与业务目标或项目目标联系起来,有助于确保每一个需求都具有商业价值,它为人们在整个项目生命周期中跟踪需求提供了一种方法,有助于确保需求文件所批准的每一项需求在项目结束时都得到实现,同时需求跟踪矩阵为管理产品范围变更提供了框架。跟踪需求的过程包括(但不限于):

(1)从需求到机会/业务需要、项目目的/目标;

(2)从需求到项目范围/WBS 中的可交付成果;

(3)从需求到产品设计、开发、测试;

(4)从高层级需求到详细需求。

应在需求跟踪矩阵中记录各项需求的相关属性,这些属性有助于明确各项需求的关键信息。需求跟踪矩阵中的典型属性包括:独特的识别标志、需求的文字描述、收录该需求的理由、所有者、来源、优先级别、版本、现状(如活跃中、已取消、已推迟、新增加、已批准)和实现日期。为确保干系人满意可能需增补的属性包括:稳定性、复杂程度和验收标准。需求跟踪矩阵示例如表 5-2 所示。

表 5-2 需求跟踪矩阵示例

序号	项目名称			项目编号			当前基线					
	需求功能编号	需求功能	子功能	状态	相关需求项	设计	编码	用户手册	测试	复用类型	复用资产名称/路径	备注
1												
2												
3												
4												
5												
6												
...												

这里要特别说明的是,需求跟踪矩阵是由"需求跟踪矩阵""编码清单""集成测试用例清单"三个表单构成的,编码通过单元格引用到"编码清单"表单相应的位置,功能模块的集成测试用例清单在"集成测试用例清单"表单中,复用类型主要是指 CMMI 模版、文档、复用组件、复用代码等可以用于不同项目中的组织资产或过程资产。

5.2.2 定义范围

定义范围是制定项目和产品详细描述的过程。由于在收集需求过程中识别出的所有需求未必都包含在项目中,所以定义范围过程就要从需求文件(收集需求得到的各种需求文档)中决定最终的项目需求,然后制定出关于项目及其产品、服务或成果的详细描述。详细项目范围说明书的编制,对项目成功至关重要,应该根据项目启动过程中记载的主要可交付成果、假设条件和制约因素,来编制详细的项目范围说明书。在规划过程中,随着对项目信息更多的了解,应该更具体地定义与描述项目范围,此外还需要分析现有风险、假设条件和制约因素的完整性,并做必要的增补或更新。需要多次反复开展定义范围过程,在迭代型生命周期的项目中,先为整个项目确定一个高层级的愿景,再针对一个迭代期明确详细范围,通常需要随着当前迭代期的项目范围和可交付成果的进展来详细规划下一个迭代期的工作。图 5-5 显示了定义范围的依据与产出。

图 5-5 定义范围

1. 定义范围的主要依据

项目章程中包含对项目和产品特征的概括性描述,可以用做制定详细范围说明书的基础,范围计划记录了如何定义、确认和控制项目范围,需求文件(包括需求调研表、用户需求说明书、软件需求规格说明书等)识别了应纳入范围的不同干系人对项目或产品的需求。这三类文档为范围的定义提供了重要的内容与边界,即哪些需求是最重要的,哪些需求是要关注的,哪些需求是可以忽略的。

除此之外,其他一些项目文件中也可能会提供一些帮助界定项目范围的信息,主要包括:假设日志识别了有关产品、项目、环境、相关方,以及会影响项目和产品范围的假设条件和制约因素;风险登记册包含了可能影响项目范围的应对策略,例如缩小或改变项目和产品范围,以规避或缓解风险;组织文化、基础设施、人事管理制度,以及市场条件等事业环境因素可能会影响定义范围过程的执行效果;还有一些组织过程资产也可能会影响范围的定义,例如用于制定项目范围说明书的政策、程序和模板,以往项目的经验教训等。

2. 定义范围的技术/方法

定义范围的技术/方法包括利用专家经验判断、群体决策会议、产品分析等。

专家经验判断常用来分析制定项目范围说明书所需的信息。群体决策会议可能通过召开研讨会和座谈会来定义范围。会议使用引导技能来协调具有不同期望或不同专业知识的关键相关方,使他们就项目可交付成果以及项目和产品边界达成跨职能的共识。除此之外,产品分析利用问答、产品分解、需求分析、系统分析、价值工程等方法和技术获取交付产品的用途、特征及其他方面,以便定义产品和服务。该方法适用于那些以产品作为最终交付成果的项目。

3. 定义范围的产出成果

(1)项目范围说明书。项目范围说明书是对项目范围、主要可交付成果、假设条件和制约因素的描述。它记录了整个范围,包括项目和产品范围,详细描述了项目的可交付成果,和代表项目相关方之间就项目范围所达成的共识。为便于管理相关方的期望,项目范围说明书可明确指出哪些工作不属于本项目范围。项目范围说明书使项目团队能进行更详细的规划,在执行过程中指导项目团队的工作,并为评价变更请求或额外工作是否超过项目边界提供基准。项目范围说明书描述要做和不要做的工作的详细程度,决定着项目管理团队控制整个项目范围的有效程度。详细的项目范围说明书包括以下内容:

①产品范围描述。逐步细化在项目章程和需求文件中所述的产品、服务或成果的特征。

②可交付成果。为完成某一过程、阶段或项目而必须产出的任何独特并可核实的产品、成果或服务能力。可交付成果也包括各种辅助成果,如项目管理报告和文件。对可交付成果的描述可略可详。

③产品验收标准。定义已完成的产品、服务或成果通过验收前必须满足的一系列条件。

④项目的除外责任。识别排除在项目之外的内容,明确说明哪些内容不属于项目范围,有助于管理相关方的期望及减少范围蔓延。

⑤项目制约因素。列出并说明与项目范围有关,且限制项目团队选择的具体项目制约因素,例如客户或执行组织事先确定的预算、强制性日期或强制性进度里程碑。如果项

目是根据合同实施的,那么合同条款通常也是制约因素。有关制约因素的信息可以列入项目范围说明书,也可以独立成册。

⑥项目假设条件。列出并说明与项目范围有关的具体项目假设条件,以及万一不成立而可能造成的后果。在项目规划过程中,项目团队应该经常识别、记录并验证假设条件。有关假设条件的信息可以列入项目范围说明书,也可以独立成册。

(2)项目文件更新。可能需要更新的项目文件包括(但不限于):干系人登记册、需求文件、需求跟踪矩阵。确定项目范围的过程可以理解成是一个先发散再收敛的过程,在开始的时候要尽量召集更多的项目干系人参与到项目范围的收集和讨论中来,目标是防止重要的项目范围被遗漏。常见的情况是只关注了功能性的需求,而遗漏了性能、可测性、运营支持类的需求,在项目进行中才发现,导致项目范围扩大,项目交付时间不可控,为了保证项目效率和 ROI(投入产出比分析),肯定不能接受包罗万象的项目范围。当经过充分的项目范围发散之后,就要开始项目范围的收敛。项目收敛的方法有很多,包括需求和项目目标的关联程度、项目时间和项目资源投入的限制、ROI、需求是否可验收可度量。

5.2.3 创建 WBS

1. 工作分解结构的含义、分类及作用

工作分解结构(WBS)以满足项目目标的可交付成果为导向,对项目工作要素由粗到细、从上到下的逐层分解。创建工作分解结构就是把项目可交付成果和项目工作分解成较小的、更易于管理的组成部分的过程。工作分解结构示意如图 5-6 所示。

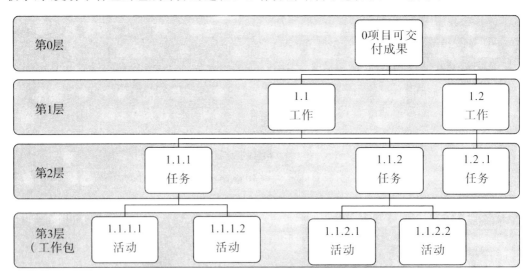

图 5-6　工作分解结构示意图

除了项目工作分解结构以外,其他领域还包含不同类型的分解结构:

(1)合同工作分解结构(CWBS):它主要用于定义卖方提供给买方报告的层次,通常不如卖方管理工作使用的工作分解结构(WBS)详细。

(2)组织分解结构(OBS):它用于显示各个工作元素被分配到哪个组织单元。

（3）资源分解结构（RBS）：它是组织分解结构的一种变异，通常在将工作元素分配到个人时使用。

（4）材料清单（BOM）：它表述了用于制造一个加工产品所需的实际部件、组件和构件的分级层次。

（5）项目纲要性分解结构（PBS）：它是针对某一特定项目，对纲要性工作分解结构进行裁剪所得到的工作分解结构。

WBS 总是处于计划过程的中心，为其他项目计划的制定建立框架，是制定进度计划、资源需求、成本预算、风险管理计划和采购计划，以及控制项目变更的重要基础。它是一个清晰地表述各项目工作之间相互联系和用以展现项目全貌的规划和结构设计工具，归纳并定义了项目范围说明书所规定的、项目的最终交付成果及工作范围。工作分解结构每下降一个层次就意味着对项目工作更详尽的定义，由此有助于工作及可交付成果的可视化，以便更准确地估算工作量、时间、成本，以及更有效地进行资源分配工作，同时还可以防止项目可交付成果的遗漏，未在 WBS 中包括的交付成果及工作就不属于该项目的范围。除此之外，WBS 也定义了里程碑事件，为绩效测量和项目控制定义一个基准，这不但可以帮助项目经理关注项目目标和澄清职责，也可以帮助项目经理和项目团队确定和有效地管理项目工作。作为项目状况的报告工具，WBS 辅助沟通工具，可以帮助项目经理向高级管理层和客户报告项目的完成情况。

2. 创建 WBS 的过程分析

图 5-7 显示了创建工作分解结构的主要依据及得到的产出。

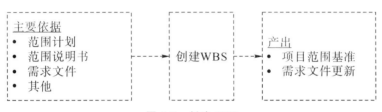

图 5-7　创建 WBS

（1）主要依据

范围计划定义了如何根据项目范围说明书创建 WBS。项目范围说明书描述了需要实施的工作及不包含在项目中的工作。需求文件详细描述了各种单一需求如何满足项目的业务需要。

会影响创建 WBS 过程的其他因素包括事业环境因素和组织过程资产。前者主要是项目所在行业的 WBS 标准，这些标准可以作为创建 WBS 的外部参考资料；后者包括（但不限于）用于创建工作分解结构的政策、程序和模板，以及以往项目的经验教训。

（2）技术/方法

创建 WBS 最重要的技术是分解技术。分解就是把项目可交付成果划分为更小的、更便于管理的组成部分，直到工作和可交付成果被定义到工作分解结构的最底层，即工作包（Work Package）的层次。工作包能够可靠地估算和管理工作成本及活动持续时间，可以针对工作包安排进度、估算成本和实施监控。工作包的详细程度因项目大小与复杂程度而异。

要把整个项目工作分解成工作包,一般需开展下列活动:

首先,识别和分析可交付成果及相关工作。工作包可以分配给另一位项目经理进行计划和执行,可以通过子项目的方式进一步分解为子项目的 WBS,也可以在制定项目进度计划时,进一步分解为活动。工作包可以由唯一的一个部门或承包商负责,用于在组织之外分包时,称为委托包(Commitment Package)。

其次,确定工作分解结构的结构与编排方法。在此基础上由上而下逐层进行分解,并为工作分解结构组成部分制定和分配标志编码。工作分解结构可以采用组织结构图(树状)式、列表(即缩进型表格)式、鱼骨图式或其他方式,其分解方法则包括基于产品导向的工作分解以及基于项目过程导向的分解,例如,图 5-8 中的三个图分别是对某电商平台项目基于产品导向和过程导向的树状式,以及表格式的工作分解形式。

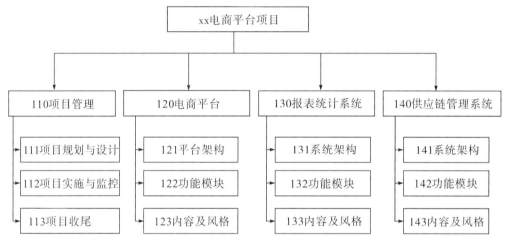

(a) ××电商平台项目的树状分解形式(基于产品导向)

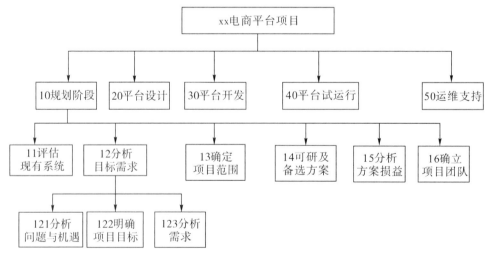

(b) ××电商平台项目的树状分解形式(基于过程导向)

- XX电商平台项目
  - 10 规划阶段
    - 11评估现有系统
    - 12分析目标需求
      - 121分析问题与机遇
      - 122明确项目目标
      - 123分析需求
    - 13确定项目范围
    - 14可研及备选方案
    - 15分析方案损益
    - 16确立项目团队
  - 20 平台设计
  - 30平台开发
  - 40平台试运行
  - 50运维支持

(c) ××电商平台项目的分解形式

图 5-8　工作分解结构的不同分解方式及编排示例

基于产品导向的工作分解方法适合最终交付成果以产品为主，且产品构成部分可以通过工作分解来分别完成的项目，但它不等同于单纯的产品分解结构，还必须包含与项目管理相关的工作分解。基于过程导向的工作分解方法则适合于那些工作流程非常清楚的项目。

树型结构图的 WBS 层次清晰，非常直观，结构性很强，但不是很容易修改，对于大的、复杂的项目也很难表示出项目的全景。由于主观性强，一般在小的、适中的项目中应用较多。在实际应用中，常用缩进式的表格加上账户编码来表示 WBS 的逐层分解，特别是在项目管理软件中。

对于处于工作分解结构最底层的工作包而言，在分解过程中具有以下特点：首先要确保工作分解的程度是必要且充分的，其次工作包的定义应考虑 80 小时法则(80-Hour Rule)或两周法则(Two-Week Rule)，即任何工作包的完成时间应当不超过 80 小时，在每个 80 小时或少于 80 小时结束时，只报告该工作包是否完成。通过这种定期检查的方法，可以控制项目的变化。

对工作分解结构上层的组成部分进行分解，就是要把每个可交付成果或子项目都分解为基本的组成部分，即可核实的产品、服务或成果。确认工作分解结构下层的组成部分是完成上层相应可交付成果的必要且充分的工作，用来核实分解的正确性。不同的可交付成果可以分解到不同的层次，某些可交付成果只需分解一层，即可到达工作包的层次，而另一些则需分解更多层。工作分解得越细致，对工作的规划、管理和控制就越有力，但是过细的分解会造成管理努力的无效耗费、资源使用效率低下以及工作实施效率降低。要在未来远期才完成的可交付成果或子项目，当前可能无法分解，因此项目管理团队通常要等到这些可交付成果或子项目的信息足够明确后，才能制定出工作分解结构中的相应细节，这种技术有时称作滚动式规划。工作分解结构包含了全部的产品和项目工作。通过把工作分解结构底层的所有工作逐层向上汇总，来确保没有遗漏工作，也没有增加多余的工作，这有时被称为 100%规则。

(3)产出

①范围基准。范围基准的组成部分包括项目范围说明书、工作分解结构，以及工作分解结构词典。

创建工作分解结构的最后步骤是为工作包建立控制账户,并根据"账户编码"分配标志号,这些标志号为汇总成本、进度与资源信息建立了层级结构。控制账户是一种管理控制点,在该控制点上,把范围、成本和进度加以整合,并把它们与挣值相比较以测量绩效。控制账户设置在工作分解结构中的特定管理节点上,每一个控制账户都可以包括一个或多个工作包,但是每一个工作包只能属于一个控制账户。

工作分解结构词典是在创建工作分解结构过程中产生并用于支持工作分解结构的文件。工作分解结构词典对工作分解结构组成部分(包括工作包和控制账户)进行更详细的描述。工作分解结构词典的内容包括(但不限于)账户编码标志号、工作描述、负责的组织、进度里程碑清单、相关的进度活动、所需的资源、成本估算、质量要求、验收标准、技术参考文献、合同信息。

②需求文件更新。如果在创建工作分解结构过程中提交了变更请求并获得了批准,那么应当更新需求文件,以反映经批准的变更。

5.2.4 确认范围

确认范围是正式验收已完成的项目可交付成果的过程,主要包括由客户或发起人审查从控制质量过程输出的核实的可交付成果,确认这些可交付成果已经圆满完成并通过正式验收。本过程对可交付成果的确认和最终验收,需要依据从项目整合管理和范围管理知识领域获得的输出(包括范围管理计划、需求管理计划、质量报告、范围基准、需求文件、需求跟踪矩阵等),以及从其他知识域各执行过程获得的工作绩效数据。本过程的主要作用是使验收过程具有客观性,同时通过确认每个可交付成果来提高最终产品、服务或成果获得验收的可能性。本过程应根据需要在整个项目期间阶段性开展。

范围确认与质量控制的不同之处在于,范围确认主要关注对可交付成果的验收,而质量控制则主要关注可交付成果是否正确以及是否满足质量要求。质量控制通常先于范围确认进行,但二者也可同时进行。确认范围过程如图 5-9 所示。

图 5-9 确认范围

1. 确认范围的主要依据

确认范围最重要的依据是在创建 WBS 阶段得到的范围基准,包括项目范围说明书、工作分解结构,以及工作分解结构词典。范围基准则用来与实际结果比较,以决定是否有必要进行变更、采取纠正措施或预防措施。其次,需求文件也是对项目范围进行确认的重要依据,它列明了全部项目、产品和技术需求,以及项目和产品必须满足的其他需求和相应的验收标准。经核实的可交付成果是指已经完成,并且在项目组织与客户方干系人及其他关键干系人沟通后,其质量水平得到认可的项目可交付成果,这些可交付成果有可能是 IT 项目的阶段性产品或过程文档,也可能是最终的项目产品。

除此之外,还包括范围计划、质量报告、需求跟踪矩阵等文件信息。范围计划定义如何正式验收已经完成的可交付成果,需求管理计划描述如何确认项目需求,质量报告可包括由团队管理或需上报的全部质量保证事项、改进建议,以及在质量控制过程中发现的情况概述。在验收产品之前,需要查看这些质量信息。需求跟踪矩阵连接需求和需求源,用于在整个项目生命周期中对需求进行跟踪。另外,项目早期获得的经验教训也可以运用到后期阶段以提高验收可交付成果的效率与效果。

2. 确认范围的技术/方法

确认范围的主要方式是检查与群体决策。检查有时也被称为审查、产品审查、审计和巡检等,是指开展测量、审查与核实等活动来判断工作和可交付成果是否符合要求及产品验收标准。群体决策技术主要是投票,投票在群体决策中最为常见,尤其是当意见不一致时,通过投票的方式来使得少数服从多数。

3. 确认范围的产出结果

确认范围得到的是通过验收的项目阶段性或最终可交付成果。符合验收标准的可交付成果需要借助阶段性评审报告或项目验收报告等正式文件来获得客户或发起人的正式签字与认可,以此证明干系人对项目可交付成果的正式验收。这些文件将提交给项目的下一阶段或项目收尾阶段。

伴随通过验收的阶段性可交付成果,将产出本阶段工作绩效信息,尤其是项目进展信息。例如,哪些可交付成果已经被验收、哪些未通过验收以及原因,这些信息应该被记录下来并传递给相关方。

对于项目组织而言,最不愿意看到的却又可能最容易遇到的确认范围的结果是项目需求(范围)的变更请求。一般来说,在阶段性成果审核或项目验收会上,客户方的相关干系人会比平常更容易产生对项目的新想法或不满,前者意味着范围的扩增,后者意味着对既定范围的调整及缺陷补救,不管哪一种,如果必要,都需要提出变更请求,之后回到上一阶段去做调整或补充。对已经完成但未通过正式验收的可交付成果及未通过验收的原因,应该记录在案。变更请求应该由实施整体变更控制过程审查与处理。

项目文件更新。作为确认范围过程的结果,可能需要更新的项目文件包括定义产品或报告产品完成情况的任何文件,例如经验教训、需求相关的文件。更新经验教训登记册,以记录所遇到的挑战、本应如何避免该挑战,以及良好的可交付成果验收方法。记录实际的验收结果,更新需求文件。需要特别注意实际结果比原定需求更好的情况,或者原定需求已经被放弃的情况。根据验收结果更新需求跟踪矩阵,包括所采用的验收方法及其使用结果。

5.2.5　控制范围

控制范围是监督项目和产品的范围状态、管理范围基准变更的过程。本过程的主要作用是在整个项目期间保持对范围基准的维护,且需要在整个项目期间开展。变更不可避免,因而必须强制实施某种形式的变更控制,对项目范围进行控制就必须确保所有请求的变更、推荐的纠正措施或预防措施都经过实施整体变更控制过程的处理。在变更实际发生时,也要采用范围控制过程来管理这些变更,范围变更控制过程需要与其他变更控制过程集成在一起设计。未得到控制的变更通常被称为项目范围蔓延。控制范围的过程如图 5-10 所示。

图 5-10 控制范围

1. 控制范围的主要依据

(1)项目计划。项目计划中包含(但不限于)以下可用来控制范围的信息:范围管理计划、需求管理计划、变更管理计划、配置管理计划等。范围管理计划记录了如何控制项目和产品范围;需求管理计划还会说明将如何分析变更的影响,以及谁有权批准这些变更,变更管理计划定义管理项目变更的过程,配置管理计划定义配置项和需要正式变更控制的内容,并为这些配置项和内容规定变更控制过程。

(2)范围基准。范围变更可能产生于客户方主动提出的需求变更,也可能来自于项目组织发现项目成果出现质量问题后主动提出的补救措施。不管哪一种变更请求,最终是否允许变更,以及在多大程度上变更,都要与前期确定的工作分解结构及包含的可交付成果基准作比较后做出决定。

(3)需求文件。需求文件用于发现任何对商定的项目或产品范围的偏离,需求跟踪矩阵有助于探查任何变更或范围基准的任何偏离对项目目标的影响,它还可以提供受控需求的状态。

(4)绩效报告。利用挣值分析方法对实际工作绩效报告进行测量和比较,以决定是否有必要进行变更、采取纠正措施或预防措施。这些绩效数据可能包括收到的或接受的变更请求数量,或者核实、确认和完成的可交付成果数量。

(5)其他文件及信息包括组织过程资产、以往项目的经验教训等。现有的、正式和非正式的,与范围控制相关的政策、程序和指南、可用的监督报告方法、项目早期获得的经验教训等都可以运用到后期阶段来改进范围控制水平。

2. 控制范围的技术/方法

可用于控制范围过程的技术包括(但不限于)偏差分析与趋势分析。其中,偏差分析用于将基准与实际结果进行比较,以确定偏差是否处于临界值区间内或是否有必要采取纠正或预防措施。趋势分析旨在审查项目绩效随时间的变化情况,以判断绩效是正在改善还是正在恶化。确定偏离范围基准的原因和程度,并决定是否需要采取纠正或预防措施,是项目范围控制的重要工作。

3. 控制范围的结果

变更请求。通过范围绩效分析,可能会提出对范围基准或项目计划其他组成部分的变更请求。变更请求可包括预防措施、纠正措施或缺陷补救。变更请求需要由实施整体变更控制过程来审查和处理。

　　绩效信息更新。本过程产生的工作绩效信息更新是有关项目和产品范围实施情况（对照范围基准）的、相互关联且与各种背景相结合的信息更新，包括收到的变更的分类、识别的范围偏差和原因、偏差对进度和成本的影响，以及对将来范围绩效的预测。这些信息需要记录下来并传递给相关干系人。

　　项目计划及文件更新。项目计划的任何变更都以变更请求的形式提出，且通过组织的变更控制过程进行处理。可能需要变更请求的项目计划组成部分包括（但不限于）范围管理计划、范围基准、进度基准、成本基准，以及绩效测量基准等。其中，范围管理计划更新主要反映范围管理方式的变更，范围基准的变更是在针对范围、范围说明书、WBS 或 WBS 词典的变更获得批准后做出，进度基准的更新发生在针对范围、资源或进度估算的变更获得批准后，成本基准变更发生在针对范围、资源或成本估算的变更获得批准后，绩效测量基准变更发生在针对范围、进度绩效或成本估算的变更获得批准后，某些情况下，上述各项指标如果严重偏离基准值，则需要提出变更请求来修订这些测量基准，以便为范围、进度、成本等测量提供现实可行的依据。项目文件更新包括（但不限于）经验教训登记册、需求文件以及需求跟踪矩阵。经验教训登记册的更新是记录控制范围的有效技术、造成偏差的原因，以及选择的纠正措施。需求文件更新主要是指需求的增加或修改，需求跟踪矩阵会随着需求文件的更新而更新。

　　项目范围管理的各个过程间的相互联系如图 5-11 所示。

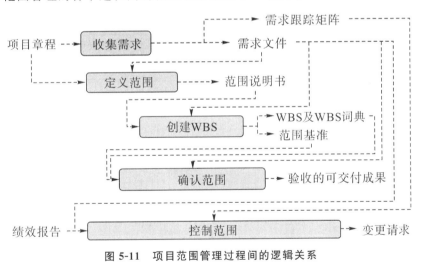

图 5-11　项目范围管理过程间的逻辑关系

 案例分享

 IT 项目范围管理的案例研究
该内容主要根据航空公司数据仓库建设及项目范围管理的相关资料和案例进行编写。

小杜的范围管理有什么问题？

 好又多超市的信息化项目管理困境是什么？该如何解决？

◇◇◇◇◇◇拓展阅读：互联网项目的需求管理◇◇◇◇◇◇

 在所有影响项目成功与否的因素当中，需求对项目的影响力至少占50%以上，能够控制管理好需求，项目就成功了一半。

……

 习 题

※ **理解分析题**

1. 项目范围与 TQC 之间有何关系？
2. 如何理解项目范围与需求之间的关系？
3. 创建 WBS 就能得到范围基准了吗？为什么？

本章参考文献

[1] 蒲公英. 需求分析思维导图[EB/OL]. (2018-06-02)[2020-01-01]. https://mm. edrawsoft. cn/community.

[2] 董可. Polaris. UML-交互图(时序图、协作图)[EB/OL]. (2018-06-02)[2019-08-01]. https://blog. csdn. net/suzan_bingtong/article/details/80548556.

[3] 马光远. 航空公司数据仓库项目范围管理[D]. 北京：北京邮电大学,2015.

[4] 温柔刀哥. 互联网项目管理浅析之需求管理[EB/OL]. (2016-10-19)[2020-08-11]. developer. aliyun. com.

第6章　IT项目的进度管理

【本章摘要】

本章首先提供项目进度管理六个基本过程的相关理论知识,包括定义活动、活动排序、估算资源、估算活动持续时间、制定进度计划及进度计划控制,以及每一个环节推进的主要依据、技术/方法及输出结果。在此基础上,结合 IT 领域的项目实例,简介 IT 项目进度管理中的两种重要方法:关键路径法和计划评审技术。

【关　键　词】

项目进度;活动排序;进度计划网络;进度量化;CPM;PERT

【学习目标】

- 理解项目进度管理的本质;
- 熟悉时间管理的过程;
- 理解并掌握时间管理过程中所用的主要工具和方法;
- 学会运用 CPM 法和资源调平衡方法对项目进度进行估算和调整;
- 学会运用 PERT 技术制定项目进度计划。

§6.1　项目进度管理概述

"按时、保质地完成项目"大概是每一位项目经理最希望做到的,但工期延误的情况却时常发生。在平衡好进度和用户体验方面,项目经理往往面临两难选择,因为 IT 产品需求存在两个极端:一个是力求尽善尽美,尽可能让用户体验更佳;一个是尽早交付,牺牲一切改善性的需求。过于重视用户体验,项目进度可能会不断拖延;过于看重交付时间,很可能会呈现一个让用户很不满意的产品。因而合理地安排项目时间是项目管理中一项关键内容,它的目的是保证按时完成项目、合理分配资源、发挥最佳工作效率。

进度控制贯穿项目始终。项目启动之后进入规划阶段,项目经理在项目成员的支持下负责编制项目规划。项目规划中最重要的就是项目的进度规划,如果进度规划不合理,必将导致项目失败。对于大型项目进度规划,一般可按月或按周制定进度计划,对于小型项目进度规划,可以预先制定每天工作计划,但是由于工作内容的复杂性以及临时随机任务出现,每天的计划会非常难以管理。

项目一开始首先要明确项目目标,在项目活动过程中,项目经理及项目成员自始至终围绕这个目标展开工作。进度管理工作开始以前,应该先完成项目管理工作中的范围管理部分。范围管理中的一项重要工作便是对可交付产品的范围进行定义,输出范围说明书,进行工作分解,最终由各项活动及相应的可交付成果构成项目的范围。项目的进度管理就是在被确认的工作分解结构(范围基准)基础上,由项目经理及项目成员规划进度管理,为规划、编制、管理、执行和控制项目进度而制定政策、程序和文档。依据进度管理计划制定的程序和标准,开始对项目活动进行定义,并按时间和活动逻辑进行排序,逐步细化与完善,认真填写每项活动的一个或多个前项,找出关键路径,根据项目范围与资源信息估算每项活动所需时间,制定出可执行的项目进度计划。在项目实施过程中,如有变更,还应根据实际情况调整活动时间,这样做有利于下一个活动时间能够及时得到调整,以便控制好整个项目进度。项目进度管理过程主要包括定义项目活动、排列活动顺序、估算每项活动的合理工期、制定完整的项目进度计划,以及监控项目进度等内容。

6.1.1　定义活动

定义活动是对项目工作分解结构(WBS)的进一步分解和细化,识别和界定为实现项目目标必须开展的各种具体活动,并将其归类的过程。工作分解结构被分解和细化后,最底层的、最小、最易管理的活动或任务叫工作包,这些工作包应该是能够保障完成交付产品的可实施的详细活动或任务。在项目实施中,要将所有活动列成一个明确的活动清单,并且让项目团队的每一个成员能够清楚有多少工作需要处理。活动清单应该采取文档形式,以便于项目其他过程的使用和管理。当然,随着项目活动分解的深入和细化,工作分解结构可能会需要修改,这也会影响项目的其他部分。例如成本估算,在更详尽地考虑了活动后,成本可能会有所增加,因此完成定义活动后,要更新项目工作分解结构上的内容。定义活动的过程如图 6-1 所示。

图 6-1　定义活动

1. 定义活动的主要依据

在定义活动时,需要明确考虑范围基准中描述的项目可交付成果、制约因素和假设条件。

除此之外,可能影响定义活动过程的其他因素还包括组织环境因素、项目管理信息系统(PMIS)等组织环境因素,以及企业以往项目积累的经验教训知识库,企业自身的组织文化结构,与进度规划相关的、现有的、正式和非正式的政策、程序、指南、标准流程、数据库等。

2. 定义活动的主要技术/方法

(1)分解。采用分解技术来定义活动,就是要把项目工作分解成更小的、更易于管理的组成部分,即工作包,从而将完成项目工作转换成为完成工作包而必须开展的项目工作。定义活动过程最终输出的是活动,而非可交付成果,可交付成果是创建工作分解结构过程的输出。WBS、WBS 词典、活动清单既可依次编制,也可同时编制,WBS 和 WBS 词典是制定最终活动清单的依据,WBS 中的每个工作包都需分解成活动,以便通过这些活动来完成相应的可交付成果。让团队成员参与分解,有助于得到更好、更准确的结果。

（2）滚动式规划。滚动式规划是一种渐进明细的规划方式,即对近期要完成的工作进行详细规划,而对远期工作则暂时只在 WBS 的较高层次上进行粗略规划,因此在项目生命周期的不同阶段,工作分解的详细程度会有所不同。例如,在早期的战略规划阶段,信息尚不够明确,工作只能粗略分解到里程碑的水平,而后随着对信息掌握程度的深入,近期即将实施的工作包就可以分解成具体的活动。

（3）模板。标准活动清单或以往项目的部分活动清单,经常可用做新项目的模板。模板中的活动属性信息有助于定义活动,模板还可用来识别典型的进度里程碑。

（4）专家判断。富有经验并擅长制定详细项目范围说明书、工作分解结构和项目进度计划的项目团队成员或其他专家,可以为定义活动提供专业知识。

3. 定义活动的主要结果

（1）附带活动属性的活动清单。活动清单是一份包含项目所需的全部进度活动的清单。活动清单中应该包括每个活动的标志和足够详细的工作描述,使项目团队成员知道应当完成哪些工作。活动属性是指每项活动所具有的多种属性,用来扩展对该活动的描述。活动属性随时间演进,在项目初始阶段,活动属性包括活动标志、WBS 标志和活动名称;当活动完成时,活动属性则可能还包括活动编码、活动描述、紧前活动、紧后活动、逻辑关系、时间提前与滞后量、资源需求、强制日期、制约因素和假设条件。活动属性还可用于识别工作执行负责人、实施工作的地区或地点,以及活动类型,如人力投入量（Level of Effort,LOE）、分立型投入（Discrete Effort,DE）与分摊型投入（Apportioned Effort,AE）。活动属性可用于编制进度计划,还可基于活动属性在项目报告中以各种方式对进度活动进行选择、排序和分类。活动属性的数量因应用领域而异,活动清单与活动属性经常联合出现,以便更详细地描述各项活动。示例如表 6-1 所示。

表 6-1　SD 项目计划部分活动清单及活动属性示例

WBS	任务名称	工期	开始时间	完成时间	前置任务	资源名称
0	SD 项目的基本信息	327 工作日	2020 年 4 月 30 日	2021 年 7 月 30 日		
1	项目启动	20 工作日	2020 年 4 月 30 日	2020 年 5 月 27 日		
1.1	客户需求调研	5 工作日	2020 年 4 月 30 日	2020 年 5 月 6 日		AS1
1.2	分析市场上可利用的软硬件	10 工作日	2020 年 5 月 7 日	2020 年 5 月 20 日	2	AS1
1.3	联系产品供应商	15 工作日	2020 年 5 月 7 日	2020 年 5 月 27 日	2	AS1
1.4	分析产品的可行性	10 工作日	2020 年 5 月 14 日	2020 年 5 月 27 日	3SS＋5 工作日	AS1
1.5	里程碑 1	0 工作日	2020 年 5 月 27 日	2020 年 5 月 27 日	5	
2	系统需求调研	50 工作日	2020 年 4 月 30 日	2020 年 7 月 8 日		
2.1	与项目经理沟通	10 工作日	2020 年 4 月 30 日	2020 年 5 月 13 日		AS1

续　表

WBS	任务名称	工期	开始时间	完成时间	前置任务	资源名称
2.2	与公司原系统的管理人员	15 工作日	2020 年 4 月 30 日	2020 年 5 月 20 日		AS1
2.3	明确新系统需求	30 工作日	2020 年 5 月 28 日	2020 年 7 月 8 日	6,8,9	SA1,SA2
2.4	里程碑 2	0 工作日	2020 年 7 月 8 日	2020 年 7 月 8 日	10	
3	配套软硬件招标	95 工作日	2020 年 7 月 9 日	2020 年 11 月 18 日		
3.1	确定软硬件成本	30 工作日	2020 年 7 月 9 日	2020 年 8 月 19 日	4,11	CE1
3.2	组织供应商竞标	45 工作日	2020 年 8 月 20 日	2020 年 10 月 21 日	13	CE1
3.3	标书的内部评估	60 工作日	2020 年 8 月 20 日	2020 年 11 月 11 日	13	CE1
3.4	标书的高层管理人员评估	5 工作日	2020 年 11 月 12 日	2020 年 11 月 18 日	14,15	MA1,CE1,SA1
3.5	里程碑 3	0 工作日	2020 年 11 月 18 日	2020 年 11 月 18 日	16	
4	确定软件供应商	1 工作日	2020 年 11 月 19 日	2020 年 11 月 19 日		
4.1	与供应商签订合同	1 工作日	2020 年 11 月 19 日	2020 年 11 月 19 日	17	MA1
4.2	里程碑 4	0 工作日	2020 年 11 月 19 日	2020 年 11 月 19 日	19	
5	新系统分析与设计	70 工作日	2020 年 11 月 20 日	2021 年 2 月 25 日		
5.1	分析新系统对现存系统的影响	10 工作日	2020 年 11 月 20 日	2020 年 12 月 3 日	19	SA1
5.2	分析新系统的功能模块	15 工作日	2020 年 12 月 18 日	2021 年 1 月 7 日	22,25,27	SA1,NI1

（2）里程碑清单。里程碑代表着项目中关键的事件及关键的目标时间，是项目成功的重要因素。里程碑清单列出了所有里程碑，并指明每个里程碑是强制性的（如合同要求的）还是选择性的（如根据历史信息确定的）。里程碑事件是确保完成项目需求的活动序列中不可或缺的一部分，比如在开发项目中可以将需求的最终确认、产品移交等关键任务作为项目的里程碑。根据表 6-1 提供的项目计划信息，SD 项目里程碑清单（部分截图）如表 6-2 所示。

表 6-2　SD 项目里程碑清单（部分截图）

序号	里程碑名称	时间点	提交成果	评审工作
1	产品的可行性评审	2020/5/27	可行性研究报告，项目立项书，启动会议纪要	对项目可行性研究报告进行审核，确定产品的可行性，获准立项
2	新系统需求评审	2020/7/28	需求规格说明书、需求原型	对项目组的需求成果进行评审，确定业务完整性，需求原型能满足系统的建设要求，便于下一步项目设计开发

续　表

序号	里程碑名称	时间点	提交成果	评审工作
3	软硬件供应商确定	2020/11/19	招投标文件,采购合同	通过招投标甄选软硬件供应商,并与确定的供应商谈判签署合同
4	新系统分析与设计	2021/2/25	技术方案,详细设计说明书	对项目的技术方案、详细设计进行评审,确保系统技术层面符合管理局信息规划的要求,系统设计符合系统建设的要求,便于下一步项目的开发测试

6.1.2　活动排序

活动排序即排列活动顺序,是指识别项目活动清单中各项活动及任务的相互关联与逻辑依赖关系,并据此对项目各项活动和任务的先后顺序进行安排,最终形成进度网络图。活动排序的过程如图 6-2 所示。

图 6-2　活动排序

1. 活动排序的主要依据

进度管理计划规定了活动排序的主要方法及所需的标准,可能会给一些可以灵活处理的活动排序带来限制或调整。

附带了活动属性的活动清单不但列出了项目所需的、待排序的全部进度活动,而且可以呈现出活动之间的必然顺序或确定的紧前或紧后关系、定义的提前量与滞后量,以及活动之间的逻辑关系,这些活动的依赖关系和其他制约因素会对活动排序产生影响。

那些已经列出特定里程碑实现日期的里程碑清单会对活动排序方式造成直接或间接影响。

其他文件及信息则包括可能影响排列活动顺序的政府或行业标准、程序指南、共享知识库中的项目档案等,它们可能会对进度计划编制的方式、活动的重要性(关键活动)等造成影响。

2. 活动排序的主要技术/方式

在进行项目活动关系的定义时一般采用前导图示法、箭线图示法、条件图示法、进度网络模板这四种方法,最终形成一套项目进度网络图。在进行历时估算及进度变更时,进度网络图是一种以 WBS 为依据,以图形方式将各项活动之间的依赖关系表示出来的重要工具。

(1)前导图法。前导图法(又称单代号网络图)(Precedence Diagramming Method, PDM)是一种比较常用的方法。这是一种用方框或矩形表示活动节点,用箭线表示活动之间依存关系的项目进度网络图,又称为活动节点法(Activity-On-Node,AON),是大多数项目管理系统所使用的方法。如图 6-3 所示。

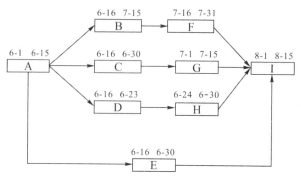

图 6 3　前导图法(PDM)示意图

（2）箭线图示法。箭线图又称双代号网络图（Arrow Diagramming Method，ADM），如图 6-4 所示，是一种利用箭线表示活动，并在节点处将其连接起来，用节点表示其依存关系的一种项目网络图的绘制法，这种技术也叫活动箭线法（Activity-On-Arrow，AOA），虽然其使用不如 PDM 那样普遍，但仍然是某些应用领域所选用的技术。ADM 只使用完成对开始依存关系，因此可能要使用虚工序才能正确地定义所有的逻辑关系。虚拟活动没有历时，不需要花费资源。

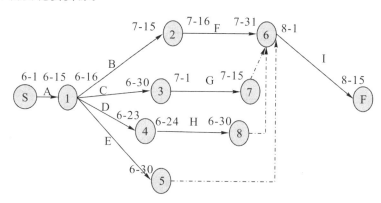

图 6-4　箭线图示法(ADM)示意图

（3）条件图示法。条件图示法（Conditional Diagramming Methods）则允许使用回路线或有条件分枝，有些绘图技术，例如图形评审技术（GERT）和系统动力学模型允许使用诸如回路（例如必须重复多次的试验）或者有条件分枝（例如只有检查发现错误时才需要修改设计）这样的非时序活动。PDM 和 ADM 都不允许回路或有条件分枝存在。

（4）进度模板。进度模板主要是指进度网络模板（Network Templates），利用标准化的网络模板可以加快项目网络图的绘制。这些标准网络可以包括整个项目或其一部分，网络的一部分往往称为子网络或者网络片段。在项目包括若干相同或者几乎相同的特征时（例如高层办公楼的楼层、药品研制项目的临床试验、软件开发项目的程序模块，或者开发项目的启动阶段），子网络在项目包含若干相同或相似的可交付成果时尤其有用。

（5）确定和整合依赖关系。活动之间的先后顺序称为依赖关系，依赖关系包括工艺关系和组织关系。在项目的进度管理中，通常使用三种依赖关系来完成活动排序，分别是强制性依赖关系、选择性依赖关系和外部依赖关系。

①强制性依赖关系。强制性依赖关系也称为硬逻辑关系、工艺关系,这是活动固有的依赖关系,这种关系是活动之间本身存在的、无法改变的逻辑关系。例如,在建筑工程项目中,只有打好了地基,才能开始砌砖,在软件开发项目中,只有进行了需求分析,才能进行软件设计。也可以是相关合同强制规定的依赖关系,项目团队通常无法改变这种逻辑关系。

②选择性依赖关系。选择性逻辑关系也称为软逻辑关系、组织关系、首选逻辑关系、优先逻辑关系、可自由处理的依赖关系,这是人为组织确定的一种先后关系。例如,可以是项目管理团队确定的一种关系,基于项目团队的经验、偏好、习惯等,由项目团队自行选择的逻辑关系。在实际工作中,很多活动之间的关系是可以调整的,例如在信息系统集成项目中,是先进行网络布线后进行代码编写,还是先进行代码编写后进行网络布线,可以由项目管理团队根据人员安排情况进行确定;在软件开发项目中,是先进行数据库设计后进行软件模块设计,还是先进行软件模块设计后进行数据库设计,也可以由软件开发团队根据人员安排情况进行确定。在进行排列活动顺序时,要重点针对相互之间具有选择性逻辑关系的各种活动进行调整,以便缩短整个项目的工期。

PDM 包括四种强制性依存关系或先后关系,具体如图 6-5 所示。

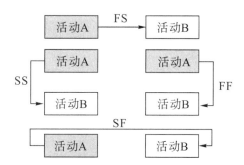

图 6-5　活动间依赖关系基本类型示意图

为了更好地对这些关系进行说明,以软件项目为例,对上述各项依赖关系进行说明,具体如图 6-6 所示。

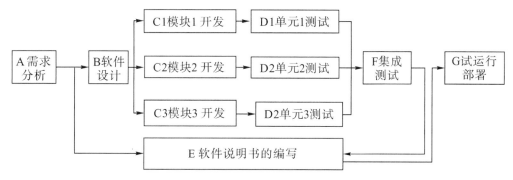

图 6-6　活动间依赖关系的项目实例

完成-开始(FS):只有紧前活动完成,紧后活动才能开始的逻辑关系。例如,图 6-6 的项目实例中,活动 A"需求分析"和活动 B"软件设计"之间的关系,活动 D"单元测试"和活动 F"集成测试"之间的关系。在 PDM 中,FS 是最常用的逻辑关系类型。

完成-完成(FF):只有紧后活动完成,紧前活动才完成的逻辑关系。比如,图 6-6 的项目实例中,活动 E"软件说明书的编写"和活动 F"集成测试"之间的关系。

开始-开始(SS):只有紧前活动开始,紧后活动才开始的逻辑关系。例如,图 6-6 的项目实例中,活动 B"软件设计"和活动 E"软件说明书的编写"之间的关系。

开始-完成(SF):后一活动的完成要等到前一活动的开始。SF 关系很少用,通常仅有专门制订进度的工程师才使用。但对于 IT 项目,新老系统之间的切换应当属于这种 SF 关系,即只有等到新系统上线(开始运行),老系统才能下线(结束运行)。

③外部依赖关系。外部依赖关系涉及项目与非项目活动之间的关系,往往取决于项目外部的任何第三方的逻辑关系,例如政府部门的批准、供货商的供货等。项目团队可以对外部依赖关系施加一定的影响,但通常无法掌控,例如在一个典型的系统集成项目中,如果买方自己负责设备采购,系统测试活动就与设备采购活动之间具有外部依赖关系,因为如果设备采购不到位,系统测试就无法进行,而设备采购活动不由卖方决定。

在产品描述、活动清单的基础上,首先要找出项目活动之间的依赖关系和特殊领域的依赖关系、工作顺序。在这里,既要考虑团队内部希望的特殊顺序和优先逻辑关系,也要考虑内部与外部、外部与外部的各种依赖关系,以及为完成项目所要做的一些相关工作,例如在最终的硬件环境中进行软件测试等工作。

(6)利用时间提前量与滞后量。提前量是相对于紧前活动、紧后活动可以提前的时间量。例如,在信息系统建设项目中,试运行部署可以在集成测试和软件说明书编写完成前一周开始,这就是带一周提前量的 FS 的关系,表示为 FS-7。在进度计划软件中,提前量往往表示为负滞后。滞后量则是相对于紧前活动、紧后活动需要推迟的时间量。同样以信息系统项目为例,系统设计可以在需求分析以后立即进行,也可以在需求分析完成后一个星期,才开始进行系统设计。这就是带一周滞后量的 FS 关系,表示为 FS+7。或者,在图 6-6 的项目进度网络图中,活动 B"软件设计"开始后第二周,才开始编写软件说明书,这两项活动之间就属于带一周滞后量的 SS 关系,表示为 SS+7。具体如图 6-7 所示。

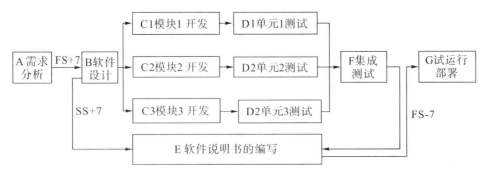

图 6-7 时间的提前量和滞后量

项目管理团队应该明确哪些依赖关系中需要加入时间提前量或滞后量,以便准确地表示活动之间的逻辑关系。时间提前量与滞后量的使用,不能取代进度逻辑关系。应该对各种活动及其相关假设条件加以记录。利用时间提前量,可以提前开始紧后活动。

(7)项目管理系统。又称为项目管理信息系统(PMIS),是一种基于计算机技术而进行的系统。它能够帮助进行费用估算,并收集相关信息来计算挣得值和绘制 S 曲线,能够进行复杂的时间和资源调度,还能够帮助进行风险分析和形成适宜的不可预见费用计划等。例如,项目计划图表(PERT 图、甘特图)的绘制、项目关键路径的计算、项目成本的核算、项目计划的调整、资源平衡计划的制定与调整,以及动态控制等,都可以借助于项目管理信息系统。

一个项目管理信息系统可以看成是由两部分——计划系统和控制系统组成的。计划系统将项目的时间、费用和其他性能数据转化为结构化的、适时的、准确的信息,控制系统使用这些信息来辅助项目的管理决策,以及制定与项目组织和背景有关的一些重大方针等。计划系统用来管理与五个系统目标(界定、组织、质量、费用和时间)相关的计划和进行数据控制。控制系统能够为项目经理提供一些控制手段,以领导和协调项目组织的各种要素,包括人力资源、系统设计、采购和财务等部门。

3. 活动排序的主要结果

活动排序的主要结果为项目进度网络图,进度网络图是展示项目各进度活动及其相互之间逻辑关系(也叫依赖关系)的图形。本章展示的基于 MS Project 软件提供的 SD 项目进度网络图(截图)如图 6-8 所示:

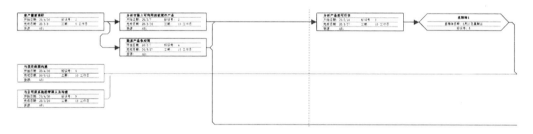

图 6-8　SD 项目的进度网络图(部分截图)

6.1.3　估算资源

估算资源是估算每项活动所需材料、人员、设备或用品的种类和数量的过程,估算资源过程与估算成本过程紧密相关。例如,负责美国社会失业救济管理系统更新扩容的中国项目团队必须熟悉当地的社会保险及失业救济相关法规,这类知识常可从当地获取,但如果当地的人力资源也缺乏处理某些特殊问题的经验,那么支付一笔额外费用聘请当地的咨询人员,可能就是了解当地失业救济法规的最有效方式。汽车设计团队需要熟悉最新的自动装配技术,可以通过聘请咨询人员、派设计人员出席自动化技术研讨会,或者把制造人员纳入设计团队等方式,来获取所需的专业知识。估算资源的过程如图 6-9 所示。

图 6-9　估算资源

1. 估算资源的主要依据

(1)附带活动属性的活动清单。估算资源时需要在定义活动和排列活动顺序过程中了解所确定的活动属性,这是明确估算活动清单中各项活动所需资源的主要输入,进而从活动清单中可以识别哪些活动需要资源。

(2)资源日历。资源日历说明了在拟开展活动的时期中,哪些资源(如人员、设备和材料)可用,也说明了这些资源何时可用以及可用多长时间。资源日历可针对某个活动或整个项目,资源日历中应该列出资源的属性(如资源的经验和/或技能水平)、来源地和可用时间等。如表6-3所示。

表6-3 项目人力资源日历示例

MD公司环境监测管理系统开发项人力资源日历表

客户	MD公司	项目类型	系统开发项目		项目经理		田**
项目编号		项目名称	环境监测管理系统开发项目				
项目组成员		项目投入人天						
成员	成员职称	3月	4月	5月	6月	7月	8月	9月	合计
田**	项目经理	12	21	21	22	23	21		120
彭**	总设计师	3	12		15	0	0		30
林**	管理	5	0	0	5	0	0		10
陈*	设计师	0	15	21	22	23	21		102
仇**	实施顾问	8	15	21	22	23	21	15	125
叶**	技术开发	0	0	21	0	0	0		21
文**	技术开发	0	15	21	22	23	10		91
刘**	技术开发	0	15	21	22	23	10		91
项目经理: 田**				中心总监:蔡**				590

(3)其他文件及信息。主要指资源可利用情况和技能水平、人员配备的政策和程序、租购物品和设备的政策与程序、以往项目的类似工作所使用的资源类型(历史信息)等。

2. 估算资源的主要技术/方法

(1)专家判断。经常需要利用专家判断,来评价本过程与资源有关的输入。具有资源规划与估算专业知识的任何小组或个人,都可以提供这种专家判断。

(2)备选方案分析。很多进度活动都有若干种可选的实施方案,如使用能力或技能水平不同的资源,使用不同规模或类型的机器,使用不同的工具(手工或自动化),以及决定是自制还是购买相关资源。

(3)出版的估算数据。一些公司会定期发布最新的生产率与资源单价,这些信息涉及门类众多的劳务、材料和设备,并覆盖许多国家及其所属地区。

(4)自下而上估算。如果无法以合理的可信度对活动进行估算,则应将活动进一步细分,然后估算资源需求,接着再把这些资源需求汇总起来,得到每一个活动的资源需求。活动之间可能存在会影响资源利用的依赖关系,如果存在,就应该对相应的资源使用方式加以说明并记录在活动资源需求中。

(5)项目管理系统。项目管理系统有助于规划、组织与管理可用资源,以及编制资源估算。利用先进的软件可以确定资源分解结构、资源可用性、资源费率和各种资源日历,从而有助于优化资源使用。

3. 估算资源的主要结果

（1）活动资源需求。通过估算资源过程，识别出工作包中的每项活动所需的资源类型和数量，然后汇总这些资源需求，得出每个工作包的资源估算。资源需求描述的细节数量与具体程度因应用领域而异。在每项活动的资源需求文件中，都应说明每一种资源的估算依据，以及为确定资源类型、可用性和所需数量而做出的假设。

（2）资源分解结构。资源分解结构是按资源类别和类型而划分的资源层级结构，如图6-10 所示。资源类别包括人力、材料、设备和用品。资源类型包括：技能水平、等级水平或适用于项目的其他类型。资源分解结构有助于结合资源使用情况，组织与报告项目的进度数据。

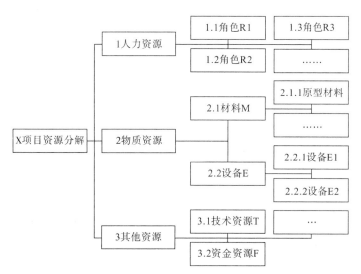

图 6-10　资源分解结构示意图

除上述资源分解结构形式以外，在 IT 项目中，常常将资源与项目活动进行集成，形成资源责任分配矩阵。如表 6-4 所示。

表 6-4　资源责任分配矩阵

任务		人员				
		项目经理	软件研发工程师	软件测试工程师	实施咨询顾问	文档管理员
接口开发	与业务数据库的接口开发	△	◎			△
	与上级查询监控系统的接口开发	△	◎			△
接口测试	与业务数据库的接口测试	▲△		◎		△
	与上级查询监控系统的接口测试	▲△		◎		△

续　表

任务			人员				
			项目经理	软件研发工程师	软件测试工程师	实施咨询顾问	文档管理员
实施	系统安装	服务器安装				◎	△
		各单位安装				◎	△
		各单位安装验收	◎			△	△
		系统联调	▲△			◎	△
	人员培训	服务系统培训				◎	△
		报表系统培训				◎	△
		接口系统培训				◎	△
		系统管理员培训				◎	△
	系统启用		▲△			◎	△
验收	分单位验收		◎			△	△
	总验收		◎			△	△

图例:△—辅助;◎—负责;▲—确认

6.1.4　估算活动持续时间

估算活动持续时间(也叫进度估算或工期估算),是根据资源估算的结果对完成项目某单项活动所做出的可能工期长度的量化估算,确保完成某项工作的时间量,它是项目进度管理及制订项目计划的基础工作。

对持续时间的估算是渐进明细的,取决于输入数据的数量和质量。例如,随着项目设计工作的推进,可供使用的数据越来越详细、越来越准确,持续时间估算的准确性也会越来越高,可以认为持续时间估算的准确性和质量会逐步提高。

估算活动持续时间时首先要估算出具体活动的工作量和计划投入该活动的资源数量,然后再据此估算出为完成该活动而需要的工作时段数(活动持续时间)。应该把每个活动持续时间估算所依据的全部数据与假设都记录在案,对工作时间有特殊要求的资源通常会提出备选的资源日历,列出可供选择的工作时段。大多数项目进度管理软件都可以利用项目日历与这些资源日历,进行活动持续时间估算。估算活动持续时间的过程如图 6-11 所示。

除了遵循逻辑顺序之外,活动还需要按项目日历与适当的资源日历实施。

主要依据
- 附带活动属性的活动清单
- 资源需求及日历
- 项目范围说明书
- 其他文件及信息

估算活动持续时间

产出
- 活动持续时间
- 项目文件更新

图 6-11　估算活动持续时间

1．估算活动持续时间的主要依据

附带活动属性的活动清单不但是确定估算活动持续时间的首要条件，而且还可能提供影响活动持续时间的其他信息。

估算的活动资源需求会对活动持续时间产生影响，这是因为大多数活动的持续时间都会受到分配给它们的资源及其可用性影响。例如向某个活动新增资源或分配低技能资源就需要增加沟通、培训和协调工作，从而可能导致活动效率或生产率下降。在估算资源过程中编制的资源日历包括了人力资源的种类、可用性与能力，也应该考虑对进度活动持续时间有显著影响的设备和材料资源，如它们的类型、数量、可用性和能力。例如，一位初级人员和一位高级人员都全职从事某项工作，高级人员通常将在较短时间内完成该工作。

项目范围说明书提供了估算活动持续时间需要考虑的假设条件与制约因素。假设条件包括（但不限于）现有条件、信息的可得性、报告期长度；制约因素包括可能涉及的可用的熟练资源、合同条款和要求等。

其他文件及信息包括持续时间估算数据库和其他参考数据、生产率测量指标、持续时间的历史资料、项目日历、进度计划编制方法及经验教训等。

总的看来，估算活动持续时间需要依据活动工作范围、所需资源类型、所需资源数量，以及资源日历等进行活动持续时间估算。为了提高估算的准确性，应该由项目团队中最熟悉具体活动的个人或小组来提供活动持续时间估算所需的各种输入，以提高估算的准确性。

2．估算活动持续时间的主要技术/方式

常见的估算活动持续时间的技术或方法包括专家判断、类比估算、三点估算、参数估算、储备分析等。

（1）专家判断。通过借鉴历史信息，专家判断能提供持续时间估算所需的信息，或根据以往类似项目的经验，给出活动持续时间的上限。专家判断也可用于决定是否需要联合使用多种估算方法，以及如何协调各种估算方法之间的差异。

（2）类比估算。类比估算是指以过去类似项目的参数值（如持续时间、预算、规模、重量和复杂性等）为基础，来估算未来项目的同类参数或指标。在估算持续时间时，类比估算技术以过去类似项目的实际持续时间为依据，来估算当前项目的持续时间。这是一种粗略的估算方法，有时需要根据项目复杂性方面的已知差异进行调整。在项目详细信息不足时，例如在项目的早期阶段，就经常使用这种技术来估算项目持续时间。类比估算综合利用历史信息和专家判断，相对于其他估算技术，类比估算通常成本较低、耗时较少，但准确性也较低。可以针对整个项目或项目中的某个部分，进行类比估算。类比估算可以与其他估算方法联合使用。如果以往活动是本质上而不只是表面上类似，并且从事估算的项目团队成员具备必要的专业知识，那么类比估算就最为可靠。

（3）参数估算。参数估算是指利用历史数据与其他变量（如建筑施工中的平方英尺）之间的统计关系来估算诸如成本、预算和持续时间等活动参数，把需要实施的工作量乘以完成单位工作量所需的工时，即可计算出活动持续时间。

（4）三点估算。通过考虑估算中的不确定性和风险，可以提高活动持续时间估算的准确性,这个概念起源于计划评审技术(PERT)(详见6.3.1节)。

(5)储备分析。在进行持续时间估算时,需考虑应急储备(有时称为时间储备或缓冲时间),并将其纳入项目进度计划中,用来应对进度方面的不确定性。应急储备可取活动持续时间估算值的某一百分比、某一固定的时间段,或者通过定量分析来确定。随着项目信息越来越明确,可以动用、减少或取消应急储备。应该在项目进度文件中清楚地列出应急储备。

3. 估算活动持续时间的主要结果

估算活动持续时间的主要结果是各项活动的工期,即活动持续时间估算是对完成某项活动所需的工作时间的量化估计,估算中不包括任何可能的时间滞后量。在活动持续时间估算中,可以指出一定的变动区间,例如2周±2天,表明活动至少需要8天,最多不超过12天(假定每周工作5天)。超过3周的概率为15%,表明该活动将在3周内(含3周)完工的概率为85%。

项目文件更新包括活动属性,以及为估算活动持续时间而制定的假设条件,如资源的技能水平和可用性。

6.1.5 制定进度计划

项目的进度计划意味着明确定义项目活动的开始和结束日期,这是一个反复确认的过程。进度表的确定应根据项目网络图、估算的活动工期、资源需求、资源共享情况、项目执行的工作日历、进度限制、最早和最晚时间、风险管理计划、活动特征等统一考虑。如图6-12所示。

进度限制即根据排列活动顺序考虑如何定义活动之间的进度关系,一般有两种形式:一种是加强日期形式,以活动之间前后关系限制活动的进度,如一项活动不早于某活动的开始或不晚于某活动的结束;另一种是关键事件或主要里程碑形式,以定义为里程碑的事件作为要求的时间进度的决定性因素制定相应时间计划。

在制定项目进度表时,先以数学分析的方法计算每个活动最早开始和结束时间与最迟开始和结束日期,得出时间进度网络图,再通过资源因素、活动时间和冗余因素调整活动时间,最终形成最佳活动进度表。

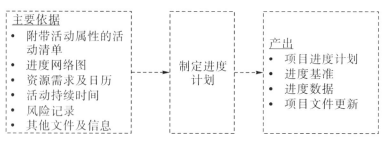

图 6-12 制定进度计划

1. 制定进度计划的主要依据

附带活动属性的活动清单提供了项目包含的各项活动及其关键信息,进度网络图则将项目活动、活动间的逻辑关系、活动属性等信息进行了直观的可视化。进度网络图一般由项目管理软件(如 MS Project)自动生成,通过进度网络图还可以找出项目的关键路径,这些都为制定合理的项目进度计划提供了重要依据。

活动资源需求的数量、种类及日历相结合,则可能对初期的项目进度计划产生限制或影响,致使活动间的排序或结构(如并行或串行)发生变化,尤其是当关键路径上出现资源短缺的情况下,势必对项目进度计划进行调整。

活动持续时间是估算项目进度计划中最重要的项目总工期的重要依据,活动持续时间估算的准确性会直接影响项目进度计划的合理性及其潜在的项目延期风险的大小,因此制定进度计划时,也必须考虑风险记录中影响活动持续时间的那些因素及其具体影响。

其他文件及信息包括项目范围说明书、事业环境因素及组织过程资产等,这些因素包括:项目范围说明书中含有可能影响项目进度计划编制的假设条件和制约因素、可用的进度计划编制工具、方法论等。

2. 制定进度计划的主要技术/方法

(1)进度网络分析。进度网络分析是制定项目进度计划的一种技术,它通过多种分析技术,如关键路径法、关键链法、假设情景分析和资源平衡等,来计算项目活动未完成部分的最早与最晚开始日期,以及最早与最晚完成日期。某些网络路径可能含有路径会聚或分支点,在进行进度压缩分析或其他分析时应该加以识别和利用。

(2)关键路径法。关键路径法(CPM)是时间管理中很实用的一种方法,其工作原理是:在不考虑任何资源限制的情况下,沿着项目进度网络路径进行顺推与逆推分析,为每个最小任务单位计算工期,定义最早开始和结束日期、最迟开始和结束日期,最终计算出整个项目理论上的最早开始与完成日期、最晚开始与完成日期,其中项目活动工期最长的路径,即为关键路径。

值得一提的是,在关键路径法中得到的项目最早开始与完成日期、最晚开始与完成日期并不一定就是最终项目进度计划中的日期,但它们能指出在给定的活动持续时间、逻辑关系、时间提前量、时间滞后量和其他制约因素下可开展各项活动的时间段。对最早开始与完成日期、最晚完成日期的计算,可能受活动总浮动时间的影响。活动总浮动时间使进度计划富有弹性,它可能是正数、负数或零。在任何网络路径上,进度安排的灵活性大小由最晚与最早日期间的正差值决定的,该差值称为"总浮动时间",也叫总时差。关键路径的总浮动时间为零或负数,关键路径上的进度活动称为"关键活动"。正常情况下,关键路径的总浮动时间为零。网络图中可能有多条次关键路径。为了使路径总浮动时间为零或正值,可能有必要调整活动持续时间、逻辑关系、时间提前与滞后量或其他进度制约因素。一旦计算出路径的总浮动时间,也就能确定相应的自由浮动时间。自由浮动时间是指在不延误任一紧后活动最早开始日期的前提下,某项活动的进度可以推迟的时间量。

(3)关键链法。关键链法是一种根据有限的资源来调整项目进度计划的进度网络分析技术。首先,根据持续时间估算给定的依赖关系和制约因素,绘制项目进度网络图,然后计算关键路径。在确定了关键路径之后,再考虑资源的可用性,制定出资源约束型进度计划,该进度计划中的关键路径常与原先的不同。资源约束型关键路径就是关键链,关键链法在网络图中增加作为"非工作进度活动"的持续时间缓冲,用来应对不确定性。放置在关键链末端的缓冲称为项目缓冲,用来保证项目不因关键链的延误而延误,其他的缓冲,即接驳缓冲,则放置在非关键链与关键链接合点,用来保护关键链不受非关键链延误的影响。应该根据相应路径上各活动持续时间的不确定性,来决定每个缓冲的时间长短,一旦确定了"缓冲进度活动",就可以按可能的最晚开始与最晚完成日期来安排计划活动。这样一来,关键链法就不再管理网络路径的总浮动时间,而是重点管理剩余的缓冲持续时间与剩余的任务链持续时间之间的匹配关系。

(4)资源平衡。资源平衡是对经过关键路径法分析的进度计划采用的一种进度网络分析技术。如果共享的关键资源的数量有限或只在特定时间可用,或者为了保持资源使用量处于恒定水平,就需要进行资源平衡。如果已出现资源过度分配(如同一资源在同一时间被分配至两个甚至多个活动,或者共享的关键资源的分配超出了最大可用数量或特定可用时间),就必须进行资源平衡。资源平衡往往导致关键路径的改变。

(5)情景分析。情景分析就是对"如果情景 X 出现,情况会怎样?"这样的问题进行分析,即基于已有的进度计划,考虑各种各样的情景,例如,推迟某主要部件的交货日期、延长某设计工作的时间,或加入外部因素(如罢工或许可证申请流程变化等)。可以根据假设情景分析的结果,来评估项目进度计划在不利条件下的可行性,以及为克服或减轻意外情况的影响而编制应急和应对计划,可以基于多种不同的活动假设,用模拟方法计算出多种项目工期。最常用的模拟技术是蒙特卡洛分析,它首先确定每个活动的可能持续时间概率分布,然后据此计算出整个项目的可能工期概率分布。

(6)利用时间提前量、滞后量及进度压缩。在进度网络分析过程中,需要利用时间提前量与滞后量,来编制切实可行的进度计划。进度压缩是指在不改变项目范围的前提下,缩短项目的进度时间,以满足进度制约因素、强制日期或其他进度目标。进度压缩技术包括赶工和快速跟进,其中赶工通过权衡成本与进度确定如何以最小的成本来最大限度地压缩某项活动的进度。赶工的例子包括批准加班、增加额外资源或支付额外费用,从而加快关键路径上的活动。赶工只适用于那些通过增加资源就能缩短持续时间的活动,赶工并非总是切实可行的,它可能导致风险和/或成本的增加。快速跟进则是把正常情况下按顺序执行的活动或阶段交叠或并行执行,例如在用户需求还没有全部完成时就开始进行系统设计。快速跟进可能造成返工和风险增加,它只适用于能够通过并行活动来缩短工期的情况。赶工和快速跟进与正常情况下的活动间关系区别如图 6-13 所示。

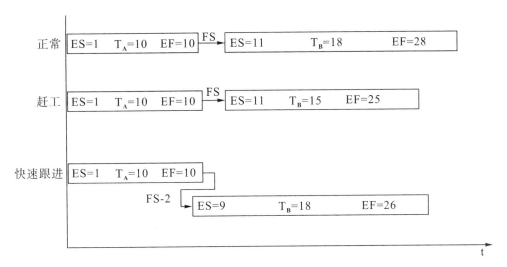

图 6-13　赶工、快速跟进与正常进程活动间的关系示意图

（7）进度计划编制工具。用活动清单、网络图、资源需求和持续时间等作为输入，自动化的进度计划编制工具能够自动生成活动的开始与完成日期，从而加快进度计划的编制过程。进度计划编制工具可与其他项目管理系统以及手工方法联合使用。

3. 制定进度计划的主要结果

（1）项目进度计划。项目进度计划中至少要包括每项活动的计划开始日期与计划完成日期。即使在早期阶段就进行了资源规划，在未确认资源分配和计划开始、计划完成日期之前，项目进度计划都只是初步的，一般要在项目管理计划编制完成之前进行这些确认。还可以编制项目的目标进度计划，规定每一活动的目标开始日期与目标完成日期。项目进度计划可以是概括的（有时称为主进度计划或里程碑进度计划）或详细的。虽然项目进度计划可用列表形式，但图形方式更常见，例如里程碑图、甘特图、项目进度网络图。

里程碑图与甘特图类似，但仅标示出主要可交付成果和关键外部接口的计划开始或完成日期。项目进度网络图是一种列明活动日期的图形，一般既显示项目的网络逻辑，又显示项目关键路径上的进度活动。进度网络图可以用节点法绘制，也可以采用时标进度网络图的形式（有时称为逻辑横道图）。

（2）进度基准。进度基准是从进度网络分析中得到的一种特殊版本的项目进度计划，该进度计划在项目管理团队认可与批准之后，成为进度基准，标明基准开始日期和基准完成日期。进度基准是项目管理计划的一个组成部分。

（3）进度数据。项目进度计划所使用的进度数据至少包括进度里程碑、进度活动、活动属性，以及已知的全部假设条件与制约因素。所需的其他数据因应用领域而异，经常可用做支持细节的信息包括（但不限于）用直方图表示的按时段计列的资源需求、备选的不同情境下的进度计划，如最好情况或最坏情况下的进度计划，经资源平衡或未经资源平衡的进度计划，有强制日期或无强制日期的进度计划，进度应急储备等。

（4）项目文件更新。项目文件更新包括活动属性、资源需求、资源日历、风险记录等的更新。资源平衡可能对所需资源类型与数量的初步估算产生显著影响，如果资源平衡改变了项目资源需求,就需要对其进行更新。更新活动属性的目的是反映在制定进度计划过程中所产生的对资源需求和其他相关内容的修改,风险记录更新以反映进度假设条件所隐含的机会或威胁。

6.1.6　进度计划控制

进度计划控制主要是监督进度的执行状况,及时发现和纠正偏差、错误。在控制中要考虑以下三个方面:影响项目进度变化的因素,项目进度变更对其他部分的影响,进度表变更时应采取的实际管理措施。因此,进度控制需要判断项目进度的当前状态,对引起进度变更的因素施加影响,确定项目进度是否已经发生变更,在变更实际发生时对其进行管理。进度计划控制的过程如图 6-14 所示。

图 6-14　进度计划控制

1. 进度计划控制的主要依据

(1)项目进度计划。最新版本的项目进度计划中用符号标明截止数据日期的更新情况、已经完成的活动和已经开始的活动

(2)工作绩效信息。工作绩效信息是关于项目进展情况的信息,例如,哪些活动已经开始、它们的进展如何、哪些活动已经完成。

(3)项目管理计划。项目管理计划中包含进度管理计划和进度基准,进度管理计划描述了应该如何管理和控制项目进度,进度基准用来与实际结果相比较,以判断是否需要进行变更、采取纠正措施或采取预防措施。

2. 进度计划控制的主要技术/方法

(1)绩效审查。绩效审查是指测量、对比和分析进度绩效,如实际开始和完成日期、已完成百分比,以及当前工作的剩余持续时间。如果使用挣值管理(EVM),就可以用进度偏差(SV)和进度绩效指数(SPI)来评估进度偏差的程度。进度控制的重要工作之一,是决定需不需要针对进度偏差采取纠正措施。例如,非关键路径上的某个活动发生较长时间的延误可能并不会对整体项目进度产生影响,而某个关键或次关键活动的少许延误,却可能需要立即采取行动。如果使用了关键链法,则通过比较剩余缓冲时间与所需缓冲时间(为保证按期交付),来确定进度状态,是否需要采取纠正措施,取决于所需缓冲与剩余缓冲之间的差值大小。

(2)偏差分析。采用进度绩效测量指标(如 SV、SPI),来评价相对于进度基准的偏差大小,总浮动时间偏差也是评价项目进度绩效的一个基本指标。项目进度控制的重要工作是分析相对于进度基准的偏差原因与程度,并确定是否需要采用纠正或预防措施。

(3)项目管理系统。可借助项目管理系统,对照进度计划,追踪项目实际进度,并预测各种变更对项目进度的影响。

（4）其他方法及工具。这些方法工具既可应用于制定进度计划，也可以应用于控制进度，例如资源平衡、情景分析、调整时间的提前或滞后量、进度压缩等。资源平衡用于优化资源限制下的工作分配，情景分析用于考察各种情形，以便使项目进度与计划相符，调整时间提前量与滞后量，以及进度压缩，都可以使进度落后的活动赶上计划。

3. 进度计划控制的主要结果

（1）工作绩效测量结果。针对 WBS 各组成部分，特别是工作包与控制账户，计算出进度偏差（SV）与进度绩效指数（SPI），并记录在案，传达给相关干系人。

（2）变更请求。通过分析进度偏差、审查项目进展报告、绩效测量结果和进度调整情况，可能会对进度基准和/或项目管理计划的其他组成部分提出变更请求。变更过程中应该把变更请求提交给实施整体变更控制过程审查和处理，预防措施可包括推荐的变更，以降低不利进度偏差的发生概率。

（3）项目文件与计划更新。项目文件与计划更新包括进度数据、进度基准及进度管理计划等，在对进度计划做出变更或调整以后，这些文件或数据都需要及时更新，有时候还可能需要重新制定项目进度网络图，以反映经批准的剩余持续时间和对工作计划所做的修正，有时项目进度延误非常严重，以至于必须重新预测开始与完成日期，制定新的目标进度计划，才能为指导工作以及测量绩效与进展提供有实际意义的数据。项目进度计划需要根据更新后的进度数据进行更新，以反映进度变更，并有效管理项目。

§6.2　IT 项目进度的量化：CPM 法

6.2.1　几个关键概念

某项目由 A、B 两项活动构成，其活动持续时间分别为 5 天和 4 天，要求项目最迟于第 11 天结束。各项活动有最早开始时间（Early Start，ES）、最早完成时间（Early Finish，EF）、最迟开始时间（Late Start，LS）、最迟结束时间（Late Finish，LF）、浮动时间（F），以及项目时差（也叫自由浮动时间，FF），这几个变量及其之间的关系如图 6-15 所示。

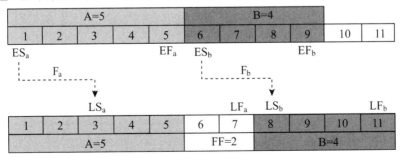

图 6-15　项目各项活动开始-结束时间图示

其中 ES_a/EF_a、ES_b/EF_b 分别代表活动 A、B 在项目不考虑资源约束情况下可以实现的最早开始/结束的时间，LF_a/LS_a 和 LF_b/LS_b 则分别代表活动 A、B 在项目不至于延期（超过 11 天）的前提条件下被允许最迟结束/开始的时间。某项活动的浮动时间是指该活动最早开始（结束）与最迟开始（结束）之间的时间量。从图上可以看出：

$$ES_a=1, EF_a=5; ES_b=6, EF_b=9; LS_a=3; LF_a=7; LS_b=8; LF_b=11。$$

则活动 A、B 存在的浮动时间分别为：$F(a)=LS_a-ES_a=2, F(b)=LS_b-ES_b=2$。

自由浮动时间则是指在不延误任一紧后活动最早开始日期的前提下，某项活动的进度可以推迟的时间量。对于本项目，在不延误项目工期前提下活动 A 的进度最多可以推迟 2 天，到第 7 天结束，此情景下活动 B 最早开始日期为第 8 天，最早结束日期为第 11 天，因此本项目中，活动 A、B 间的时差（即自由浮动时间）$FF(ab)=LS_a-ES_a=2$。由于本例中项目由 A、B 活动构成，因此有 $FF(ab)=F(a)=F(b)$。对于存在多条路径的情境下，不同路径存在的自由浮动时间与各自路径上某项活动的浮动时间不一定相等。

6.2.2 关键路径法的定义及工作原理

当自由浮动时间为 0 时，项目整个过程中耗时最长的路径就是关键路径。

关键路径法（CPM）是项目进度管理中最实用的一种方法，本质上是一种计划网络分析技术，其工作原理如下：

它通过指定的网络顺序逻辑关系，对项目各项活动及整个项目持续时间进行单一估算。在不考虑任何资源限制的情况下，关键路径法需要对项目活动路径运用正向分析（也叫正推法）和逆向分析（也叫逆推法），为每个最小任务单位（或活动）估算工期，以及最早开始（ES）、最早完成（EF）、最迟开始（LS）和最迟完成（LF）四个日期，在此基础上基于活动关系及顺序构成的网络逻辑图，找出耗时最长的路径，即为关键路径。关键路径是项目计划中历时最长的路径，它决定了项目可能的总耗费时间。关键路径法的核心是计算项目活动的浮动时间（也叫时差）。

关键路径法的步骤如下：

（1）用图 6-16(a) 或 (b) 的形式表示项目单个任务或活动可持续时间的网络图，在方框的上方从左到右分别表示最早开始/结束时间，在方框下方从左到右分别表示最晚开始/结束时间。中间表示任务或工期，或者上方中间和下方中间分别表示工期和浮动时间，方框中部表示任务。

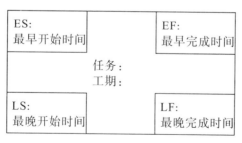

（a）

(b)

图 6-16　估算活动持续时间的任务图示

（2）活动与活动之间用箭线表示逻辑关系，在箭线上标注超前或滞后关系。如图 6-17 所示。

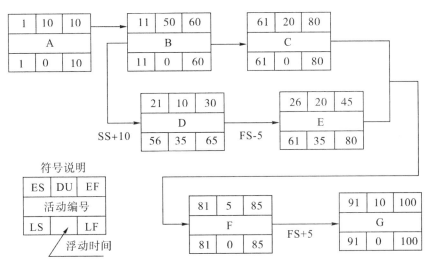

图 6-17　关键路径法的网络图表示方法

（3）习惯上项目开始于左方终止于右方。从左方开始，计算每项活动的最早结束时间（EF）。该时间等于最早可能的开始时间（ES，假设从第 n 天的零点开始计算）加上该活动的持续时间（t），由于最早结束时间计算时往往以当天的最后一个时间点，即当天的 23 点与第二天 0 点的交汇点为截止时间，因此在标注最早结束时间（EF）时，需要从"最早开始时间＋持续时间"的结果中再减去一天。即 EF＝n＋t－1。

（4）当所有的计算都完成时，最后算出的时间就是完成整个项目所需要的时间。

（5）从右边开始，根据整个项目的持续时间决定每项作业的最迟结束时间（LF）。

（6）最迟结束时间减去作业的持续时间得到最迟开始时间（LS）。根据第（3）条中的计时规则，则反向分析推算最迟结束/开始时间时，最迟开始时间的标注数值需要从"最迟结束时间持续时间"的结果中再加上一天，即 LS＝LF－t＋1。

（7）每项作业的最迟结束时间与最早结束时间，或者最迟开始时间与最早开始时间的差额就是该活动的浮动时间，即时差。

（8）如果某活动的时差为零，那么该活动就在关键路线上。

（9）通过对项目活动及路径的正向分析，找到项目的关键路径，就是所有活动的时差为 0

的路径,也是整个项目中耗时最长的路径。很显然,图 6-17 的关键路径为 A→B→C→F→G。

例如:如图 6-18 所示,已知某项目的最早开始时间 ES 和各项活动的工期,试确定各活动以及该项目的 ES、EF、LS、LF、时差(天),以及该项目的总工期以及关键路径。

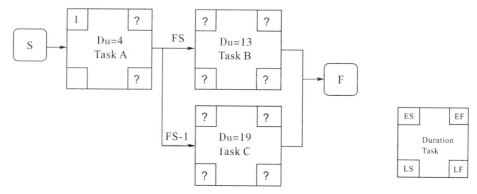

图 6-18 项目的基本信息图示

在该项目中,如果使用正向分析(也叫正推法),则该项目各项活动最早开始及完成的时间如图 6-19(a)所示。如果使用反向分析(也叫逆推法),则该项目各项活动最迟结束与开始的时间如图 6-19(b)所示。

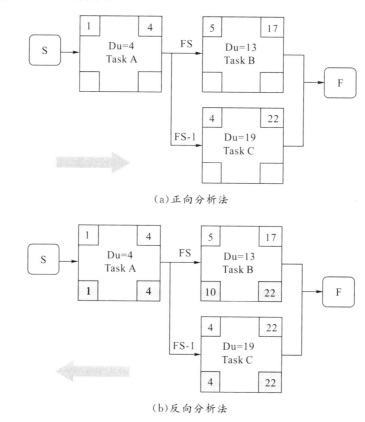

(a)正向分析法

(b)反向分析法

图 6-19 确定项目各项活动 ES、EF、LS、LF 四个日期的方法

利用这种方法可以发现项目有两条路径,A→B 和 A→C,其中,A→B 存在时差且该路径所有活动总工期为 17 天,而 A→C 时差为 0,该路径所有活动总工期为 22 天,为总工期最长的路径,因此,该项目的关键路径为 A→C。如图 6-20 所示。

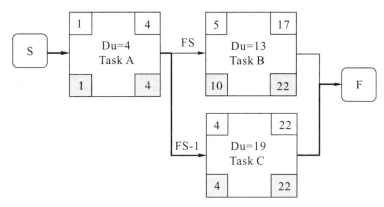

图 6-20　项目关键路径图示

6.2.3　关键路径法的基本应用

关键路径法可以用来推算项目及活动的工期及开始/结束时间,找到关键路径。

关键路径法估算的项目及项目的任意一项活动工期都有一个确定的可持续时间,根据确定的可持续时间确定出每一项活动的具体时间参数和浮动时间。计算关键路径可以用正推法计算出项目的最早开始和最早结束时间,用逆推法计算项目的最迟开始和最迟结束时间,从而就可以确定每一项工作是否具有浮动时间。如果一项工作的最早开始与最迟开始两个时间完全相同,意味着不存在任何自由浮动时间,它的时间是唯一确定的。当一条路径上所有工作浮动时间为 0 时,这条路径就是关键路径,如果浮动时间不为 0,也就是说这项工作不是位于关键线路上,它是具有浮动时间的。这个浮动区间实际上又决定了每一项工作能够允许的活动时间范围。

具体的步骤可以从项目计划开始,首先是确定任务或活动,然后确定工作弹性并建立一些网络图,接下来是通过项目的时间参数结算来确定关键路径。

案例一:环保监测系统开发项目进度计划关键信息推算

SR 公司为一家以能源环境行业信息化为背景的 IT 公司,2020 年为客户 ZH 公司开发一套环保监测系统项目。该项目由以下 12 项任务构成,每项任务除名称外还各有一个任务标志(代号),任务与任务之间的先后逻辑顺序通常用紧前活动表示,如软件设计分别是模块 1、模块 2、模块 3 开发的紧前活动。各项任务的工期估算、逻辑关系,以及该项目进度计划如表 6-5 所示。

表 6-5　环保监测系统开发项目进度计划表

任务标志	任务名称	工期(天)	最早开始时间	最早结束时间	紧前活动
1	需求分析	14	2020-6-1		
2	软件设计	10			1

续　表

任务标志	任务名称	工期(天)	最早开始时间	最早结束时间	紧前活动
3	模块1开发	20			2
4	单元1测试	8			3
5	模块2开发	14			2
6	单元2测试	6			5
7	模块3开发	18			2
8	单元3测试	7			7
9	系统测试	12			4,6,8
10	软件说明书编写	16			1
11	试运行	30			10,9
12	通过验收,正式上线	7			11

假设该项目最早可以从2020年6月1日开始,每周工作7天,遇到节假日正常放假。根据国务院办公厅有关节假日的要求,2020年部分节假日安排如下:端午节6月25日至27日放假调休,共3天,6月28日(星期日)上班;国庆节、中秋节10月1日至8日放假调休,共8天,9月27日(星期日)、10月10日(星期六)上班。试推算该项目进行各项活动及项目实施的ES/EF、LF/LS,以及各项活动的浮动时间和项目的关键路径。

(1)首先根据进度计划表和最早开始时间,考虑非工作日(节假日)后,利用相关的项目管理软件制定该项目的网络计划图,推算出各项活动及项目的最早开始时间及结束时间,如图6-21所示。

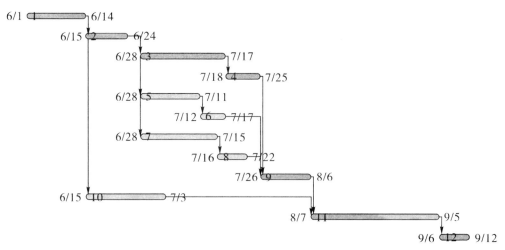

图6-21　环保监测系统开发项目的甘特图-正向分析

由 ES/EF 及工期构成的网络计划图如图 6-22 所示。

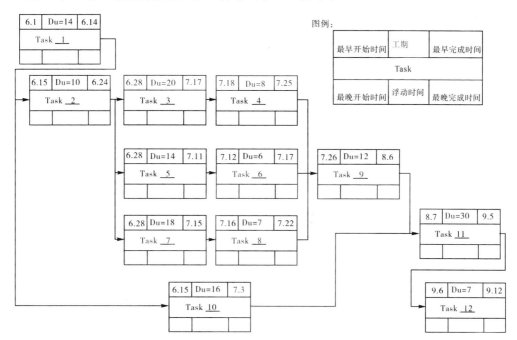

图 6-22　环保监测系统开发项目及各项活动的 ES/EF 推算

（2）假设项目完成日期最迟不超过 9 月 12 日，按照反向分析法，从最后一项活动最迟结束时间开始依次逆向推算各项活动的 LF/LS 及浮动时间。则利用 Project 软件反向推算形成的结果如图 6-23 所示。

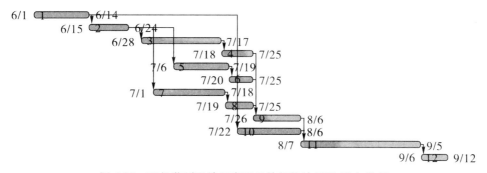

图 6-23　环保监测系统开发项目的网络计划图-反向分析

根据反向分析法可知，关键路径上的各项活动 ES/EF 分别与 LS/LF 时间一一对应，不存在浮动时间。

从图 6-24 可以看出，该项目活动之间存在 4 条路径，分岔的路径分别为 2→3→4→9、2→5→6→9、2→7→8→9，以及 10，其中 1→2→3→4→9→11→12 的可持续时间最长。对关键路径上各项活动的可持续时间求和，即可得到该项目的总工期 T＝14＋10＋20＋8＋12＋30＋7＝101（天）。

除关键路径之外，2→5→6→9、2→7→8→9，以及 10 这三条路径上的活动都存在浮动时间。这里特别要提醒的是,活动 10 与其他三条路径相比浮动时间最大,为 34 天,而活动 5、6 共享 8 天的浮动时间,活动 7、8 共享 3 天的浮动时间。

在项目中,关键路径 1→2→3→4→9→11→12 上的任一项活动延迟都会影响项目延迟,如果关键路径上出现多个活动延迟,则这些活动延迟的时间就会累积成项目总的延迟时间,也就是说,在项目中,同一条路经上的活动延迟的时间具有积累性。

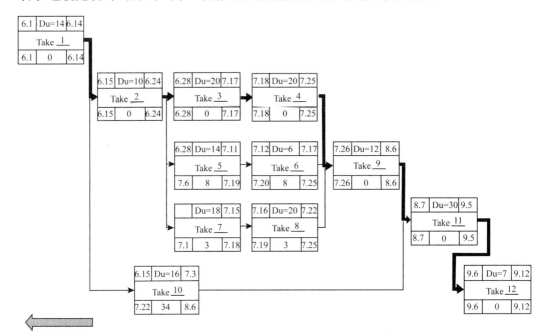

图 6-24　环保监测系统开发项目的网络计划图详细信息标注

但提前完工所带来的时间盈余却一定不具备积累的能力。比如,即便是活动 5、6 都提前完工了却并不能为整个项目带来提前完工,因为提前完工的活动并没有在关键路径上。不但如此,即便处在关键路径上的活动提前完工了也不一定会带来项目的提前完工,因为还涉及后续活动所需资源或设备是否能够提前到位。

为了确保关键活动能准时完成,需要在项目工期中增设缓冲期以降低不确定性。

6.2.4　关键路径法的综合应用:项目进度计划优化

在项目管理中,编制网络计划的基本思想就是在一个庞大的网络图中找出关键路径,并对各关键活动优先安排资源,挖掘潜力,采取相应措施,尽量压缩需要的时间。而对非关键路径的各个活动,只要在不影响工程完工时间的条件下,抽出适当的人力、物力和财力等资源用在关键路径上,以达到缩短工程工期、合理利用资源的目的。在执行计划过程中可以明确工作重点,对各个关键活动加以有效控制和调度。

在这个优化思想指导下,我们可以根据项目计划的要求,综合地考虑进度、资源利用和降低费用等目标对网络图进行优化,确定最优的计划方案。下面分别讨论在不同的目标约束下优化方案策略的制定步骤。

目标之一:时间-成本优化,即针对关键路径进行优化。结合成本因素、资源因素、工作时间因素、活动的可行进度因素对整个计划进行调整,根据对计划进度的要求,缩短项目工程的完工时间,直到关键路径所用的时间不能再压缩为止,得到最佳时间进度计划。

可供选择的方案:

(1)采取先进技术的措施,如引入新的设备等方式缩短关键活动的作业时间;

(2)利用快速跟进法找出关键路径上的哪个活动可以并行;

(3)采取组织措施,充分利用非关键活动的总时差,利用加班、延长工作时间、倒班制和增加其他资源等方式合理调配技术力量及人、财、物等资源缩短关键活动的作业时间。

例如,对于上述 SR 公司的环保监测系统开发项目案例,其网络计划图还可以以如图6-25 所示的方式表示。

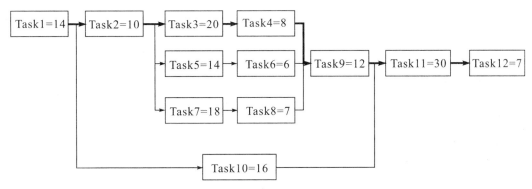

图 6-25　SR 环保监测系统开发项目的网络计划图例

关键路径同上。假设该项目要求必须提前一周(9 月 6 日之前)完成,否则每延期一天就承受罚金 700 元/天。已知可压缩工期的活动及压缩成本如表 6-6 所示:

表 6-6　环保监测系统开发项目可压缩工期的活动及成本

任务标志	任务名称	工期(天)	最多可压缩天数	压缩成本(元/天)
1△	需求分析	14	3	1000
2△	软件设计	10	2	800
3△	模块 1 开发	20	3	600
4△	单元 1 测试	8	1	200
5	模块 2 开发	14	3	300
6	单元 2 测试	6	1	100
7	模块 3 开发	18	2	300
8	单元 3 测试	7	1	100
9△	系统测试	12	1	400
10	软件说明书编写	16	4	200
11△	试运行	30	1	750
12△	通过验收,正式上线	7		

由此可以根据上述信息,在不考虑资源约束的前提下寻求该项目工期压缩的最佳方案及赶工总成本。

目标之二:时间-资源优化,在考虑项目进度的同时,考虑尽量合理利用现有资源,并缩短工期,这必然会涉及资源的调配与平衡。资源调配是指当关键活动工期无法压缩时,如果在不同路径上需要同时使用同一种资源则需要对该种资源进行调配。资源平衡则是指在项目进行中,工作间断或工作过量很容易发生而导致资源闲置或短缺,需要通过适当途径和方法对资源进行平衡。

资源调配和资源平衡虽然出发点不同,但往往都会牵涉对进度计划的调整,从而使既定资源能够相对均衡地配置到各项活动中。

具体要求和做法是:

(1)优先安排关键活动所需要的资源;

(2)利用非关键活动的总时差,错开各活动的开始时间,拉平资源所需要的高峰,即人们常说的"削峰填谷";

(3)在确实受到资源限制,或者在考综合经济效益的条件下,也可以适当地推迟项目进程。

案例二:IT 项目中信息技术 HR 使用计划

L 公司同客户签订了一个信息系统项目合同,该信息系统项目为一个多项目活动。假定该项目按照表 6-7 所给的顺序依次完成这 3 个子项目。

表 6-7　IT 项目活动计划

序号	活动	工期(周)	前项任务	资源
A1	设计 P1	2		设计人员
B1	开发 P1	4	A1	开发人员
C1	测试 P1	2	B1	测试人员
D1	安装 P1	1	C1	安装人员
A2	设计 P2	2	A1	设计人员
B2	开发 P2	5	A2	开发人员
C2	测试 P2	3	B2	测试人员
D2	安装 P2	1	C2	安装人员
A3	设计 P3	4	A2	设计人员
B3	开发 P3	6	A3	开发人员
C3	测试 P3	3	B3	测试人员
D3	安装 P3	1	C3	安装人员

合同规定所有的子项目最迟必须在第 20 周末完工,若合同延期 1 周,将接受 5000 元的罚金。L 公司目前有信息技术产品的设计人员、开发人员、测试人员以及安装人员各 1 名,如表 6-8 所示。当资源稀缺时,首先考虑从内部进行资源调配和培训。

表 6-8　人力资源的周薪及额外成本

人力资源名称	费率(每周薪水,元)	招聘和培训新成员增加的额外成本(元)
设计师	1000	8000
程序员	800	4000
测试人员	500	1000
系统安装人员	400	700

试确定资源平衡的最佳方案及该项目的总成本(假设不考虑其他成本)。

6.2.5　关键路径法的特点及应用的优缺点

1. 关键路径法的特点

关键路径上任何活动都是关键活动,它们的推迟将导致整个项目的进度延迟,因此,项目经理在进行项目操作的时候,确定关键路径并进行有效的管理是至关重要的。

项目经理需要通过关键路径法找到最早完成项目的途径及关键活动,这些关键活动的组织比存在时差的活动更紧凑。这些关键活动应该具有比非关键路径上的活动更高的优先级,项目经理应该给这些关键活动更多的注意力,项目经理必须把注意力集中于那些优先等级最高的任务,确保它们准时完成。为了确保关键活动能准时完成,需要在项目工期中增设缓冲期,以降低不确定性。

一般情况下,项目的关键路径有一条,但并非所有情境下或所有项目的关键路径都只有一条。

关键路径法用网络图表示各项活动之间的相互关系,找出控制工期的关键路线,在一定工期、成本、资源条件下获得最佳的计划安排,以达到缩短工期、提高工效、降低成本的目的。关键路线法是一个动态系统,它会随着项目的进展不断更新,该方法采用单一时间估计法,其中时间被视为一定的或确定的。

在项目中,活动延迟的时间具有积累性,而提前完工所带来的时间盈余却不具备积累的能力。

2. 关键路径法应用的优缺点

关键路径法主要是一种基于单点时间估计、有严格次序的一种网络图,它在项目管理应用中既有优点,又有其不足之处。

优点:它的出现为项目提供了重要的帮助,特别是为项目及其主要活动提供了图形化的显示,这些量化信息为识别潜在的项目延迟风险提供极其重要的依据。

缺点:首先,现实生活中的项目网络往往包括上千项活动,在制定网络图时,极其容易遗漏;其次,各个工资之间的优先关系未必十分明确,难以作图;再次,各个活动时间经常需要利用概率分布来估计时间点,有可能发生偏差;最后,确定关键路径目标其实质上为了确保项目按照这一特定的顺序严格执行,从而不至于使整个项目停顿、拖延,如果管理团队对确实无法确定的工作,就应该在项目运作的计划中进行充分的分析和重新安排,此时网络计划显得无能为力,因此,在项目中 CPM 也需要其他工具和方法同时辅助使用。

§6.3 项目进度计划的概率模型

在以往的项目建设中,编制项目进度计划常常采用甘特图(或称横道图)来表示,甘特图简单明了、形象直观,但不适合用于大型和复杂信息工程项目的建设和监理工作,因为甘特图不反映各项工作之间的逻辑关系,因而难以确定某项工作推迟对完成工期的影响,当实际进度与计划有偏差时也难以调整。另外,甘特图虽然直观清晰,但只是计算的结果,而一项工作什么时候开始、什么时候结束却是需要通过计算来实现,甘特图并没有给出好的算法。网络计划技术可以有效解决这些问题,目前应用比较广泛的两种计划方法是关键路径法和计划评审技术。此外,蒙特卡罗模拟法在一些国家也被经常使用。

6.3.1 计划评审技术

1. 含义和工作原理

计划评审技术(PERT),也叫工程评价技术,是 20 世纪 50 年代末美国海军部开发北极星潜艇系统时为协调 3000 多个承包商和研究机构而开发的,其理论基础是假设项目持续时间以及整个项目完成时间是随机的,且服从某种概率分布。它利用网络顺序图的逻辑关系和加权平均对单项活动的工期进行估算,最终估计出整个项目在某个时间内完成的概率。

CPM 和 PERT 是独立发展起来的计划方法,在项目的进度规划中应用都非常广。两者的主要区别在于 CPM 是以经验数据为基础来确定各项工作的时间,而 PERT 则把各项工作的时间作为随机变量来处理,所以前者往往被称为肯定型网络计划技术,而后者往往被称为非肯定型网络计划技术。前者是以缩短时间、提高投资效益为目的,而后者则能指出缩短时间、节约费用的关键所在,因此将两者有机结合,可以获得更显著的效果。

信息工程项目建设过程中不可预见的因素较多,如新技术、需求变化、到货延迟及政策指令性影响等,因此,信息工程项目的整体工程进度计划与控制大多采用非肯定型网络计划,即 PERT 网络模型。

2. 计算公式

本节通过一个项目实例对此技术加以说明。

(1)活动的时间估计。PERT 对各个项目活动的完成时间按三种不同情况估计:乐观时间(optimistic time)是指任何事情都顺利的情况下完成某项工作的时间;最可能时间(most likely time)是指正常情况下,完成某项工作的时间;悲观时间(pessimistic time)是指最不利的情况,完成某项工作的时间。假定三个估计服从 β 分布,由此可算出每个活动的期望 t_i:

$$t_i = \frac{a_i + 4m_i + b_i}{6} \tag{6-1}$$

其中：a_i 表示第 i 项活动的乐观时间，m_i 表示第 i 项活动的最可能时间，t_i 表示第 i 项活动的悲观时间。

根据 β 分布的方差计算方法，第 i 项活动的持续时间方差为：

$$\sigma_i^2 = \frac{(b_i - a_i)^2}{36} \tag{6-2}$$

例如，某政府 OA 系统的建设可分解为需求分析、设计编码、测试、安装部署等四个活动，各个活动顺次进行，没有时间上的重叠，活动的完成时间估计如表 6-9 所示。

表 6-9　OA 系统开发的活动清单及持续时间估算

序号	活动名称	紧前活动（序号）	乐观时间（天）	最可能时间（天）	悲观时间（天）
1	需求分析		7	11	15
2	设计编码	1	14	20	32
3	测试	2	5	7	9
4	安装部署	3	5	13	15

（1）按照三点法估算式 6-1 及活动持续时间的方差估算式 6-2，计算各项活动的期望工期及方差，结果如表 6-10 所示。

表 6-10　OA 系统的活动清单及持续时间（天）估算

序号	活动名称	紧前活动（序号）	乐观时间	最可能时间	悲观时间	期望工期 t_i	方差 σ_i^2
1	需求分析		7	11	15	11	1.778
2	设计编码	1	14	20	32	21	9
3	测试	2	5	7	9	7	0.101
4	安装部署	3	5	13	15	12	2.778

（2）项目周期估算。PERT 技术认为整个项目的完成时间是各个活动完成时间之和，且服从正态分布。整个项目完成时间 t 的数学期望值 T 和方差 σ^2 分别为：

$$\sigma^2 = \sum \sigma_i^2 = 1.778 + 9 + 0.101 + 2.778 = 13.657 \tag{6-3}$$

$$T = \sum t_i = 11 + 21 + 7 + 12 = 51 \tag{6-4}$$

标准差为：$\sigma = \sqrt{\sigma^2} = \sqrt{13.657} = 3.696$ 天。

由此可以得到正态分布曲线如图 6-26 所示。

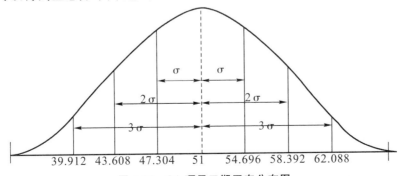

图 6-26　OA 项目工期正态分布图

因为图 6-26 是正态曲线,根据正态分布规律,在 $\pm\sigma$ 范围内即在 47.304 天与 54.696 天之间完成的概率为 68%;在 $\pm2\sigma$ 范围内完成,即在 43.608 天到 58.392 天完成的概率为 95%;在 $\pm3\sigma$ 范围内即 39.912 天到 62.088 天完成的概率为 99%。如果客户要求在 39 天内完成,则可完成的概率几乎为 0,也就是说,项目有不可压缩的最小周期,这是客观规律。

通过查标准正态分布表,可得到整个项目在某一时间内完成的概率。例如,如果客户要求在 60 天内完成,那么可能完成的概率为:

$$P(t \leqslant 60) = \varphi\left(\frac{60-T}{\sigma}\right) = \varphi\left(\frac{60-51}{3.696}\right) = 0.99286 \tag{6-5}$$

如果客户要求再提前 7 天,则完成的概率为:

$$P(t \leqslant 53) = \varphi\left(\frac{53-T}{\sigma}\right) = \varphi\left(\frac{53-51}{3.696}\right) = 0.7054 \tag{6-6}$$

实际上,大型项目的工期估算和进度控制非常复杂,往往需要将 CPM 和 PERT 结合使用,用 CPM 求出关键路径,再对关键路径上的各个活动用 PERT 估算完成期望和方差,最后得出项目在某一时间段内完成的概率。

PERT 还告诉我们,任何项目都有不可压缩的最小周期,这是客观规律,千万不能对用户盲目承诺,否则必然会受到客观规律的惩罚。

3. 网络计划技术的应用步骤

信息工程项目应用网络计划技术的步骤如下:①绘制网络图;②网络计划计算;③求关键路径;④计算完工期及其概率;⑤网络计划优化。

步骤 1 绘制网络图

本文主要以某公司(中小型企业)ERP 项目建设为例,讲述网络计划技术在信息工程项目监理工作进度控制中的应用。

(1)定义各项工作(作业):恰当地确定各项工作范围,以使网络图复杂程度适中。

(2)编制工作表:首先是根据实施厂商的实施方法和业主单位的实际情况,制定 ERP 项目活动分析表(如表 6-11 所示),并确定各项工作的先行工作。在工作定义过程中,应考虑有关项目和项目目标的定义、说明、历史资料。工作定义过程结束时,要提交的成果之一就是工作清单,工作清单必须包括本项目范围内的所有工作,应当对每项工作列出文字说明,保证项目成员准确、完整地理解该项工作。

表 6-11 某公司 ERP 项目活动分析表

工作代号	工作名称	紧前作业	三种时间估计(天)			期望工期	方差
			O	M	P	T	σ^2
A	领导层培训		0.5	1	1.5		
B	企业诊断	A	9	14	25		
C	需求分析	B	1	2	3		
D	项目组织	A	1	2	9		
E	ERP 原理培训	C,D	1	2	9		

工作代号	工作名称	紧前作业	三种时间估计（天）			期望工期	方差
			O	M	P	T	σ^2
F	基础数据准备	D	9	14	25		
G	产品培训	E	4	9	20		
H	系统安装调试	D	1	2	3		
I	模拟运行	F,G,H	10	15	20		
J	系统验收	I	0.5	1	1.5		
K	分布切换运行	J	20	28	48		
L	新系统运行	K	12	15	18		

其次进行项目描述,项目的特性通常会影响工作排序的确定,在工作排序的确定过程中更应明确项目的特性。再次,确定或估计各项工作时间,估算的方法在后面介绍。最后,表明各项工作之间的逻辑关系,着重考虑的内容如下:

①强制性逻辑关系的确定。逻辑关系的确定是工作排序的基础,逻辑关系是工作之间所存在的内在关系,通常是不可调整的,一般主要依赖于技术方面的限制,因此确定起来较为明确,通常由技术人员同管理人员的交流就可完成。

②组织关系的确定。对于无逻辑关系的项目工作,由于其工作排序具有随意性,从而将直接影响到项目计划的总体水平。这种关系的确定,通常取决于项目管理人员的知识和经验,它的确定对于项目的成功实施是至关重要的。

③外部制约关系的确定。项目工作和非项目工作之间通常会存在一定的影响,因此在项目工作计划的安排过程中,也需要考虑到外部工作对项目工作的一些制约及影响,这样才能充分把握项目的发展。

④实施过程中的限制和假设。为了制定良好的项目计划,必须考虑项目实施过程中可能受到的各种限制,同时还应考虑项目计划制定所依赖的假设和条件。

(3)根据工作清单和工作关系绘制网络图:根据表 6-11 中各工作之间的逻辑关系,可绘制 PDM 网络图,如图 6-27 所示。

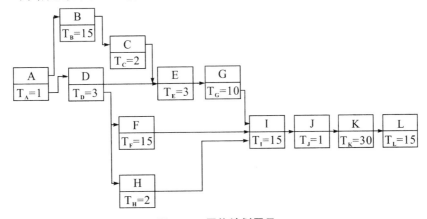

图 6-27　网络计划图示

步骤 2　网络计划计算

（1）工作时间估计。工作延续时间的估计是项目计划制定的一项重要的基础工作，它直接关系到各事项、各工作网络时间的计算和完成整个项目任务所需要的总时间。若工作时间估计的太短，则会在工作中造成被动紧张的局面，相反就会使整个工程的工期延长。

网络中所有工作的进度安排都是由工作的延续时间来推算的，因此对延续时间的估计要做到客观正确，这就要求在对工作做出时间估计时不应受到工作重要性及工程完成期限的影响，要把工作置于独立的正常状态下进行估计，要通盘考虑，不可顾此失彼。

估计工作时间的方法主要有：

①专家判断：主要依赖于历史的经验和信息，当然其时间估计的结果也具有一定的不确定性和风险。

②类比估计：类比估计意味着以先前类似的实际项目的工作时间来推测估计当前项目各工作的实际时间。当项目的一些详细信息有限的情况下，这是一种最为常用的方法，类比估计可以说是专家判断的一种形式。

③单一时间估计法：估计一个最可能工作实现时间，对应于 CPM 网络。

④三个时间估计法：估计工作执行的三个时间，乐观时间 a、悲观时间 b、正常时间 c，对应于 PERT 网络；期望时间 t＝(a＋4c＋b)/6。

（2）工作最早开始时间。是指某个节点前的工作全部完成所需要的时间，它是本项工作刚刚能够开始的时间。

（3）工作最迟开始时间。是指某项工作为保证其后续工作按时开始，它最迟必须开始的时间。

（4）时差的计算。时差是指在不影响整个任务完工期的条件下，某项工作从最早开始时间到最迟开始时间，中间可以推迟的最大延迟时间。

步骤 3　求关键路径

关键路径有两种定义：①在一条路径中，每个工作的时间之和等于工程工期，这条路径就是关键路径。②若在一条路径中，每个工作的时差都是零，这条路径就是关键路径。

图 6-27 所示的网络图，关键路径为：A-B-C-E-G-I-J-K-L。

步骤 4　计算完工期及其概率

项目工期＝1＋15＋2＋3＋10＋15＋1＋30＋15＝92 天。

设路径 T 的总时间（即路径 T 上各项目工作的时间和）为 $T(=\sum t$ 作业路径)，标准差为 σ_T，则在工期 D 内完工的概率为：

$$P_{(T \leqslant D)} = \varphi_0 \left[\frac{D-T}{\sigma_T} \right] \text{（标准正态分布函数）} \tag{6-7}$$

该项目在期望工期的前后 6 天完工的概率分别是多少？

$$\delta_K = \sqrt{\sum \delta_{ki}^2} =$$

$$\sqrt{(0.028+5.444+0.111+1.778+7.111+2.778+0.028+21.778+1.000)} = 6.329 \tag{6-8}$$

前 6 天的完工概率：

$$p(t \leqslant 86) = \varphi\left(\frac{86-92}{6.329}\right) = \varphi(-0.948) = 1 - \varphi(0.948) = 1 - 0.8289 = 0.1711 \quad (6\text{-}9)$$

后 6 天的完工概率：

$$p(t \geqslant 98) = \varphi\left(\frac{98-92}{6.329}\right) = \varphi(0.948) = 0.8289 \quad (6\text{-}10)$$

步骤 5　网络计划优化

在项目计划管理中，仅仅满足于编制出项目进度计划，并以此来进行资源调配和工期控制是远远不够的，还必须依据各种主、客观条件，在满足工期要求的同时，合理安排时间与资源，力求达到资源消耗合理和经济效益最佳这一目的，这就是进度计划的优化。优化的内容包括：时间（工期）优化、缩短工期、时间（工期）-成本优化。

（1）时间（工期）优化。工期优化包括两方面内容：一是网络计划的计算工期 T_c 超过要求工期 T_s，必须对网络计划进行优化，使其计算工期满足要求工期，且保证因此而增加的费用最少；二是网络计划的计算工期远小于要求工期，也应对网络计划进行优化，使其计算工期接近于要求工期，以达到节约费用的目的。一般前者最为常见。

（2）时间（工期）-成本优化。CPM 方法是解决时间-成本优化的一种较科学的方法。它包含两个方面的内容，一是根据计划规定的期限，规划最低成本；二是在满足成本最低的要求下，寻求最佳工期。

缩短工期的单位时间成本可用如下公式计算（参见图 6-28）。

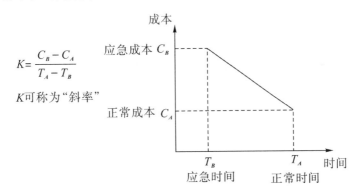

图 6-28　缩短工期的单位时间成本

时间（工期）-成本优化的步骤是：①求关键路径；②对关键路径上的工作寻找最优化途径；③对途径中 K 值小的工作进行优化；④在优化时，要统筹考虑。

运用网络图做计划时，要体现一个系统分析的思想。信息工程项目实施是由多种工作按一定层次组成的复杂系统，其任务由多个部门承担，因而各项控制活动只有组成一个既明确分工，又相互协调配合、紧密衔接的有机整体，才能达到既定的风险、进度、费用控制目标。

6.3.2　蒙特卡罗模拟法

蒙特卡罗模拟法是一种有效的统计实验计算法。这种方法的基本思想是人为地造出一种概率模型,使它的某些参数恰好重合于所需计算的量,又可以通过实验,用统计方法求出这些参数的估值,把这些估值作为要求的量的近似值。

从理论上来说,蒙特卡罗方法需要大量的实验,实验次数越多,所得到的结果才越精确。计算机技术的发展,使得蒙特卡罗方法在最近 10 年得到快速的普及。现代的蒙特卡罗方法已经不需要人们亲自动手做实验,而是借助计算机的高速运转能力,使得原本费时费力的实验过程变成了快速和轻而易举的事情。它不但被用于解决许多复杂的科学方面的问题,也经常被项目管理人员使用。借助计算机技术,蒙特卡罗方法实现了两大优点:一是简单,省却了繁复的数学推导和演算过程,使得一般人也能够理解和掌握;二是快速。简单和快速是蒙特卡罗方法在现代项目管理中获得应用的技术基础。

在项目管理中,常常用到的随机变量是与成本和进度有关的变量,如价格、用时等。由于实际工作中可以获得的数据量有限,它们往往是以离散型变量的形式出现的。例如,对于某种成本只知道最低价格、最高价格和最可能价格,对于某项活动的用时往往只知道最少用时、最多用时和最可能用时三个数据。经验告诉我们,项目管理中的这些变量服从某些概率模型,现代统计数学则提供了把这些离散型的随机分布转换为预期的连续型分布的可能,可以利用计算机针对某种概率模型轻易进行数以千计,甚至数以万计的模拟随机抽样。

项目管理中蒙特卡罗模拟方法的一般步骤是:

对每一项活动,输入最小、最大和最可能估计数据,并为其选择一种合适的先验分布模型;计算机根据上述输入,利用给定的某种规则,快速实施充分大量的随机抽样;对随机抽样的数据进行必要的数学计算,求出结果;对求出的结果进行统计学处理,求出最小值、最大值,以及数学期望值和单位标准偏差;根据求出的统计学处理数据,让计算机自动生成概率分布曲线和累积概率曲线(通常是基于正态分布的概率累积 S 曲线);依据累积概率曲线进行项目风险分析。

由于计算机的运算速度非常快,蒙特卡罗模拟也可同时进行敏感性分析。目前,一些发达国家已把蒙特卡罗模拟方法列入项目管理常规方法,有关计算机应用软件也已有许多种产品。

 案例分享

※ 进度计划及工期估算

 小张是 C 公司 IT 主管,负责开发一个电子商务平台。他粗略估算了该项目在正常情况下需花费的时间和成本。由于公司业务发展需要,该项目需要及早启动,因此总裁让小张准备一份尽快启动电子商务平台项目的时间成本估算报告。

......

 习 题

※ 理解分析题

1. 项目进度管理有哪些过程?

2. 如何才能制定出项目的进度计划?

3. 关键路径法在项目进度估算中有何作用?

4. 与 CPM 法相比,PERT 技术有何特点?

本章参考文献

[1] 郭宁.IT 项目管理[M].北京:人民邮电出版社,2019.

第 7 章　IT 项目的成本管理

【本章摘要】

本章主要讲述了项目成本管理的基本理论及过程,在此基础上引出 IT 项目成本估算的方法及应用,结合进度管理进一步讲述项目集成管理中的重要方法——挣值分析法,并介绍目前被引入业界的挣得进度法。

【关　键　词】

成本估算;成本预算;挣值分析

【学习目标】

- 理解项目成本管理的主要方法和思路;
- 明确当下 IT 项目成本估算和预算特点;
- 掌握 IT 项目估算的主要方法及估算过程;
- 着重理解软件项目估算中的工作量、规模及成本估算的关系;
- 掌握挣值分析法在进度和成本控制中的应用。

§7.1　项目成本管理概述

物联网、大数据、云计算及人工智能等新型信息技术研发项目及应用项目的增多,给项目管理带来了新的挑战,原有的方法、工具都在不断变化甚至被新的方法和工具所取代。成本费用管理作为项目管理的核心内容之一,同样需要用更符合当下技术发展趋势和项目形态的现代成本管理理念、方法和工具对项目成本进行综合管理、动态管理。

7.1.1　现代项目成本管理理论

现代项目成本管理理论是随着 20 世纪 80 年代项目管理知识体系的建立而逐步完善的。目前,无论是针对日常经营活动还是项目,企业都已经认识到对成本管理不能简单地停留在实施过程中的成本监督及过后的成本分析上,而更应该重视成本预测与规划,对成本实行全过程、全员和全面的管理。

全过程项目成本管理是根据项目所有活动构成的全过程对项目管理成本做出计划和控制。这种方法自 20 世纪 90 年代至今仍然在各个国家和行业广为使用,例如,基于全过程理念的互联网公司将互联网项目成本管理阶段划分为项目决策阶段成本管理、项目设计阶段成本管理,以及项目实施阶段的成本管理,每一个阶段成本管理的重点有所区别。对于信息工程项目,全过程成本管理则包括项目立项阶段和设计阶段成本管理、项目招标和承包阶段的成本管理,以及施工中的成本管理。虽然现代项目成本管理主要关注完成项目活动所需的资源成本,但依据全过程成本管理理念,项目成本管理应考虑项目决策对随后使用、维护和支持产品、服务或项目结果的常规性成本的影响,例如,限制设计评审的次数可以降低项目的成本,但可能会增加最终产品的运营成本。

第二种理论方法是全生命周期项目成本管理理论(Life Cycle Costing),由英美项目管理的学者和实践者提出。这种理论方法将全生命周期成本的思想引入到成本管理中,在保证工程质量和进度的前提下,实现项目全生命周期总成本最小化和利益最大化。广义的项目成本管理通常称为"生命期成本估算",生命期成本估算经常与价值工程技术结合使用,可降低成本,缩短时间,提高项目可交付成果的质量和绩效,并优化决策过程。这里的项目生命周期包括项目建设前期、建设期和运营维护期,建设前期主要是项目的决策和设计,建设期主要完成项目的整体建设,运营维护期是对建设项目的运营管理和维护维修。由此可见,与全过程项目成本管理相比,全生命周期的项目成本管理包含了项目结束之后运营和维护阶段所耗费的成本,这种理念和方法尤其适合信息化项目的成本管理。在项目全生命周期管理中,项目成本分析对项目的投资决策起着举足轻重的作用,成本管理应该贯穿于项目生命周期的各个阶段,通过对成本的分析和控制,以实现整个生命周期总成本的最小化。

第三种理论方法是全面成本管理理论。该理论以"全面质量管理"为基础,强调在某种制度安排和特定制度环境下,将涉及项目组织全员及项目全生命周期的动态管理活动贯穿项目管理活动的整个过程。具体而言,就是从项目投标、中标、签约开始到施工准备、现场施工、竣工验收直至工程决算的各个环节都力争降低各种耗费,以获得最大的经济效益。例如,在项目立项之前或完工之后的运行维护中,有些成本管理活动虽然是在项目外部发生,超出了项目当时的环境,但却与项目关键干系人相关,或者与投资回报率、现金流量等项目财务绩效相关,这种情形下根据全面成本管理理念,也应该将其纳入项目成本管理活动中。全面成本管理和控制内容包括人力成本、材料设备、软件、咨询等实物成本,以及与项目管理相关的制度成本,主要体现"动态性、全面性、全员性、全过程"几大特征。同前两种理论相比,全面成本管理理论涉及面更广,适合竞争激烈、以成本控制为主要绩效目标的行业。

7.1.2 项目成本管理的内容与计划制定

1. 项目成本管理的内容

项目成本管理重点关注完成项目活动所需资源的成本,但同时也应考虑由项目干系人、项目决策者,以及项目制度环境带来的其他成本及其影响,尤其是项目决策对项目产品、服务或成果的使用成本、维护成本和支持成本的影响。例如,减少设计审查的次数可降低项目成本,但可能增加客户的运营成本。

除此之外,在很多组织或应用领域中,预测和分析项目产品未来的财务效益是在项目成本管理之外进行的。但对于某些项目,如基础设施建设投资项目,预测和分析项目产品未来的财务效益也可在项目成本管理中进行。在这种情况下,项目成本管理还需使用其他过程和许多通用管理技术,如投资回报率分析、现金流折现分析和投资回收期分析等。应该在项目规划阶段就建立各成本管理过程的基本框架,以确保各过程的有效性和各过程之间的协调性。

另外,项目成本管理应当考虑项目干系人的信息需要,不同的干系人可能在不同的时间,以不同的方式测算项目的成本。例如,物品的采购成本可在做出承诺、发出订单、送达、货物交付时测算,或在实际成本发生时,或为会计核算目的记录实际成本时进行测算。

就某些项目,特别是小项目而言,成本估算和成本预算之间的关系极其密切,以致可以将其视为一个过程,由一个人在相对短的时间段内将其完成。在本书中,我们还是将二者作为不同的项目成本管理过程进行介绍,因为其所用的工具和技术各不相同。在项目初期阶段,影响成本的能力最大,因此这也是尽早完成范围定义的原因。

2. 项目成本管理计划的制定

在开始成本管理的这三个过程前,作为制定项目管理计划过程的一部分,项目管理团队需先行规划,形成一份成本管理计划,从而为规划、组织、估算、预算和控制项目成本统一格式,建立准则。项目所需的成本管理过程及相关工具与技术,通常在定义项目生命周期时即已选定,并记录于成本管理计划中。

成本管理计划的内容包括对以下几个方面的规定:

(1)精确程度。应根据活动范围和项目规模,设定活动成本估算所需达到的精确程度(如精确至 100 元或 1000 元),并可在估算中预留一定的储备金。

(2)计量单位。对不同的资源设定不同的计量单位(如人时、人日、周或总价)。

(3)组织程序链接。工作分解结构为成本管理计划提供了框架,使成本估算、预算和控制之间能保持协调。用做项目成本账户的 WBS 组成部分被称为控制账户(CA),每个控制账户都有唯一的编码或账号,并用此编码或账号直接链接到执行组织的会计系统。

(4)控制临界值。成本管理中应该为监督成本绩效明确偏差临界值,偏差临界值是经一致同意的、可允许的偏差区间,如果偏差落在该区间内,就无须采取任何行动。临界值通常用偏离基准计划的百分数表示。

(5)绩效测量规则。成本管理中应该制定绩效测量所用的挣值管理(EVM)规则,包括:定义 WBS 中用于绩效测量的控制账户;选择所用的挣值测量技术(如加权里程碑法、固定公式法、完成百分比法等)、规定完工估算(EAC)的计算公式,以及其他跟踪方法。

上述所有信息以正文或附录的形式包含在成本管理计划中。成本管理计划是项目管理计划的一个组成部分,根据项目的需要,成本管理计划可以是正式或非正式的、非常详细或高度概括的。

7.1.3 项目成本管理过程

项目成本管理是在保证满足工程质量工期等合同要求的前提下,对项目实施过程中所发生的费用通过计划、组织、控制和协调等活动实现预定的成本目标,并尽可能地降低实际成本费用。从成本管理的内容来看,项目成本管理就是为使项目成本控制在计划目标之内所做的成本估算、成本预算、成本控制等方面的工作。

1. 估算成本

在项目管理中,估算仅仅是对完成项目可能花费的精力和成本的近似计算。估算成本则是指根据完成项目工作所需资源成本进行类似的估算，即按照完成项目工作所需资源制定的计划，还有这些资源的预期价格以及市场等相关信息，经过估算得出项目完成所需成本的大概费用，其作用是确定项目所需资金，如图 7-1 所示。

成本估算是在某特定时点，根据已知信息所做出的成本预测。在估算成本时，需要识别和分析可用于启动与完成项目的备选成本方案，需要权衡备选成本方案并考虑风险，如比较自制成本与外购成本、购买成本与租赁成本，以及多种资源共享方案以优化项目成本。通常用某种货币单位（如人民币、美元、欧元、日元等）进行成本估算，但有时也可采用其他计量单位，如人时或人日，以消除通货膨胀的影响，便于成本比较。在项目过程中，应该根据新近得到的更详细的信息，对成本估算进行优化。

在项目生命周期中，项目估算的准确性将随着项目的进展而逐步提高，因此成本估算需要在各阶段反复进行。例如，在启动阶段可得出项目的粗略量级估算，其区间为 $\pm 50\%$，之后，随着信息越来越详细，估算的区间可缩小至 $\pm 10\%$。本过程的输入信息来自其他知识领域中相关过程的输出，一旦得到，所有这些信息都可作为全部三个成本管理过程的输入。进行成本估算应该考虑将向项目收费的全部资源，包括（但不限于）人工、材料、设备、服务、设施，以及一些特殊的成本种类，如通货膨胀补贴或应急成本。成本估算是对完成活动所需资源的可能成本进行量化评估。

图 7-1 估算成本

（1）估算成本的主要依据

项目管理计划。这里主要指会影响估算成本的成本管理计划、质量管理计划及范围基准等，其中成本管理计划描述了可使用的估算方法、成本估算需要达到的准确度和精确度，质量管理计划描述了项目管理团队为实现一系列项目质量目标所需的活动和资源。范围基准包括项目范围说明书、WBS 和 WBS 词典，其中项目范围说明书反映了因项目资金支出的周期而产生的资金制约因素，或其他财务假设条件和制约因素；WBS 则指明了项目全部可交付成果及其各组成部分之间的相互关系，WBS 在 WBS 词典和相关的详细工作说明书中，列明了可交付成果，并描述了未产出可交付成果，WBS 各组成部分所需进行的工作；范围基准中还包括相关的合同与法律要求，如 HSE（健康、安全、环境）、绩效、保险、知识产权、执照和许可证等。所有这些信息都应该在制定成本估算时加以考虑。

项目文件。项目文件包括项目进度计划、人力资源计划、风险登记册等，这些在不同方面会对成本估算造成影响。项目进度计划中，项目工作所需的资源种类、数量和使用时间，都会对项目成本产生很大影响。进度活动所需的资源及其使用时间，是本过程的重要依据。在估算活动资源过程中，已经确定了开展进度活动所需的人员和材料的种类与数量。活动资源估算与成本估算密切相关，如果项目预算中包括财务费用（如利息），或者如果资源的消耗取决于活动持续时间的长短，那么活动持续时间估算就会对项目成本估算产生影响。如果成本估算中包含时间敏感型成本，如通过工会集体签订定期劳资协议的员工或价格随季节波动的材料，那么活动持续时间估算也会影响成本估算。另外，项目人员配备情况、人工费率，以及相关的奖励与认可规定等，都是制定项目成本估算时必须考虑的因素。通过审查风险登记册来考虑降低风险所需的成本，风险既可以是威胁，也可以是机会，通常会对活动及整个项目的成本产生影响。一般而言，在项目遇到负面风险事件后，项目的近期成本将会增加，有时还会造成项目进度延误。

其他资料及文件。包括事业环境因素及组织过程资产，例如影响成本估算的市场概况、已经公开发布或可以获取的与材料、设备、人力资源等相关的成本数据资料，以及成本估算政策、模板、历史信息、经验教训等。

（2）估算成本的主要技术/方式

专家判断。影响成本估算的变量众多，如人工费率、材料成本、通货膨胀、风险因素和其他因素。通过借鉴历史信息，专家判断能对项目环境进行有价值的分析并提供以往类似项目的相关信息。专家判断也可用来决定是否联合使用多种估算方法，以及如何协调这些方法之间的差异。

类比估算。成本类比估算是指以过去类似项目的参数值（如范围、成本、预算和持续时间等）或规模指标（如尺寸、重量和复杂性等）为基础，来估算当前项目的同类参数或指标。在估算成本时，这项技术以过去类似项目的实际成本为依据来估算当前项目的成本，这是一种粗略的估算方法，有时需根据项目复杂性方面的已知差异进行调整。在项目详细信息不足时，例如在项目的早期阶段，就经常使用这种技术来估算成本参数。该方法综合利用历史信息和专家判断，相对于其他估算技术，类比估算通常成本较低、耗时较少，但准确性也较低。可以针对整个项目或项目中的某个部分进行类比估算，类比估算也可以与其他估算方法联合使用。如果以往活动是本质上而不只是表面上类似，并且从事估算的项目团队成员具备必要的专业知识，那么类比估算就最为可靠。

类比估算有时也叫自上而下估算，比较适用于项目信息的详细程度不太清晰的阶段，如在项目早期的规划阶段、可行性研究阶段、项目建议书阶段。自上而下估算法以管理者的判断经验作为基础，同时所得到的历史相关数据信息也作为判定基础。这些管理者将会估算整个项目的所需成本，同时还会对这个项目中各个子系统做出成本上的估算，得到的估算结果将会直接传达给负责基层工作的管理人员，根据估算的结果再由这些基层管理人员做出子任务的成本估算，然后通过层级传递和估算，直到最底层。

参数估算。参数估算是指利用历史数据与其他变量（如建筑施工中的平方英尺）之间的统计关系，来估算诸如成本、预算和持续时间等活动参数。参数估算的准确性取决于参数模型的成熟度和基础数据的可靠性。参数估算可以针对整个项目或项目中的某个部分，并可与其他估算方法联合使用。

自下而上估算。自下而上估算是对工作组成部分进行估算的一种方法，首先对单个工作包或活动的成本进行最具体、细致的估算，然后把这些细节性成本向上汇总或"滚动"到更高层次，用于后续报告和跟踪。自下而上估算的准确性及其本身所需的成本，通常取决于单个活动或工作包的规模和复杂程度。

三点估算。通过考虑估算中的不确定性与风险，可以提高活动成本估算的准确性。

这个概念起源于计划评审技术(PERT),PERT 使用三种估算值来界定活动成本的近似区间:最可能成本(C_p)是对所需进行的工作和相关费用进行比较现实的估算所得到的活动成本;乐观成本(C_o)是基于活动的最好情况所得到的活动成本;悲观成本(C_m)是基于活动的最差情况所得到的活动成本。计算公式可以参见第 6 章相关内容。

其他估算方法及技术。其他估算方法及技术包括利用项目管理估算软件、数据收集与分析技术及群体决策技术等来确定成本的估算值。项目管理估算软件(例如,成本估算应用软件、电子表格软件、模拟和统计软件等)对辅助成本估算的作用,正在得到越来越广泛的认可。这些工具能简化某些成本估算技术的使用,使人们能快速地考虑多种成本估算方案。数据收集与分析技术如应急储备、质量成本分析技术等。应急储备是资金需求的一部分,可以是成本估算值的某个百分比或者通过定量分析来确定,随着项目的展开而逐渐减少;质量成本分析主要是发生质量问题而进行补救时发生的成本或费用,例如返工、缺陷修复等。群体决策技术主要用于招投标过程,在成本估算过程中,可能需要根据合格卖方的投标情况,来分析项目成本并做出决策。在用竞争性招标选择卖方的项目中,项目团队就需要开展额外的成本估算工作,以便审查各项可交付成果的价格,并计算出作为项目最终总成本的组成部分的各分项成本。

(3)估算成本的主要结果

成本估算值。活动成本估算是对完成项目工作可能需要的成本的量化估算。成本估算可以是汇总的或详细分列的。成本估算应该覆盖活动所使用的全部资源,包括(但不限于)直接人工、材料、设备、服务、设施、信息技术,以及一些特殊的成本种类,如通货膨胀补贴或成本应急储备。如果间接成本也包含在项目估算中,则可在活动层次或更高层次上计列间接成本。

估算依据。成本估算所需的支持信息的数量和种类,因应用领域而异,不论其详细程度如何,支持性文件都应该清晰、完整地说明成本估算是如何得出的。活动成本估算的支持信息可包括:关于估算依据的文件(如估算是如何编制的)、关于全部假设条件的文件、关于各种已知制约因素的文件、对估算区间的说明(例如,"10,000 元±10%",就说明了预期成本的所在区间)、对最终估算的置信水平的说明。

项目文件更新。可能需要更新的项目文件包括(但不限于)风险登记册。

2. 确定预算

从商业的角度来看,初步的成本估算并非最终成本的保证,而只是向客户提供一份大概范围的评估指导,指出可能需要花费多少成本来完成或提供某些产品或服务,由此为预算的可行性提供依据,并推动项目立项或达成协议。因此,在完成成本的初步估算基础上,精确度更高一些的预算类成本估算往往发生在项目立项后、正式启动前,一旦得到客户批准,这一估算就成为项目预算。项目预算确定客户为项目分配的总成本。

确定预算是汇总所有单个活动或工作包的估算成本,建立一个经批准的成本绩效基准的过程。成本绩效基准中包括所有经批准的预算,但不包括管理储备,项目预算决定了被批准用于项目的资金,将根据批准的预算来考核项目成本绩效。确定预算的过程如图 7-2 所示。

图 7-2　确定预算

（1）确定预算的主要依据

项目管理计划中的成本管理计划、范围基准既是成本估算的主要依据之一，同时也是确定预算的主要依据之一，但所依据的主要内容稍有不同。确定预算需要依据成本管理计划中描述如何将项目成本纳入预算管理中的方面，范围基准同时为成本估算及预算提供估算工作量相关的信息。除此之外，资源管理计划提供资源（包括人力资源、设备资源等）的费率、差旅成本等估算和其他可预见的与资源有关的成本信息，也是确定预算的重要依据。

为确定预算提供依据的另一类信息涉及与成本估算、估算依据、项目进度、风险登记等相关的项目文件。项目进度计划是确定预算、按时间进度分配资金的依据。作为项目管理计划的一部分，项目进度计划中包含了项目活动的计划开始与完成日期、里程碑的计划实现日期，以及工作包、规划包和控制账户的计划开始与完成日期，可根据这些信息，把成本汇总到相应的日历时段中。

合同/协议等商业性文件提供了将要或已经采购的产品、服务或成果的成本，以及适用的协议信息。

其他资料或信息包括影响成本预算的事业环境因素及组织过程资产，如汇率、与成本预算有关的政策、程序和指南、成本预算的报告方法、工具等。

（2）确定预算的主要技术/方法

专家判断结合历史信息。在确定预算的过程中，应该根据项目工作的需要，基于所在应用领域、知识领域、学科、行业等的专业知识，来做出专家判断，这些专业知识可来自受过专门教育，或具有专门知识、技能、经验或培训经历的任何小组或个人。专家判断可从多种渠道获取，包括（但不限于）：执行组织内的其他部门、顾问、干系人（包括客户）、专业与技术协会、行业团体。

专家小组在给出预算意见时，除了依据自己的经验之外，还必须依赖以往类似项目的估算依据或方法，如类比模型或参数模型。基于这些历史关系，利用项目特征（参数）来建立数学模型，预测项目总成本。数学模型可以是简单的（例如，软件开发的成本取决于开发每个模块的平均人力成本及模块数量），也可以是复杂的（例如，软件开发项目的成本模型中有多个变量，且每个变量又受许多因素的影响）。

数据收集、分析与成本汇总。数据收集与分析技术主要是指通过收集与项目成本预算、资金分配等相关的数据、所需的应急储备与管理储备数据、风险数据、资金平衡数据等，来帮助完成预算成本工作。应急储备与风险登记册中登记的已知风险有关，是为未规划但可能发生的变更提供的补贴，管理储备则是为未规划的范围变更与成本变更而预留的预算。项目经理在使用或支出管理储备前，可能需要获得批准。管理储备不是项目成本基准的一部分，但包含在项目总预算中。以 WBS 中的工作包为单位对活动成本估算进行汇总,然后再由工作包汇总至 WBS 的更高层次(如控制账户),并最终得出整个项目的总成本。

(3)确定预算的主要结果

成本基准,也叫成本基线、成本绩效基准或成本基准计划,是经过批准且按时间段分配资金的完工预算(BAC),用于测量、监督和控制项目的总体成本绩效。它是每个时间段的预算之和,但不包括任何管理储备。在挣值管理技术中,成本绩效基准又称为绩效测量基准(PMB)。项目经理在开销之前如能提供必要的信息去支持资金要求,以确保资金流可用,其意义非常重大。许多项目,特别是大项目,可能有多个成本基准,以便度量项目成本绩效的各个方面,例如开支计划或现金流预测就是度量支出的成本基准。成本基准计划是成本预算阶段的产物,而非成本估算阶段的产物。

项目资金需求。根据成本基准,确定项目对资金总需求和阶段性(如季度或年度)需求。成本基准中既包括预计的实际成本,也包括预计的财务成本。项目的资金投入通常以增量而非连续的方式进行,故呈现出阶梯状。一般来说,项目对资金的总需求由成本基准与管理储备构成。

项目文件更新。在完成预算工作之后,需要更新的项目文件可能涉及更新了风险的风险登记册和项目进度计划。

3. 控制成本

控制成本是监督项目状态以更新项目预算、管理成本基准变更的过程。更新预算需要记录截至目前的实际成本,本过程的作用是在整个项目期间保持对成本基准的维护。只有经过实施整体变更控制过程的批准,才可以增加预算;只监督资金的支出,而不考虑由这些支出所完成的工作的价值,这对项目没有什么意义,最多只能使项目团队不超出资金限额。所以,在成本控制中应重点分析项目资金支出与相应完成的实体工作之间的关系。有效成本控制的关键在于,对经批准的成本绩效基准及其变更进行管理。

项目成本控制的工作首先包括对有关成本基准变更的要素进行控制,例如限制造成变更及影响变更的因素,保证变更请求的及时响应,对变更发生时的管理,尽量把超支控制在可控范围;其次,对成本支出及其与基准间的偏差、成本绩效等进行监督,确保成本支出不超过批准的资金限额;再次,防止未经批准的变更出现在相关报告中或未向有关干系人报告。

在项目成本控制中,要设法弄清引起正面和负面偏差的原因。项目成本控制是实施整体变更控制过程的一部分。如图 7-3 所示。

图 7-3　控制成本

（1）控制成本的主要依据

项目管理计划。项目管理计划中可用于控制成本的信息包括成本绩效基准及成本管理计划。成本绩效基准将其与实际结果相比，以判断是否需要进行变更，采取纠正、预防措施。成本管理计划规定了如何管理与控制项目成本。

项目文件。包括早期获得的经验教训、风险登记册等，可以帮助更好地进行项目监控。

项目资金需求。包括预计资金和预计债务。

工作绩效数据。工作绩效数据是关于项目进展情况的信息，如哪些可交付成果已开工、进展如何，以及哪些可交付成果已完成。工作绩效信息还包括已批准和已发生的成本，以及完成项目工作所需的成本估算。

组织过程资产。可能影响控制成本过程的组织过程资产包括（但不限于）：现有的、正式和非正式的、与成本控制相关的政策、程序和指南，成本控制工具，可用的监督和报告方法。

（2）控制成本的主要技术/方式

挣值分析。挣值分析（EV）也经常被称为挣值管理（EVM），是一种常用的绩效测量方法。它可采用多种形式，综合考虑项目范围、成本与进度指标，帮助项目管理团队评估与测量项目绩效和进展。挣值测量是一种基于综合基准的项目管理技术，以便依据该综合基准来测量项目期间的绩效。挣值分析法将在 7.3.1 节详细介绍。

偏差分析。偏差分析包括（但不限于）进度偏差、成本偏差、进度绩效指数以及成本绩效指数分析。在 EVWM 中，偏差分析用以解释成本偏差（CV＝EV－AC）、进度偏差（SV＝EV－PV）和完工偏差（VAC＝BAC－EAC）的原因、影响和纠正措施，成本和进度偏差是最需要分析的两种偏差。对于不使用正规挣值分析的项目，可开展类似的偏差分析，通过比较计划成本和实际成本来识别成本基准与实际项目绩效之间的差异，然后可以实施进一步的分析，以判定偏离进度基准的原因和程度，并决定是否需要采取纠正或预防措施。可通过成本绩效测量来评价偏离原始成本基准的程度。

项目成本控制的重要工作是判定偏离成本基准的原因和程度，并决定是否需要采取纠正或预防措施，这是项目成本控制的重要工作。随着项目工作的逐步完成，偏差的可接受范围（常用百分比表示）将逐步缩小。使用成本绩效测量指标（CV、CPI），来评估与成本基准之间的偏差大小，分析偏离成本绩效基准的原因和程度，并决定是否需要采取纠正或预防措施。项目开始时可允许较大的百分比偏差，然后随着项目逐渐接近完成而不断缩小。

趋势分析。趋势分析旨在审查项目绩效随时间的变化情况，以判断绩效是正在改善还是正在恶化。趋势分析技术需要利用图形分析和预测，其中图形分析用于表现挣值分析中各个指标数据的大小及其之间的关系，有助于了解截至目前的绩效情况，并把发展趋势与未来的绩效目标进行比较，如 EAC 与 BAC，预测完工日期与计划完工日期的比较。预测技术用于项目团队根据项目绩效对完工估算（EAC）进行预测，预测 EAC 是根据当前掌握的项目执行过程中所产生的工作绩效信息和知识，估算或预计项目未来的情况和事件，并在必要时更新和重新发布预测。

项目管理软件。项目管理软件常用于监测 PV、EV 和 AC 这 3 个 EVM 指标,画出趋势图,并预测最终项目结果的可能区间。

（3）控制成本的主要结果

工作绩效信息,包括有关项目工作实施情况的信息(对照基准成本),可以在工作包层级与控制账户层级上评估已执行的工作和工作成本方面的偏差。对于使用挣值分析的项目,绩效的 WBS 各组成部分(尤其是工作包与控制账户)的 CV、SV、CPI 和 SPI 值都需要记录在工作报告中并传达给相关干系人。

成本预测。无论是计算得出的 EAC 值,还是自下而上估算的 EAC 值,都需要记录下来,并传达给相关干系人。

变更请求。分析项目绩效后可能会就成本绩效基准或项目管理计划的其他组成部分提出变更请求,变更请求可以包括预防或纠正措施。变更请求需经过实施整体变更控制过程的审查和处理。

项目文件更新。项目文件更新包括项目管理计划更新、经验教训登记册更新,以及风险登记册更新等。

项目管理计划中可能需要更新成本绩效基准、绩效测量基准及成本管理计划等。在批准对范围、活动资源或成本估算的变更后,需要相应地对成本绩效基准做出变更。有时成本偏差太严重就需要修订成本基准,以便为绩效测量提供现实可行的依据。在针对范围、进度绩效或成本估算的变更获得批准后,需要对绩效测量基准做出相应的变更。在某些情况下,绩效偏差可能太过严重,以至于需要提出变更请求来修订绩效测量基准以便为绩效测量提供现实可行的依据。成本管理计划中用于管理项目成本的控制临界值或所要求的准确度,根据相关方要求所适时更新。

有效维护预算、偏差分析、挣值分析、预测,以及应对成本偏差的纠正措施的相关技术,应当更新在经验教训登记册中。

如果出现成本偏差或者成本可能达到临界值,则应更新风险登记册。

§7.2   IT 项目成本估算

IT 项目成本估算是通过一套流程或模型对 IT 项目中软件产品开发及设备采购、系统及系统集成等方面的工作量、工期和成本进行估算的行为,可以提高软件预算的精确度,有利于保障 IT 项目的交付周期、合理安排和调度 IT 项目组人员。IT 项目成本估算是一个令人头疼又至关重要的过程。其重要性表现在以下几个方面:

首先,在项目立项前,成本估算为项目投标提供了一个可参考的报价。过高的成本估算常常会导致投标失败,但过度压低成本则会导致项目难以在预算内保质保量地完成目标。因此,无论出于哪种情况都需要对拟将开展的项目进行初步的成本估算,并将这一结果告知客户,以便客户可以决定是否值得投资。

其次,在项目立项后,成本估算为项目组织自身提供了进行项目定义及工作设计的依据。每个项目的每项成本估算都是独特的,项目经理在制定项目计划过程中,成本估算是其承担项目管理角色的基本职责,并且必须在定义项目范围时就要对项目成本进行初步估算。

第三,在项目实施过程中,成本估算也需要进一步开展。通过将项目分为阶段和任务,并将成本细化到每个阶段的任务上,进而汇总成为各个里程碑或阶段成本,可以为后续成本预算和控制的临界值提供更高的精确度。

对于 IT 项目,尤其是软件开发类项目、管理咨询类项目、系统集成类项目以及互联网产品项目等非工程类项目,人力资源与设备资源的成本占据项目总成本的主要部分。对成本的估算与控制是 IT 项目成本管理工作开展的基础,良好的成本估算能够让项目管理者拥有更好的成本管理计划与控制能力。

7.2.1 IT 项目成本估算的基本过程

IT 项目成本估算的基本过程如图 7-4 所示。

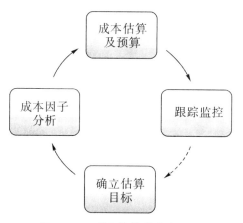

图 7-4 IT 项目估算的基本过程

1. 确立估算目标

IT 项目成本估算时,首先明确项目估算的目标,即明确估算是为了预测、决策还是评估。目标不同,所处的阶段以及允许耗费的时间就不同,对估算目标的认知程度直接影响成本估算值的精确程度。对于软件开发类项目,需要首先确定软件项目当前所处的生命周期阶段,以便建立软件成本的估算目标。

2. 成本因子分析

软件项目主要因为成本因子而产生各项成本费用,按照成本因子划分成本类别能够让估算者根据不同的数据过程将隐藏在业务环节中的影响因素发掘出来,尽管因为项目的不同类型和业务环境的不同而造成成本因子出现了某种改变。IT 项目通常是技术密集型项目,其成本构成与一般的建设项目有很大区别,其中最主要的成本是在项目开发过程中所花费的工作量及相应的代价,它不包括原材料及能源的消耗,主要是人的劳动消耗。对软件成本的度量是软件项目中一件非常重要的工作。

3. 成本估算及预算

项目成本的估算是根据长时间经验的积累,以及科学理性的技术和逻辑判断获取项目成本的近似值。针对成本的预算则是把项目预期成本做出量化来进行项目的投入,所以,首先要保证有准确科学的估算成本作为基础,才能够做出准确的项目预算。项目成本估算工作开展时,如果已经有同类型项目的相关成本数据作为参考,将会给项目成本估算带来极大的借鉴意义。

在进行成本估算时,需要对这样几个因素做出考虑,这些因素包括以往类似项目在成本上的花费情况,以及对于项目来说有着特定的成本因素的相关需求,还有就是项目参与者的意见和反馈。成本估算的结果能够通过估算方法和公式来得到,然而不管项目成本的估算做得多么精确,依然属于估算,应提前尽量多整理和搜集历史相关数据的信息、经验和意见。项目外部环境的变化也会影响项目成本费用的支出,项目成本估算需要及时进行调整。为了应付这种不确定性,通常项目估算时会拿项目预计成本的 5%～10% 计算"不确定因素",以应对意外情况发生。

4. 跟踪监控

项目成本预算与实际的差异可以按多维度定义,可以按时间定义为月度成本差异,按工作任务完成量可定义为项目成本差异。项目成本估算后,进行预算项目,预算经批准后,在对项目开展实施的环节中要做到实时记录项目成本的各项花费,对具体产生的真实费用开展追踪,来判定费用支持是否根据项目预算的进度来完成,而且要与估算值进行比较。

7.2.2　软件开发项目成本度量

大多数 IT 项目都离不开软件的开发,因此,IT 项目估算的一项重要工作就是进行软件开发项目估算,包括软件规模估算、软件开发工作量估算,以及软件开发的直接人力成本估算,其中规模估算是工作量估算的基础,工作量估算则是软件开发直接人力成本估算的基础。

1. 估算原则

无论是规模估算、工作量估算还是成本估算,都是建立在项目的客观实际上对未来尽可能合理的一种预测。估算本身的不确定性决定了估算值必定存在一定的误差,尤其是在项目刚开始时,人们对产品需求、技术、市场预期、人员素质等因素的了解都只能停留在大概和粗略层面,这种情况下的估算存在误差较大,属于初步估算。但即便如此,也应该依据某些历史经验形成的估算方法来进行估算,以便尽量减小误差。因此在进行软件估算时应遵循以下原则:

(1)在规模估算时,应根据项目特点和需求的详细程度选择合适的估算方法;

(2)充分利用基准数据,采用参数法、类比法或类推法对工作量和成本进行估算;

(3)工作量和成本的估算结果宜为一个范围值而非确定值,这样更为客观;

(4)在进行成本估算时,如有明确的工期要求应充分考虑工期对项目成本的影响,可以根据项目实际情况和工期对项目的影响程度对成本的估算结果进行调整;

(5)成本估算过程中宜采用不同的方法分别估算并进行交叉验证。如果不同方法的估算结果产生较大差异,可采用专家评审方法确定估算结果,也可使用较简单的加权平均方法;

（6）对软件项目的不同场景（如预算、招投标、项目计划和变更管理等）下的成本进行估算时要尽量采用相关国家标准规范。

2. 软件开发成本度量规范

软件开发成本度量是软件项目实施的重要步骤，也是软件项目预算编制、招投标、计划管理，以及第三方成本评估的主要依据，对软件项目的成功实施具有重大意义。然而长期以来，如何度量和评估软件项目成本一直是产业界的难题。

为了倡导统一的软件成本度量方法和过程、满足行业发展需求、规范软件市场竞争、促进软件市场健康发展，我国在功能规模测量方面发布了 GB/T18491"信息技术软件测量功能规模测量"系列国家标准。该系列标准通过分析软件系统所要实现的功能来计算软件项目功能点数，最大限度地突破了传统估算方法不能应用于软件开发过程早期、不能自始至终一致地应用于软件生存周期的局限性，便于软件用户理解测量的内涵。在软件研发成本度量方面发布了电子行业标准《软件研发成本度量规范》（SJ/T 11463-2013），该标准将研发过程中的成本分为直接成本和间接成本，通过规范度量方法和过程，实现研发成本的可量化和可对比。2018 年，全国信息技术标准化技术委员会在工业和信息化部信息化和软件服务业司的指导下，以《软件研发成本度量规范》为基础进一步组织制定了《软件工程软件开发成本度量规范》，并于 2018 年 12 月 28 日由国家市场监督管理总局、国家标准化管理委员会批准并正式发布成为国家标准，标准号为 GB/T 36964-2018（以下称为新标准），具体内容目次如图 7-5 所示。

目　次

图 7-5　《软件工程软件开发成本度量规范》（GB/T 36964-2018）内容目次

新标准在《软件研发成本度量规范》（SJ/T 11463-2013）的基础上引入了典型应用场景，增加了不同功能规模测量标准的应用说明，对工作量调整因子进行了优化。

上述标准的发布有效地规范了软件成本度量和评估活动，并在金融、电信等先行推广的行业取得了良好的应用效果。但同时也不可避免地遇到一些问题，例如：对软件成本构成的不同理解，工期对工作量的影响，需求变更如何估算，在不同行业、不同场景、不同角色下标准应用的要点存在一定差异等都会直接影响标准实施的效果。为解决这些问题，中国电子技术标准化研究院又开发了《软件成本度量标准实施指南》，系统阐述软件成本度量理论体系，深入解读软件成本度量标准内容及实施要点，并结合不同场景及典型案例给出具体的应用指导。

3. 软件开发项目成本因子

软件开发过程指从项目立项开始到项目完成验收之间所涉及的需求分析、概要设计、编码实现、集成测试、验收交付及相关的项目管理支持活动。软件开发成本仅包括软件开发过程中的人力成本和非人力成本之和,不包括数据迁移和软件维护等成本。人力成本包括直接人力成本和间接人力成本,非人力成本包括直接非人力成本和间接非人力成本。本标准中所涉及工作量也仅为软件开发过程所用工作量。

直接人力成本包括开发方项目组成员的工资、奖金和福利等人力资源费用。其中,项目成员包括参与该项目开发过程的所有开发或支持人员,如项目经理、需求分析人员、设计人员、开发人员、测试人员、部署人员、用户文档编写人员、质量保证人员和配置管理人员等。对于非全职投入该项目开发工作的人员,按照项目工作量所占其总工作量比例折算其人力资源费用,例如,除了一般意义上的工资及奖金外,项目成员的正常工作餐费也计入直接人力成本。

间接人力成本指开发方那些并不承担特定项目研发工作但服务于开发管理整体需求的非项目组人员的人力资源费用分摊,包括开发部门经理、项目管理办公室人员、工程过程组人员、产品规划人员、组织级质量保证人员、组织级配置管理人员、商务采购人员和IT 支持人员等的工资、奖金和福利等费用分摊。

直接非人力成本是指为特定研发项目必须支付的非人力费用,一般包括办公费、差旅费、培训费、业务费、采购费等。办公费是指开发方为开发此项目而产生的行政办公费用,如办公用品、通信、邮寄、印刷和会议等,项目组封闭开发租用会议室而产生的费用也计入直接非人力成本的办公费;差旅费是指由开发方人员为此项目而出差所产生的交通、住宿、补贴等费用,计入直接非人力成本;培训费是指开发方为了完成特定研发项目,给项目成员提供必要的培训而发生的费用,这些培训是为了提升项目成员的相关研发技能,来更好地完成本项目的研发工作;业务费是项目研发过程中产生的一些辅助开发活动费用,如招待费、团队建设活动经费、评审费、验收费等;采购费是指在项目开发过程中由开发方独立采购特定专用设备、软件资产、技术协作服务或专利而发生的费用;此外,直接费人力成本费还包括未在以上项目列出但却是开发方为开发此项目所需花费的其他费用。

间接非人力成本指开发方不为开发某个特定项目而产生,但服务于整体开发活动的非人力成本分摊,包括开发方开发场地房租、水电和物业、开发人员日常办公费用分摊、战略、市场宣传推广、品牌建设、知识产权专利等费用分摊,以及各种开发办公设备的租赁、维修和折旧分摊等。

在编制软件项目预算、报价或结算时,除软件开发成本外考虑开发方合理的毛利润水平是必要的,对于需要提供其他支持服务的项目或产品还需要考虑支持活动所需的各种成本,如数据迁移费和维护费等。

对于大多数一般规模的 IT 项目来讲,项目的成本因子不必分解得太细,可以直接分为以下几个大类:软硬件购置成本、人力成本、维护成本、培训费、业务费、差旅费、管理及服务费,以及其他费用。

(1)软硬件购置成本。这部分费用虽然可以作为企业的固定资产,但因技术折旧太快,需要在项目开发中分摊一部分费用。

（2）人力成本（软件开发、系统集成费用）。主要是指开发人员、操作人员、管理人员的工资福利费等。在软件项目中人工费用总是占有相当大的份额，有的可以占到项目总成本的80%以上。

（3）维护成本。维护成本是在项目交付使用之后，承诺给客户的后续服务所必需的开支。可以说，软件业属于服务行业，其项目的后期服务是项目必不可少的重要实施内容，所以维护成本在项目生命周期成本中，占有相当大的比例。

（4）培训费。培训费是项目完毕后对使用方进行具体操作的培训所花的费用。

（5）业务费、差旅费。软件项目常以招投标的方式进行，并且会经过多次的谈判协商才能最终达成协议，在进行业务洽谈过程中所发生的各项费用，比如业务宣传费、会议费、招待费、招投标费等必须以合理的方式计入项目的总成本费用中去。此外，对异地客户的服务还需要一定的差旅费用。

（6）管理及服务费。这部分费用是指项目应分摊的公司管理层、财务及办公等服务人员的费用。

（7）其他费用。包括：基本建设费用，如新建、扩建机房，购置计算机机台，机柜等的费用；材料费，如打印纸、磁盘等购置费；水、电、气费；资料、固定资产折旧费及咨询费等。

从财务角度看，可将IT项目成本构成按性质划分为两种：

（1）直接成本。与具体项目的开发直接相关的成本，如人员的工资、外包外购成本等，又可细分为开发成本、管理成本、质量成本等。

（2）间接成本。不归属于一个具体的项目，它是企业的运营成本，分摊到各个项目中，如房租、水电、保安、税收、福利、培训等。

在IT项目中，硬件成本和培训成本可能会在项目总成本中占一定的比例，但是对于软件开发项目，智力资本依然是主要成本，也就是开发过程中人工的成本。在估算软件项目人力成本时，按照全生命周期成本管理理论，应该考虑与软件开发及运维所有过程有关的人力成本。

4. 软件规模估算

基于上述标准提供的软件项目成本因子，软件规模、软件开发工作量、软件开发直接人力成本，以及软件项目总成本估算之间的关系如图7-6所示：

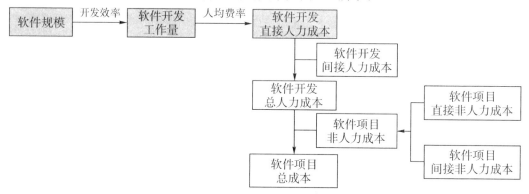

图7-6　软件规模、软件开发工作量、软件开发直接人力成本，以及软件项目总成本估算之间的关系

不同的工作产品具有不同的规模估算单位,具体如表 7-1 所示。

表 7-1　软件规模估算基本单位

工作产品	规模估算单位(样例)
需求文档	页数;功能点(FP)个数; 应用实例个数(Use Case 个数)
设计文档	应用实例个数(Use Case 个数);屏幕个数;对象个数、方法个数、关系个数;报告数;功能模块数
编程 单元测试	模块数;程序代码行数(LOC);数据库表、列、字段、储存过程数等;窗口、对话框数、个人报告数、过程数
整合测试	测试案例、实例;数据集等

规模估算方法有很多,大致分为基于分解的技术和基于经验模型两大类。基于分解的技术的方法包括功能点估算法、代码行估算法、用例点等,基于经验模型的方法包括 IBM 模型、普特南模型、COCOMO 模型等。

(1)功能点(Function Point,FP)估算法(参数模型估算法)。Symons 提出了通过量化系统功能度量软件规模的功能点估算法。功能点估算法是一种在需求分析阶段从用户角度基于系统功能的一种规模估计方法,功能点法的国际标准分为 IFPUG 标准、MARK Ⅱ 标准、NESGMA 标准、COSMIC 标准和 FISMA 标准 5 种,其中基于 IFPUG 标准的功能点法应用最为广泛,其思想是首先通过研究初始应用需求来确定功能点的内部逻辑文件(ILF)、外部接口文件(EIF)、外部输入(EI)、外部输出(EO)和外部查询(EQ)5 个要素的数量和特性,然后与每个要素的复杂度因子相乘,合并计算出一个初步的总功能点数(UF);接着根据项目的具体情况对各个功能点技术复杂度参数进行调整,最后得出经调节后的功能点数。

这种方法的估算模型如下:

$$FP = UF \times TF = UF \times \left[0.65 + 0.01 \times \sum_{i=1}^{14} E_i\right] \tag{7-1}$$

其中,FP 为经调解后的总功能点数,UF 为初步总功能点数,$UF = \sum[(ES)_i \times K_i]$,ES 为功能点的基本信息规模(要素数量),$K_i$ 为功能复杂度系数,$E_i \in [1,5]$ 为环境复杂度系数。环境复杂度系数及功能复杂度系数统称为技术复杂度系数。

具体估算步骤如下:

①利用三点估算法,估算实现软件需求功能的 5 大基本功能要素(输入、输出、查询、主控文件数及外部接口)的乐观值 $(S_o)_i$、悲观值 $(S_p)_i$ 和最可能值 $(S_m)_i$。

②利用 $ES = (S_o + 4S_m + S_p)/6$,为软件估算输入、输出、查询、主控文件数及外部接口的功能点值 $(ES)_i$。

③为各功能要素提供一组复杂度系数 K_i,求出该系统功能总计数值,即信息处理规模。根据经验,功能复杂度系数分为简单、一般及复杂三组系数。具体如表 7-2 所示。

163

表 7-2　功能复杂度系数表

功能复杂度系数（K_i）		
简单	一般	复杂
3	4	6
4	5	7
3	4	6
7	10	15
5	7	10

④为各功能要素提供一组复杂度系数，求出该系统各功能计数值，进一步求得系统初步总功能总计数值 UF，即系统信息处理规模。如表 7-3 所示。

表 7-3　系统功能计数值估算表

功能要素	乐观值（S_o）$_i$	可能值（S_m）$_i$	悲观值（S_p）$_i$	复杂度系数	系统功能初步计数值
输入数					
输出数					
查询数					
文件数					
外部接口数					

⑤进一步考虑系统技术运行环境复杂度调整因子 E_i，求出调整因子的总值（$\sum_{i=1}^{14} E_i$）。环境复杂度调整因子估算表如表 7-4 所示。

表 7-4　环境复杂度调整因子估算表

复杂度因子	调整值	复杂度因子	调整值	复杂度因子	调整值
备份和复原		联机数据登陆		设计成可复用代码	
数据通信		多屏幕输入切换		设计中的转换及安装	
分布式处理		主文件联机更新		多次安装	
关键性能		信息域值复杂度		方便修改的应用设计	
现有操作环境		内部处理复杂度			
复杂度调整因子 = $\sum_{i=1}^{14} E_i =$					

E_i 取值含义：0——影响不存在或可忽略，1——影响不显著，2——影响相当，3——影响平均，4——影响显著，5——影响强大。

功能点的 14 个调整因子可以全面涵盖不同的软件开发项目，对于每一类软件开发项目可选择每个调整因子其中的一个值，但容易造成度量上的偏差。因此，功能点法在调整因子的选择方面受主观因素的影响。

（2）代码行（Line of Code，LOC）估算法。这是一种从技术角度来估算软件规模的方法总称，其中又包含许多方法。这类方法以代码行（LOC）作为软件工作量的估算单位，在早期的系统开发中较为广泛使用。基于 LOC 的估算主要有三点估算法和类比估算法两种。

三点估算法对各个软件产品的代码行按三种不同情况估计：一个最可能值，一个最低值，一个最高值，采用三点估算模型公式即可得到该软件产品代码行的期望值及在某个范围波动的概率。

类比法适合评估一些与历史项目在应用领域、环境和复杂度方面相似的项目，通过新项目与历史项目的比较得到规模估计。类比法估算结果的精确度取决于历史项目数据的完整性和准确度，因此用好类比估算法的前提条件之一是组织建立起较好的项目后评价与分析机制，对历史项目的数据分析是可信赖的。类比估算法特别要注意的是对可重用代码的估算。具体计算公式如下：

$$等价代码行＝[（重新设计\%＋重新编码\%＋重新测试\%）/3]×已有代码行 \qquad (7\text{-}2)$$

（3）用例点估算法。UML 方法在面向对象开发方法中的广泛使用催生了基于软件开发人员角度估算软件规模的用例点估算法。1993 年，Karner 首次通过计算系统的用例来评估软件的开发工作量。用例点估算法关键点是用例的标准化及其到工作量之间的正确转换，其估算思路有些类似功能点估算法，需要首先根据 UML 用例图分别估算用户角色系数及用例系数，在此基础上考虑技术复杂度和环境复杂度对这两类系数总和进行调节，得到调整后的用例点数，再将其转化为以人月计算的工作量。

估算模型如下：

$$UCP＝(UA＋UC)×TF×EF \qquad (7\text{-}3)$$

其中，UA 为用户角色系数，表示用户角色的复杂度，$UA＝\sum_{i=1}^{3} m_i×w_i$，$m_i$ 与 w_i 分别表示项目参与者的数量及参与者的复杂度系数；UC 为用例系数，表示该软件用例的复杂度，$UC＝\sum_{i=1}^{3} n_i×c_i$，$n_i$ 与 c_i 分别表示用例的数目及用例复杂度系数。与功能点复杂度系数相似，用户与用例的复杂度系数根据复杂、一般、简单三个等级分别取三组不同系数；TF 为技术复杂度系数，$TF＝0.6＋0.01\sum_{i=1}^{13} T_i×W_i$，$T_i \in [0,5]$；EF 为环境复杂度系数，$EF＝1.4－0.03\sum_{i=1}^{8} E_i×W_i$，$E_i \in [0,5]$。

技术复杂度与环境复杂度和软件的非功能性需求有关，用于调整用例点数。技术因素包括分布式系统、响应或吞吐量性能目标、内部处理复杂度、代码的可重用性、可移植性、并发性事务、特殊的安全功能等 13 个因素，每个因素都有对应的系数（T_i）和权重（W_i）。该系数的取值 T_i 在 0 到 5 之间，一般取整数，越接近 0 表示该因子越无关；越接近 5 表示该因子越相关。

环境因素包括工作团队、应用程序开发熟练度等 7 个因素，每个因素也有对应的系数（E_i）和权重（W_i）。该系数的取值为 E_i，在 0 到 5 之间，一般取整数，越接近 0 表示经验越低，或者难度越低；越接近 5 表示经验越丰富，或者难度越高。

（4）COCOMO 估算法。1981 年，Boehm 在其经典著作《软件工程经济学》中介绍了一种软件估算模型的层次体系,称为构造性成本模型(Constructive Cost Model,COCOMO),它代表了软件估算的一个综合经验模型。该模型本质上是一种将软件特征作为参数的估算模型,分为基本、中间和详细三级COCOMO模型。

基本COCOMO模型将代码行数作为自变量计算软件开发的工作量,可用于估算整个系统的工作量(Effort),估算模型为:$Effort = A \times Size^B$,其中Size是每人每小时开发的千行代码数,A和B是固定参数值。软件项目分为组织型、半独立型和嵌入型,对于不同分类的软件项目,参数值A和B是不同的。组织型项目的情境如下:项目规模较小,且比较简单,项目组规模小但有良好应用经验,项目需求要求不是很严格;半独立型项目情境如下:项目在规模和复杂性上处于中等水平,具有不同经验水平的项目组必须满足严格的及不严格的需求;嵌入型项目是指在一组严格的硬件、软件及操作约束下开发的软件项目。

中间COCOMO模型在基本COCOMO模型的基础上,通过增加工作调整因子(EAF),对涉及产品、硬件、人员、项目等因素的工作调整量进行估算,可用于估算各个子系统的工作量。估算模型为:$Effort = A \times EAF \times Size^B$,EAF是由产品、硬件、人员、项目等方面的15个因子乘积构成。

详细COCOMO模型是对中间COCOMO模型的细化,按开发周期的不同阶段给出工作量因素分级表,因而可以估算出系统、子系统和模块3个层次中每个阶段的工作量。该方法既适用于功能点估算也适用于代码行的估算。

除了以上介绍的几种方法外,还有专家估算法,也叫Delphi方法,是一种专家评估技术。在没有历史数据的情况下,这种方式适用于评定过去与将来、新技术与特定程序之间的差别。对于需要预测和深度分析的领域,依赖于专家的技术指导可以获得较为客观的估算。上述各种不同的软件规模估算方法适用于不同的具体环境,有些方法虽然很好但并不一定适合当前的任务,只有量体裁衣,具体问题具体分析,才能得到尽量合理的估算。

特别值得一提的是,在规模估算前应根据项目范围明确系统边界,对于尚未确定的需求应该在规模估算前确定估算原则。另外,估算人员应根据已确定的系统边界和需求描述估算软件规模,规模估算所采用的方法应根据项目特点和估算需求选用已发布的SJ/T 11617—2016、SJ/T 11618-2016、SJ/T 11619-2016、SJ/T 11620-2016和ISO/TEC 20926:2009五种功能规模测量标准中的一种。除此之外,在规模估算时应考虑可能的需求变更程度,并利用规模调整因子对规模估算结果进行调整。对于以非功能性需求为主,或包含大量复杂算法,或以创意为主的软件项目,在进行规模估算时可采用前5种方法进行功能规模的估算,并利用GSC调整因子进行规模调整;也可不估算软件规模,参考本标准描述的方法(如类比法和类推法)和原则直接估算软件项目的工作量及成本。例如,假设使用NESMA方法进行功能点计数,应考虑不同的估算阶段和历史数据规模变更系数,调整后的规模计算式为:$S = US \times CF$,式中,S表示调整后规模,US表示未调整规模,二者单位均为功能点(FP),CF为规模变更因子,取值范围1.0～2.0,建议预算阶段取2.0,招标阶段取1.5,投标阶段取1.26,计划阶段取1.0,即随着项目的开展,规模调整幅度逐渐缩小,估算值渐趋精确。

5．项目工作量及成本估算

(1)软件工作量估算前的准备工作。IT 项目工作量的主要部分还是软件开发部分，在估算软件开发工作量之前，需要完成一些基础或准备工作。

首先是对项目风险及项目管理的工作量进行分析。风险分析时应考虑技术、管理、资源和商业多方面因素，例如需求变更、外部协作、时间或成本约束、人力资源、系统架构、用户接口、外购、功能实现的复用情况以及采用新技术等，项目管理工作量与项目规模及复杂度有密切关系。

其次需要考虑与委托方(项目业主方)需求或要求有关的因素，包括(但不限于)：

①软件规模及应用领域，如委托方组织类型、软件业务领域和软件应用类型等。

②软件的质量要求与工期要求。质量要求方面包括可靠性、易用性、性能效率、可维护性和可移植性，系统与软件质量特性相关的要求见 GB/T 25000.10-2016；工期要求方面包括工期要求的合理性、紧迫度等，有些时候这两方面的要求往往很难兼得，需要做出权衡和取舍。

③软件的完整性级别。软件完整性级别是系统完整性级别在包含软件部件，或仅包含软件部件，或(仅)包含软件部件的子系统上的分配。软件完整性级别分为 A、B、C、D 四个等级，确定的方法见 GB/T 18492-2001 中第 7 章。

第三，除来自业主方的影响工作量估算的因素外，开发方还应考虑与项目组织环境有关的因素，如开发方组织类型、团队规模和人员能力、所采用的技术(包括开发平台、编程语言、系统架构和操作系统等)、项目组织的过程能力及工作量估算的经验或方法。

另外，不同企业可依据实际情况对调整因子以及调整因子的参数范围进行自定义或进行适当调整，例如，根据风险分析结果对估算方法或模型总的影响因子、权重等进行合理调整，或者根据可复用功能的规模及可复用程度对工作量估算进行调整，根据项目管理工作量大小结合经验对工作量进行调整。

(2)IT 项目工作量的估算方法。对于包含软件开发的 IT 项目，其工作量估算的基础是完成对软件规模的估算。软件规模可以用功能点、代码行或用例数来表示。在此基础上结合软件开发生产率数据，将规模转换为用人月等单位表示的软件开发工作量，并进一步结合项目管理工作量进行调整和汇总。具体步骤如下：

首先，确定工作量的度量单位，例如"人小时，ph""人天，pd""人月，pm""人年，py"；其次，根据规模估计表，结合技术角色的个人能力(生产率)估算软件项目的开发工作量；再次，按照一定比例折算项目的团队沟通协同及管理工作量；最后，汇总开发工作量及管理工作量，得到项目总的工作量，如表 7-5 所示。

表 7-5　IT 项目工作量估算表

工作量的度量单位	1 人年＝12 人月；1 人月＝22 人天；1 人天＝8 人小时		
开发工作量估算公式	项目开发工作量≈新开发的软件规模/人均生产率		
开发活动的划分：	人均生产率	软件规模	工作量
1.需求开发			

续 表

2. 系统设计			
3. 系统实现			
4. 系统测试			
......			
开发工作量汇总			Σ
管理工作量估算公式	项目管理工作量≈开发工作量×比例系数		
项目管理主要活动	项目规划、项目监控、需求管理、配置管理、沟通管理		
比例系数	20%		
管理工作量汇总	Σ		

有些时候,可以直接在第二步分别基于各个技术角色工作量及薪酬估算项目开发的人力成本,管理成本则按照人力成本的一定比例折算,从而汇总得到软件项目直接成本。

例如某互联网产品项目的成本估算如表 7-6 所示。

表 7-6 互联网产品项目成本估算表

工作内容	工期(天)	费用(元)
交接	6	4800
需求分析	6	4800
UI 设计	20	16000
前端开发	27	21600
后端开发	33	26400
移动开发	40	32000
后台开发	20	16000
共计	152	121600

按照最低人力成本 800 元/天计算,合计成本总额 121600 元。管理和沟通成本按 20% 估算,则管理成本为 121600×20%＝24320 元;

项目直接成本合计:121600＋24320＝145920 元。

在利用前述方法估算出项目直接成本基础上,进一步利用下面的参数模型进行调整,估算考虑项目间接成本、风险成本、税金等其他成本在内的项目总成本。

估算成本＝直接成本＋间接成本(间接成本一般按 15%～20% 估算);

计算项目总成本＝估算成本＋风险基金＋税,其中:风险基金＝估算成本×a%(a 的取值一般在 10～20 左右),

税＝估算成本×b%(b 的取值一般为 5)。

当采用不同的工作量估算方法时,分别遵循以下原则:

在使用类推法时,参考的历史项目应和待估算项目有高度的相似性。在估算时应识别出待估算项目与参考历史项目的主要差异并对估算结果进行适当调整。

在使用类比法时,应根据主要项目特征对基准数据进行筛选。当用于比对的项目数量过少时,适合按照不同项目属性分别筛选比对,综合考虑工作量估算结果。

在使用方程法时,宜基于基准数据,并采用回归分析方法建立回归方程;可根据完整的多元方程(包含所有工作量影响因子)直接计算出估算结果;也可根据较简单的方程(包含部分工作量影响因子),计算出初步的工作量估算结果,再根据其他调整因子对工作量估算结果进行调整。

宜采用不同的方法分别估算工作量并进行交叉验证。如果不同方法的估算结果产生较大差异,可采用专家评审方法确定估算结果,也可使用较简单的加权平均方法。

因项目变化导致需要重新进行工作量估算时,应根据该变化的影响范围对工作量估算方法及估算结果进行合理调整。

7.2.3　估算策略

在软件估算的众多方法中存在着"自上而下"和"自下而上"两种不同的策略,两种策略的出发点不同,适应于不同的场合使用。

自上而下的策略。这是一种站在客户的角度来看问题的策略,它总是以客户的要求为最高目标,任何估算结果都必须符合这个目标。其工作方法是,由项目经理为主的一个核心小组根据客户的要求,确定一个时间期限,然后根据这个期限将任务分解,将开发工作进行对号入座以获得一个估算结果。这完全是从客户要求出发的策略,而由于软件工程是一个综合项目,几乎没有哪个项目能完全保质保量按照预定工期完工,因此该策略缺少了许多客观性。由于这种估算方法容易被客户,甚至项目经理接受,因此被许多公司广为使用。

自下而上的策略。与自上而下的策略完全相反,自下而上的策略是一种从技术、人性的角度出发看问题的策略。在这样一个策略指引下,将项目充分讨论得到一个合理的任务分解。再根据每个任务的难易程度,每个任务依照项目成员的特点、兴趣特长进行分配,并要求进行估算,最后将估算加起来就是项目的估算值。自下而上的这种策略具有较为客观的特点,但它的缺点是项目工期可能和客户的要求不一致,而且由于其带来的不确定性,许多项目经理也不会采用这种方法。

7.2.4　估算戒律

任何一个项目经理,都知道要慎重估算,但是我们看到人力资源的浪费和财力资源的匮乏,在许多项目中仍然存在。对于宝贵的资源,我们不是用得太多就是根本不够用,因此整理以下前人总结出来的一些经验以供借鉴。

不要追求完美:就像没有人能预测未来,如果还没有完成,就不要企图完美的结果,更何况估算得太精确反而会失去灵活机动的空间。

不要为满足预算而估算:如果这个项目的预算根本不能完成 100% 的任务,那么就不要让项目经理的团队委曲求全,正确地反映客观现状不仅可以争取应得的权利,而且是完成任务的前提。

不要随意削减估算结果:有很多老板喜欢把项目经理递交的估算不假思索地砍掉一

部分,这是一种不负责任的做法,如果要削减一定要有理由。

客观地估算,不贪多不偷减:就像老板不能随便削减项目经理的估算一样,项目经理也同样不能在估算的时候贪多或是偷减,贪多必然会导致浪费,偷减必然会导致不足,这两个结果恐怕都不是一个合格的项目经理的作为。

客观利用过去的经验:以往估算的经验当然是宝贵的财富,但是如果财富用错了地方就会变成垃圾。在使用经验时,要注意现在和参考经验之间的差异,不要忘记,随着时间的推移、计算机领域技术的更新,许多观念都在发生着改变。

不要以客户目标作为估算的结果:客户是上帝,软件公司一定要尽力实现客户的需求,但我们要实现的是合理的目标,况且不能为了完成目标而去堆积数字,这样岂不是因果倒置了。

不要隐匿不确定的成本:软件开发中存在潜在风险,是很正常的事情。潜在风险就会带来潜在的成本,如一位程序员突然离职,导致工作进度落后,我们不可能估算到任何一种可能发生的情况,但有责任把可能出现的一些关键环节列出来。

在实际软件项目估算中,软件项目估算不足(另一原因是需求不稳定)往往是造成软件项目失控的最普遍的原因之一。具体表现在以下几个方面:在错误的时间、甚至没有定义需求也没有理解问题之前就进行估算;由错误的人员(高层管理者或销售经理)而不是软件开发人员或项目经理对软件进行估算;错误的估算没有得到及时地调整,导致在错误的路上滑行太远;缺乏真正的可行性研究。

综上所述,软件项目估算遵循规模(FP、LOC)、工作量(人月)、(人力)成本的基本思路,项目的成本估算可用于立项建议,也可用于项目规划。当人员、资金、时间都被主观限定时,项目估算就没有任何实际意义了。

§7.3 成本/进度的综合管理

7.3.1 挣值分析法

1. 挣值分析法的含义

挣值(Earned Value,EV)分析法是一种分析目标实施与目标期望之间差异的方法,故常被称为偏差分析法,其基本要素是用货币量代替实物量来测量项目的进度,它不以项目投入资金的多少来反映项目的进展,而是以投入资金已经转化为项目成果的量来衡量,是一种完整且有效的、全面衡量项目工作进度及成本状况的整体方法。

2. 挣值分析法涉及的关键指标

挣值分析法主要用三个基本变量及其衍生的差异变量和指数变量来表示项目的实施状态,并以此预测项目可能的完工时间和完工时的可能费用。

(1)计划价值 PV(Plan Value)。又称为计划工作的预算价值(Budgeted Cost of

Work Scheduled,BCWS),是项目生命周期中按时段分配的某项工作或某个 WBS 组成部分的计划进度的预算值。项目从开始截至某一时点,计划完成工作的累计预算值称为完工预算(BAC),项目从开始截至项目结束的总计划价值(或累计总预算值)被称为项目的绩效测量基准(PMB)。

例如,假设某 IT 咨询项目由 A、B、C、D 四项工作构成,四项活动依次进行,各项工作的计划价值分别为 $PV_A=2000$ 元、$PV_B=3500$ 元、$PV_C=2600$ 元、$PV_D=1000$ 元,各项工作的计划价值与相应的项目完工预算值及项目总计划价值(绩效测量基准值)之间的关系如图 7-7 所示。

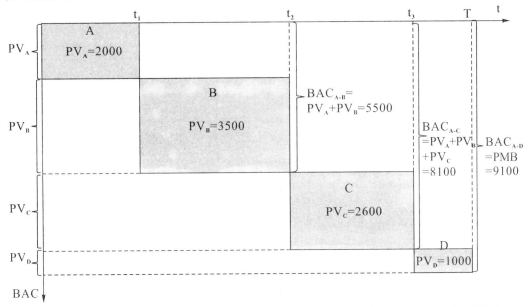

图 7-7　项目各项活动的计划价值、完工预算值及总计划价值之间的关系:以某 IT 项目为例

(2)挣值 EV(Earned Value)。又称已经完成工作的预算费用(Budgeted Cost of Work Performed,BCWP),是项目在某一时段内实际完成的某项工作或某个 WBS 组成部分对应的计划预算值。

使用挣值时可能会涉及 50/50 法则的应用,尤其是当项目由多项活动构成时。该法则的含义是:假设一项活动开始时就已经实现一半的挣值,活动结束时计入剩余的一半挣值。

同样以上述项目为例,假设目前的时间点为 t_2,活动 A 已经完成,虽然完成的时间推迟到 t_1',但实现了全部的挣值(计划预算值),$EV_A=PV_A=2000$,活动 B 没有完工,目前正在进行中。假设该项目遵从挣值分析的 50/50 法则,则活动 B 目前实现的挣值为其计划预算值的一半,$EV_B=\frac{1}{2}PV_B=1750$。如图 7-8 所示。

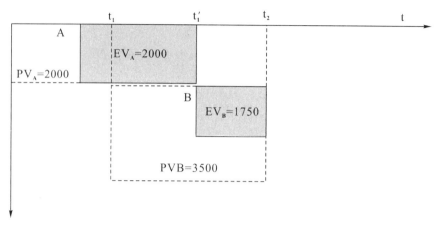

图 7-8　项目挣值与计划价值之间的关系:以某 IT 项目为例

(3)实际成本 AC(Actual Cost)。又称已完成工作的实际费用(Actual Cost of Work Performed,ACWP),是项目在某一时段内已完成工作或 WBS 某个部分耗费的实际成本。AC 的计算口径必须与 PV 和 EV 的计算口径保持一致(例如,都只计算直接小时数,都只计算直接成本,或都只计算包含间接成本在内的全部成本)。AC 没有上限,为实现 EV 所花费的任何成本都要计算进去。

上述项目假设截止到 t_2 时,活动 A 实际耗费的成本为 1800,活动 B 目前已经耗费的成本为 2000。

可以看到,实际成本与计划预算值以及实现的预算值相比都可能产生偏差,由此可以导出两个差异值指标和两个指数指标,并依此来衡量项目成本、进度的绩效和状况。

(4)差异变量之一:成本偏差(CV)。成本偏差是项目成本绩效的一种指标,它等于挣值(EV)减去实际成本(AC),即 CV=EV−AC=BCWP−ACWP。当 CV 小于 0 时,说明已完成工作的成本与计划预算值相比已经超支。例如,上述项目截止到 t_2 时,产生的成本偏差 $CV=EV_A+EV_B-AC_A+AC_B=(2000+1750)-(1800+2000)=-50$。

项目结束时的成本偏差就是项目完工时的累计预算值(PMB)与实际总成本之间的差值。

(5)差异变量之二:进度偏差(SV)。进度偏差是项目进度绩效的一种指标,它等于挣值(EV)减去计划价值(PV),即 SV=EV−PV=BCWP−BCWS。当 SV 小于 0 时,说明已完成工作的进度与计划进度相比已经滞后。例如,上述项目截止到 t_2 时,产生的进度偏差 $CV=EV_A+EV_B-PV_A+PV_B=(2000+1750)-(2000+3500)=-1750$。

(6)绩效指数变量之一:成本绩效指数(CPI)。成本绩效指数是比较已完成工作的价值与实际成本的一种指标,它考核已完成工作的成本效率,即 CPI=EV/AC=BCWP/ACWP。

当 CPI 小于 1 时,表明已完成工作的成本超支;当 CPI 大于 1 时,表明到目前为止成本有结余。CPI 的倒数反映出项目花钱的速度,倒数值越大表明花钱的速度越快。对计划价值、挣值和实际成本等参数,既可以分阶段(通常以周或月为单位)进行监测和报告,也可以针对累计值进行监测和报告。

(7)绩效指数变量之二:进度效能指数(SPI)。进度效能指数是比较项目已完成进度与计划进度的一种指标。它考核已经完成工作的进度效率,即 SPI＝EV/PV＝BCWP/BCWS。

当 SPI 小于 1 时,说明已完成的工作量未达到计划要求;当 SPI 大于 1 时,则说明已完成的工作量超过计划。SPI 的倒数反映出项目进度延后的程度,倒数值越大反映出进度滞后程度越严重。进度效能指数经常与成本绩效指数(CPI)一起使用,以预测最终的完工估算。

在一般情境下,项目的计划预算值 PV、实际成本 AC,以及挣值 EV 都属于累积值,会随着项目的进展而不断增加,在项目中期阶段由于资源资金的大量投入,三个基本值的增加趋势明显加快,从而使得三个值形成的曲线明显变陡,之后,在项目中后期,随着资源的逐渐撤出与接近完工增加趋势逐渐趋于平缓,直至项目结束达到它们的最大值,因此总的看来三条曲线都大致呈 S 形状,也称为 S 曲线。如图 7-9 所示。

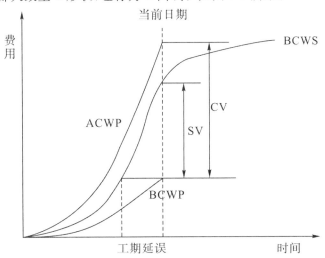

图 7-9 项目 PV(BCWS)、AC(ACWP),以及 EV(BCWP)曲线的变化趋势

在图 7-9 中,还可以直接显示出两个差异变量 CV、SV,该图能够较为直观地表示项目挣值分析中的基本值的变化情况。

在理想情境下,为了便于基于当前的基本值及衍生的差异变量和指数变量对未来完工情况进行预测,三条曲线也可能被假设为倾斜的直线。

3. 挣值分析法的应用

挣值分析法通过三个基本值的对比和两个差异值指标,及两个指数指标的计算分析,可以对项目的实际进展情况做出明确的测定和衡量,有利于对项目的耗费成本和进程进行有效控制,也可以清楚地反映出项目管理和工程技术水平的高低。因此,使用挣值分析法进行成本/进度综合控制,必须定期监控以上参数,也就是说,在项目开始之前必须首先为在整个项目工期内如何和何时使用资金做出预算与计划,项目开始后必须监督项目实际成本和工作绩效以确保项目成本、进度都在控制范围之内。

例如,某信息化项目预计工期为 12 个月,挣值分析涉及的三条基本曲线为倾斜的直线。项目进行到第 6 个月时,三个基本指标数据如图 7-10 所示。

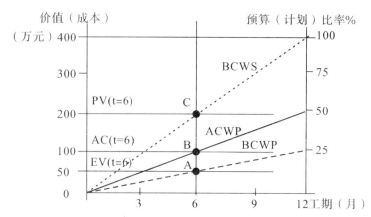

图 7-10　信息化项目进行到第 6 个月的基本挣值信息

（1）确定项目累计计划预算成本 PV（BCWS）。对项目进行成本管理时,首先要对项目制订详细的成本预算,要把成本预算分解到每个分项工程上,要尽量分解到详细的实物工作量层次,为各个分项工程建立起一个总预算成本。

制定项目成本预算的第二步是将总预算成本分配到各个分项工程的整个工期中去,每期的成本计划依据各个分项工程的各分项工作量进度计划来确定。当每一分项工程所需完成的工程量分配到工期的每个区间（这个区间可定义为工程管理和控制的报表时段）,就能确定出工程在何时需用多少预算。这一数字通过截止到某时点的过去每期预算成本的累加,即可得出累计计划预算成本 BCWS,它反映了到某时点为止按计划进度完成的工程预算值,我们将其作为项目成本/进度绩效的基准。

在图 7-10 的信息化项目图示中可以看出,项目进行到第 6 个月时,项目累计计划预算成本为 200 万元。

（2）收集项目实际成本 AC（ACWP）。项目执行过程中,通常会通过合同委托各分项工程或工作包的工作给相关工程承包商。根据合同工程量及价格清单就会形成承付工程款,承包商在完成相应的分项工程或工作包的实物工程量以后,我们要按合同进度进行支付工程款。在项目每期对已发生成本进行汇总,即累计已完工程量与合同单价之积,就形成了累计的实际成本 ACWP。

从图 7-10 可以看出,进行到第 6 个月时,上述信息化项目的实际成本为 100 万元。

（3）计算项目已完成工作的预算费用 EV（BCWP）。BCWP 值是整个项目期间必须确定的重要参数,对项目每期已完工程量与预算单价的乘积进行累计,即可确定 BCWP值,即挣值 EV。

从图 7-10 还可以看出,进行到第 6 个月时,上述信息化项目实际完成的挣值或实现的预算值为 50 万元。

（4）分析项目的成本/进度绩效。首先利用以上三个基本参数指标计算出项目的两个差异指标及两个指数指标,即可比较分析项目的成本/进度绩效和状况。

在上述信息化项目中,项目进行到第 6 个月时其成本差异变量值及进度差异变量值分别为:

CV＝EV－ACWP＝50－100＝－50 万元,表示项目截止到第 6 个月时成本超支 50 万元;

SV＝EV－BCWS＝50－200＝－150 万元,表示项目截止到第 6 个月时进度延后,相比计划进度少做了 150 万元的工作;

$CPI＝\dfrac{50}{100}＝0.5$,表示项目在前 6 个月平均花钱的速度是计划速度的 2 倍(0.5 的倒数);

$SPI＝\dfrac{50}{200}＝0.25$,表示项目截止到第 6 个月实际进度只完成了计划进度的 25%。

(5)对项目未来完工情况进行预测。为了对项目进行有效的成本/进度控制,就需要对项目成本/进度绩效进行动态监测,尽早地发现项目成本/进度的差异或低效率,并对未完成部分的预算及进度进行预测,以便在情况变坏之前采取纠正措施。

对未来完工情况进行预测存在以下两种情况:

第一种情况,假定未完工部分将按目前效率(包括成本绩效和进度效能)进行,则未来完工成本和时间估算模型如下:

未来完工成本＝总预算成本/成本绩效指数,即

$$FAC＝\frac{BAC}{CPI} \tag{7-4}$$

未来完工时间＝总工期/进度效能指数,即

$$FT＝\frac{T}{SPI} \tag{7-5}$$

对于上述信息化项目,如果按照目前(第 6 个月时)的效率进行预测,则未来完工成本及时间如下:

$$FAC＝\frac{400}{0.5}＝800 万元,FT＝\frac{12}{0.25}＝48 月$$

第二种情况,假定项目未完工部分仍按原计划成本绩效和进度效能进行,则未来完工成本和时间估算模型如下:

未来完工成本＝已完成作业的实际成本＋(总预算成本－挣值),即
$$FAC＝AC_{(t)}＋(BAC－EV_{(t)})$$

未来完工时间＝已耗费的工期＋剩余预算额计划将耗费的工期,即
$$FT＝t＋\frac{BAC－EV_{(t)}}{BAC}×T_0$$

对于上述信息化项目,如果按照未完工部分仍按原计划成本绩效和进度效能进行预测,则未来完工成本及时间如下:

按原来花钱速度预测,未来完工成本为:
$FAC＝AC_{(t=6)}＋(BAC－EV_{(t=6)})＝100＋(400－50)＝450 万元,超支 50 万元;$

按原来的进展速度预测,未来完工时间为:
$FT＝t＋\frac{BAC－EV_{(t=6)}}{BAC}×T_0＝6＋\frac{400－50}{400}×12＝16.5 个月,延期 4.5 个月。$

除了上述两种预测情境以外,还可能存在另一种情况,就是当项目情况发生重大变化,或计划已严重背离实际时需对未完工部分所需的资金和工期进行重新估算,在此情境

下,前两种预测都将失效。

由此可见,挣值分析法的计算关系虽然相对简单,但是要准确度量或活动的挣值却并非易事。这是由于一方面项目的活动内容多种多样,挣值的度量应根据活动内容精心设计。另一方面,与项目相关的人员已习惯于通常的成本及进度的度量方式(大多数时候依靠主观经验),改变人们的固有概念需要耐心地培训和讲解。

7.3.2 挣得进度法

从项目成本/进度综合管理的实践发展趋势来看,以货币量来度量绩效的挣值(EV)概念正逐渐被拓展到以进度量来度量绩效的挣得进度(Earned Schedule,ES)这一新的概念,从而,挣值理论与实践应用也开始向挣得进度理论及实践扩展。挣得进度理论用完成的计划进度量(ES)与实际时间(AT)的进度偏差量 $SV_t = ES - AT$ 来代替传统挣值分析中使用的进度偏差量 $SV_c = EV - PV$。使用替代方程式来计算进度差异,如果赢得的进度金额大于 0,则该项目被视为提前进度,换句话说,该项目在给定时间点的收益超过了计划。使用获得的进度与实际时间之比这一指标来表示进度绩效指数 SPI,即 $SPI = ES/AT$。挣进度理论还提供了基于实际时间和估计工期来预测项目完成日期的公式。

挣值管理在评估项目绩效方面具有明显的优势,它可以提前对项目的进展尤其是成果转化情况进行预测,利用 PV、EV、AC 和 BAC 几个基本变量估算进度偏差 SV、进度绩效指数 SPI 和成本偏差 CV、成本绩效指数 CPI,进而评估项目进度和成本绩效,然后在此基础上进一步对未来完工的总成本 EAC、总工期 ETC、完工成本偏差 VAC、总成本绩效 TCPI 等做出估算和预测,以便为项目进度及成本变更决策提供依据。

但挣值管理也存在明显的局限性。首先,挣值管理涉及的关键指标变量及绩效指标变量基本上都是以货币价值,尤其是计划预算值及已经发生的实际成本来度量。这些指标在转化成进度绩效时都隐含了工作进度与耗费成本两个数据之间在一段时期内以某一个固定比率的关系增长,但实际上成本耗费是 S 曲线,与工作进度并非呈等比例的变化,因此,对于"项目估计还需要多久才能完工?""项目完工时会延期多久?"等这些预测在目前的挣值管理里面暂时还没有办法做出准确的估算。

其次,虽然挣值管理也可以计算进度偏差 SV 和进度绩效指数 SPI 两个进度相关指标,但这两个进度指标存在几个问题:一是用货币单位衡量进度绩效不够直观,例如,SV = -1000 元,根据这个货币单位表示的进度偏差数据并不能直观了解当前进度到底落后多久。二是项目在快要完工到完工这一段时间,无论进度落后多少,EV 将会越来越接近 PV 和 BAC,并在最终完工时存在 EV = PV = BAC,这种情况下 SV 将会越来越接近于 0,并在完工时等于 0;SPI 会越来越接近于 1,并在完工时等于 1。从指标看进度似乎没有问题,但实际上项目进度很可能落后了,例如,一个项目预算 400 万元,计划一年做完,结果用了两年才最终完工。在两年后项目完工时计算 EV = PV = BAC = 400 万元,SV = 0,SPI = 1,该情境下的 SV 和 SPI 指标并不能反映项目滞后整整一年的情况,因此对反映项目实际进度绩效方面比较乏力。

为了解决挣值管理存在的上述问题,业界引入了挣得进度这个概念来对标挣值,《PMBOK®指南》第六版首次在成本管理的趋势和新兴实践部分简要介绍了挣得进度理论。挣值 EV 的含义是完成了多少钱的工作量(完成的这部分工作原计划多少钱完成),而挣得进度 ES 的含义是截止到某时间点实际已经完成工作量的时间价值,也就是完成的这部分工作原计划多少时间来完成。例如,目前完成了原计划用 5 天完成的工作量,那么目前的挣得进度 ES 就是 5 天。

除了挣得进度 ES,同时还引入了实际时间(Actual Time,AT)来对标挣值管理里面的实际成本 AC,这样同样的道理就可以用和计算成本偏差、成本绩效指数类似的方法来计算进度偏差和进度绩效指数:$SV_t = ES - AT$,$SPI_t = ES/AT$,"t"表示基于时间量的进度偏差和绩效指数,后面将用 SV_c 表示基于货币量用挣值管理计算出来的进度偏差。

假设现在有一个互联网产品项目,开发一款 App 软件,总预算 PAC=60000 元,计划项目工时 1 个月(30 天)。

为了顺利完成该项目在项目中途开始对项目绩效进行监控,于是在第 10 天工作结束的时候对该项目进行绩效评估。通过检查发现此时 $PV_c = 18000$ 元,$EV_c = 12000$ 元,$AC_c = 15000$ 元,计算可以得到,花了 10 天时间只完成了原计划 6 天(SPI=1/5)完成的工作量。即 ES=6,从而 $SV_t = 4$(天)。

 案例分享

 1.电子政务系统的进度/成本综合管理

 2.进度和成本管理

 3.挣值分析法在 IT 项目中的应用

 习题

※ 理解分析题

1.项目成本管理计划是如何制定出来的?

2.估算成本时需要注意哪些方面?

3. IT 项目成本主要由哪些要素构成?

4.挣得进度法与挣值分析法各有何特点?

※ 实践训练题

参照教师所提供的项目估算及预算模板或范例,为本小组实践项目编制一份正式的成本预算表,小组讨论选出最好的一版,最终提交指导教师进行审核。

要求:

在预算表中,请同时提供项目的基本信息、项目 WBS、项目工作量估算。工作量估算方法可依据项目情况自行选择。

在预算表最后,请回答:小组项目成本估算的基本步骤是什么?项目估算及项目预算在项目成本管理中的作用有何不同?

本章参考文献

[1] 蔡中. 如何估算项目:完整的项目预算和成本估算指南[EB/OL]. (2018-03-17)[2020-08-11]. https://www.jianshu.com.

[2] Yongchaocsdn. 软件项目成本的构成[EB/OL]. (2018-07-01)[2020-08-11]. https://blog.csdn.net.

[3] 赵小敏,等. 软件成本评估方法综述[J]. 计算机科学,2018,45(11):76-83.

[4] 朱焕. 项目管理漫笔[EB/OL]. (2018-06-10)[2020-08-11]. https://zhuanlan.zhihu.com/.

第8章 IT项目质量管理

【本章摘要】

本章讲述 IT 项目质量管理的有关内容。首先回顾项目质量管理的发展历史及主要理念,界定项目质量的内涵及项目质量管理的主要过程,在此基础上引出软件项目的质量管理,并就软件能力成熟度(CMMI)的相关内容进行概要介绍。本章帮助读者了解 IT 项目质量管理的理念、过程,并学会运用质量管理的相关工具解决实践中的项目质量管理问题。

【关 键 词】

质量;项目质量管理;软件质量;CMMI

【学习目标】

- 了解质量管理的发展阶段及特点;
- 归纳戴明、约瑟夫・朱兰、克劳斯比这三位质量管理大师在质量管理方面的主要理论贡献;
- 理解质量与项目质量的概念内涵;
- 掌握软件项目质量管理过程中常用的方法和工具应用;
- 了解 CMMI 的过程域。

许多 IT 项目开发的信息系统应用在生死攸关的场合。例如,1981 年,由于计算机程序改变而导致的 1/67 的时间偏差,使航天飞机上的 5 台计算机不能同步运行,这个错误导致了航天飞机发射失败。1986 年,1 台 Therac25 机器泄露了致命剂量的辐射,致使医院的病人死亡。造成该惨剧的原因是一个软件出现了问题,导致这台机器忽略了数据校验。这些惨痛的教训说明,在软件开发项目中,要认真抓好项目的质量管理。加强软件项目质量管理研究同时也是一项重要课题。

§8.1 项目质量管理概述

8.1.1 质量管理发展历史

质量管理的产生和发展过程已走过了漫长的道路,可以说是源远流长。人类历史上自有商品生产以来,就开始了以商品的成品检验为主的质量管理方法。根据历史文献记载,我国早在 2400 多年以前,就已有了青铜刀枪武器的质量检验制度。按照质量管理所依据的手段和方式,可以将质量管理发展历史大致划分为以下几个阶段。

1. 传统质量管理阶段（1875 年以前）

这个阶段从出现原始的质量管理方法开始,直到 19 世纪末资本主义的工厂逐步取代分散经营的家庭手工业作坊为止,传统质量管理阶段缺乏真正意义的质量管理,受家庭生产或手工业作坊式生产经营方式的影响,产品质量取决于工人的主观操作经验,借用视觉、触觉等感官,以及简单的测量仪器来进行估测。工人既是产品制作的操作者又是产品质量的终端检验者和管理者,他们长期积累的经验就是所谓的"质量标准"。因此,这一时期的质量管理又被称为"操作者的质量管理"。

2. 质量检测阶段（1875—1924 年）

20 世纪初,人们对质量管理的理解还只限于事后的质量检测。质量检测所使用的手段是各种检测设备和仪表,方式是严格把关,进行百分之百的检验。以泰勒为代表的"科学管理运动"将管理的计划职能与执行职能分开,并将质量检测环节作为一种职能从生产过程中独立出来,以便监督、检查计划、设计、产品标准等项目的贯彻执行,从而产生了一支专职从事监督检查的质量检测部门（QC 部门）。起初,人们非常注重工长在保证质量方面的作用,将质量管理的职能从操作者转移到工长,因此被称为"工长的质量管理"。后来,这一职能又从工长转移到专职检验人员,由专职检验部门实施质量检测,称为"检验员的质量管理"。

质量检测是在成品中挑出废品,以保证出厂产品的质量。但这种事后检测无法在生产过程中起到预防控制的作用,并且需要对全部产品进行检测,从而增加了生产成本。这种方法是浪费的,因为它允许将时间和材料投入到生产不一定有用的产品或服务中。另一种方法则可以在第一步就避免产出无用的产品,这种方法就是预防控制。

3. 统计质量控制阶段（1924—1960 年）

1924 年,贝尔电话实验所的休哈特（W. A. Shewhart）博士将数理统计的原理运用到质量管理中来,并发明了控制图,以便对过程质量加以测定和记录。他认为,质量管理不仅要做好事后检测,更应该注重生产过程中的缺陷预防。控制图随后成为科学管理,尤其是质量管理中一个不可或缺的管理工具。控制图的出现,使质量管理从单纯事后检验进入检验与预防相结合的过程控制阶段,也是质量管理形成一门独立学科的开始。

从 20 世纪 40 年代初到 50 年代末,以美国休哈特、戴明（Deming）为代表提出抽样检验的概念,最早把数理统计技术应用到质量管理领域,此时运用数理统计方法,从产品的质量波动中找出规律性,采取措施消除产生波动的异常原因,使生产的各个环节控制在正常状态,从而更经济地生产出品质优良的产品。第二次世界大战开始以后,统计质量管理得到了广泛应用。美国军政部门组织一批专家和工程技术人员,于 1941—1942 年间先后制订并公布了 Z1.1《质量管理指南》、Z1.2《数据分析用控制图法》和 Z1.3《生产过程质量管理控制图法》,强制生产武器弹药的厂商推行,并取到了显著效果。由于采取质量控制的统计方法给企业带来了巨额利润,战后,许多民用工业及美国以外的许多国家都开始积极推行统计质量管理,并取得成效。这一阶段的质量管理利用数理统计原理,预防产出废品并检验产品质量的工作,由专职检验人员转移给专业的质量控制工程师承担。这标志着将事后检验的观念改变为预测质量事故的发生并事先加以预防的观念。

但是,统计质量管理也存在着缺陷,它过分强调统计分析,而统计方法实际上只掌握在少数专家手中,因此企业处于依靠少数人进行质量管理的状态,从动员全体员工参与质量管理来说,统计质量管理阶段还不够全面。另一方面,从质量形成的过程而言,应包括设计、制造和检验三个阶段。统计质量管理将质量保证措施由检验阶段延伸到制造阶段,是一个很大的进步,但还没有包括设计阶段,因此也不够全面。

4. 全面质量管理阶段(1960 年至今)

在日趋激烈的世界市场竞争的推动下,质量管理发展到了全面质量管理阶段。所谓全面质量管理,是以质量为中心,以全员参与为基础,旨在通过让顾客和所有相关方受益而达到长期成功的一种管理途径。全面质量管理以往通常用英文缩写 TQC 表示,目前举世瞩目的 ISO 9000 族质量管理标准、美国波多里奇奖、欧洲质量奖、日本戴明奖等各种质量奖及卓越经营模式、六西格玛管理模式等,都是以全面质量管理的理论和方法为基础的。

全面质量管理的概念首先是美国通用电气公司的质量经理费根堡姆(A. V. Feigenbaum)提出的。1961 年,他的著作《全面质量管理》出版。该书强调执行质量职能是公司全体人员的责任,应该使企业全体人员都具有质量意识和承担质量的责任。而戴明、朱兰等美国专家在日本的努力下真正掀起了一场质量革命,使得全面质量管理运动最先在日本蓬勃发展起来。

日本在第二次世界大战中一败涂地,处于全面崩溃的境地。由于“日本货”质量低劣,根本无法参与市场竞争,为此,日本的主要公司纷纷要求美军对他们进行关于质量控制和管理的训练,并邀请戴明博士到日本讲学两年,日本还设立戴明奖等,并在美国质量管理方法的基础上进行创新和突破。他们强调从总经理、技术人员、管理人员到工人,全体人员都参与质量管理。企业对全体职工分层次地进行质量管理知识的教育培训,并创造了质量管理的老七种工具(常用七种工具)和新七种工具(补充七种工具),使全面质量管理充实了大量新的内容。质量管理的手段也不再局限于数理统计,而是全面地运用各种管理技术和方法。日本质量管理专家石川馨、田口玄一等是这一时期的代表人物。田口博士提出“产品质量首先是设计出来的,其次才是制造出来的”。他把质量管理又向前推进了一步,强调要首先抓好产品设计阶段的质量管理。著名的“田口方法”(又称为质量工程学)应运而生,它使日本人找到了迅速提高产品质量,降低成本,使产品价廉物美,增强市场竞争力的重要手段。

对质量管理的高度重视带来了日本经济的腾飞,商品迅速占领国际市场,并对欧美国家带来巨大冲击。20 世纪 80 年代以后,全面质量管理的思想逐步被世界各国接受,并在运用时各取所需。在日本被称为全公司的质量控制(cWQC)或一贯质量管理(新日本制铁公司),在加拿大总结制定为四级质量大纲标准(即 CSAZ 299),在英国总结制定为三级质量保证体系标准(即 BS 5750)等。1987 年,国际标准化组织(ISO)又在总结各国全面质量管理经验的基础上,制定了 ISO 9000《质量管理和质量保证》系列标准。当前,全面质量管理思想仍然对企业发挥着巨大的作用。

5. 综合质量管理阶段

随着国际贸易的迅速扩大,产品和资本的流动日趋国际化,相伴而产生的是国际产品质量保证和产品责任问题。1973年在海牙国际司法会议上通过了《关于产品责任适用法律公约》,之后欧洲理事会在丹麦斯特拉斯堡缔结了《关于造成人身伤害与死亡的产品责任欧洲公约》。同时,旨在消除非关税壁垒,经缔约国谈判通过的《技术标准守则》对商品质量检测合格评定、技术法规等方面作了详尽的规定。由于许多国家和地方性组织相继发布了一系列质量管理和质量保证标准,制定质量管理国际标准已成为一项迫切的需要。为此,经理事会成员国多年酝酿,国际标准化组织(ISO)于1979年单独建立质量管理和质量保证技术委员会(TC 176),负责制定质量管理的国际标准。

1987年3月,ISO 9004质量管理和质量保证系列标准正式发布。该标准总结了各先进国家的管理经验,将之归纳、规范。发布后引起世界各国的关注,并予以贯彻,适应了国际贸易发展需要,满足了质量方面对国际标准化的需求。以ISO 9000问世为标志,世界进入了标准质量管理阶段。不过值得注意的是,ISO 9000仅是国际上一种最低的统一标准,它规定了现阶段企业想挤进国际市场必须达到的最起码的质量管理与质量保证水平。因此有质量意识的企业纷纷总结与发展各个阶段质量管理模式的精华,制定超越ISO 9000的企业标准,在竞争中脱颖而出,由此获得竞争优势。

20世纪90年代以来,随着世界经济及信息通信技术的飞速发展,现代企业面临着来自全球范围激烈的市场竞争,以顾客需求为导向开发生产的一次性、小批量、短周期的定制化项目日益普遍。这种小批量个性化定制项目打破了企业原有重复性生产的日常运营管理模式,同时对质量的要求并未降低,甚至更高,具体表现在:客户对所需产品的要求越来越趋向在价格可承受基础上的安全环保、健康及体验的独特性和舒适性等,即所谓的消费升级。因此,工业发达国家的质量管理界将全面质量管理理论中的"全过程控制""全面管理""预防为主""不断改进""系统管理""用户至上"等原理、原则及其实践经验与数理统计、运筹学、系统工程、价值工程、人因工程、信息工程、软件工程等现代科学和工程技术相结合,形成了一系列质量工程技术,使得现代质量管理成了一门综合性很强的学科。

当前,质量管理的理论并没有实质性的突破,但在质量管理中,计算机信息化技术、互联网技术,以及当下的大数据技术,都在质量预防和控制方面提供强大的支持。

8.1.2 质量管理大师及其主要理论贡献

这一时期以戴明、约瑟夫·朱兰、克劳斯比为代表的几位著名质量管理大师为质量管理理论做出了卓越贡献。

1. 戴明的主要质量管理理论贡献

(1)质量管理十四法。《十四条》的全称是《领导职责的十四条》。这是戴明先生在美国20世纪80年代开始盛行迄今的全面质量管理基础上针对美国企业领导提出来的。所有全面品质经营所包含的重点,几乎都可以在这《十四条》里面找到相同或类似的诠释。由于在十多年的时间里,戴明本人在不同场合有不同的强调,因此对《十四条》的说法会存在不同的版本。

质量管理十四法的具体内容

(2)PDCA循环。戴明博士最早提出了PDCA循环的概念,P、D、C、A四个英文字母所代表的意义如下：

P(Plan)——计划。包括方针和目标的确定，以及活动计划的制定。

D(DO)——执行。执行就是具体运作，实现计划中的内容。

C(Check)——检查。就是要总结执行计划的结果，分清哪些对了，哪些错了，明确效果，找出问题。

A(Action)——行动(或处理)。对总结检查的结果进行处理，成功的经验加以肯定，并予以标准化，或制定作业指导书，便于以后工作时遵循；对于失败的教训也要总结，以免重现。对于没有解决的问题，应提到下一个 PDCA 循环中去解决。

如图 8-1 所示。

图 8-1　戴明循环：持续改进模型

所以又称其为"戴明环"。戴明环是一个持续改进模型，它包括持续改进与不断学习的四个循环反复的步骤。PDCA 循环是能使任何一项活动有效进行的一种合乎逻辑的工作程序，特别是在质量管理中得到了广泛的应用。

2. 约瑟夫·朱兰的主要质量管理理论贡献

约瑟夫·朱兰是世界著名的质量管理专家，与戴明齐名，是举世公认的现代质量管理领军人物之一。

(1)质的适用性。朱兰的主要贡献是提出了质量的"适用性"理念，将人性尺度纳入质量范畴。他认为顾客是产品质量的最终裁决者。

朱兰首次提出"适用"产品质量这一概念，并把它作为产品和服务的特征。他认为产品是否适用取决于消费者的判断，而不是生产者。工作的头衔远不如这样一种意识重要：对于企业内部其他人和外部顾客来说，每个人都是产品和服务的提供者，都对产品质量负有不可推卸的责任。同样，在产品增值链上，处于下游的每个企业都是上游供应商的真正顾客。朱兰强调首先要识别顾客的需求。他把质量策划路线图描述成"输入—输出的连锁装置"，并且认为任何活动都离不开顾客、中间商和供应商这三个角色。

(2)质的螺旋曲线。朱兰还以"大质量"促使质量管理从最初的统计方法向经营管理方向得以拓展，建立了质量管理的螺旋形提高模式。如图 8-2 所示。

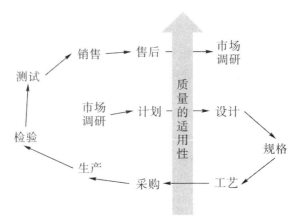

图 8-2　质量螺旋曲线

可以看出,质量螺旋是一条螺旋式上升的曲线,该曲线把全过程中各质量职能按照逻辑顺序串联起来,用以表征产品质量形成的整个过程及其规律性,通常称之为"朱兰质量螺旋"。朱兰质量螺旋反映了产品质量形成的客观规律,是质量管理的理论基础,对于现代质量管理的发展具有重大意义。

(3)基于帕累托原则的"二八法则"。20 世纪 50 年代,朱兰博士在工作实践中通过大量的实际调查和统计分析发现:在发生的所有质量问题中,仅有 20% 是由基层操作人员的失误造成的,而 80% 的质量问题是领导者造成的。此外,他还得出这 80% 的质量问题是在 20% 的环节中产生的。这种"二八原则"的原理便是依据维尔弗里多·帕累托(Vilfredo Pareto)提出的帕累托原则。帕累托从社会财产的积累和分配中发现这个原理,并提出了符合关键的少数现象的收入分配对数法则。帕累托原则是一种存在于任何人群的普遍现象,即相对少数的人创造了绝大多数的价值。

根据这个原则,质量损失呈不均匀分布状态,也就是说大部分后果是由少数几个原因造成的。这个原则使人们把注意力集中在几个能够产生重大影响的事物上,因此成为质量改进最有力的工具。可以用来经常性地分析问题产生的原因,进而消除或最大限度地削减不利影响因素。同样,在 ISO 9000 国际标准中,与领导者责任密切相关的一些因素占有相当大的比例,这种关系在客观上也证实了"二八法则"在质量管理中的普遍存在。

(4)质量三部曲。《管理突破》及《质量计划》两本书是朱兰的经典著作。由朱兰博士主编的《质量控制手册》被称为当今世界质量控制科学的名著,为奠定全面质量(TQM)的理论基础和基本方法做出了卓越的贡献。朱兰理论的核心:管理就是不断改进工作。他的"质量计划、质量控制和质量改进"三部曲,为企业的质量管理提出了一套完整的方法论。

朱兰通过他的质量改革运动告诉我们:仅仅把质量理解成产品和服务的改进是多么的幼稚。他认为质量管理一般包括质量计划、质量控制和质量改进三个过程。质量计划就是清晰质量目标和为实现质量目标所做的质量战略。质量控制不是等到产品出现不合格的时候进行控制,而是在生产过程中通过质量管理工具,监控到在不久以后的时间必然会出现的不合格现象,从而分析原因,制定相应的措施,杜绝不合格品的产生。质量控制是消除偶发性问题,使产品质量保持在规定的水平,即质量维持。而质量改进是消除系统性的问题,对现有的质量水平在控制的基础上加以提高,使质量达到一个新水平、新高度。

俗话说:"质量损失是一座没有被挖掘的金矿。"而质量改进正是通过各种方法把这个金矿挖掘出来。因此质量改进具有很高的投资收益率,有管理人员甚至认为,"最赚钱的行业莫过于质量改进"。

(5)生活质量观。在不久的将来,产品质量将面临更大的挑战,这是每一个企业管理者都可以预见的。社会工业化引起了一系列环境问题,它严重影响着人们的生活质量。朱兰认为,现代科学技术、环境与质量密切相关。他说:"社会工业化引起了一系列环境问题的出现,影响着人们的生活质量。"随着全球社会经济和科学技术的高速发展,质量的概念必然拓展到全社会的各个领域,包括人们赖以生存的环境质量、卫生保健质量,以及人们在社会生活中的精神需求和满意程度等。朱兰博士的生活质量观反映了人类经济活动的共同要求:经济发展的最终目的,是不断地满足人们日益增长的物质文化生活的需要。也就是说,没有需求的拉动,经济发展将难以实现。

3. 克劳斯比的质量管理理论

克劳斯比被誉为"最伟大的管理思想家""零缺陷之父""世界质量先生",致力于"质量管理"哲学的发展和应用。引发了全球源于生产制造业、继而扩大到工商业所有领域的质量运动,创造了其独有的词汇,其中"零缺陷""符合要求"的质量定义以及"不符合要求的代价"等均出自克劳斯比的笔端。

(1)质量是免费的。质量是免费的,它不是礼品,但它是免费的。从事质量管理的全部过程就是要建立习惯,使得职员和供应商们做他们所承诺过的事,亦即是要符合已同意的要求。对一个组织的最终产品或服务不满就叫作"质量有麻烦"。质量的定义必须是"符合要求"。这样的定义可以使企业的营运不再只是依赖意见或经验,这表示,公司中所有的脑力、精力、知识都将集中于制定这些要求,而不再浪费于解决争议之上了。

(2)质量管理是一种理念和哲学上的训练和纪律。质量并不是只要用一种特殊的方式就可以达到的。人们必须接受帮助,以使他们知道他们可以适应要求"行动正确、工作圆满"的企业文化。避免混战的方法便是"无火可救"。质量管理是一种理念和哲学上的训练和纪律,它能把所有这些带入一种人们能欣赏和运用的舒畅文化。

质量是一种可以获得的、可以衡量的,并且可以带来效益的实体。一旦项目经理对它有了承诺和了解,并且准备为之付出艰苦努力时,质量便可以获得。

(3)"第一次就将事情作好"和"零缺陷"的概念。1961 年,潘兴导弹在前 6 次成功发射的基础上开始第 7 次发射,在导弹的第二节点火以后,引爆了第一节的射程安全包,导弹发射失败。作为潘兴导弹项目的质量经理,在对事故的反思中,克劳斯比注意到在将导弹送到卡纳维拉尔角发射前,通常会出现 10 个左右的小缺陷,并由此认识到问题的原因在于质量管理中 AQL 的概念,并由此提出了"第一次就将事情作好"和"零缺陷"的概念。克劳斯比提出:"出错数是人们置某一特定事件之重要性的函数,人们对一种行为的关心超过另一种,所以人们学着接受这样一个现实:在一些事情上,人们愿意接受不完美的情况,而在另一些事情上,缺陷数必须为零。"

8.1.3 质量的内涵及其与项目质量的关系

1. 质量的定义及内涵

ISO 8402-1994 中对质量(quality)术语的定义如下:"反映实体拥有满足明确和隐含需要(needs)能力特性的总和。"ANSI/ASQC 则将质量的主体"实体"明确为"产品或服务",并强调了"明确或隐含需要"的"给定"范畴,将质量定义为:"产品或服务拥有满足给定需要(given needs)能力特征的总和。"

"明确需要"是指在合同、标准、规范、图纸、技术文件中已做出规定的要求。而"隐含需要"则是客户或社会对产品、服务的"期望",也就是人们所公认的、不言而喻的那些"需要"。

产品和服务的"能力特性"是由内在、外在、经济、商业及环境等方面的要素组成的。其中,与产品有关的内在特性主要是指产品的性能、特性、强度、精度,外在特性主要是指产品外形、包装、装潢、色泽、味道等,与产品和服务有关的经济特性主要指产品或服务的寿命、成本、价格、运营维护费用等,商业质量特性则是指产品或服务的保质期、保修期、售后服务水平等;环保质量特性主要是指产品或服务的环境友好性及环境友好程度,其度量指标与环境污染有关。

值得注意的是,质量不同于等级。质量是"一系列内在特性满足要求的程度",而等级是"对用途相同但技术特性不同的产品或服务的级别分类"。质量水平未达到质量要求肯定是个问题,而低等级不一定是个问题。例如,一个软件产品可能是高质量(无明显缺陷、用户手册易读)低等级(功能有限)的,或低质量(许多缺陷、用户手册杂乱无章)高等级(功能众多)的。项目经理与项目管理团队负责权衡,以便同时达到所要求的质量与等级水平。

2. 质量与项目质量的关系

质量形成于产品或服务的开发、生产过程中,而不是靠完工后的检查把关得出的,因此其产品或服务所要求的特性应在产品或服务的开发生产前明确确定。这些特性构成的产品或服务的质量标准必须在项目开发初期由项目干系人共同确定,之后在产品或服务开发项目的实施过程中融于产品或服务。当最终的产品或服务能够明确表明实现事先规定的质量标准,该项目才算完成。要实现这一点,就必须把产品或服务的质量与项目质量统一起来,利用有序开展的项目来保证最终交付成果(产品或服务)的质量能够满足"给定的""明确或隐含"的需要。因此,对项目工作而言,项目质量一般是由项目的结果,即产品或服务质量来度量。而产品或服务质量,除了明确规定的标准之外,很多时候与企业自身的要求或用户感觉密切相关。

对于产品、服务或项目质量,不同的公司或学者还从不同角度给出了各自的解释。通用电气(GE)在运行六西各玛(6Sigma)中,将质量定义为顾客和供应者从商业关系各个角度共同认知的价值理念。顾客的价值理念意味着用尽可能低的价格买到高质量产品;供应者的价值理念意味着提供顾客期望水准产品的同时获得最大可能的利润。这里的产品不仅包括传统意义的产品,还可理解为服务、项目或流程。朱兰博士则认为质量应该由用户来决定,是否适合使用(Fitness to use)、符合目的或者用途应作为质量度量的准则。费根堡姆甚至认为用户的感觉就是质量。

8.1.4　项目质量管理的含义及其过程

项目质量管理(Project Quality Management)是指为了保障项目产出物/成果能够满足项目业主/客户和项目各方相关利益者需要,对项目过程和项目产出物进行的全面质量管理工作。这里的"质量"不但包括项目产出的产品或成果质量,还包括项目工作质量。产品质量是指产品的使用价值及其属性;而项目工作质量则是指项目过程及管理是否合规且具有效率。因此,无论何种项目,无论项目的产品具有何种特性,项目质量管理都同时包含对项目工作过程质量的管理及项目产出产品或成果质量的管理。

未满足产品或项目质量要求的项目,其质量管理是低效甚至失败的,可能会给某个或全部项目干系人带来严重的负面后果。项目工作过程质量达不到要求,意味着项目工作流程的不规范甚至操作错误,很可能会影响项目组织的运行效率,引起项目范围的蔓延、工期的延误、赶工及项目成本增加,同时也很可能会进一步影响项目交付的产品质量。在验收环节,项目交付产品的质量如果达不到要求或存在问题,则很可能因通不过验收而返工,给项目组织带来损失,影响项目回款进程;而在产品进入使用阶段以后,如果产品存在问题,则可能会给客户带来损失甚至引起严重事故。所有这些追根究底都是由于项目质量管理这一方面出了问题或存在不足。因此,加强项目质量管理,必须首先了解项目质量管理的各个环节,对项目质量做到精细化管理。

项目质量管理包括执行组织确定质量政策、目标与职责的各过程和活动,从而使项目满足其预定的需求。它通过适当的政策和程序,采用持续的过程改进活动来实施质量管理体系。具体包括制定质量计划、实施质量保证和实施质量控制三个过程域。

1. 制定质量计划

质量计划是质量管理的第一过程域,它主要结合各个公司的质量方针、产品描述,以及质量标准和规则,通过收益、成本分析和流程设计等工具制定出来的实施方略,其内容全面反映用户的要求,为质量小组成员有效工作提供了指南,为项目小组成员及项目相关人员了解在项目进行中如何实施质量保证和控制提供依据,为确保项目质量得到保障提供坚实的基础。如图 8-3 所示。

项目管理需要平衡范围、时间、成本和质量这几个相互制约的关键因素。客户希望获得的产品质量越高越好,而项目的实施组织则希望能够平衡"高质量"与所付出的代价,这就要求我们需要为达到什么样的质量标准做出规划、争取、协商甚至妥协。所以质量计划是质量管理的纲领。

制定质量计划主要是识别项目及其产品的质量要求和/或标准,并书面描述项目将如何达到这些要求和/或标准的过程。质量计划应与其他项目规划过程并行开展。例如,为满足既定的质量标准而对产品提出变更建议,可能会引发相应的成本或进度调整,并可能需要详细分析该变更将给相关计划带来的影响。本节讨论项目中最常用的质量计划技术。在特定项目或应用领域中,还可采用许多其他的质量计划技术。

图 8-3　制定质量计划

（1）制定质量计划的主要依据如下：

范围基准。主要是指项目范围说明书及 WBS。项目范围说明书包含项目描述、主要项目可交付成果及验收标准。产品范围描述中通常包含技术细节和会影响质量计划的其他事项。验收标准的界定可导致项目成本与质量成本的明显增加或降低。达到所有验收标准，就意味着满足了客户需求。WBS 识别可交付成果、工作包，以及用来考核项目绩效的控制账户。

干系人登记册。可以从干系人登记册识别出那些对质量有特别兴趣或影响力的干系人。以便在后续质量管理中有选择地满足他们的需要，或者避免他们对项目交付成果的质量造成负面影响。

风险登记册。风险登记册包含可能影响质量要求的各种威胁和机会的信息。

其他项目文件或信息。可能影响规划质量过程的事业环境因素，例如政府法规；特定应用领域的相关规则、标准和指南；可能影响项目质量的项目工作条件或产品运行条件等。也包括可能影响质量规划过程的组织过程资产因素，例如组织的质量政策、程序及指南；历史数据库；以往项目的经验教训，以及由高级管理层颁布的、确定组织质量工作方向的质量政策。

执行组织的产品质量政策经常可"原样"照搬到项目中使用。如果执行组织没有正式的质量政策，或项目涉及多个执行组织（如合资项目），项目管理团队就需要为项目制定质量政策。无论质量政策源自何处，项目管理团队必须通过适当的信息发布，确保项目干系人完全了解项目所使用的质量政策。

（2）制定质量计划的主要方法/工具。在制定项目质量计划中，常用的方法可能包括基于群体决策或专家判断的成本效益分析或质量成本分析、标杆对照、实验设计及流程分析、统计抽样等。在项目质量计划制定中可能用到的工具包括控制图、流程图等。

成本效益分析。主要是指对项目涉及的关键质量活动进行成本和效益方面的论证，并与预期收益作比较。其中，达到质量要求的主要效益包括减少返工、提高生产率、降低成本与提升干系人满意度。

质量成本（COQ）分析。则是分析整个项目生命周期中的与质量相关的所有努力的总成本。这些成本包括项目生命周期中为预防产出不符合要求的交付成果，为评价交付的产品或服务是否符合要求，以及交付成果未达到要求而导致返工或赶工（修补）而发生的所有成本。这些成本可以分为一致性成本和非一致性成本两类。

一致性成本是指为了预防交付成果不合格、为了测量和评估交付成果是否符合质量标准或用户要求而对交付成果进行评价测试导致的成本。这些成本包括培训成本、流程规范化和文档化成本、设备采购，及工期的统筹安排带来的保障性成本等。

非一致性成本是指交付成果未达到要求产生的成本,也叫失败成本或劣质成本,源于项目组织内外两个方面。组织内部发现即将交付成果未达到要求而主动返工、修补或召回会导致项目成本增加,组织外部客户方或项目的关键干系人(尤其是政府相关部门组织)发现即将交付成果或已交付成果未达到要求,给用户或社会带来不良影响甚至伤害,这种情境会带来被迫返工、保修期的更换或保修、责任担当及损失弥补等成本,也可能导致业务流失、品牌声誉受损等效益的损害。

标杆对照简称对标,可以用于产品、企业及项目范畴。用于项目的标杆对照是将实际或规划中的项目实践与可比项目的实践进行对照,以便识别最佳实践,形成改进意见,并为本次实际或规划项目质量标准的制定提供一个基础。这些可比较的项目可能来自执行组织内部或外部,也可以来自同一或不同应用领域。

实验设计(Design of Experiment,DOE)。实验设计是一种统计方法,用来识别哪些因素会对正在开发的流程或正在生产的产品的特定变量产生影响。应在规划质量过程中使用DOE,来确定测试的类别、数量,以及这些测试对质量成本的影响。DOE 也有助于产品或过程的优化。它可用来降低产品性能对各种环境变化或制造过程变化的敏感度。该技术的一个重要特征是,它为系统地改变所有重要因素(而不是每次只改变一个因素)提供了一种统计框架。通过对实验数据的分析,可以了解产品或流程的最优状态,找到显著影响产品或流程状态的各种因素,并揭示这些因素之间存在的相互影响和协同作用。例如,汽车设计师可使用该技术来确定悬架与轮胎如何搭配,才能以合理成本取得最理想的行驶性能。

流程分析。流程分析可以应用于项目的各个环节,最基本的流程分析是对项目活动和过程的分解及排序,流程分析在最终交付成本为服务型产品的项目中也会被重点使用。在质量计划制定中,流程分析有助于项目团队根据流程预测在各个环节可能发生的质量问题,也有助于项目团队进行项目质量控制,认识到潜在问题并建立测试程序或处理方法。利用流程图进行流程分析都会显示活动、决策点和处理顺序。

统计抽样。统计抽样是指从目标总体中选取部分样本用于检查(例如,从 50 个软件项目测试用例中随机抽取 10 个)。抽样的频率和规模应在质量规划过程中确定,以便在质量成本中考虑测试数量和预期废料等。统计抽样拥有丰富的知识体系。在某些应用领域,项目管理团队可能有必要熟悉各种抽样技术,以确保抽取的样本确实能代表目标总体。

控制图。控制图用来确定一个过程是否稳定,或者是否具有可预测的绩效。根据合同要求而制定的规格上限和下限,反映了可允许的最大值和最小值。超出规格界限就可能受处罚。控制上限和下限由项目经理和相关干系人设定,反映了必须采取纠正措施的位置,以防止超出规格界限。虽然控制图常用来追踪批量生产中的重复性活动,但也可用来监测成本与进度偏差、产量、范围变更频率或其他管理工作成果,以便帮助确定项目管理过程是否受控。

图 8-4(a)是一个追踪项目工时记录的控制图,图 8-4(b)则显示了相对于固定界限的、被检测出的产品缺陷数量。

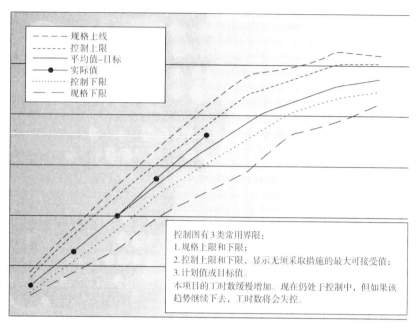

控制图有 3 类常用界限:
1. 规格上限和下限;
2. 控制上限和下限, 显示无须采取措施的最大可接受值;
3. 计划值或目标值。
本项目的工时数缓慢增加。现在仍处于控制中, 但如果该趋势继续下去, 工时数将会失控。

（a）

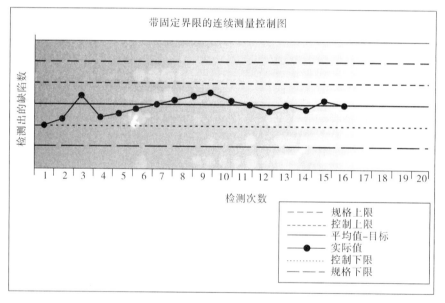

（b）

图 8-4 控制图示例

其他质量计划工具包括头脑风暴、矩阵图、思维导图等。质量思维导图通常是基于单个质量概念创建的, 是绘制在空白的页面中央的图像, 之后再增加以图像、词汇或词条形式表现的想法。思维导图技术可以有助于快速收集项目质量要求、制约因素、依赖关系和联系。

（3）质量计划过程的主要交付成果。项目质量计划的主要交付成果为质量管理计划和质量测量指标。

质量管理计划说明项目管理团队将如何实施执行组织的质量政策。它是项目管理计划的组成部分或子计划,为整体项目管理计划提供输入,包括项目的质量控制、质量保证和持续过程改进方法。质量管理计划可以是正式或非正式的,非常详细或高度概括的。其风格与详细程度取决于项目的具体需要。应该在项目早期就对质量管理计划进行评审,以确保决策是基于准确信息的。这样做的好处是,减少因返工而造成的成本超支和进度延误。

质量测量指标是一种操作性定义,它用非常具体的语言描述项目或产品属性,以及如何利用质量控制过程测量这些属性以验证其符合度。质量测量指标包括:准时性、预算控制、缺陷频率、故障率、可用性、代码行错误、客户满意度、可靠性和测试覆盖度等。

2．实施质量保证

质量保证是贯穿整个项目全生命周期的有计划和有系统的活动,经常性地针对整个项目质量计划的执行情况进行评估、检查与改进等工作,向管理者、顾客或其他方提供信任,确保项目质量与计划保持一致。该过程把组织的质量政策应用于项目,并将项目质量计划转化为可执行的质量活动。这些活动包括监督质量保证活动,审计质量要求和质量控制结果,确保在项目中采用合理的质量标准和操作性定义。质量保证部门或同类职能部门经常要对质量保证活动进行监督,并向项目团队、执行组织管理层、客户或发起人,以及其他未主动参与项目工作的干系人提供质量保证支持。实施质量保证的过程如图 8-5 所示。

实施质量保证过程也为公司项目管理的持续过程改进创造条件。持续过程改进是指不断地改进项目过程管理的质量。通过持续过程改进,可以减少浪费,消除非增值活动,使各个项目过程在更高的效率与效果水平上运行。

图 8-5　实施质量保证

(1)实施质量保证的主要依据

实施质量保证的前提条件是必须有明确的质量测量指标,在此基础上才能根据这些指标在实际质量控制活动中的测量结果,对项目质量(包括过程质量及成果质量)进行度量。因此,质量测量指标是在实施质量保证过程中用以监督项目质量活动、控制质量,以及设定项目测试场景和可交付成果用以改进过程的基本依据。质量控制测量结果作为质量控制活动的结果,可以被用来分析和评估执行组织的质量标准与过程。

此外,实施质量保证还需要依赖相关的其他项目文件及信息。例如,可以支持质量审计过程的绩效信息,包括技术性能测量结果、项目可交付成果状态、进度进展情况,以及已经发生的成本。

（2）实施质量保证的主要方法/技术

质量审计。质量审计是一种独立的结构化审查，用来确定项目活动是否遵循了组织和项目的政策、过程与程序。质量审计的目标包括以下几个方面：识别全部正在实施的良好/最佳实践；识别全部差距/不足；分享所在组织和/或行业中类似项目的良好实践；积极、主动地提供协助，以改进过程的执行，从而帮助团队提高生产效率；强调每次审计都应对组织经验教训的积累做出贡献。采取后续措施纠正问题，可以带来质量成本的降低，并提高发起人或客户对项目产品的接受度。质量审计可事先安排，也可随机进行；可由内部或外部审计师进行。质量审计还可确认已批准的变更请求（包括纠正措施、缺陷补救和预防措施）的实施情况。

过程分析。过程分析是指按照过程改进计划中概括的步骤来识别所需的改进。它也要检查在过程运行期间遇到的问题、制约因素，以及发现的非增值活动。过程分析包括根本原因分析，即用于识别问题、探究根本原因，并制定预防措施的一种具体技术。

（3）实施质量保证的主要结果

项目质量报告。质量报告涉及的内容较为广泛，可以是项目组织自身无法解决或还未解决的、需要上报的质量管理问题，也可以是针对项目、交付成果、项目管理过程等提出的改善建议，纠正措施（例如赶工建议、返工或召回、缺陷补救、全面检查等），还可以反映质量控制过程中发现的情况。这些信息可以帮助项目其他成员或项目其他环节避免类似质量管理问题。用以表现质量问题的工具或技术可以是图形、数据表或定性描述及其组合。在质量计划或质量控制中使用的很多图表都可以呈现在质量报告中，以便直观展示问题或状态。

质量测试与评估报告。测试和评估报告一般都因行业需求或组织不同而呈现出不同的内容结构或形式。它们是质量控制的主要依据，用于评估质量目标的实现情况。这些文件可能包括专门的核对表和详尽的需求跟踪矩阵。核对表是一种用于质量控制过程的结构化工具，通常具体列出各项内容，用来核实所要求的一系列步骤是否已经执行。

变更请求。质量改进包括采取措施来提高执行组织的质量政策、过程及程序的效率和/或效果。可以提出变更请求，并提交给实施整体变更控制过程审查，以便对改进建议作全面考虑。可以为采取纠正措施或预防措施，或者为实施缺陷补救，而提出变更请求。

项目文件更新。实施质量保证活动的过程往往会对项目的其他方面造成影响，例如进度或成本、培训计划或项目文档等。这些更新也是项目综合管理中变更管理的内容。

3. 实施质量控制

实施质量控制是阶段性地监测并记录执行质量活动的结果，对阶段性成果进行检测、验证，或对质量工作绩效进行评估，从而为质量保证提供参考依据。很多时候，质量控制的实施意味着对必要性变更的建议。如图 8-6 所示。

质量标准既包括项目过程的质量标准，也包括项目产品的质量标准；项目成果既包括可交付成果，也包括项目管理成果，如成本与进度绩效。质量控制工作贯穿项目的始终，它是一个 PDCA 循环过程。通常由质量控制部门或名称相似的组织单元来实施。通过质量控制活动，可识别造成过程低效或产品质量低劣的原因，并建议和/或采取措施来消除这些原因。

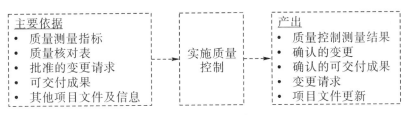

图 8-6　实施质量控制

（1）实施质量控制的主要依据

质量测量指标及质量核对表。在质量控制过程，质量测量指标给控制质量过程是否符合要求，以及符合程度提供了验证依据，质量核对单则为质量控制过程提供了需要检查的对象。

批准的变更请求。在实施整体变更控制过程中，通过更新变更控制状态，来显示哪些变更已经得到批准，哪些变更没有得到批准。批准的变更请求可包括各种修正，如缺陷补救、修订的工作方法和修订的进度计划。需要核实批准的变更是否已得到及时实施。

可交付成果。可交付成果是否达到要求、为达到质量要求是否需要提出变更请求等，这些是质量控制过程关注的主要内容。

（2）实施项目质量控制的主要技术/工具

以下这些工具与技术中的前七项被称为"石川七大基本质量工具"。当项目是以交付产品为主时，这些工具都可能在对交付的产品进行质量控制中被使用。但并非所有工具都适用于项目过程的质量控制。

因果图。又称石川图或鱼骨图，外形如鱼骨，"鱼头"表示最终呈现出的质量问题，沿着鱼骨两边的鱼翅末梢为引起这些质量问题的基本要素（最简单的如人、机、环、料、法），对这些要素分析引起质量问题的原因通过对"为什么"或"怎样"的追问剖析及分解得出最根本的质量影响因素或根本原因，由此系统而直观地显示各种因素如何与潜在问题或结果相联系。因果图被广泛用于项目质量、风险、成本等问题的分析。以某语音识别软件开发项目为例，交付的成果"语音识别软件"质量未达到要求，表现为识别效果不理想，如语音识别遗漏、错误、乱码等。剖析引起这一问题的原因，形成如图 8-7 所示的鱼骨图示例。

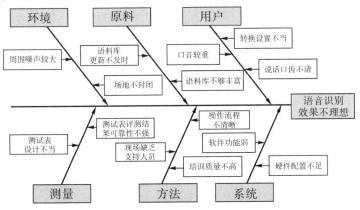

图 8-7　某语音识别软件质量因素分析的鱼骨图示例

　　控制图。控制图是一种用于分析和判断过程是否处于稳定状态所使用的带有控制界限的图,是具有区分正常波动和异常波动的功能图表,是现场质量管理中重要的统计工具。它直观地反映某个过程随时间推移的运行情况,以及何时发生了特殊原因引起的变化,导致该过程失控。常规控制图包括计量值控制图(包括单值控制图、平均数和极差控制图、中位数和极差控制图)和计数值控制图(包括不合格品数控制图、不合格品率控制图、缺陷数控制图、单位缺陷数控制图等)两类。

　　从其用途来看,又可以分为稳值控制图和变值控制图。稳值控制图帮助分析生产过程中有关质量特性值的变化情况,看工序是否处于稳定受控状,从而对产品质量或目标值恒定不变的目标实施状态进行控制,如图 8-8(a)所示,图中中心线表示计划目标值,虚线表示控制上下限。变值控制图帮助发现生产过程是否出现异常情况,从而对目标值随时间变化的目标实施状态进行控制,以预防产生不合格品。从计划线与实际线的对比可以看出目标实施状态,对于超出计划线的情况,查清超出的原因,采取措施,将其控制在计划线以下。如图 8-8(b)所示。

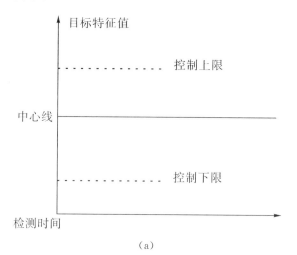

（a）

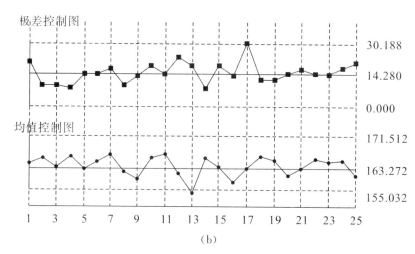

（b）

图 8-8　控制图

控制图以图形方式回答这个问题：该过程的偏差是在可接受的界限内吗？控制图中的数据点可以显示过程的随机波动、突然跳跃或偏差逐渐扩大的趋势。通过持续监测一个过程的输出，控制图有助于评价过程变更是否达到了预期的改进效果。当一个过程处于可接受的界限内时，它是受控的，不需要调整；相反，当超出可接受的界限时，就应该进行调整。连续 7 个点超出控制上限或下限，也表明过程失控。控制上限和下限经常设在 ±3 西格玛的位置，其中 1 个西格玛代表一个标准差。

在实施质量控制过程中，需要收集和分析控制图中的相关数据，来指明项目过程与产品的质量状态。

流程图。在实施质量控制中，可以使用流程图来发现某个或某些失效的步骤，以及识别潜在的过程改进机会。

直方图。直方图是一种垂直的条形图，显示特定情况的发生次数。每个柱形都代表某个问题/情景的一种属性或特征。柱形的高度则表示该特征的发生次数。直方图用数字和柱形的相对高度，直观地表示引发问题的最普遍的原因。如图 8-9 所示。

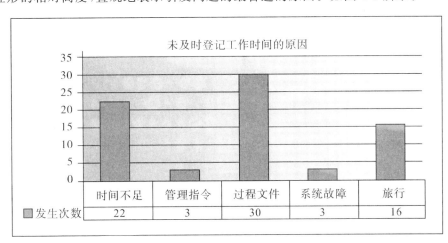

图 8-9　直方图示例

帕累托图。帕累托图是一种按发生频率排序的特殊直方图，显示每种已识别的原因分别导致了多少缺陷。排序的目的是有重点地采取纠正措施。项目团队首先要处理那些导致最多缺陷的原因。帕累托图在概念上与帕累托法则有关。帕累托法则认为，相对少量的原因通常造成大多数的问题或缺陷。该法则通常称为 80/20 原则，即 80% 的问题是由 20% 的原因导致的。帕累托图也用于汇总各种类型的数据，并进行 80/20 分析。如图 8-10 所示。

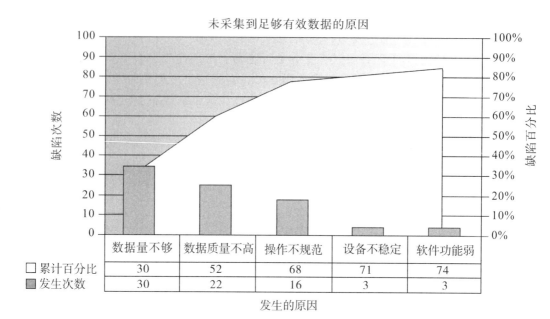

图 8-10　帕累托图示例

　　趋势图。趋势图相当于没有界限的控制图,用来反映某种变化的历史和模式。它是一种线形图,按发生顺序标示数据点。趋势图可以显示随时间推移的过程趋势、过程变化,或者过程的恶化和改进情况。可以借助趋势图并采用相关的数学技术,进行趋势分析,以便根据历史结果来预测未来情况。趋势分析常用于监测技术性能、进度与成本绩效。例如,已识别出多少错误或缺陷,其中有多少仍未纠正?每个时期有多少活动在完成时出现了明显偏差?

　　散点图。散点图显示两个变量间的关系。通过散点图,质量团队可以研究并确定两个变量之间可能存在的关系。需要在散点图上标出因变量和自变量。数据点越接近对角线,两个变量之间的关系就越密切。如图 8-11 所示。

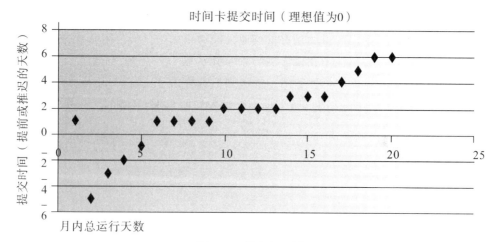

图 8-11　散点图示例

其他工具如统计抽样、检查等。按照质量计划中的规定抽取和测量样本。检查是指检验工作成果,以确定其是否符合相关的书面标准。检查的结果通常包括相关的测量数据。检查可在任何层次上进行,例如可以检查单项活动的成果,或者项目的最终产品。检查也可称为审查、同行审查、审计或巡检等。在某些应用领域,这些术语的含义比较狭窄和具体。检查也可用于确认缺陷补救。

（3）实施质量控制的主要结果

质量控制测量结果。质量控制测量结果是按照质量计划中规定的格式,对质量控制活动结果的书面记录。

确认的变更。对变更或补救过的对象进行检查,做出接受或拒绝的决定,并把决定通知相关人员。被拒绝的对象可能需要返工。

确认的可交付成果。质量控制的一个目的就是确定可交付成果的正确性。实施质量控制过程的最终结果就是确认的可交付成果。确认的可交付成果是核实范围过程的一项输入,以便接受正式验收。

变更请求。如果推荐的纠正措施、预防措施或缺陷补救导致需要对项目管理计划进行变更,则应按既定的实施整体变更控制过程提出变更请求。

8.1.5　项目质量管理及其与常规质量管理的比较

从企业运作模式来看,无论是职能型企业还是项目型企业,均存在两类过程:重复性连续过程(日常运营)和一次性暂态(项目运营)过程。两类过程的区分在于过程是否具有重复性。例如一项重大的投资决策、一次重要的活动组织、一个新产品的开发,以及一个特殊订单的产品或服务实现等均属于一次性暂态过程。而制造企业的工序制造、材料供应、质量检测、市场营销等过程属于重复性连续过程。

从质量管理体系标准来看,存在 ISO 9001 质量管理体系标准和 ISO 1006 项目管理标准两大类。ISO 9001 标准提供的是企业质量管理体系模式,主要是针对企业在经营管理中具有重复性的要素或过程,其实施目的是企业通过持续改进活动不断发现过程误差和系统误差并加以纠正,从而持续改善过程输出质量。ISO 9001 体系标准中,只有质量计划要素(ISO 9001:1994)或产品实现策划过程(ISO 9001:2000)涉及项目质量管理。国际化标准组织以 PMBOK 及 ICB 文件为框架制定了项目管理标准体系 ISO 10006。该体系中的 39 个标准过程(PMI)或 42 个要素(ICB)全部是一次性过程或要素,项目的质量管理核心是过程输出阶段结果的验证和预防措施的制定与实施。与企业日常运营中给予持续改进的质量管理不同,一个具体项目的质量缺陷基本上没有采取纠正措施持续改进的机会,因此,项目质量缺陷的后果是无可挽回的甚至毁灭性的。

从质量控制的理念和方法看,休哈特的统计过程控制技术(SPC)与克劳斯比的零缺陷管理在适用范围方面存在明显区别。SPC 至今仍然是企业质量管理的主要手段,适用于大量的重复性连续过程,项目的质量管理中也很少使用 SPC 技术。而项目的质量管理属于一次性活动,因此克洛斯比的"第一次就做好"和"零缺陷"的理念对项目质量管理更适用。

另外,重复性连续过程的质量控制一般采用端部反馈控制的方法,既将过程输出与控制基准对比,发现差异并调整过程参数。但端部控制属于反馈控制,是已经造成了结果之后返回调整和纠偏,很明显这种方式适用于大量产品的重复生产或服务的持续改进。但项目是一次性过程,在实施过程中如果采用这种控制方法,往往会导致工期延误、成本增加,甚至失去了采取纠正措施的机会。因此,在一次性的项目过程的质量控制中通常采用局部反馈过程控制方法,即将质量控制活动分解为几个过程环节,在每一个过程环节中采取标准制定和对标审核与检验的方式,以此来实现对项目(过程)质量的控制。例如,要在某个项目中采购一台具有新技术的设备,为了避免到货后才发现不适用,则需要将购买过程分解成采购计划过程、采购标准制订过程、供货商选择过程、询价过程、合同过程、运输过程和到货检验过程,甚至设备制造后和运输前的中间验收过程。这种根据过程中间结果采取纠正措施的控制方式在理论上被称为局部反馈控制方法,局部反馈控制方法是项目过程控制的主要方法。

一次性过程的质量控制除了具有上述闭环的状态控制特点之外,还需要对状态的质量控制基准进行控制,形成基准控制环。这是由于项目过程是循序渐进的,项目初期建立的质量控制基准在项目的进行中通常是变化的,需要根据项目的进程进行变更。项目的状态控制是由项目执行职能人员进行的,项目的质量基准控制是由变更控制小组(CCB-Change Control Board)控制的。

但总的看来,项目管理与常规质量管理是相辅相成的。两门学科都充分认识到以下几方面的重要性。

首先是客户满意。了解、评估、定义和管理期望,以便满足客户的要求。这就需要把"符合要求"(确保项目产出预定的结果)和"适合使用"(产品或服务必须满足实际需求)结合起来。

其次,预防胜于检查。现代质量管理的基本信条之一是,质量是规划、设计和建造出来的,而不是检查出来的。预防错误的成本通常比在检查中发现并纠正错误的成本少得多。

再次,持续改进。由休哈特提出并经戴明完善的"计划—实施—检查—行动(PDCA)循环"是质量改进的基础。另外,执行组织采取的质量改进举措,如TQM和六西格玛,既能改进项目的管理质量,也能改进项目的产品质量。可采用的过程改进模型包括:马尔科姆·波多里奇模型、组织项目管理成熟度模型(OPM3)和能力成熟度集成模型(CMMI)。

最后,管理层的责任。项目的成功需要项目团队全体成员参与,但管理层有责任为项目提供所需资源。

§8.2 软件项目的质量管理

尽管所有的项目经理都期望软件能满足客户的需求,并且软件产品上线运行稳定,不会发生重大的质量问题,但现实中难用的甚至被弃用的软件仍然不胜枚举。就连谷歌、京东、阿里巴巴这样的领先互联网企业也不例外。一些关键的软件项目甚至由于严重的质量问题导致上线以后给用户造成重大财产损失甚至生命威胁。

但另一方面,软件产品的质量具有极大的不确定性,且很难进行定量化测量。即便那些已经通过了 CMM5 认证的 IT 公司,也未必能保证其项目产品质量都很高。其原因是软件产品质量不但与软件开发过程的规范性和所使用的的生命周期模型密切相关,而且与开发人员的技术水平及思维模式直接相关。

那么,软件产品的质量应该如何定义? 又如何开展软件项目的质量管理,保证软件产品的质量呢?

软件产品的质量是指软件产品符合特定需求的程度,它是许多软件质量属性的综合体现。具体表现为三个方面:具有明确确定的软件功能和性能需求,以及明确成文的软件开发标准,除此以外,还具有所有软件期望的隐含特性。

从质量管理的过程来看,软件项目质量管理主要工作是制定软件质量计划、实施软件质量保证,及软件质量控制。

8.2.1　制定软件质量计划

软件质量计划的主要内容包括确定项目应达到的质量标准,以及决定如何满足质量标准的计划安排和方法。软件质量管理计划的大纲通常包括以下组成部分:质量元素分析、软件产品和过程的质量目标、实施质量活动的人员与职责、过程检查计划;技术评审计划、软件测试计划、缺陷跟踪工具、审批意见。

任何一个软件开发项目,最重要的都是通过实现软件的各项功能、性能需求来满足用户的需求。为了保证开发出有质量保障的软件产品,开发过程必须符合文档化的开发标准,并给出或设计一些质量特性及其组合作为在软件开发与维护中的重要考虑因素。只有当这些质量特性及其组合在产品中得到体现,才能说这个软件产品质量是有保障的。除此以外,软件属性还可用做软件质量的度量标准或评价准则,定量化地度量软件质量的优劣。

不同用户使用的软件或软件应用的领域不同,都会引出对软件质量特性的不同要求。人们通常用软件质量模型来描述影响软件质量的特性。目前常见的成熟的软件质量模型有 Jim McCall 模型(1977,也被称为 GE 模型)、Barry W. Boehm 模型(1978)、FURPS 模型、R. Geoff Dromey 模型,以及 ISO 系列模型。ISO 系列模型又包括常见的 ISO/IEC 9126(1993)以及 ISO/IEC 25010(2011)。本文介绍最为常见的 ISO 系列软件质量模型系列。

McCall 模型最初起源于美国空军,主要面向系统开发人员和系统开发过程,旨在借助这些质量属性实现开发人员与客户之间的沟通。该模型分别基于软件外部(客户或使用者)视角及软件内部(开发者)视角,从软件修正、软件转移以及软件运行三个方面来定义软件质量属性,其模型结构包括质量因素(特性)→衡量准则→度量标准三个层次。软件质量是由软件质量因素(或特性)构成的函数。软件质量因素或特性表现了系统可见的行为化特征。每一因素或特性又由一些准则来衡量,而准则是跟软件产品和设计相关的质量特征属性。

McCall 模型的度量层、质量特性(包括 11 个外部质量特性和 23 个内部质量特性)具体如表 8-1 所示。

表 8-1　McCall 软件质量度量模型

度量层		11 个外部质量特性（及含义）	23 个内部质量特性（度量准则）
软件修正	可维护性	为满足用户新的要求，或当环境发生了变化，或运行中发现了新的错误时，对一个已投入运行的软件进行相应诊断和修改所需工作量的大小	完备性 一致性 适合性 准确性 容错性 简单性 模块性 通用性 可扩充性 工具性 自描述性 执行效率 存储效率 存取控制 存取审查 可操作性
	可测试性	测试软件以确保其能够执行预定功能所需工作量的大小	
	灵活性	修改或改进一个已投入运行的软件所需工作量的大小	
软件转移	可移植性	将一个软件系统从一个计算机系统或环境移植到另一个计算机系统或环境中运行时所需工作量的大小	
	可复用性	一个软件（或软件的部件）能再次用于其他应用（应用的功能与此软件或软件部件的所完成的功能有关）的程度	
	互联性	又称互操作性。连接一个软件和其他系统所需工作量的大小。如果这个软件要联网或与其他系统通信或要把其他系统纳入自己的控制之下，必须有系统间的接口，使之可以联结	
软件运行	正确性	在预定环境下，软件满足设计规格说明及用户预期目标的程度。它要求软件本身没有错误	培训性 通信性 软件系统独立性 通信通用性 数据通用性 简明性
	可靠性	软件按照设计要求，在规定时间和条件下不出故障，持续运行的程度	
	效率	为了完成预定功能，软件系统所需计算机资源（包括时间）的有效程度	
	可使用性	对于一个软件系统，用户学习、使用软件及为程序准备输入和解释输出所需工作量的大小	
	完整性	为某一目的而保护数据，避免它受到偶然的或有意的破坏、改动或遗失的能力	

内部质量属性通过外部的质量要素反映出来。这一模型存在的问题是：有些本质上并不相同的问题显示出的外部行为可能相同，从而导致被当成同一问题对待，使得指标的制定和度量结果难以评价。

Boehm 模型与 McCall 模型相似，也通过一系列属性指标来度量软件质量，且包含了 McCall 模型中没有的硬件属性。它将这些特征最终合并为 19 个标准。

ISO 9126 建立在 McCall 和 Boehm 模型之上，从内部、外部及使用三个层次的因素分解来度量软件质量，这三者之间相互影响和依赖，其中，使用质量从有效性、生产率、安全及满意度四个方面来界定。内部和外部整合成 6 大质量特性，这些特性进一步细分成 27 个子特性。这些子特性在软件作为计算机系统的一部分时会明显地表现出来并且会成为内在软件属性的结果。

　　外部质量需求从外部视角来规定要求的质量级别。包括用户质量要求派生的需求（包括使用质量需求）。外部质量需求用作不同开发阶段的确认目标。内部质量需求从产品的内部视角来规定要求的质量级别。内部质量需求用来规定中间产品的特性。这些可以包括静态的和动态的模型，其他的文档和源代码。两种质量模型虽然度量点相同，但是度量的角度不同，度量方式也有所区别。软件内外部质量模型涉及的 6 大特性及 27 个子特性定义如图 8-12 所示。

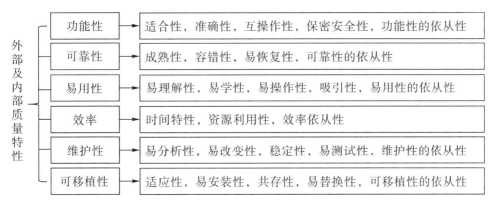

图 8-12　软件外部和内部质量特性

　　使用质量模型是基于用户观点的软件产品用于指定的环境时的质量。它测量用户在特定环境中能达到其目标的程度，而不是测量软件自身的属性。基本的软件使用质量模型包括有效性、生产率、安全性和满意度这四大特性，各特性含义如下：有效性是指软件产品在指定使用的环境下，使用户能正确和完全到达规定目标的能力；生产率是指软件产品在指定使用的环境下，使用户为达到有效性而消耗适当数量资源的能力；安全性是指软件产品在指定使用的环境下，达到对人、业务、软件财产造成损害的可接受风险的级别；满意度是指软件产品在指定使用的环境下，使用户达到满意的能力。

8.2.2　软件质量保证(SQA)

1. 软件质量保证体系

　　质量保证体系是由建立质量方针和目标并实现这些目标的相互关联或相互作用的一组要素组成。如图 8-13 所示。

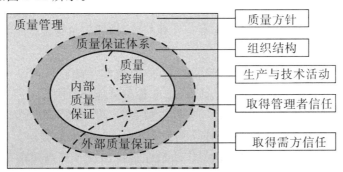

图 8-13　质量保证体系的要素构成

软件质量保证是通过监控软件开发过程来保证软件质量,保证生产的软件产品及软件开发过程符合相应的标准和规范。软件质量保证的目的是为管理者提供有关软件过程和产品的可视性。包括审计质量要求、评审软件产品及其活动,以验证其是否遵守既定的规程和标准,并向有关负责人汇报评审和审核的结果。还包括检查在过程运行期间遇到的问题、制约因素,发现非增值活动,实施过程改进。质量保证并不能保证获得高质量,但能保证质量的提高。

IT 企业质量保证体系的建立是帮助企业逐步建立自觉质量意识、形成企业文化的重要途径。不同类型的 IT 企业关注的项目质量焦点不同。如表 8-2 所示。

表 8-2　IT 企业质量关注的焦点

IT 企业类型	质量关注焦点
项目型	与客户有关的过程、设计和开发更改的控制
产品型	产品的持续改进、标志和可追溯性
服务型	服务质量及竞争性,客服中心建设
系统集成型	项目实施和设备采购、现场管理
管理咨询型	项目实施及售后、客户满意度

2. 软件质量保证的实施

软件行业质量保证通过以下活动的持续实施来实现:软件配置管理(Software Configuration Management,SCM)、审计、技术评审、同行评审(Peer Review)。

软件配置管理这一概念来源于制造工业领域,是用来对软件开发过程中产生的各样不同工件,包括文档、源程序、可执行代码、支持库进行有序、高效存放、查找和利用,从而建立并维护软件产品完整性的管理办法和活动原则。目前软件行业常用的配置管理工具包括 CVS(Concurrent Versions System)、SVN(Subversion)、GIT(Georgia Institute of Technology)等,每个工具的操作细节存在一定的差异,但基本原理相同。这些工具可以帮助更高效地完成以下事项:制定配置管理策略;实施、维护配置管理的环境;研发团队在指定的配置库以及分支上开发和测试;基线制定;版本发布;配置审计。

审计包括对软件产品、软件工具和设备的审计,是为了评估软件产品及开发工具设备是否符合组织和项目的标准,鉴别偏差以便跟踪评价。

技术评审是指对软件开发过程中的活动进行评审,保证软件定义在开发过程中得到遵循;对于审计和评审过程中所发现的不符合标准处,软件质量保证人员要进行跟踪和处理,直到问题得到解决。

同行评审是由同行进行软件产品验证的活动,以便尽早从软件产品中识别并消除缺陷。与一般评审流程相似,同行评审包括策划、准备和实施三个阶段。同行评审的重点是确定产品的缺陷,而不是如何解决问题。在评审结束后,软件产品的开发者应该依据评审记录,修正软件产品中的缺陷,然后向同行评审负责人确认缺陷的修正。在系统开发前期引入同行评审,可以加大软件开发前期工作质量保证的力度。提高对前期产品质量的保证,降低软件开发的成本,提高软件产品的整体质量。

基于 PDCA 循环的软件项目质量保证实施流程如图 8-14 所示。

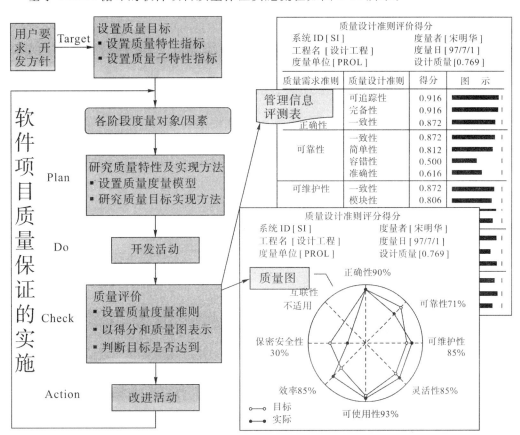

图 8-14　PDCA 循环的软件质量保证实施的基本环节

可以看出,质量保证活动旨在帮助软件项目过程持续改进,以便使得质量目标与开发活动之间的结果更加匹配。在质量保证活动中,软件开发活动并非最后一个环节,而是在此基础上必须进行质量评价。质量评价是一项重要的质保活动,需要借助软件质量特性或子特性对项目交付成果软件质量进行度量和评价,以便发现问题,为后续类似项目的软件质量提升提供改进的依据。

3. SQA(软件质量保证)的职责

众多优秀的 IT 企业都将产品质量的目标与企业战略密切联系起来。虽然在项目中,成本、进度与质量三者是相互制约的,企业要获得更好的盈利,往往要以项目周期或产品质量为代价。因此,如何平衡这三个要素之间的关系,会直接决定企业的行为,也会直接体现在企业对外的价值主张或营销策略中。例如,IBM 的软件是以质量为最重要目标的,而微软则以"足够好的软件"作为营销策略。当 IT 企业把质量目标与企业战略目标相关联时,从事质量保证工作的相关部门或角色(简称 SQA)也显示出其在公司或部门的重要地位。

但对于绝大多数 IT 企业而言,SQA 角色却似乎没那么重要。他们的职责只是确保过程的有效执行,监督项目按照过程进行项目活动,并不负责产品质量的监管,以及向管理层汇报。我国 IT 企业的 SQA 按照工作重点不同可以分为过程改进型、配置管理型和测试型三种职责。

这里特别要谈一下配置管理与项目文档管理的关系。事实上,配置管理型职责主要负责文档的管理和维护。文档是指具有固定和统一的用以供人对各种情况和问题进行描述、记录和阅读的数据或者数据载体。包括用户文档、开发文档、管理文档。从项目管理方面来看,文档在项目中是非常重要的沟通工具,也是界定和明晰不同角色责任的重要依据;从软件开发来看,文档也可以帮助相关技术人员更好地理解软件从需求分析到测试各个环节的可视化及相关规则,以便实现开发各个环节的顺利衔接。

项目质量管理文档从用途上主要分为管理文档、开发文档和用户文档。它们具体包含的文档分类如图 8-15 所示。

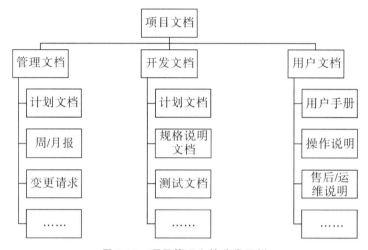

图 8-15　项目管理文档分类示例

从文档使用对象及功能来分,又可以分为内部文档和外部文档。内部文档包括项目开发计划、需求分析、体系结构设计说明、详细设计说明、构件/组件索引、构件/组件接口及调用说明、类索引、类属性及方法说明、测试报告、质量监督报告、源代码、文档分类版本索引、软件安装打包文件等;外部文档主要包括软件安装及操作手册、在线帮助等。

如何保证文档的全面性,使其真正为项目的进度提供保证,又不因为文档的写作而耽误项目的进度,迄今为止这仍然是一个比较难解决的问题。许多重视规范化的组织虽然文档齐备规范,但项目经理却为了完成各种项目文档的撰写而耗费了大量的时间,以至于被称为文档经理。另一些不重视文档规范化及完整性的组织却可能因为项目中某些成员的离职而导致相关工作很难衔接。因此,配置管理小组的重要任务之一便是编写文档规范和文档模板,另一个重要任务则是对文档的组织管理。根据文档的不同,文档的来源也不同,有些是通过质量保证小组复审之后转交给配置管理小组,有些则会直接从文档的出处到达配置管理小组。文档的管理是一个非常烦琐的工作,但是从长远来看它使项目的开发对单个主要人员的依赖减少,从而减少人员流动给项目的带来的风险。

8.2.3　软件质量控制（QC）

质量控制主要是通过对软件产品的技术评审与测试,确保缺陷尽可能少地落到后续的生产运营环境下影响业务的开展。

除了确保软件产品的功能完整和正确性,还需要确保达到了所需要的非功能性特征,如高性能、高负载下时的可用性、高可用性、安全性、易用性等。

虽然技术评审与软件测试都是为了消除缺陷,但是也有不同:技术评审无需运行软件,但需要和开发者把工作成果(软件产品)放到会议上进行讨论,另外,技术评审需在软件测试之前执行,尤其是在需求开发和系统设计阶段。软件测试需要运行软件来查找缺陷,相比而言,软件测试的工作量通常比技术评审大,发现的缺陷也更多。

为了高效、集中处理检测出来的缺陷,组织往往会采用某些缺陷跟踪程序,同时也能更好地分享给其他的成员。有很多免费的缺陷跟踪程序可以从互联网下载。但并不是所有软件都能提供一些数据分析。

另一方面,从管理的角度来看,要对软件质量进行有效控制,还必须弄清楚影响软件质量的主要因素。不同规模的软件项目,在软件项目管理涉及的产品内容、人员以及工作范围等方面都有所不同。

§8.3　CMMI 简介

8.3.1　概述

CMMI 全称是 Capability Maturity Model Integration,即软件能力成熟度模型集成,由美国国防部与卡内基-梅隆大学和美国国防工业协会共同开发和研制,其目的是帮助软件企业对软件工程过程进行管理和改进,增强开发与改进能力,从而能按时地、不超预算地开发出高质量的软件。其所依据的想法是:只要集中精力持续努力去建立有效的软件工程过程的基础结构,不断进行管理的实践和过程的改进,就可以克服软件开发中的困难。CMMI 为改进一个组织的各种过程提供了一个单一的集成化框架,新的集成模型框架消除了各个模型的不一致性,减少了模型间的重复,增加透明度和理解,建立了一个自动的、可扩展的框架。因而能够从总体上改进组织的质量和效率。CMMI 主要关注点就是成本效益、明确重点、过程集中和灵活性四个方面。

CMMI 内容分为"Required"(必需的)、"Expected"(期望的)、"Informative"(提供信息的)三个级别,来衡量模型包括的质量重要性和作用。最重要的是"要求"级别,是模型和过程改进的基础。第二级别"期望"在过程改进中起到主要作用,但是某些情况不是必需的,可能不会出现在成功的组织模型中。"提供信息的"构成了模型的主要部分,为过程改进提供了有用的指导,在许多情况下它们对"必需"和"期望"的构件做了进一步说明。

"必需"的模型构件是目标,代表了过程改进想要达到的最终状态,它的实现表示项目和过程控制已经达到了某种水平。当一个目标对应一个关键过程域,就称为"特定目标";对应整个关键过程域就称为"公用目标"。整个 CMMI 模型包括了 54 个特定目标,每个关键过程域对应着 1—4 个特定目标。每个目标的描述都是非常简捷的,为了充分理解要求的目标就是扩展"期望"的构件。

"期望"的构件是方法,代表了达到目标的实践手段和补充认识。每个方法都能映射到一个目标上,当一个方法对一个目标唯一就是"特定方法";而能适用于所有目标时就是"公用方法"。CMMI 模型包括了 186 个特定方法,每个目标有两到七个方法对应。

CMMI 包括了 10 种"提供信息的":目的,概括和总结了关键过程域的特定目标;介绍说明,介绍关键过程域的范围、性质、实际方法和影响等特征;引用,关键过程域之间的指向是通过引用;名字,表示了关键过程域的构件;方法和目标关系,关键过程域中方法映射到目标的关系表;注释,注释关键过程域的其他模型构件的信息来源;典型工作产品集,定义关键过程域中执行方法时候产生的工作产品;子方法,通过方法活动的分解和详细描述;学科扩充,CMMI 对应学科是独立的,这里提供了对应特定学科的扩展;公用方法的详细描述,关键过程域中公用方法应用实践的详细描述。

CMMI 提供了阶段式和连续式两种表示方法,但是这两种表示法在逻辑上是等价的。我们熟悉的 SW-CMM 软件能力成熟模型就是阶段式的模型,SE-CMM 系统工程模型是连续式模型,而 IPD-CMM 集成产品开发模型结合了阶段式和连续式两者的特点。

阶段式方法将模型表示为一系列"成熟度等级"阶段,每个阶段都有一组 KPA 指出一个组织应集中于何处以改善其组织过程,每个 KPA 用满足其目标的方法来描述,过程改进通过在一个特定的成熟度等级中满足所有 KPA 的目标而实现。

连续式模型没有阶段式那样的分散阶段,模型的 KPA 中的方法是当 KPA 的外部形式,并可应用于所有的 KPA 中,通过实现公用方法来改进过程。它不专门指出目标,而是强调方法。组织可以根据自身情况适当裁剪连续模型并以确定的 KPA 为改进目标。

两种表示法的差异反映了为每个能力和成熟度等级描述过程而使用的方法,它们虽然描述的机制可能不同,但是两种表示方法通过采用公用的目标和方法作为"必需"的和"期望"的模型元素,而达到了相同的改善目的。

现在 CMMI 面临的一个挑战就是创建一个单一的模型,可以从连续和阶段两个角度进行观察,包含相同的过程改进基本信息;处理相同范围的一个 CMMI 过程能够产生相同的结论。统一的 CMMI(U-CMMI)是指产生一个只有公用方法和支持它们的 KPA 组成的模型。当按一种概念性的可伸展的方式编写,并产生了用于定义组织的特定目标过程模版,定义的模版构件将定义一个模型以适用于任何工程或其他方面。

8.3.2 软件能力成熟度等级

在模型中,所有软件组织的软件能力成熟度划分为五个等级。数字越大,成熟度越高,高成熟度等级代表比较强的综合软件能力。

1. CMMI1,完成级

在完成级水平上,企业对项目的目标与要做的努力很清晰,项目的目标得以实现。但是由于任务的完成带有很大的偶然性,企业无法保证在实施同类项目的时候仍然能够完成任务。企业在一级上的项目实施对实施人员有很大的依赖性。

2．CMMI2，管理级

在管理级水平上，企业在项目实施上能够遵守既定的计划与流程，有资源准备，权责到人，对相关的项目实施人员有相应的培训，对整个流程有监测与控制，并与上级单位对项目与流程进行审查。企业在二级水平上体现了对项目的一系列的管理程序。这一系列的管理手段排除了企业在一级时完成任务的随机性，保证了企业的所有项目实施都会得到成功。

3．CMMI3，定义级

在定义级水平上，企业不仅能够对项目的实施有一整套的管理措施，并保障项目的完成，而且企业能够根据自身的特殊情况以及自己的标准流程，将这套管理体系与流程予以制度化，这样企业不仅能够在同类的项目上升到成功的实施，在不同类的项目上一样能够得到成功的实施。科学的管理成为企业的一种文化，企业的组织财富。

4．CMMI4，量化管理级

在量化管理级水平上，企业的项目管理不仅形成了一种制度，而且要实现数字化的管理。对管理流程要做到量化与数字化。通过量化技术来实现流程的稳定性，实现管理的精度，降低项目实施在质量上的波动。

5．CMMI5，优化级

在优化级水平上，企业的项目管理达到了最高的境界。企业不仅能够通过信息手段与数字化手段来实现对项目的管理，而且能够充分利用信息资料，对企业在项目实施的过程中可能出现的次品予以预防。能够主动地改善流程，运用新技术，实现流程的优化。企业在实施 CMMI 的时候，路要一步一步地走。一般地讲，应该先从二级入手。在管理上下功夫。争取最终实现 CMMI 的第五级。

第 1 级是不需要评估的。从 2 级开始到 5 级，SEI 在每个级别都有详细的标准。要通过高级别的评估，就要满足这个级别以下所有级别的标准。例如：一个进行 4 级评估的企业，评估的时候首先是看是否达到 2 级要求，然后是 3 级要求，然后才是 4 级要求。评估的时候，如果 2 级的标准达到，但 3 级的要求达不到，就算 4 级的要求达到了，也只能算 2 级。

2 级比较容易做到，想要做到 3 级则要做的事情多很多，一般来说建议 2、3 级一起来做。3 级到 4 级跨度很大，要做到 4 级非常不容易。如果 4 级做得比较好，要做到 5 级难度则不算很大。

8.3.3　过程域（PA）、目标（Goal）与实践（Practice）

CMMI2 级到 5 级，每个级别都包含几个到十几个 PA（Process Area），即过程域。

过程域（PA）就是要做好软件开发的某一个方面，如果要达到某个级别的要求，就要达到该级别所有 PA 的要求。一个 PA 包含几个目标（Goal），如果要达到某个 PA 的要求，就意味着要达到该 PA 每个目标的要求。每个 Goal 又包含几个到十几个 Practice（实践），如果这些 Practice 都做到了，就认为该 Goal 达到要求了。

CMMI2 级有 7 个 PA,3 级有 11 个 PA,4 级有 2 个 PA,5 级有 2 个 PA,一共 22 个 PA,Practice 的总数量超过 400 个。如果要达到 5 级的要求,意味着必须满足这 400 多个 Practice 的要求。

 案例分享

 案例阅读:4G 手机应用软件开发平台研制项目质量管理

 案例分析:Web 系统的质量问题

 习 题

※ 理解分析题

1.质量管理发展经过了哪些阶段?

2.戴明、约瑟夫·朱兰以及克劳斯比三位大师在质量管理理论方面做出了哪些重要贡献?

3.项目质量管理与现代常规质量管理有何不同和相同之处?

4.如何建立软件项目的质量保证体系?

5.如何实施软件产品的质量控制?

本章参考文献

[1] 羿升项目管理.如何开展软件项目的质量管理?[EB/OL].(2017-11-16)[2020-08-11].www.sohu.com/a/204721581_805891.

[2] DAYUEYUE.谈一谈软件质量模型[EB/OL].(2019-07-05)[2020-08-11].cloud.tencent.com/developer/article/1457805.

[3] 信息系统质量管理外包质量管理案例[EB/OL].(2011-04-18)[2020-08-11].www.cnitpm.com/pm/108.html.

第9章 IT项目人力资源管理

【本章摘要】

好的项目团队是项目得以顺利进行并取得成功的重要保障。本章首先介绍项目人力资源管理的内涵,分析项目人力资源管理的基本过程,强调团队建设和管理的重要性及相关方法。帮助读者建立有关IT项目团队建设和管理基本理论与实践的认知。

【关 键 词】

人力资源;项目团队;团队建设;团队管理

【学习目标】

- 理解项目人力资源管理的基本概念及过程;
- 明确项目团队建设与管理对于项目成功的重要性;
- 学会利用相关的理论和方法进行项目团队建设和管理。

小程是负责某地区大型互联网工程项目的项目总监,因工作繁重、任务紧、人手不够,便从正忙于某数据中心建设项目技术工作的团队里抽调了小夏来担任软件子项目的项目经理,小夏一边开始软件子项目项目经理的工作,一边仍在兼任数据中心项目的技术工作,软件子项目很快就问题百出。请分析导致该局面出现的原因。

§9.1 项目人力资源管理的概念

9.1.1 项目人力资源管理的内涵

项目人力资源管理是指对于项目人力资源所开展的有效规划、积极开发、合理配置、准确评估、适当激励等方面的管理实践。项目人力资源管理包括组织、管理与领导项目团队的各个过程,它是一个有效地发挥每一个参与项目人员作用的过程,也是发挥项目团队积极性的过程。项目团队由为完成项目而承担不同角色与职责的人员组成。随着项目的进展,项目团队成员的类型和数量可能频繁变化。项目团队成员也被称为项目员工。尽管项目团队成员各有不同的角色和职责,但让他们全员参与项目规划和决策仍是有益的。团队成员尽早参与,既可使他们对项目规划工作贡献专业技能,又可以增强他们对项目的责任感。

项目人力资源管理的主要意义是调动项目利益相关者的积极性,在项目组内、外部建立良好的工作机制和工作环境,确保项目实现目标。人力资源管理包括组织和管理项目团队所需的所有过程,具体包括编制人力资源计划、组建项目团队、建设项目团队,以及管理项目团队四个方面。

9.1.2　组织理论及其在项目团队管理中的应用

项目的人力资源管理核心内容是获取合适的团队成员并将其分派到合适的岗位,在此基础上,进一步进行团队建设与管理。这就需要理解项目人员的个人心理动机和需求。在团队组建时,项目经理选择项目人员,需要考虑的因素很多。例如,项目人员的工期如何安排才是合适的? 项目人员的经验、能力、知识、技能如何? 项目人员的工作态度如何? 雇用该人员的代价是什么? 要解决好这些问题,就需要将与人有关的组织理论运用到项目管理中,理解项目成员的个人需求和行为模式。

1. 马斯洛的需求层次理论

项目管理同时处理人和事的问题,通过对人的管理推动项目中的事务进程。项目团队管理中,最难处理的是与人有关的问题。如何管理项目团队中的成员,如何实现人员效率的最大化,如何解决团队之间的矛盾冲突,是所有项目经理最常面临的问题。对于个体随着自身条件和外在环境不断变化而发生的需求变化,亚伯拉罕•马斯洛(Abraham H. Maslow)做了深刻的分析,并由此建立了五层次需求理论模型,该理论表示人们的行为受到一系列需求的引导和刺激。模型示意图如图 9-1 所示。

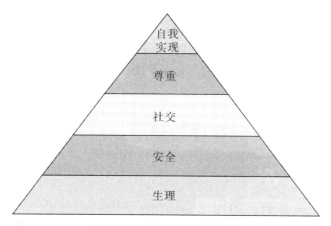

图 9-1　马斯洛需求层次模型

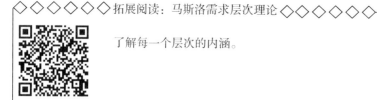

◇◇◇◇◇◇◇拓展阅读:马斯洛需求层次理论◇◇◇◇◇◇◇

了解每一个层次的内涵。

2. 赫茨伯格的双因素理论

20 世纪 50 年代末期,美国的行为科学家弗雷德里克•赫茨伯格(Fredrick Herzberg)及其团队在美国匹兹堡地区对 200 名工程师、会计师进行了有关工作方面的满意与不满意、快乐与不快乐因素的调查研究,并在此基础上提出了激励—保健因素理论,又称为双因素理论。

激励因素是指那些能给工作本身或工作内容方面带来积极态度、满意和激励作用的因素。这些因素,例如成就、赏识、挑战性的工作、增加的工作责任,以及成长和发展的机会等,能够满足个体自我实现的需要,对人们产生积极的激励作用。

保健因素是指那些与工作环境或工作关系有关的、即使满足也不会产生积极的激励作用,但如果不满足却会对工作的积极性造成消极影响的因素。如公司政策、管理措施、监督、人际关系、物质工作条件、工资、福利等因素。保健因素的满足对员工产生的效果类似于卫生保健对身体健康所起的作用,它从人的(工作)环境中消除有害于健康(工作积极并感到快乐和满意)的事物,它不能直接提高积极工作的水平,但有预防的效果。当这些因素恶化到人们无法接受的水平及以下时,就会使人产生对工作的不满意。大多数时候,这些因素的满足会使人们在心理上形成某种既不是满意、又不是不满意的中性状态。

这些因素的具体分类如表 9-1 所示。

表 9-1　赫茨伯格的双因素理论

因素类型	激励因素(内在)	保健因素(外在)
具体要素	工作内容的丰富性和挑战性(对热爱工作的及富于挑战精神的人) 获得关注和认可/责任感(满足自尊) 获得职业成长发展机会成就感(自我实现)	工作物质条件/环境(工作舒适度) 工作人际关系及整体氛围 公司政策制度及管理措施 福利待遇
	薪酬	

但激励因素和保健因素并非一成不变的,随着社会环境的变化及发展,激励因素和保健因素都会发生变化,同一个因素在不同的时代和情境下可能表现为激励也可能表现为保健,比如薪酬。对于看重经济收入的员工,薪酬是明显的激励因素,但对于看重自我发展的员工,薪酬在满足基本物质需求之后便成了保健因素。另外,将赫茨伯格的双因素理论同马斯洛的需求层次理论相比会发现有相似之处。他提出的保健因素相当于马斯洛提出的生理需要、安全需要、社交需要等较低级的需要,激励因素则相当于受人尊敬及自我实现等较高级的需要。

尽管双因素理论在调查对象的全面性、个体心理的丰富性等方面引起很大的争议,但双因素理论在促使组织及项目团队领导人注意到工作内容同工作丰富化和工作满足的关系方面仍然具有积极意义。他提醒领导者,在要调动人的积极性方面,不仅要注意物质利益和工作环境等外部因素,更要注意对员工进行精神方面的表扬和认可,给个体足够的成长、发展和晋升机会。

§9.2　制定项目的人力资源计划

制定项目的人力资源计划是识别和记录项目角色、职责、所需技能,以及报告关系,并编制项目成员配备管理计划的过程。项目的人力资源计划应该包含项目角色与职责记录、项目组织机构图,以及带人员招募和遣散时间表的人员配备管理计划。它可能也包含培训需求、团队建设策略、认可与奖励计划、合规性考虑、安全问题,以及人员配备管理计划对组织的影响等。制定项目的人力资源计划的过程如图 9-2 所示。

人力资源计划的工作重点是识别和确定那些拥有项目所需技能的人力资源,特别要关注有限的或稀缺的人力资源的可获得性,以及组织内外对这些资源的竞争情况。

可按个人或小组分派项目角色。这些个人或小组可来自项目执行组织的内部或外部。其他项目可能也在争夺具有相同能力或技能的资源。这些因素可能对项目成本、进度、风险、质量及其他方面有显著影响。编制人力资源计划时,必须认真考虑这些因素,并编制人力资源配备的备选方案。

图 9-2　制定人力资源计划

9.2.1　制定人力资源计划的输入

项目人力资源需求。进行人力资源规划,需要根据活动资源需求来确定项目所需的人力资源。对项目团队成员及其能力的初步需求,应该渐进明细。这种渐进明细是人力资源规划过程的一部分。

其他信息包括事业环境因素和组织过程资产。要制定有助于项目目标实现的人力资源计划,往往需要了解组织现有的文化与组织结构、人力资源存续情况、组织的人力资源相关政策及市场的人才可获得性。此外,还需要了解项目组织在人力资源获取、管理等方面的标准流程和政策,以及标准化的角色描述,借助组织机构图和职位描述模板及以往项目的组织结构资料,制定目前项目所需的人力资源计划。

9.2.2　制定人力资源计划的主要方法及工具

1.组织机构图与职位描述

描述团队成员的角色与职责可采用多种组织结构图及职位描述的方法或形式。主要方式或形式有层级型、矩阵型和文本型三类。如图 9-3 所示。

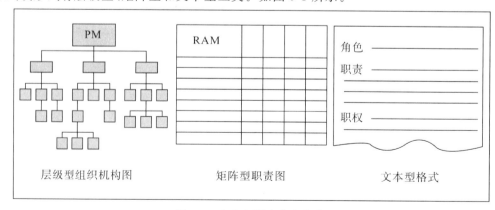

图 9-3　角色与职责定义方式

无论使用哪一种,都要确保每个工作包有明确的责任人,确保全体团队成员都清楚地理解其角色和职责。

层级型。这是传统组织结构图的典型表现方式,以图形方式自上而下地显示各种职位及其相互关系。工作分解结构(WBS)用来显示如何把项目可交付成果分解为工作包,有助于明确高层次的职责。WBS 显示项目可交付成果的分解,而组织分解结构(OBS)则按照组织现有的部门、单元或团队排列,并在每个部门下列出项目活动或工作包。运营部门(如信息技术部或采购部)只需找到其所在的 OBS 位置,就能看到自己的全部项目职责。资源分解结构是另一种层级图,按照资源类别对项目进行分解。资源分解结构可包含人力资源以外的其他各类资源,对追踪项目成本很有用。

矩阵型。可以采用责任分配矩阵(Responsibility Assignment Matrix,RAM)显示工作包或活动与项目团队成员之间的联系。在大型项目中,可在多个层次上制定 RAM。例如,高层次的 RAM 可定义项目团队中的各小组分别负责 WBS 中的哪部分工作,而低层次的 RAM 则可在各小组内为具体活动分配角色、职责和职权。矩阵图能反映与每个人相关的所有活动,以及与每项活动相关的所有人员。它也可确保任何一项任务都只有一个人负责,从而避免混乱。RAM 的一个例子是 REAI(负责、执行、辅助、知情)图表,如表 9-2 所示。

表 9-2　REAI 责任分配矩阵表

活动	张	王	李	许	雷
产品定义	R	A	I	I	E
产品设计	A	R	E	I	I
产品开发	A	E	R	E	I
产品测试	I	A	A	R	E

其中,R 表示负责,A 表示辅助,E 表示执行,I 表示知情。

表中最左边的一列表示有待完成的工作(活动)。可以针对个人或小组分配工作。REAI 图表只是 RAM 的一种类型,项目经理也可根据项目的需要,选择“领导”“资源”或其他适用词汇,来分配项目责任。如果团队是由内部和外部人员组成的,REAI 图表就显得尤为重要,以保证对角色和期望的明确划分。

文本型。如果需要详细描述团队成员的职责,就可以采用文本型。文本型文件通常以概述的形式,提供诸如职责、职权、能力和资格等方面的信息。这种文件有多种名称,如职位描述、角色—职责—职权表。该文件可作为未来项目的模板,特别是在根据当前项目的经验教训对其内容进行更新之后。

项目管理计划的其他部分。与管理项目有关的某些职责,可以在项目管理计划的其他部分列出并解释。例如,在风险登记册中列出风险责任人,在沟通计划中列出沟通活动的负责人,在质量计划中指定质量保证和质量控制活动的负责人。

人际交往。人际交往是指在组织、行业或职业环境中与他人的正式或非正式互动方式。项目人力资源计划中,人员配备计划与实际能够实现的配备往往存在差距,其主要原因是实际人员的可获得性会受各种政治与人际因素的影响。通过增加人际交往,可以了解这些政治与人际因素的有益途径,帮助更好地获取需要的人力资源,尤其是项目的稀缺人才。常用的人际交往活动包括基于会议的结识与洽谈、主动联系、邀请进行商务聚餐或其他非正式交际活动等。在项目初始时,团队组建之前特别需要人际交往这种方式去了解获取所需团队成员的可能性。

9.2.3 人力资源计划的输出

作为项目管理计划的一部分,人力资源计划是关于如何定义、配备、管理、控制,以及最终遣散项目人力资源的指南。人力资源计划应该包括(但不限于)如下内容:

1. 项目组成员的角色和职责

在罗列项目所需的角色和职责时,需考虑下述各项内容:

角色。角色是用来说明某人负责项目某部分工作的一个术语。项目角色的例子包括:网络工程师、调研人员、商务分析师和测试协调员。应该清楚地界定和记录各角色的职权、职责和边界。

职权。这是指使用项目资源、做出决策以及签字批准的权力。例如,下列事项都需要由具有明确职权的人来做决策:选择活动的实施方法、质量验收以及如何应对项目偏差等。当个人的职权水平与职责相匹配时,团队成员就能最好地开展工作。

职责。职责是指为完成项目活动,项目团队成员应该履行的工作。

能力。能力是指为完成项目活动,项目团队成员所需具备的技能和才干。如果项目团队成员不具备所需的能力,就不能有效地履行职责。一旦发现成员的能力与职责不匹配,就应主动采取措施,如安排培训、招募新成员、调整进度计划或工作范围。

2. 项目组织结构图

项目组织机构图以图形方式展示项目团队成员及其报告关系。基于项目的需要,项目组织机构图可以是正式或非正式的,非常详细或高度概括的。例如,一个 30 人的网络金融风险管控团队的项目组织机构图,要比仅有七八人的内部项目的组织结构图详尽得多。

3. 人员配备管理计划

作为项目管理计划中人力资源计划的一部分,人员配备管理计划描述何时以及如何满足项目对人力资源的需求。基于项目的需要,人员配备计划可以是正式或非正式的,非常详细或高度概括的。应该在项目期间不断更新人员配备管理计划,以指导持续进行的团队成员招募和发展活动。人员配备管理计划的内容因应用领域和项目规模而异,但都应包括:

人员招募。在规划项目团队成员招募工作时,需要考虑一系列问题。例如,需要招募哪些人?多少人?从组织内部招募,还是从组织外部的签约供应商招募?团队成员必须集中在一起工作,还是可以远距离分散办公?项目所需各级技术人员的成本分别是多少?组织的人力资源部门和职能经理们能为项目管理团队提供多少帮助?

资源信息工具。人员配备管理计划需要借助资源信息工具来描述项目团队成员的工作时间安排,并说明招募活动何时进行。资源信息工具用以描述资源种类、数量及招募等信息,常用工具如资源直方图(也叫资源载荷图)[如图 9-4(a)所示]、资源甘特图[如图9-4(b)所示]、资源日历表(参见表 6-3)等。

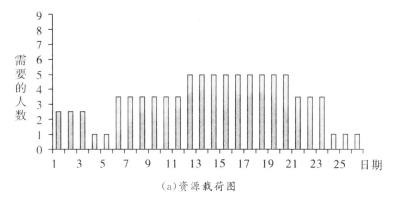

(a)资源载荷图

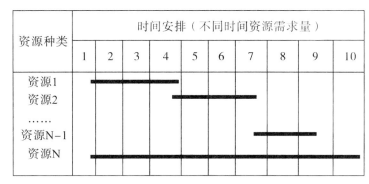

(b)资源甘特图

图 9-4　资源信息工具图示

　　资源载荷图的柱形图可以显示整个项目期间每周(或每月)需要某人、某部门或整个项目团队的工作小时数。可在资源直方图中画一条水平线,即资源水平极限代表某特定资源最多可用的小时数。如果柱形超过该水平线,就表明需要采用资源平衡策略,如增加资源或修改进度计划。如图 9-5 所示。

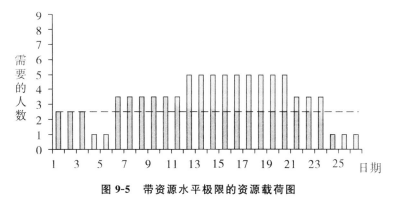

图 9-5　带资源水平极限的资源载荷图

　　人员遣散计划。事先确定遣散团队成员的方法与时间,对项目和团队成员都有好处。一旦把团队成员从项目中遣散出去,项目就不再负担与这些成员相关的成本,从而节约项目成本。如果已经为员工安排好向新项目的平滑过渡,则可以提高士气。人员遣散计划也有助于减轻项目过程中或项目结束时可能发生的人力资源风险。

培训需要。如果预计到团队成员不具备所要求的能力,则要制定一个培训计划,并将其作为项目的组成部分。培训计划中也可说明应该如何帮助团队成员获得相关证书,以提高他们的工作能力,从而使项目从中受益。

认可与奖励。需要用明确的奖励标准和事先确定的奖励制度,来促进并加强团队成员的优良行为。应该针对团队成员可以控制的活动和绩效进行认可与奖励。例如,因实现成本目标而获奖的团队成员,就应该对费用开支有适当的决定权。在奖励计划中规定发放奖励的时间,可以确保奖励能适时兑现而不被遗忘。认可与奖励是建设项目团队过程的·部分。

合规性。人员配备管理计划中可包含一些策略,以遵循适用的政府法规、工会合同和其他现行的人力资源政策。

安全。应该在人员配备管理计划和风险登记册中规定一些政策和程序,来保护团队成员远离安全隐患。

§9.3 组建项目团队

组建项目团队是确认可用人力资源并组建项目所需团队的过程。因为集体劳资协议、分包商人员使用、矩阵型项目环境、内外部报告关系及其他各种原因,项目管理团队对选择团队成员不一定拥有直接控制权。在组建项目团队过程中,项目经理或项目管理团队应该进行有效谈判,并影响那些能为项目提供所需人力资源的人员。不能获得项目所需的人力资源,可能影响项目进度、预算、客户满意度、质量和风险,可能降低成功概率,甚至最终导致项目取消。如因制约因素、经济因素或其他项目对资源的占用等,而无法获得所需的人力资源,在不违反法律、规章、强制性规定或其他具体标准的前提下,项目经理或项目团队可能不得不使用替代资源(也许能力较低)。组建项目团队的过程如图 9-6 所示。

在项目规划阶段,应该对上述因素加以考虑并做出适当安排。项目经理或项目管理团队应该在项目进度计划、项目预算、项目风险计划、项目质量计划、培训计划及其他相关计划中,说明缺少所需人力资源可能造成的影响。

图 9-6 组建项目团队

9.3.1　组建项目团队的依据

1. 项目人力资源计划

人力资源计划包含以下用于指导人力资源识别、配备、管理、控制和最终遣散的信息：角色与职责，定义项目所需的岗位、技能和能力，项目组织机构图，项目所需的人员数量，人员配备管理计划，说明需要每个团队成员的时间段，及有助于组建项目团队的其他重要信息。但很多时候，项目人力资源计划主要是由人力资源日历及资源需求两种表构成。

人力资源日历主要关注人员在项目中的使用情况及随项目时间产生的资源总体使用的概况，如表 9-3 所示。

表 9-3　人力资源计划表示例

资源名称	12月1日	12月4日	12月5日	12月6日	12月7日	12月8日	12月11日	12月12日	12月13日	12月14日	12月15日	12月18日	12月19日	12月20日	12月21日	12月22日	12月25日
BA		1	1	1	1	1											
UED							1	1									
DBA							1	1									
架构师							1	1									
HTML工程师									1	1							
DBA									1	1							
中级工程师									1	1							
资深测试工程师1							1	1	1								
资深测试工程师2							1	1	1								
测试工程师1											1	1	1	1	1	1	
测试工程师2											1	1	1	1	1	1	
CM		1															1
Total	0	2	1	1	1	1	5	5	5	3	2	2	2	2	2	2	1

人力资源需求表主要对资源使用的起止时间、资源名称、所需技能及数量等进行说明，如表 9-4 所示。

表 9-4　人力资源需求表示例

开始时间	结束时间	资源名称	所需技能	所需数量
12 月 4 日	12 月 25 日			
12 月 4 日	12 月 8 日	BA		
12 月 4 日	12 月 8 日	BA	需求整理，撰写 BRD	1
12 月 11 日	12 月 12 日	架构师，资深工程师		
12 月 11 日	12 月 12 日	UED	PhotoShop	1
12 月 11 日	12 月 12 日	DBA	SQL SERVER	1
12 月 11 日	12 月 12 日	架构师	SAAS，SSH	1
12 月 13 日	12 月 14 日	资深、初级、中级工程师		
12 月 13 日	12 月 14 日	HTML 工程师	HTML5，JS，JQUERY	1
12 月 13 日	12 月 14 日	DBA	SQL SERVER	1
12 月 13 日	12 月 14 日	初级、中级工程师	JAVA	1
12 月 11 日	12 月 22 日	测试工程师		
12 月 11 日	12 月 13 日	资深测试工程师	测试用例，测试计划	2
12 月 15 日	12 月 19 日	测试工程师	黑盒测试，白盒测试	2
12 月 20 日	12 月 22 日	测试工程师	黑盒测试，白盒测试	2

续　表

开始时间	结束时间	资源名称	所需技能	所需数量
12 月 11 日	12 月 25 日	CM		
12 月 4 日	12 月 5 日	CM	版本控制	1
12 月 25 日	12 月 25 日	CM	版本控制	1

2. 其他信息

其他信息包括可能影响组建项目团队过程的事业环境因素及组织过程资产。如现有人力资源情况,包括可用的人员及其能力水平、以往经验、对本项目工作的兴趣和成本费率;人事管理政策,如影响外包的政策;组织结构;一个或多个工作地点;组织的标准政策、流程和程序。

9.3.2　组建项目团队的主要方式

1. 预分派

如果项目团队成员是事先选定的,他们就是被预分派的。预分派可在下列情况下发生:在竞标过程中承诺分派特定人员进行项目工作;项目取决于特定人员的专有技能;或者,项目章程中指定了某些人员的工作分派。

2. 谈判

在许多项目中,一些重要岗位的人员、稀缺资源或工作的安排是通过谈判确定的。例如,为了确保项目能够在需要时获得具备适当能力的人员,确保项目团队成员能够、愿意并且有权在项目上工作,直到完成其职责,项目团队负责人往往需要与组织部门的职能经理进行谈判;项目中需要与外部组织(如设备供应商、分包商、人力资源代理机构)就工作各方面接洽或协调配合时,也需要通过谈判的方式达成协议。获取那些对项目而言不但是合适的,而且是稀缺的、特殊的人力资源也需要跟对方就工作条件及薪资待遇等进行谈判。在谈判中,特别要注意外部的谈判政策、惯例、流程、指南、法律及其他标准。

在人员分派谈判中,项目管理团队影响他人的能力是很重要的,如同在组织中的政治能力一样重要。例如,职能经理在决定把杰出人才分派给哪个项目时,将会权衡各竞争项目的优势和知名度。

3. 招募

如果执行组织内部缺乏完成项目所需的人员,就可以从外部获得所需的服务。这可能包括雇用个人咨询师,或把相关工作分包给其他组织。

4. 基于互联网的虚拟团队

随着互联网技术在办公领域的深入应用,在线办公平台、视频会议软件及文件传输和共享工具使得虚拟团队日益盛行。虚拟团队的使用为招募项目团队成员提供了新的可能性。虚拟团队可定义为具有共同目标、在完成角色任务的过程中很少或没有时间面对面工作的一群人。电子通信工具(如电子邮件、电话会议、网络会议和视频会议等)使虚拟团队成为可能。虚拟团队使团队有可能在所处地理位置较为分散的员工(包括在家办公的员工、行动不便者或残疾人)之间组建。即使相应的专家不在同一地理区域,也可以为项目团队增加特殊技能。虚拟团队还可以跨越工作班次或时间的约束而组建。组建虚拟团队带来的明显好处是为公司节省差旅费或住宿费。

在虚拟团队的环境中,沟通规划变得更为重要。可能需要多花些时间来设定明确的期望,促进沟通,制定冲突解决方法,召集人员参与决策,以及共享成功的喜悦。

9.3.3　组建项目团队的结果

项目团队组建完成后,一个具有特定组织结构的项目团队就形成了。该项目团队是由一定数量的成员构成的,这些成员之间根据各自的岗位及上下级负责关系形成不同的项目组织架构,主要为矩阵型结构和项目型结构。

1. 项目团队

(1)搭建以矩阵型结构为基础的项目团队。矩阵型结构的项目组织在人力资源外包的公司比较常见,也是企业提高效率和产出的一种主要方式。这种组织形式可以保证同一个资源在不同的项目之间流动,即一个资源并不是从项目开始一直到项目结束持续使用的,而是完成自己所需负责的任务后就退出。因此,项目经理要做的就是明确在项目过程中,什么时候需要使用哪种资源,需要使用多久,当需要时,是否可以从人力资源计划(需求列表)中去找到可以使用的合适的资源并且将其调遣过来。每一次资源的调动,都需要进行前后交接,由此产生交接成本。为了保证项目全过程所有资源的顺利交接,需要有一些资源从头到尾留在项目中。例如,在软件项目中,需求在各阶段的交接就需要有一个资源从头至尾把控,设计需要有一个资源能够从整体进行设计和严格执行,测试方面需要有一个资源能够统领,确保质量。项目过程的管理更需要项目经理自己从头到尾地跟踪与控制。

(2)搭建以项目型结构为基础的团队。该类项目组织形式的团队资源相对稳定,所有资源都会跟随项目开始和结束。这类项目还有一个特点,项目周期长,因此团队成员会比较多,资源的使用周期也比较长。当根据资源技能需求从人力资源计划表中寻找资源时,持续时间可以被忽略,但需要将这些资源细分成不同的小组加强管理。每个小组要选出同时具备技术能力和沟通能力的人作为小组负责人。同时注意小组成员在学历、资历、能力及性格等方面的组合,力求小组成员尽量丰富而避免单一,例如,既有高学历或资历老的,又有年轻刚入职的,既有踏实肯干但性格内向的,又有性格活泼善于活跃团队气氛的。因此对于以项目型结构为基础的项目而言,除了重视技术匹配外,团队成员的性格和能力特点也是主要考察的重点。这样才可能保证项目团队资源从项目开始到结束时的相对稳定性。

2. 人员分派与资源日历

通过上述方法把合适的人员分派到位,就完成了项目人员配备。与项目人员分派相关的文件包括项目团队名录和致团队成员的备忘录,还需要把人员姓名插入项目管理计划的其他部分中,如项目组织机构图和进度计划。

资源日历记录每个项目团队成员可以在项目上工作的时间。必须很好地了解每个人的时间冲突(如假期和为其他项目工作的时间),才能准确地记录团队成员的可用性,才能编制可靠的进度计划。

在这一阶段,项目管理计划还可能需要更新。更新的内容包括(但不限于)人力资源计划。例如,承担项目角色与职责的具体人员,可能并不完全符合人力资源计划中所述的相关要求。

§9.4　建设项目团队

建设项目团队是提高工作能力、促进团队互动和改善团队氛围,以提高项目绩效的过程。项目经理应该具有建立、建设、维护、激励、领导和鼓舞项目团队的能力,以实现团队的高效运行,并实现项目目标。

团队协作是项目成功的关键因素,而建设高效的项目团队是项目经理的主要职责之一。项目经理应创建一个促进团队协作的环境。项目经理应通过提供挑战与机会、提供及时反馈与所需支持,以及认可与奖励优秀绩效,来不断激励团队。通过开放和有效的沟通,在团队成员中建立信任、以建设性方式管理冲突,以及鼓励合作型的问题解决和决策制定方法,可以实现团队的高效运行。项目经理应该要求管理层提供支持,并/或对相关干系人施加影响,以便获得建设高效项目团队所需的资源。

今天,项目经理在全球化的环境和富有文化多样性的项目中工作。团队成员经常来自不同的行业,讲不同的语言,有时甚至会在工作中使用一种特别的"团队语言",而不使用他们的母语。项目管理团队应该利用文化差异,在整个项目生命周期中致力于发展并维护项目团队,并促进在相互信任的氛围中充分协同工作。通过建设项目团队,可以改进人际技能、技术能力、团队环境以及项目绩效。在整个项目生命周期中,团队成员之间都要保持明确、及时、有效(包括效果和效率两个方面)的沟通。建设项目团队的目标包括(但不限于)增加团队成员的知识和技能,以提高他们完成项目可交付成果的能力,并降低成本、缩短工期和提高质量;增强团队成员之间的信任和认同感,以提高士气、减少冲突和增进团队协作;创建富有生气和凝聚力的团队文化,以提高个人和团队生产率,振奋团队精神,促进合作,并促进团队成员之间的交叉培训和辅导,以分享知识和经验。建设项目团队的过程如图 9-7 所示。

图 9-7　建设项目团队

9.4.1　建设项目团队的主要依据

项目人员分派。团队建设从获得项目团队成员的名单开始。项目人员分派文件中列出了谁是项目团队成员。

项目人力资源计划中包含员工培训安排和团队建设计划。通过持续的团队绩效评价和其他形式的团队管理活动,可以把奖励、反馈、额外培训及纪律惩罚等加入人力资源计划中。

资源日历识别项目团队成员何时能参与团队建设活动。

9.4.2　建设项目团队的主要方式

1. 人际关系技能

这些技能有时也被称为"软技能",对团队建设特别重要。通过了解项目团队成员的感情、预测其行动,了解其后顾之忧,并尽力帮助解决问题,项目管理团队可大大减少麻烦并促进合作。同情心、影响力、创造力及小组协调力等,对管理项目团队都有重要作用。

2. 培训

培训包括旨在提高项目团队成员能力的全部活动。培训可以是正式的或非正式的。培训方式包括:课堂培训、在线培训、计算机辅助培训、在岗培训(由其他项目团队成员提供)、辅导及指导。如果项目团队成员缺乏必要的管理或技术技能,可把对这种技能的培养作为项目工作的一部分。应该按人力资源计划中的安排来实施预定的培训。应该根据项目团队管理过程中的观察、会谈和项目绩效评估结果,来开展必要的计划外培训。

3. 团队建设活动

团队建设活动既可以是状态审查会上的五分钟议程,也可以是为改善人际关系而设计的、在非工作场所专门举办的体验活动。团队建设活动的目的是帮助各团队成员更加有效地协同工作。如果团队成员的工作地点相隔甚远,无法进行面对面接触,就特别需要有效的团队建设策略。非正式的沟通和活动有助于建立信任和良好的工作关系。建设团队环境最重要的技能之一,是把项目团队问题当作"团队的问题"加以讨论和处理。应该鼓励整个团队协作解决这些问题。要建设高效的项目团队,项目经理需要获得高层管理者的支持,获得团队成员的承诺,采用适当的奖励和认可机制,创建团队认同感,有效管理冲突,以及在团队成员间增进信任和开放式沟通,特别是要有良好的团队领导力。团队建设是一个持续性过程,对项目成功至关重要。团队建设固然在项目前端必不可少,它更是个永不完结的过程。项目环境的变化不可避免,要有效应对这些变化,就需要持续不断地开展团队建设。项目经理应该持续地监督团队机能和绩效,确定是否需要采取措施来预防或纠正各种团队问题。

团队建设通常要依次经过五个阶段。

第一阶段为形成阶段。在本阶段,团队成员相互认识,了解项目情况以及他们在项目中的正式角色与职责。团队成员倾向于相互独立,不怎么交流合作。

第二阶段为震荡阶段。在本阶段中,团队开始从事项目工作,制定技术决策和讨论项目管理方法。如果团队成员对不同观点和意见不能采取合作和开放的态度,团队环境可能恶化成破坏性的。

第三阶段为规范阶段。在规范阶段,团队成员开始协同工作,并按团队的需要来调整各自的工作习惯和行为,团队成员开始相互信任。

第四阶段为成熟阶段。进入这一阶段后,团队就像一个组织有序的单位那样工作。团队成员之间相互依靠,平稳高效地解决问题。

第五阶段为解散阶段。在解散阶段,团队完成所有工作,团队成员离开项目。

然而,团队停滞在某个阶段或退回到前一阶段的情况,也并非罕见。如果团队成员曾经共事过,项目团队建设也可跳过某个阶段。某个阶段持续时间的长短,取决于团队活力、团队规模和团队领导力。项目经理应该对团队活力有较好的理解,以便有效地带领团队经历所有阶段。

4. 基本规则

制定基本规则,对项目团队成员的可接受行为做出明确规定。尽早制定并遵守明确的规则,可减少误解,提高生产力。对基本规则进行讨论,有利于团队成员相互了解对方的重要价值观。规则一旦建立,全体项目团队成员都必须遵守。

5. 集中办公

集中办公是指把许多或全部最活跃的项目团队成员安排在同一个物理地点工作,以增强团队工作能力。集中办公既可以是临时的(如仅在项目特别重要的时期),也可以贯穿整个项目。实施集中办公策略,可借助团队会议室、张贴进度计划的场所,以及其他能增进沟通和集体感的设施。尽管集中办公是一种良好的团队建设策略,但虚拟团队的使用有时也不可避免。

6. 认可与奖励

在团队建设过程中,需要对成员的优良行为给予认可与奖励。关于奖励方法的最初计划,是在制定人力资源计划过程中编制的。必须认识到,只有能满足被奖励者的某个重要需求的奖励,才是有效的奖励。在管理项目团队的过程中,通过项目绩效评价,以正式或非正式的方式做出奖励决定。在决定认可与奖励时,应考虑文化差异。例如,在鼓励个人主义的文化中,就很难实施团队奖励。只有优良行为才能得到奖励。例如,为实现紧迫的进度目标而自愿加班,应当受到奖励或表彰;因团队成员计划不周而导致的加班,则不应受到奖励。不能因高级管理层造成的计划不周和强加的不合理要求,而惩罚团队成员。只有少数项目团队成员能获得的赢—输(零和)奖励会破坏团队凝聚力,如月度最佳团队成员奖。奖励人人都能做到的行为,如按时提交进度报告,可以增进团队成员之间的相互支持。如果人们感受到自己在组织中的价值,并且可以通过获得奖励来体现这种价值,他们就会受到激励。通常,大多数人认为金钱奖励是奖励制度中最有形的奖励,然而也存在各种有效的无形奖励。大多数项目团队成员会因得到成长机会、获得成就感以及用专业技能迎接新挑战,而受到激励。公开表彰优秀业绩,可以正面强化成员的优良行为。项目经理应该在整个项目生命周期中尽可能地给予表彰,而不是等到项目结束之后。

9.4.3　建设项目团队的结果

随着项目团队建设工作(如培训、团队建设和集中办公等)的开展,项目管理团队应该对项目团队的有效性进行正式或非正式评价。有效的团队建设策略和活动可以提高团队绩效,从而提高实现项目目标的可能性。

团队绩效评价标准应由全体相关各方联合确定,并被整合到建设项目团队过程的输入中。在涉及合同或集体劳资协议的项目中,这一点特别重要。根据项目的技术成功度(达到约定的项目目标)、项目进度绩效(按时完成)和成本绩效(在财务约束条件内完成),来评价团队绩效。以任务和结果为导向,项目结果完成符合要求,这是高效团队的特征。高效团队也会展示出一些与工作过程和人际关系相关的特征,可据此间接地考核项目绩效。

评价团队有效性可以从个人技能的改进、团队能力的改进、团队成员离职率的降低,以及团队凝聚力的增强几个方面来进行评价。通过对团队整体绩效的评价,项目管理团队可以识别所需的特殊培训、指导、辅导、协助或变更,以改进团队绩效。这也包括识别所需的资源,以执行和实现在绩效评价过程中提出的改进建议。应该妥善记录这些团队改进建议和所需资源,并传递给相关当事人。如果团队成员是工会会员、涉及集体劳资协议、受制于合同绩效条款或处于其他相关情况下,做到这一点就尤为重要。

此外,作为建设项目团队过程的结果,可能需要更新的事业环境因素包括(但不限于)人事管理政策,如对员工培训记录和技能评估的更新。

§9.5　管理项目团队

管理项目团队是跟踪团队成员的工作表现、提供反馈意见、解决团队冲突并管理团队变更,以优化项目绩效的过程。项目团队的组建形式有完全项目化的组织形式,有完全职能化的组织形式,也有介于两者之间的组织形式,项目经理的权力和对项目的控制力在不同组织形式中也不一样。项目经理管理团队的能力直接影响团队的执行力和工作效率,仅简单地将任务指派给团队成员,而不进行团队管理,并不能建立一支强大的项目团队。

以项目总监或项目经理为核心的管理团队也称为核心团队、执行团队或领导团队,是项目团队的一部分,负责项目管理和领导活动,如各项目阶段的启动、规划、执行、监督、控制和收尾。对于小型项目,项目管理团队的职责可由整个项目团队分担,或者由项目经理独自承担。为了更好地开展项目,项目发起人应该与项目管理团队一起工作,项目筹资、明确项目范围、监督项目进程,以及识别那些可能影响项目的人力资源因素,并在可能的情况下对这些因素施加影响。这些因素包括:团队环境、团队成员的地理位置、干系人之间的沟通、内外部政治氛围、文化问题、组织的独特性,以及可能影响项目绩效的其他人际因素。此外,项目管理团队还应该了解、支持并确保所有团队成员遵守道德规范。当团队内部发生冲突时,管理团队还要注意观察成员行为,管理冲突,解决问题,并评估团队成员的绩效,为组织数据库增加经验教训。管理项目团队,需要借助多方面的管理技能,特别是在沟通、冲突管理、谈判和领导力等方面的技能,向团队成员分配富有挑战性的任务,培养团队协作精神、整合团队成员的工作,从而创建高效团队。管理项目团队的过程如图9-8所示。

图 9-8　管理项目团队

9.5.1　管理项目团队的依据

项目人员分派文件,其中包含项目团队成员名单。项目人力资源计划为管理项目团队提供了具体的项目角色与职责、项目组织形态及人员配备管理计划。

此外,项目管理团队应该持续地对项目团队绩效进行正式或非正式评价。不断地评价项目团队绩效,有助于采取措施解决问题,调整沟通方式,解决冲突和提高团队互动。绩效报告是把当前项目状态与预期项目状态进行比较的文件。从进度控制、成本控制、质量控制和范围核实中得到的结果,有助于项目团队管理。绩效报告和相关预测报告中的信息,有助于确定未来的人力资源需求、未来的认可与奖励安排,以及对人员配备管理计划的更新。

其他项目文件及信息主要是指组织过程资产,例如嘉奖证书、新闻报道、网站、奖金结构、公司制服、组织中其他的额外待遇等信息。这些对于项目团队成员会有不同的影响,要积极利用组织内外这些资料管理项目团队。

9.5.2　管理项目团队的主要方式

1. 观察和交谈

通过观察和交谈,随时了解项目团队成员的工作和态度。项目管理团队应该监督项目可交付成果的进展,了解团队成员引以为荣的成就,以及了解各种人际关系问题。

2. 项目绩效评估

在项目过程中进行绩效评估的目的包括:澄清角色与职责,向团队成员提供建设性反馈,发现未知或未决问题,制定个人培训计划,以及确立未来各时期的具体目标。依据项目工期长短、项目复杂程度、组织政策、劳动合同要求以及所需定期沟通的数量和质量等因素,可以开展正式或非正式的项目绩效评估。

3. 冲突管理

在项目环境中,由资源稀缺、进度优先级排序和个人工作风格的差异带来的冲突不可避免。冲突因团队而存在。

采用团队规则、团队规范以及成熟的项目管理实践(如沟通规划和角色定义),可以减少冲突的发生。开诚布公、对事不对人则有利于解决冲突。成功的冲突管理可提高生产力,改进工作关系。如果管理得当,意见分歧有利于提高创造力和做出更好的决策。如果意见分歧成为负面因素,首先应该由项目团队成员负责解决。如果冲突升级,项目经理应提供协助,促成满意的解决方案。应该采用直接和合作的方式,尽早并且通常在私下处理冲突。如果破坏性冲突继续存在,则可使用正式程序,包括采取惩戒措施。

解决冲突应着眼于现在而非过去。项目经理解决冲突的能力,往往在很大程度上决定着其管理项目团队的成败。不同的项目经理在解决冲突时会使用不同的办法。具体采用哪一种办法取决于以下几个因素:冲突的相对重要性与激烈程度,解决冲突的紧迫性,冲突各方的立场,以及永久或暂时解决冲突的动机。

常见的冲突解决方法如表 9-5 所示。

表 9-5　常见的冲突解决办法

序号	冲突解决办法	具体含义
1	撤退/回避	从实际或潜在冲突中退出
2	缓解/包容	强调一致而非差异
3	妥协	寻找能让全体当事人在一定程度上都满意的方案
4	强迫	以牺牲其他方为代价,推行某一方的观点;只提供赢—输方案
5	合作	综合考虑不同的观点和意见,引导各方达成一致意见并加以遵守
6	面对/解决问题	通过审查备选方案,把冲突当作需要解决的问题来处理;需要以"取舍"的态度进行公开对话

4. 问题日志

在管理项目团队过程中,总会出现各种问题。书面日志能记录并帮助监控谁负责在目标日期之内解决某个特定问题。应该针对妨碍团队实现目标的各种障碍来解决问题。

5. 人际关系技能

项目经理应该综合运用技术、人际和抽象技能来分析形势,并与团队成员有效互动。恰当地使用人际关系技能,有助于项目经理充分利用全体团队成员的优势。关于人际关系技能,有广泛的知识体系。

项目经理最常用的人际关系技能包括领导力和影响力。成功的项目需要强有力的领导技能。领导力在项目生命周期中的所有阶段对沟通愿景以及鼓舞项目团队高效工作特别重要。但有些时候,项目经理的领导力并不能很好地发挥出来,比如在矩阵环境中,项目经理对团队成员往往没有或只有很小的直接权力,所以他们的领导力较弱,只能依靠自己的影响力适时影响干系人,以保证项目成功。这些影响力主要包括说服别人以及清晰表达观点和立场的能力、积极且有效倾听的优秀技能、任何形势下能综合考虑各种看法的全局观,以及收集相关的关键信息来解决重要问题,并在维护相互信任的同时达成一致意见的能力。

此外,人际关系技能还包括项目经理影响组织与项目管理团队的有效决策能力。进行有效决策需要着眼于所要达到的目标并遵循决策流程,同时,还要注意研究环境因素,提升团队成员的个人素质,激发团队创造力,以及管理机会与风险。

9.5.3 管理项目团队的结果

管理项目团队往往意味着人员配备的变化以及由此引起的项目部分信息的变更,因此,这一过程的一个结果可能是变更请求。人员配备的变化,无论是自主选择还是由不可控事件造成的,都会影响项目管理计划的其他部分。如果人员配备问题干扰了项目管理计划的实施,诸如造成进度拖延或预算超支,就需要通过实施整体变更控制过程来处理变更请求。人员配备变更可能包括把人员转派到其他任务、外包部分工作,以及替换离开的团队成员。

预防措施是指在问题发生前所制定的、用来降低问题发生概率和/或影响的措施。这些措施可包括为减轻成员缺勤所带来的问题而开展的交叉培训,以及为确保所有职责的履行而进一步开展的角色澄清。

此外,可能会涉及项目其他文件或信息的更新,例如事业环境因素和组织过程资产、人员配备管理计划等的更新。具体包括组织绩效评价及个人技能评价、留存在组织资产中的经验教训文档、相关模板及流程等。

 案例分享

案例:大型企业信息化项目中的人力资源管理

1.项目背景

本案例为某大型企业信息化项目中的一个管理信息系统开发子项目。该项目是国内大型集团公司的信息化项目中的一部分,该集团公司 B 在全国范围有数家分公司,并管辖数十个分厂和销售机构。软件开发公司 A 由于具有良好的行业背景,熟悉该集团公司主流产品的生产工艺和流程,具有行业信息化经验,得以承担该集团公司生产管理相关的网络管理系统,并负责其中的软件功能设计、实施和服务。

......

 习 题

※ 理解分析题

1.制定人力资源计划有哪些方法和工具?

2.组建项目团队有哪些方式?

3.如何进行团队中的冲突管理?

4.项目经理如何利用人际关系技能管理自己的项目团队成员?

本章参考文献

［1］邓玉金.项目管理者如何管理项目团队［EB/OL］.（2020-04-16）［2020-08-30］.https://baijiahao.baidu.com/s? id＝1664100433284883033&wfr＝spider&for＝pc.

［2］莫斯码.如何组建项目团队［EB/OL］.（2017-12-19）［2020-08-30］.https://zhuanlan.zhihu.com.

第 10 章　IT 项目沟通管理

【本章摘要】

项目沟通是在项目干系人之间的信息交流,是项目沟通的纽带。本章系统阐述 IT 项目沟通管理的内涵与基本过程、方法工具等。首先介绍沟通与项目沟通管理的基本概念,在此基础上分析项目沟通过程涉及的方法和工具,对如何实现 IT 项目有效沟通提供了实施策略及技巧,强调了项目经理在沟通中的重要作用。本章帮助学生对 IT 项目沟通管理建立起基本的理论与实践认知。

【关　键　词】

沟通;项目沟通;沟通绩效;项目经理

【学习目标】

- 理解并掌握沟通的概念、项目沟通管理的内涵及过程;
- 理解 IT 项目有效沟通的影响因素;
- 明确项目经理在 IT 项目沟通中的重要作用。

§10.1　项目沟通管理概述

有效的沟通是成功项目的典型特征之一。根据各种项目经理的工作时间分配,可以将项目经理分为普通的项目经理、有效的项目经理,以及成功的项目经理三类。第一类属于督导型,缺乏自己的独特想法或做法,将大多数时间花在了对项目组成员的督导方面;第二类是实施型,将大部分时间花在项目的执行上,最终能够将项目任务比较好地执行完成,但对项目绩效往往不够重视;第三类项目经理能够有创新性地开展自己的工作,他们交付的项目非常成功,客户满意度高,他们在企业里能获得较快的提升。三类经理的区别就在于能否在项目管理中开展有效的沟通。项目沟通上所花的时间和精力对项目的成功有着决定性作用,它不仅造就了成功的项目经理,也造就了成功的项目。

10.1.1　沟通概述

1. 沟通的含义、作用及分类

从广义上来讲,沟通是不同的行为主体,通过各种信息载体实现信息的双向流动,形成行为主体的感知,以达到特定目标的行为过程。这里的沟通活动多指发生在人类个体之间、群体之间,以及个体与群体之间的思想和信息的传递与流动;但随着科技和社会的发展,沟通的主体可能会逐渐打破人类范畴,发生在人类与动物、超级计算机、机器人等非人类个体及群体之间。行为主体中通常包括信息的发送者和接受者,一个完整的沟通过程中,同一个主体会扮演信息发送者和接受者的双重角色。基于人类本体的信息载体包括语言、肢体动作、表情、眼神等不需假于外物的沟通媒介;基于非人化外物的信息载体则是指基于纸质媒介、电话、邮件、即时通信工具以及新媒体等传递的文字、图像、声音和其他形式的符号。通常在一次沟通过程中,同时存在着几种信息载体交叉混用的情况。在特定目标方面,对于人来说,至少包括意识、行为和组织三个层面。意识层面通常包括情感、知识、思想等;行为层面通常包括动作、活动、习惯等;组织层面通常包括绩效目标、行动计划、团队氛围等。通常情况下,沟通是为了实现积极的目标。

在沟通的过程中,行为主体、信息载体和沟通环境都会影响沟通目标的达成。通常情况下,行为主体的状态,知识和经验结构,准备的充分性等因素会影响沟通的效果;信息载体的稳定性,识别度等因素会影响沟通的效果;沟通环境的噪音、氛围等因素也会影响沟通的效果。需要特别强调的是,沟通是信息双向流动的过程,需要由有信息的传递和反馈来共同组成。如果只有信息从发送者到接受者的传递,而没有反馈,通常意义上意味着沟通的失败或无效。

从狭义上来讲,沟通是指人与人之间的思想和信息的交换,是将信息由一个人传达给另一个人,逐渐广泛传播的过程。沟通所依赖和传递的这些思想和信息主要表现为:客观存在的事实;在特定情况下诉诸感情程度的情感反应;对自己、社会、文化等稳定持久的观念;用观点表达的观察事物所采取的态度和主观看法。著名组织管理学家巴纳德认为"沟通是把一个组织中的成员联系在一起,以实现共同目标的手段"。没有沟通,就没有管理。沟通不良几乎是每个企业都存在的老毛病,企业的机构越是复杂,其沟通越是困难。往往基层的许多建设性意见还未反馈至高层决策者,便已被层层扼杀,而高层决策的传达,常常也无法以原貌展现在所有人员之前。

沟通管理是企业管理的核心内容和实质。通过了解客户需求,整合各种资源,创造出好的产品和服务来满足客户,从而为企业和社会创造价值和财富。企业是有生命的有机体,沟通则是机体内的血管,通过流动来给组织系统提供养分,实现机体的良性循环。

沟通有助于改进个人及团队做出的决策。任何决策都会涉及干什么、怎么干、何时干等问题。每当遇到这些急需解决的问题,管理者就需要从广泛的企业内部沟通中获取大量信息情报,然后进行决策,或建议有关人员做出决策,以迅速解决问题。下属人员也可以主动与上级管理人员沟通,提出自己的建议,供领导者做出决策时参考,或经过沟通,取得上级领导的认可,自行决策。企业内部的沟通为各个部门和人员进行决策提供了信息,增强了判断能力。

沟通促使企业员工协调有效地工作。企业中各个部门和各个职务是相互依存的,依存性越大,对协调的需要越高,而协调只有通过沟通才能实现。没有适当的沟通,管理者对下属的认识就不会充分,下属也可能对分配给他们的任务和要求他们完成的工作有错误的理解,使工作任务不能正确圆满地完成,导致企业在效益方面的损失。

积极的沟通也有利于领导者激励下属,建立良好的人际关系和组织氛围。除了技术性和协调性的信息外,企业员工还需要鼓励性的信息。它可以使领导者了解员工的需要,关心员工的疾苦,在决策中考虑员工的要求,以提高他们的工作热情。人一般都会要求对自己的工作能力有一个恰当的评价。如果领导的表扬、认可或者满意能够通过各种渠道及时传递给员工,就会造成某种工作激励。同时,企业内部良好的人际关系更离不开沟通。思想上和感情上的沟通可以增进彼此的了解,消除误解、隔阂和猜忌,即使不能达到完全理解,至少也可取得谅解,使企业有和谐的组织氛围,所谓"大家心往一处想,劲往一处使"就是有效沟通的结果。

沟通活动可以从不同维度进行分类,具体如表 10-1 所示。

表 10-1　不同维度的沟通分类

分类维度	分类	说明
按沟通的对象	内部沟通; 外部沟通	在项目组内部进行的成员之间的沟通; 在项目组外部进行的与客户、公司其他项目组成员、公司职能部门、公司外部媒体及公众之间的沟通
按沟通的权威性	正式沟通; 非正式沟通	正式沟通是指以会议、通知、报告、通告等官方形式呈现的沟通; 非正式沟通是指以电话、聚餐、聊天等比较私人的形式呈现的沟通
按沟通的方向性	垂直沟通; 横向沟通	垂直沟通主要指同上下级之间进行的沟通; 横向沟通是指对等的职能部门成员或领导之间进行的沟通

在沟通活动中,这些维度常常交叉重叠,即内部沟通可能是正式的或非正式的沟通,同时可能是垂直沟通,也可能是横向沟通,还可以表现为口头和文本形式、身体语言和非身体语言形式等。在沟通管理过程中,如果善于运用非语言信号为语言的效果进行铺垫,例如真诚的微笑,热烈的握手,专注的神态,尊敬的寒暄,都能给对方带来好感,活跃沟通气氛,加重后面语言的分量。

2. 沟通的技术模型

沟通过程的完成包括信息的输出(信息源)、信息的编码和解码、信息载体(或媒介),以及信息的接收(接收者)四个基本要素。其中,编码是指将想法、认识及感觉转化成信息的过程。解码是指信息的接受者将信息转换为有意义的想法或个人感觉。沟通的技术模型可以用图 10-1 来表示。

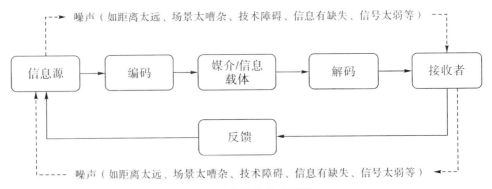

图 10-1　沟通的技术模型

但在信息传递及反馈、编码及解码过程中,噪声会对其进行干扰,影响传递及反馈的效果。这些噪声可能包括双方的物理距离太远(尤其是通过线下的声音进行传播时)、场景太嘈杂(会影响传递和接收信号的清晰度及完整性)、技术障碍(会导致信息扭曲甚至失真)、信息有缺失(是信息源所包含的信息量不足以让对方准确完整地解码信息)、信号太弱(影响解码的完整度)等。例如,在项目环境中,作为信息源的领导可能会遗漏一些项目工作的信息,造成项目经理对项目工作的误解。或者项目经理接受任务时,没有认真听好、听对项目任务,结果造成对项目任务的误解。

因此,在沟通过程中,作为信息源(或信息的传递者),必须先充分了解接收者的情况,选择合适的沟通渠道增强接收者的理解,提高信息接收的及时性、完整性和准确性。在对信息进行编码时,为了提高编码的正确性,要遵从以下几个基本原则:信息与接收者认知范围的相关性;信息的简明性;信息的条理性和组织性;口头沟通过程中,对重要信息的强调(或重复),以及借用特别的身体语言(包括语调、举止、手势或面部表情等)加以辅助,引起注意或加深印象。在文字沟通中,则可采用划线或强调语气突出内容的重要性。在对信息进行解码时,信息的接收者必须将信息转化为自己能理解的观点、信息、情感或态度等。这一过程要因为接收者自身经验、知识、才能、个人素质以及对信息输出者的期望等因素的不同而呈现出不同的接收效果,从而进一步影响反馈或传播效果。

3. 项目沟通管理存在的问题或障碍

缺乏有效的沟通环境对项目来说可能是灾难性的。没有有效的沟通与交流,决策传递将会受阻并停滞。虽然大多数人都知道,有效沟通对于任何项目都很关键,但在绝大多数项目管理体制设计和实践中,沟通管理往往是最容易被忽视的。

(1)缺乏反馈渠道或机制。这种情况往往发生在垂直沟通过程中,尤其是自上而下的沟通,由于缺乏反馈机制或渠道,很容易形成单向的命令传达。这种单向信息传递在组织运营或项目实施中并非有效的沟通。究其根源,是上级对下级信息接收程度(以及执行程度)的不重视,以为下达了信息,接收者就能完全接收、理解、认可并采取相应的行动。而从下级来说,根据自己的理解就想当然地执行,而没有确认的反馈,其结果也必然是事倍功半甚至南辕北辙。例如华为,在公司发展初期曾一度出现工作结果和预期目标不相符的问题,让公司多次陷入危机,导致计划部门和项目组都承受了巨大的压力。后来,公司借助管理咨询服务才发现大部分华为项目经理在沟通方面存在很多问题。首先是在领导分配任务后,还没弄清楚自己的任务从什么时候开始,截止日期是什么时候、如何运作、完成任务的衡量指标是什么等关键信息,就开始召集员工埋头干起来,为了赶效率,而忽略了自己理解的任务跟领导交代的任务是否一样。

(2)跨部门沟通存在障碍。在一些跨部门组成的项目组织中,跨部门沟通会经常发生,为了提高效率或借用资源,项目经理有必要与一些跨部门的职能经理直接沟通,但由于项目经理的级别一般比职能经理低,因此项目经理往往不敢直接找这些跨部门经理沟通,而是需要自己的直属上司协助,导致沟通效率低下。

(3)沟通缺乏计划性。临时性的沟通虽然在项目组织内经常发生,但如果出现在项目组与公司层面的其他部门或与客户之间,尤其是会议形式的沟通,经常会由于相关方没有时间或没有准备而使得有效的沟通活动难以进行,或者出现人到不齐或多人共同等待某个关键角色的局面,或者因为缺乏正式的会议议程而使得沟通效果差,从而无谓地浪费了大家的时间和精力。事实上,对于难度较大的问题,至少要提前两周计划好,预约好相关人员。

(4)采用的沟通方式或渠道不合适。沟通方式或渠道都是技术层面的因素。良好的恰当的沟通渠道可以减少内耗,让项目进行得更顺利。不同的沟通内容和对象需要采取不同的方式与渠道,如果方式或渠道选择不恰当,即所谓"牛头不对马嘴",或者沟通渠道不畅通,则可能会造成沟通无效或低效,甚至造成很多误解、伤害感情。

10.1.2　项目沟通管理的概念

项目沟通管理就是为了确保项目信息合理收集和传输,以及最终处理所需实施的一系列过程。包括为了确保项目信息及时适当地产生、收集、传播、保存和最终配置所必需的过程。项目沟通管理为成功所必需的因素——人、想法和信息之间提供了一个关键连接。涉及项目的任何人都应准备以项目"语言"发送和接收信息,并且必须理解他们以个人身份参与的沟通会怎样影响整个项目。沟通就是信息交流。组织之间的沟通是指组织之间的信息传递。对于项目来说,要科学地组织、指挥、协调和控制项目的实施过程,就必须进行项目的信息沟通。好的信息沟通对项目的发展和人际关系的改善都有促进作用。

项目中沟通对象主要为项目干系人,不同干系人需要的信息可能不同。所以在项目启动时,就要识别所有的项目干系人,以及不同人的不同信息需求。将不同人所得到的信息拿出来共享交流。项目经理的大多数时间都用在与团队成员和其他干系人的沟通上,无论这些成员和干系人是来自组织内部(位于组织的各个层级上)还是组织外部。有效的沟通能在各种各样的项目干系人之间架起一座桥梁,把具有不同文化和组织背景、不同技能水平以及对项目执行或结果有不同观点和利益的干系人联系起来。

项目沟通管理具有复杂和系统的特征。企业的机构越是复杂,其沟通越是困难。往往基层的许多建设性意见还没来得及反馈至高层决策者,便已被层层扼杀,而高层决策的传达,常常也无法以原貌展现在所有人员面前。

§10.2　IT项目沟通管理过程

项目沟通管理包括了彼此联系的五个过程:识别干系人、沟通规划、信息分发、管理干系人期望和绩效报告。上述过程不仅相互作用,而且还与其他知识领域中的过程相互作用。每个过程在每个项目中至少进行一次。如果项目被划分为多个阶段,每个过程可在项目的一个或多个阶段中进行。虽然在本章中,各过程以界限分明、相互独立的形式出现,但在实践中它们可能以本章未详述的方式相互交叠、相互作用。

10.2.1　识别干系人

识别干系人是识别所有受项目影响的人员或组织,并记录其利益、参与情况和对项目成功的影响的过程。项目干系人是指积极参与项目,或其利益可能受项目实施或完成的积极或消极影响的个人和组织,如客户、发起人、执行组织和公众。他们也可能对项目及其可交付成果施加影响。干系人可能来自组织内部的不同层级,具有不同级别的职权;也可能来自项目执行组织的外部。识别干系人的过程如图 10-2 所示。

在项目的早期就识别干系人,并分析他们的利益、期望、重要性和影响力,对项目成功非常重要。随后可以制定一个策略,用来接触每个干系人并确定其参与项目的程度和时机,以便尽可能提高他们的正面影响,降低潜在的负面影响。在项目执行期间,应定期对上述分析和沟通策略进行审查,以便做出必要调整。

大多数项目都有为数众多的干系人。由于项目经理的时间有限,必须尽可能有效利用,因此应该按干系人的利益、影响力和参与项目的程度对其进行分类。这样一来,项目经理就能集中精力处理那些重要的关系,确保项目成功。

图 10-2　识别干系人

1. 识别干系人的主要依据

项目章程可提供参与项目和受项目影响的内外部各方的信息,如项目发起人、客户、团队成员、参加项目的小组和部门,以及受项目影响的其他人员或组织。

其他项目文件或信息包括可能影响识别干系人过程的事业环境因素及组织过程资产,如组织或公司的文化和结构、政府或行业标准(如法规和产品标准)、干系人登记册模板,以往项目的经验教训及干系人登记册等。如果项目中涉及采购活动,则需要识别出影响采购的关键干系人,如供应商。

2. 识别干系人的方法

识别干系人最常用的方法就是干系人分析。干系人分析是系统地收集和分析各种定量与定性信息,以便确定在项目中应该考虑哪些人的利益。通过干系人分析,识别出干系人的利益、期望和影响,并把它们与项目的目的联系起来。干系人分析也有助于了解干系人之间的关系,以便利用这些关系来建立联盟和伙伴合作,从而提高项目成功的可能性。

干系人分析通常应遵循以下步骤:

第一步:识别全部项目干系人及其相关信息,如他们的角色、部门、利益、知识水平、期望和影响力。关键干系人通常很容易识别,包括所有受项目结果影响的决策者和管理者,如项目发起人、项目经理和主要客户。通常可对已识别的干系人进行访谈,来识别其他干系人,扩充干系人名单,直至列出全部潜在干系人。

第二步:识别每个干系人可能产生的影响或提供的支持,并把他们分类,以便制定管理策略。在干系人很多的情况下,就必须对关键干系人进行排序,以便有效分配精力,来了解和管理关键干系人的期望。有多种分类方法可用,例如权力/利益方格或权力/影响方格,有时候还可以应用影响/作用方格。其中最常用的是权力/利益方格,即根据干系人的职权(权力)大小以及对项目结果的关注程度(利益)进行分组。图 10-3 是一个权力/利益方格的例子,用 A~D 代表干系人的位置。

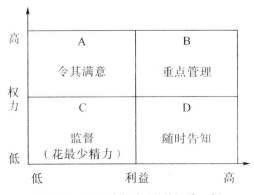

图 10-3　干系人权力/利益矩阵示例

第三步：评估关键干系人对不同情况可能做出的反应或应对，以便策划如何对他们施加影响，提高他们的支持和减轻他们的潜在负面影响。

为确保识别和列出全部的干系人，项目组还应该向受过专门培训或具有专业知识的小组或个人寻求专家判断和专业意见。这些能够帮助识别出全部及关键干系人的专家包括公司内部的高级管理人员，已经识别出的关键干系人；在相同领域做过项目的项目经理（直接管理过项目或参加过经验教训总结）；相关业务或项目领域的主题专家（SME）；行业团体和顾问以及专业和技术协会。获取专家意见可以通过单独咨询（一对一会谈、访谈等）或小组对话（焦点小组、调查等）的方式。

3. 识别干系人的结果

识别干系人的结果会形成干系人登记册。它包含关于已识别干系人的基本信息（姓名、在组织中的职位、地点、在项目中的角色、联系方式），评估信息，主要需求、主要期望、对项目的潜在影响、与生命周期的哪个阶段最密切相关，以及干系人分类（内部/外部，支持者/中立者/反对者等）。此外，识别出这些干系人的同时，还应该明确对于这些干系人分别应该采取什么样的管理策略。干系人管理策略的内容包括识别出对项目有显著影响的关键干系人，明确每个干系人参与项目的程度，对干系人进行分类或分组以及按组别管理的措施等。这些策略常常集成在干系人登记册中，以便完整呈现干系人信息以及对干系人如何管理。其目标是尽量提高干系人在整个项目生命周期中对项目的积极影响与支持，降低干系人对项目的负面影响。常用的干系人登记册（集成了干系人管理策略）的模板如表 10-2 所示。

表 10-2　干系人登记册示例

干系人姓名	组织职位	项目角色	联系方式	在项目中的利益	对项目的影响程度（分级）	分类	管理策略

与干系人管理策略相关的某些信息可能太敏感，不宜纳入公开的项目文件。项目经理必须进行判断，确定哪些信息应该列入干系人管理策略；对需要列入的信息，还要规定

其详细程度。

10.2.2　沟通规划

沟通规划是确定项目干系人的信息需求,为项目沟通活动制定恰当的方法和计划的过程。沟通规划过程旨在对干系人的信息和沟通需求做出应对安排,如谁需要何种信息,何时需要,如何向他们传递,以及由谁传递。虽然所有项目都需进行信息沟通,但是各项目的信息需求和信息发布方式可能差别很大。识别干系人的信息需求并确定满足这些需求的适当方法,是决定项目成功的重要因素。沟通规划不当,将会导致信息传递延误、向错误的受众传递敏感信息或与某些干系人沟通不足等问题。项目经理应该在沟通计划中记录与干系人进行有效果和有效率的沟通方法。有效果的沟通是指用正确的格式、在正确的时间提供信息,并且使信息产生正确的影响。有效率的沟通是指只提供所需要的信息。在大多数项目中,都是很早就进行沟通规划工作,例如在项目管理计划编制阶段。这样便于给沟通活动分配适当的资源,如时间和预算。应该在整个项目周期中,对沟通规划过程的结果进行定期审查并做必要修改,以保证其适用性。沟通规划的过程如图 10-4 所示。

沟通规划过程与事业环境因素有密切联系,因为组织结构对项目的沟通需求有重大影响。

图 10-4　沟通规划

1. 沟通规划的主要依据

干系人登记册。沟通计划的主要内容就是明确在什么时候与哪些干系人沟通,采取什么样的沟通方式和渠道,对干系人如何管理等。因此沟通计划制定的前提是必须获取沟通对象的基本信息及其他关键信息,这就需要借助集成了针对不同干系人采取的管理策略的干系人登记册。

此外,也需要依据其他与干系人相关的项目文件或信息,例如影响沟通的项目环境、能够帮助制定沟通计划的组织过程资产。其中,经验教训和历史信息尤为重要,因为它们能让人们了解以往类似项目的沟通安排及其实施结果,并可以指导当前项目的沟通活动规划。

2. 沟通规划的主要方式及工具

首先是沟通需求分析。通过沟通需求分析,确定项目干系人的信息需求,包括信息的类型和格式,以及信息对干系人的价值。项目资源只能用来沟通有利于成功的信息,或者那些因缺乏沟通会造成失败的信息。

项目经理还应该使用潜在沟通渠道或路径的数量,来反映项目沟通的复杂程度。潜在沟通渠道的总量为 $N(N-1)/2$，其中，N 代表干系人的数量。有 4 个干系人的项目，就有 $4(4-1)/2=6$ 条潜在沟通渠道。当从 N 个干系人增加到 $N+1$ 个时，沟通渠道则会增加 N 条。如图 10-5 所示。

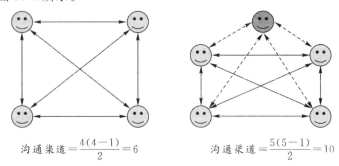

$$沟通渠道=\frac{4(4-1)}{2}=6 \qquad 沟通渠道=\frac{5(5-1)}{2}=10$$

图 10-5　沟通渠道数目与干系人数目及其变化间的关系

因此，在规划项目沟通时，需要做的一件重要工作就是，确定和限制谁应该与谁沟通，以及谁将接受何种信息。用来确定项目沟通需求的信息通常包括组织机构图，项目组织以及干系人职责间的关系，项目所涉及的学科、部门和专业，有多少人在什么地点参与项目，内部信息需求（如横跨整个组织的沟通），外部信息需求（如与媒体、公众或承包商的沟通），以及来自干系人登记册和干系人管理策略的干系人信息。

其次是选择合适的沟通技术或方法。可以采用各种沟通技术或方法在项目干系人之间传递信息。例如，从简短的谈话到长时间的会议，从简单的书面文件到可在线查询的资料（如进度计划和数据库），都是项目团队可以使用的沟通方法。此外，沟通方法还可以从沟通的主动性方面分为交互式沟通、推式沟通以及拉式沟通。交互式沟通是指在双方或多方之间进行多向信息交换。这是确保全体参与者对某一话题达成共识的最有效的方法，包括会谈、电话会议、视频会议等。推式沟通则是指把信息发送给需要了解信息的特定接收方。这种方法能确保信息发布，但不能确保信息到达目标受众，或信息已被目标受众理解。推式沟通包括信件、备忘录、报告、电子邮件、传真、语音邮件、新闻稿等。拉式沟通在信息量很大或受众很多的情况下使用。它要求接收方自主自行地获取信息内容。这种方法适合企业内网、在线课程、知识库等。项目经理应根据以下有关沟通需求、可用技术、人员及项目时长等方面的因素决定在项目中使用何种沟通方法，并决定如何使用及何时使用。

（1）信息需求的紧迫性。为了项目成功，信息是否需要频繁更新并随要随得？或者，只需要定期发布书面报告？

（2）可用技术。是否已有合适的系统？为满足项目需求，是否需要改进现有系统？例如，相关干系人是否拥有所选定的沟通技术？

（3）预期的项目人员配备。所建议的沟通系统与项目参与者的经验和专长是否匹配？是否需要大量的培训与学习？

（4）项目的持续时间。在项目结束前，现有的沟通技术是否将发生变化？

（5）项目环境。团队成员是面对面工作，还是在虚拟环境下工作？

再次，沟通模型。沟通的基本模型如图 10-1 所示，用于显示信息如何在双方（发送方和接收方)之间被发送和被接收。在该模型中有一个必需的动作,就是确认收到信息。确认收到信息是指接收方表示已经收到信息,但并不一定赞同信息的内容。还有一个动作是对信息的回应,即接收方在对信息进行解码和理解的基础上,向发送方做出回复。在讨论项目沟通时,需要考虑沟通模型中的各项要素。在沟通过程中,信息的发送方有责任发送清晰、完整的信息,以便接收方正确接收;也有责任确认信息已被正确理解。接收方则有责任完整地接收信息,正确地理解信息,并及时确认收到和理解信息。沟通失败会对项目造成负面影响。

利用这些要素与项目干系人进行有效沟通,会面临许多挑战。例如,在某个技术性很强的跨国项目团队中,一个团队成员要与另一国的某个团队成员沟通某个技术概念,他需要用适当的语言对信息进行编码,用适当的技术发送信息,然后接收方对信息进行解码并给予答复或反馈。在此期间所遇到的任何噪声,都会干扰信息原意。

3. 沟通规划的成果

沟通规划最重要的成果就是沟通管理计划,简称沟通计划。沟通计划是项目管理计划的一部分或子计划。基于项目的需要,沟通计划可以是正式或非正式的、非常详细或高度概括的。它通常包括以下关键内容:干系人的沟通需求,需要沟通的信息所采用的形式、内容及其他方面,发布所需信息的人员、技术方法、时限频率,负责沟通相关信息的人员等。在有些特殊的项目中,一些特定的沟通需求可能也会列入沟通计划中,例如有权发布机密信息的人员,为沟通活动分配的资源(包括时间和预算),在下层员工无法解决问题时的问题升级流程,用于规定问题上报时限和上报路径,项目信息流向图、工作流程(兼有授权顺序)、报告清单、会议计划等,沟通制约因素(通常来自特定的法律法规、技术要求和组织政策)等。

沟通计划中还可包括关于项目状态会议、项目团队会议、网络会议和电子邮件等的指南和模板。如果项目将使用网站和项目管理软件,那么沟通计划中还应说明将如何使用该网站和软件。

沟通计划制定的结果可能会引起部分项目文件的更新。例如项目进度计划、干系人登记册等。

10.2.3　信息分发

信息分发是指按照沟通计划将需要的信息及时准确地传送到相关的项目干系人,它包括实施沟通管理计划以及对突发的信息请求做出反应。这一活动将在整个项目生命周期和全部管理过程中持续展开。

将特定需求的信息正确传达到相应的人员是非常重要但又具有一定难度的。项目中经常发生的事情是信息发送人觉得自己已经把信息发送出去了,但实际的结果却是信息可能没有被需要该信息的对象及时接收,或是该对象接收到的信息是不完整的或被错误地理解了。随着 QQ、微信等及时通信工具在工作中的广泛应用,几乎在工作中的每个个体每天都会接收到大量来自这些应用工具的文件、语音或其他信息,看起来信息分发方便了,但与此同时,信息的泛滥却使得人们对信息的接收、阅读和理解日趋麻木,导致那些关键信息很容易被忽略掉。对项目而言,执行过程中的信息发布,包括执行沟通管理计划以及应对未预期的信息需求是项目沟通中的主要活动。有效的信息分发涉及与开展有效沟通有关的所有方面,包括使用适当的技术、方法和技巧,例如基于沟通的发送——接收技术模型,选择合适的信息载体,采用恰当的信息分发形式、文本内容安排与视觉辅助设计等多种技术。它允许根据相关方及项目不断变化的需求对信息分发的方法和技术进行调整。信息分发的过程如图 10-6 所示。

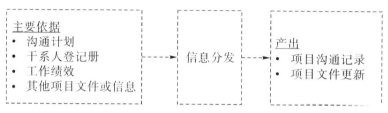

图 10-6　信息分发

沟通计划描述了项目沟通活动中信息分发的具体实施计划,因此信息分发应该尽量按照沟通计划中的相关要求来执行。

信息分发是有目的、有针对性的,对于不同的干系人,信息分发内容和方式可能都会不同,因此必须熟悉干系人登记册中各个干系人的基本信息及角色,明确他们对项目的影响和信息需求,才能有的放矢地将需要的信息准确传达给需要的对象。

工作绩效报告包括状态报告和进展报告,可以包含显示成本——进度绩效的挣值图表、趋势线、储备燃尽图、缺陷直方图、合同绩效信息及风险信息或其他形式。在项目进行的过程中,需要根据沟通管理计划,将工作绩效报告及时传递给项目相关方。

信息分发还需要依据其他项目文件或信息,例如变更日志、问题日志、经验教训登记册、质量报告、风险报告以及组织过程资产、事业环境因素等。这些文件或信息会根据项目进展的不同阶段和不同情况有选择性地被需要。

在选择信息分发所采用的主要方法和技术前,首先要考虑团队是否集中办公、需要分享的信息是否需要保密、团队成员的可用资源,以及组织文化会如何影响会议和讨论的正常开展等因素。根据沟通计划中提出的要求,从个别会谈、集体会议、视频会议、电话会议、即时通信工具、邮件和其他远程沟通方法中选择适合的信息分发方法。项目管理系统平台常被用于项目组内部的信息分发和沟通。此外,还可以使用多种传统的信息分发工具来发布项目信息,包括纸质文件发布工具、手工归档系统等。

信息分发的结果会形成沟通记录或项目日志,以正式或非正式的方式来描述沟通的内容及结果,有时候还会包括对干系人反馈信息的处理。其次,可能需要更新组织过程资产,例如干系人通知,可向干系人提供有关已解决的问题、已批准的变更和总体项目状态的信息;包含了经验教训报告、问题日志、项目收尾报告和其他知识领域的项目;包括往来函件、备忘录、会议纪要等内容的项目日志。应该尽可能以适当方式、有条理地保存这些信息。

10.2.4　管理干系人期望

管理干系人期望是为满足干系人的需要而与之沟通和协作,并解决所发生的问题的过程。管理干系人期望涉及针对项目干系人开展沟通活动,以便影响他们的期望,处理他们的关注点并解决问题。这包括但不限于以下几种情况:通过与干系人谈判以及对干系人实现项目目标的意愿施加影响,来积极管理干系人的期望,提高干系人验收项目的可能性;处理目前还没有成为问题、但预计以后会成为问题的各种关注点,要及时发现和讨论这些关注点,并进行风险评估;澄清并解决已经识别的问题,可能需要发布变更请求来解决问题,也可能需要借助外部力量来解决问题,例如把问题推迟到另一项目或阶段,或把问题转交给另一个组织。管理干系人期望的过程如图 10-7 所示。

　　管理干系人期望可以确保干系人理解项目的利益和风险,从而增加项目成功的概率。理解了项目的利益和风险,干系人就能够积极支持项目,并协助对有关项目决策进行风险评估。通过预测人们对项目的反应,就可以采取预防措施,来赢得支持或最小化潜在负面影响。

　　项目经理负责对干系人的期望进行管理。通过积极管理干系人的期望,可以降低因干系人之间的未决问题而使项目不能达到目的和目标的风险,并减少项目过程中的混乱。

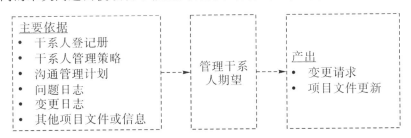

图 10-7　管理干系人期望

1. 管理干系人期望所需的信息

　　管理干系人期望需要借助的文件信息包括干系人登记册及干系人管理策略。干系人登记册是项目相关干系人的清单,用于确保项目沟通将覆盖全部干系人;干系人管理策略记录了干系人的目的和目标,以及对干系人期望的管理策略。

　　此外还需要借助沟通管理计划。沟通管理计划是项目管理计划的子计划。管理干系人的需求和期望需要了解干系人的目标、目的和所需的沟通层次。而这些信息可以从沟通管理计划中获取。

　　问题日志或行动日志可用来记录和监督问题的解决情况。它可以促进沟通,确保对问题有统一认识。问题通常不会演变成一个“项目”或“活动”,但还是应该加以处理,以便在相关干系人(包括团队成员)之间保持良好的、建设性的工作关系。需要根据问题的紧急性和潜在影响,明确地对问题进行描述和分类。要为问题解决方案中的每项行动指定责任人,并设定解决问题的目标日期。未解决的问题往往是导致冲突和项目延迟的主要原因。

　　变更日志用来记录在项目过程中发生的各种变更。必须让有关干系人了解这些变更及其对项目时间、成本和风险的影响。

　　其他文件主要是指可能影响管理干系人期望过程的组织过程资产,例如组织对沟通的规定、问题管理程序、变更控制程序、以往项目的历史信息。

2. 管理干系人期望的工具与技术

项目经理应该使用在沟通管理计划中为每个干系人规定的沟通方法和沟通者自身拥有的人际关系技能来了解干系人的期望并对他们的期望施加影响。这些人际技能包括与相关干系人之间建立信任和解决冲突的能力(假如在沟通中遇到冲突)。同干系人沟通过程中,要注意倾听对方的需求,积极顺应他们需求的变化。

此外,项目经理还必须具备一定的管理技能,包括在沟通过程中,尤其是类似会议这样的面对面的正式沟通中,清楚地展示项目进展和绩效,遇到干系人提出新需求或者要求合同内容更改时,项目经理要有良好的谈判能力。

3. 管理干系人期望的结果

在管理干系人期望的过程中,可能提出对产品或项目的变更请求,也可能提出必要的纠正或预防措施。

此外,还可能涉及组织过程资产的更新、项目计划及项目文件的更新。项目管理计划中可能需要更新的内容包括(但不限于)沟通管理计划,在沟通需求发生变化时,或者在识别出新的沟通需求时,就需要对沟通管理计划进行更新。例如,有些沟通可能不再必要、某个无效的沟通方法可能要被另一个方法所取代,或者要增加一个新的沟通需求。可能需要更新的项目文件包括(但不限于)干系人管理策略和干系人登记册、问题日志等。在处理关注点和解决问题之后,可能需要对干系人管理策略进行更新。例如,确定某个干系人产生了新的信息需求。在干系人信息发生变化、识别出新干系人、原有干系人不再参与或影响项目,或者当对特定干系人进行其他更新时,就需要更新干系人登记册。在识别出新问题或解决了当前问题时,就需要更新问题日志。

10.2.5　绩效报告

绩效报告是收集并发布绩效信息(包括状态报告、进展测量结果和预测情况)的过程。绩效报告过程包括定期收集、对比和分析基准与实际数据,以便了解和沟通项目进展与绩效情况,并预测项目结果。如图10-8所示。

绩效报告需要向每个受众适度地提供信息。绩效报告的格式可以从简单的状态报告到详细的描述报告。简单的状态报告可显示诸如"完成百分比"的绩效信息,或每个领域(如范围、进度、成本和质量)的状态指示图。详细的描述报告中可能包括对过去绩效的分析,当前的风险和问题状态,本期完成的工作,下一时期需要完成的工作,本期批准的变更的汇总,必须审查和讨论的其他相关信息。

一份完整的报告还应包括预测的项目完工时间和完工成本。绩效报告可定期编制,或基于特殊情况而编制。

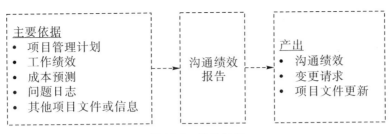

图 10-8　绩效报告

1. 沟通绩效报告的依据

项目管理计划提供了有关项目基准的信息。绩效测量基准是一个经过批准的项目工作计划,用来与项目执行情况比较,以测量偏差,进行管理控制。通常,绩效测量基准是项目的范围、进度和成本参数的整合,有时也可包括技术和质量参数。

工作绩效信息是从项目活动中收集的实施情况信息,例如:可交付成果的状态,进度进展情况,已发生的成本。采用工作绩效信息来计算项目活动的测量指标,以便对照计划的要求,评估项目活动的实际进展。这些测量指标主要是指进度、成本等方面的绩效指标。

根据来自控制成本过程的成本预测信息,可以知道完成剩余工作还需要多少资金,以及完成全部项目工作所需的资金总数。

问题日志提供项目的历史信息、相关方参与问题的记录,以及它们如何得以解决。

其他项目文件主要是指可能影响报告绩效过程的组织过程资产,例如报告模板,关于如何确定测量方法和测量指标的政策和程序,组织规定的偏差界限。

2. 报告绩效的工具与技术

偏差分析是一种事后审查,以便找出导致项目基准与实际绩效差异的原因。偏差分析流程虽然可能因应用领域、所用标准和所在行业而不同,但大致都包括以下三个过程:①检查所收集的信息的质量,如信息的完整性和可靠性;②将实际信息与项目基准进行比较以确定偏差的大小,并确定偏差对项目成本、进度等的影响及严重程度;③记录偏差形成的原因,并预测偏差的发展趋势。

预测是指以截至目前的实际绩效为基础,来预估未来的项目绩效。预测方法包括时间序列方法、因果/计量经济学方法、判断方法等。时间序列方法以历史数据为基础来估算未来结果。此类方法的例子包括挣值、移动平均数、外推法、线性预测、趋势估算以及成长曲线法。有些预测方法认为,可以找出影响被预测变量的根本因素。例如,雨伞的销售可能与天气情况有关。知道了这种因果关系,就可以先估计自变量的值,然后以此来预测因变量。此类方法的例子包括回归分析(线性回归或非线性回归)、自动回归移动平均数(ARMA),以及经济计量方法。判断预测方法是直觉判断、主观判断和概率估算的综合。此类方法的例子包括组合预测、调查、德尔菲法、情景规划、技术预测和类比预测。其他方法可能包括模拟预测、概率预测和总体预测。

可以在状态审查会上交流和分析有关项目进展和绩效的信息。项目经理通常使用推式沟通技术来发布绩效报告。

报告系统是项目经理获取、存储和向干系人发布项目成本、进度和绩效信息的标准工具。软件包有助于项目经理把来自不同系统的报告综合起来,并向干系人发布。报告的发布方式可包括表格、电子数据表和演示。可以使用图形,直观、形象地展示项目绩效信息。

3. 沟通绩效报告的结果

绩效报告对收集到的信息进行组织与归纳,并通过与绩效测量基准的比较,来分析和展示绩效。应按照沟通管理计划中的规定,以各干系人所要求的详细程度,向他们提供项目状态和进展信息。绩效报告的常用格式包括横道图、S 曲线图、直方图和表格。绩效报告中经常包括偏差分析、挣值分析和预测数据。

绩效报告应该定期发布,其格式可以从简单的状态报告到详细的描述报告。简单的状态报告可能仅显示诸如"完成百分比"的绩效信息,或每个领域(如范围、进度、成本和质量)的状态指示图。详细的描述报告中可能包括对过去绩效的分析、当前的风险和问题状态、偏差分析结果以及本期批准的变更的汇总等。

可能需要更新的组织过程资产包括(但不限于)报告格式和经验教训文档。经验教训文档中可包括问题的起因、所选纠正措施的理由,以及有关绩效报告的其他经验教训。应该记录经验教训,使之成为本项目和执行组织的历史数据库的一部分。

通过分析项目绩效,经常可以提出变更请求。这些变更请求应该由实施整体变更控制过程来处理。变更请求可包括:推荐的纠正措施和推荐的预防措施。推荐的纠正措施为使项目的预期未来绩效与项目管理计划一致而进行的变更;推荐的预防措施,为了降低未来出现的不利项目绩效的事件的概率。

§10.3 如何实现 IT 项目中的有效沟通

10.3.1 IT 项目中沟通的特殊意义

对于项目经理来说,要科学地组织、指挥、协调和控制 IT 项目的实施过程,就必须有效地进行信息沟通。沟通对 IT 项目的影响往往是潜移默化的,所以,在成功的项目中人们往往感受不到沟通所起的重要作用,在失败项目的痛苦反思中,却最能看出沟通不畅的危害。没有良好的信息沟通,对项目的发展和人际关系的改善,都会存在着制约作用。沟通失败是 IT 项目求生路上最大的拦路虎。常常能听到的典型例子是某某集团耗资几千万的 ERP 项目最终弃之不用,原因是开发出的软件不是用户所需要的,没提高用户的工作效率,反而增加了工作量,不难看出,造成这种尴尬局面的根本原因是沟通失效。当一个项目组付出极大的努力,而所做的工作却得不到客户的认可时,是否应该冷静地反思一下双方之间的沟通问题? 软件项目开发中最普遍现象是一遍一遍地返工,导致项目的成本一再加大,工期一再拖延,为什么不能一次把事情做好? 原因还是沟通不到位。

通常的项目管理教材将项目沟通的重要性归结为四点:

（1）决策和计划的基础。项目团队要想做出正确的决策，必须以准确、完整、及时的信息作为基础。通过项目内、外部环境之间的信息沟通，获得适当的信息，从而为决策提供依据。

（2）组织和控制管理过程的依据和手段。在项目团队内部，良好的信息沟通，是实施科学管理的依据。只有通过信息沟通，掌握项目团队内的各方面信息，才能为科学管理提供依据，才能有效地提高项目团队的组织效能。

（3）建立和改善人际关系必不可少的条件。信息沟通、意见交流，将许多独立的个人、团队、组织贯通起来，成为一个整体。同时，信息沟通是人的一种重要的心理需要，是人们用以表达思想、感情与态度，寻求同情与友谊的重要手段。畅通的信息沟通，可以减少人与人的冲突，改善人与人、人与班子之间的关系，增加项目团队彼此的信任感。

（4）项目经理成功领导的重要手段。项目经理是通过各种途径将意图传递给下级人员并使下级人员正确理解和执行。如果沟通不畅，下级人员就不能正确理解和执行领导意图，项目就不能按经理的意图进行，最终导致项目混乱甚至项目失败。因此，提高项目经理的沟通能力，与领导过程的成功性关系极大。

除以上四点外，根据 IT 项目的特点，IT 项目沟通的重要性还体现在下面两点：

（1）信息系统本身是沟通的产物。软件开发过程实际上就是将手工作业流程转化成计算机系统的过程。不像普通的生产加工那样有具体的有形的原料和产品，软件开发的原料和产品就是信息，中间过程间传递的也是信息，而信息的产生、收集、传播、保存正是沟通管理的内容。可见，沟通不仅仅是软件项目管理的必要手段，更重要的，沟通是软件生产的手段和生产过程中必不可少的工序。

（2）软件开发的柔性标准需要沟通来弥补。软件开发不像加工螺钉、螺母，有很具体的标准和检验方法。软件的标准柔性很大，往往在用户的心里，用户好用是软件成功的标准，而这个标准在软件开发前很难确切地、完整地表达出来。因此，开发过程项目组和用户的沟通互动是解决这一现实问题的唯一办法。

因为以上特点，可以说在 IT 行业，沟通的成败决定整个项目的成败，沟通的效率影响整个项目的成本、进度，沟通不畅的风险是 IT 项目的最大风险之一。

10.3.2　有效沟通的影响因素

沟通对项目实施效率的影响往往是间接的、不易觉察和量化的。下面从几个与沟通有直接或间接关系因素出发，讨论沟通对 IT 项目实施效率的影响。

1.　团队规模和组织方式

人与人之间必须通过沟通来解决各自承担任务之间的接口问题。10 人的项目团队，网状沟通模型的沟通路径就有 45 条。团队中成员间的关系是对称的，各人在团队中的沟通地位完全对等，沟通方式是全通道式的，容易带来拥有大量的信息却难以决策的问题。

良好的团队组织可以减少不必要交流和合作的数量，从而提高团队效率。减少交流的方法是明确的个人分工和接口定义。一种行之有效的方法是改变沟通的结构和方式。上面的例子中，一个 10 人的项目团队，将网状的沟通改为层次型的沟通模型，同样一个项目，其组织方式改变为如图 10-9 所示。

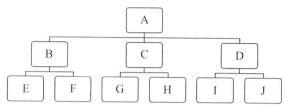

图 10-9　团队规模和组织方式影响

将项目团队分为三个相对独立的小组,负责不同的工作任务。A 作为项目的总体负责人,负责小组间的沟通;然后将其余 9 人分为三个小组,每个小组的小组组长和 A 相互沟通,沟通路径 3 条;小组长之间采用网状的沟通方式,沟通路径 3 条;每个小组内部同样采用网状的沟通方式,沟通路径 3 条。如此,组织成一个层次型的团队模型,那么,这样的一个组织方式沟通路径只有 15 条,沟通路径由网状沟通模型的 45 条减少为 15 条。沟通路径的减少,降低了沟通的信息量,从而提高沟通和决策的效率。

2. 团队的分布区域

越来越多的 IT 项目采用虚拟团队的形式开发,团队的成员散布在全国各地乃至世界各地,每个团队的生活环境、社会背景、教育程度、宗教信仰都不相同,团队因工作地点的不同,可能存在时差,即使在不存在时差的情况下,因地域不同工作时间也不尽相同,上海地区大多实行朝九晚五工作制,中午休息 1 小时,而成都大多为早 8—12 点、下午 14—18 点,新疆则更晚些,虚拟团队因散布的区域广,对于有效的沟通有比较大的影响。

3. 团队的默契度

很显然,团队的默契程度对软件实施效率影响很大。一个经过长期磨合、相互信任、形成一套默契的做事方法和风格的团队,可能省掉很多不必要的沟通,相反,初次合作的团队因为团队成员各自的背景和风格不同、成员间相互信任度低等原因,要充分考虑沟通消耗。

软件企业人员流动率高的特点导致团队凝聚力和默契度的锤炼比较困难。而凝聚力和默契度需要长期的、大量的内部沟通和交流才能逐步形成,由此不难理解持续良好的沟通和交流是一个团队的无形资产,自然、稳定、默契的开发团队是形成一个软件企业的核心竞争力的道理。

4. 团队成员个人背景因素

还有一点不容忽视,那就是软件开发这种以人脑为主要工具的创造性很强的作业,开发人员的心情和兴奋度对个人工作效率影响很大,而一个人置身于氛围良好、合作默契的团队中心情一般较好,这种良好的氛围所能带来的能量是不可估量的。

5. 团队资源

电话、视频会议系统、及时沟通系统、电子邮件、项目管理软件等现代化工具能减少项目成员出差、拉近沟通双方的距离,提高沟通效率。如果项目团队拥有的资源有限,将对项目团队的沟通造成不良影响。

10.3.3　有效沟通的实施

在项目环境下,项目经理是项目团队正式的对外联络接口人,项目经理很可能花费 90% 或更多的个人时间来沟通,处理项目团队内部、项目外部、项目干系人的交流、沟通、汇报等事务。项目经理是项目沟通的核心,是项目沟通的促进者。

如图 10-10、10-11 所示,项目经理与客户的项目经理的沟通才是正式的沟通,项目经理是项目团队对内、对外的沟通的核心,因此,要提高项目沟通的效率,项目经理是工作的要点。

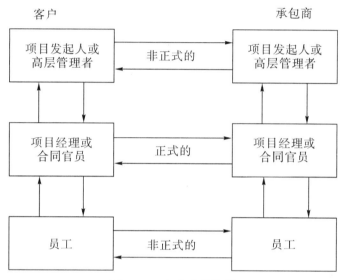

图 10-10　与客户的沟通

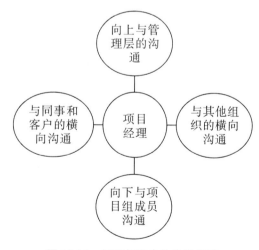

图 10-11　经理与客户的沟通渠道

项目经理作为项目沟通组织、实施的核心,要提高项目沟通的效率,项目经理需要做好以下的功课。

（1）明确项目所处的环境。要处理好项目沟通，提高项目沟通的效率，首要的就是明确项目所处的环境，包括项目的大小、在公司内所处的地位、项目实施的进度要求、项目在公司内对谁汇报、项目的办公环境、所能支配的资源等，知己才能在适当的时候采取适当的措施，提高沟通的效率。

（2）了解项目的干系人。项目干系人对于项目的影响很大，需要花大力气进行沟通和交流，以取得干系人的支持，从而促进项目的成功。项目干系人包括项目提出方的管理人员、上层人员、己方的管理人员、项目团队的家属等，处理好干系人的关系，能够直接或间接影响项目的实施。处理干系人关系，其手段就是沟通，只有充分了解了项目干系人，知彼后才能提高沟通的效率。

（3）学习了解沟通的知识。要有效地进行沟通，需要根据不同的需要选择不同的沟通方式，因而项目团队需要学习和了解各种沟通方式。沟通的方式多种多样，不同的沟通方式各具特点和优劣。

正式沟通是通过项目组织明文规定的渠道进行信息传递和交流的方式。它的优点是沟通效果好，有较强的约束力。缺点是沟通速度慢。非正式沟通指在正式沟通渠道之外进行的信息传递和交流。这种沟通的优点是沟通方便，沟通速度快，且能提供一些正式沟通中难以获得的信息，缺点是容易失真。

上行沟通，是指下级的意见向上级反映，即自下而上的沟通；下行沟通，是指领导者对员工进行的自上而下的信息沟通；平行沟通，是指组织中各平行部门之间的信息交流。在项目实施过程中，经常可以看到各部门之间发生矛盾和冲突，除其他因素外，部门之间互不通气是重要原因之一。保证平行部门之间沟通渠道畅通，是减少部门之间冲突的一项重要措施。

单向沟通，是指发送者和接受者两者之间的地位不变（单向传递），一方只发送信息，另一方只接受信息方式。这种方式信息传递速度快，但准确性较差，有时还容易使接受者产生抗拒心理；双向沟通中，发送者和接受者两者之间的位置不断交换，且发送者是以协商和讨论的姿态面对接受者，信息发出以后还需及时听取反馈意见，必要时双方可进行多次重复商谈，直到双方共同明确和满意为止，如交谈、协商等。其优点是沟通信息准确性较高，接受者有反馈意见的机会，产生平等感和参与感，增加自信心和责任心，有助于建立双方的感情。

（4）做好沟通计划。每一次沟通，都应做好详细的沟通计划。首先要确定与谁沟通。不同的沟通对象采用什么沟通方式，如同团队成员与项目干系人的沟通方式显然是存在区别的；其次要明白为什么沟通、沟通的动机是什么，才能做到有的放矢，避免盲目；第三是确定和明确需要沟通的信息；第四是选择恰当的时间和地点进行沟通；第五是使用接受者能理解的语言；第六是选择沟通方式。

（5）及时反馈沟通情况。每一次沟通后，都应及时反馈沟通的情况，并进行总结和思考。并不是每一次沟通都顺利、都能到达预先的目标，因此在每一次沟通后，检查项目团队完成项目经理的指令的效果，并需要进行总结、反思，特别是失败的沟通需要在项目团队内进行讨论，以免项目团队其他成员犯同样的错误，从而提高项目团队的沟通能力、促进沟通的效率。

10.3.4　有效沟通的技巧

提高 IT 项目的沟通效率,项目经理负有首要的责任。一个高素质的团队组织者和协调管理者所发挥的作用往往对项目的成败起决定作用,一个优秀的项目经理必然是一个善于沟通的人。

(1)建立彼此的信任和默契。IT 项目是有期限的,当任务实现时,项目就宣告结束。因此项目团队是个临时的组织,团队成员可能从公司不同的部门抽调组成,还可能有项目提出方的现场代表。由于项目团队的个人背景各不相同,项目经理要提高项目团队的沟通效率,就必须建立团队成员间彼此的信任和默契。彼此间没有信任和默契,反而互相推诿、指责,是谈不上提高沟通的效率的。

(2)沟通要有明确目的。沟通前,要弄清楚这个沟通的真正目的是什么? 要对方理解什么? 漫无目的的沟通就是通常意义上的唠嗑,也是无效的沟通。确定了沟通目标,沟通的内容就围绕沟通要达到的目标组织规划,也可以根据不同的目的选择不同的沟通方式。

(3)善于聆听。沟通不仅仅只是说,而是说和听。一个有效的听者不仅能听懂话语本身的意思,而且能领悟说话者的言外之意。只有集中精力地听,积极投入判断思考,才能领会讲话者的意图,只有领会了讲话者的意图,才能选择合适的语言说服他。从这个意义上讲,“听”的能力比“说”的能力更为重要。

渴望理解是人的一种本能,当讲话者感到项目经理对他的言论很感兴趣时,他会非常高兴与项目经理进一步加深交流。所以,有经验的聆听者通常用自己的语言向讲话者复述他所听到的,好让讲话者确信,他已经听到并理解了讲话者所说的话。

(4)避免无休止的争论。沟通过程中不可避免地存在争论。IT 项目中存在很多诸如技术、方法上的争论,这种争论往往喋喋不休,永无休止。无休止的争论当然形不成结论,而且是吞噬时间的黑洞。终结这种争论的最好办法是改变争论双方的关系。争论过程中,双方都认为自己和对方在所争论问题上地位是对等的,关系是对称的。从系统论的角度讲,争论双方形成对称系统,而对称系统是最不稳定的,而解决问题的方法在于变对称关系为互补关系。比如,一个人放弃自己的观点或第三方介入。

项目经理遇到这种争议中一定要发挥自己的权威性,充分利用自己对项目的决策权。

(5)使用高效的现代化工具。电话、视频会议系统、及时沟通系统、电子邮件、项目管理软件等现代化工具的确可以提高沟通效率,拉近沟通双方的距离,减少不必要的面谈和会议。对于 IT 项目的项目经理,更应该很好地运用这些工具。

(6)避免项目沟通的陷阱,避免项目管理中的沟通失灵。当外部客户、内部直线经理不再信任项目经理,会突然出现指数形式增长的文书工作流,而且每个人都写“保护”备忘录,这时就出现“沟通陷阱”。一旦出现沟通陷阱,就会有更多的文件、更多的沟通会议,客户扮演项目经理的角色,使沟通失效。

因此,解决“沟通陷阱”,须建立项目团队内部、外部的信任、配合与默契。

10.3.5　项目经理在沟通中的重要作用

在项目管理中,良好的沟通对于项目成功是至关重要,那么我们如何才能建立起良好的沟通呢？

在所有项目经理应该具备的技能中，沟通技能是项目经理最应具备的技能。根据PMI的调查，项目经理80%以上的时间都花在与相关项目干系人的沟通上。但在对项目经理提出的能力项中，沟通却是最难以训练和培养的。

项目经理就项目总体目标的设定、项目计划的审批、各种资源的落实、项目进度分析汇报等要与管理层沟通；就项目计划的制定、职责分工、项目进展回顾及措施落实等需要与团队成员沟通；就项目方案、实施计划、进度汇报等需要与客户沟通，通过沟通协调处理项目团队内部的各种冲突、与项目有关的部门间的冲突、与客户之间的冲突。沟通贯穿项目管理的整个过程，是项目经理日常的主要工作。

良好的沟通是保障项目成功的重要因素之一，在这方面项目经理起着关键的作用。项目经理应倡导团队成员间的沟通意愿，努力建立一个良性沟通的团队文化。

项目经理应该鼓励大家对一些开放性的问题畅所欲言，首先征求大家对这些问题的观点和意见，而不是急于向大家表达自己的观点和意见，因为项目经理是项目经理，项目经理的观点和意见可能会影响团队成员对该问题的看法，或者会影响他们表达其真实的观点和意见。

项目经理应用真诚的心去倾听他人的建议，即使项目经理并不完全认同他的观点。不要轻易打断他人的讲话，努力听出对方话里的所有的含义，在对方讲话时应适时给予眼神、动作回应以鼓励对方表达真实的观点和感受。过多打断对方的话会让说话的人有挫折感，也会影响项目经理对谈话内容的了解。

应该适度表达项目经理的感受，但千万不要批评对方。言辞、表情及情绪上的适当回应能使对方感到项目经理了解他的感受，从而达成情感认同。批评或劝告会让对方觉得项目经理试图改变他的想法。如果项目经理还没有把对方的话听完，就想改变他的想法，会使对方反感，从而不愿意把问题和真实的观点意见告诉项目经理。

项目经理要想在团队中形成良性互动的沟通氛围，首先必须以身作则，努力成为一个有效的沟通者和有限沟通的倡导者。沟通因对象、环境、范围、内容不同而应有不同的方式，同一个议题在面对逻辑性较强的人采用的沟通方式，就不见得适合于特别注重情感关系的人，反之亦然。但唯一不变的是真诚的倾听始终都是保证有效沟通的基础。

 案例分享

 项目干系人信息需求列表的编制
读完以下案例，请参照给出的模板，为小 S 拟定一份两位关键干系人的沟通需求列表。

 云计算项目大规模团队的沟通管理

老王的沟通问题

 习 题

1.如何理解沟通在项目中的重要作用?

2.如何利用干系人登记册进行项目的沟通管理?

3.常用的项目沟通工具有哪些?

4.项目经理在沟通中有何重要作用?

本章参考文献

［1］李盛华.论信息系统项目沟通管理［J］.计算机光盘软件与应用,2013(05):270.

［2］王凌燕,王海舰.论信息系统项目的沟通管理［J］.科技视界,2020(19):96.

［3］李之波.流程优化对于 IT 项目管理质量提高的研究［D］.上海:东华大学,2018.

第 11 章　IT 项目风险管理

【本章摘要】

风险与事故就像一对孪生姐妹,会时常不经意地出现在项目的整个生命周期中。本章系统阐述 IT 项目风险管理的基本过程、方法及工具,并通过文章前后两个风险管理失败的案例,帮助读者从对风险的正确认识出发,构建起 IT 项目风险管理的知识体系,并帮助其将这一知识体系应用于实际项目的风险管理。

【关 键 词】

项目风险;风险识别;风险分析;风险监控

【学习目标】

- 理解项目风险的内涵及特点;
- 掌握 IT 项目风险管理的基本过程;
- 学会应用风险管理工具对实际项目进行风险识别、评估及监控。

◇导入案例:丹佛机场自动化行李处理系统项目是如何失控的

丹佛(Denver)机场是美国面积最大及全世界面积第二大机场,拥有美国最长的跑道。曾经连续四年被商务旅行杂志的读者评选为“北美最佳机场”。目前,以交通流量计算,丹佛国际机场是全美第五大机场、世界第十大机场。

但机场光鲜的表面背后却隐藏着惨痛的教训,以至于 DIA(Denver International Airport)变成了一个风险管理的反面教材。

§11.1　IT 项目风险管理的伦理学理念

丹佛国际
机场案例

——以下内容改编自《与熊共舞》序篇。作者 Tom DeMarco（汤姆·迪马克）

1876 年 4 月 11 日晚上 10 点,伦敦的精英分子们穿着晚礼服,戴着高顶帽,从四面八方走向富丽堂皇的格罗夫纳酒店。由他们组建的玄学学会每月一次的例会即将在这里进行。学会成员包括诗人阿尔弗莱德·丁尼生、首相威廉·格莱斯顿、生物学家托马斯·赫胥黎、政治家亚瑟·詹姆斯·巴尔弗……

当晚的主题是哲学。主讲人是刚加入学会的新会员,同时也是学会最年轻的成员——廉·金顿·克里福德。他是伦敦大学的逻辑学和数学教授,也是一位著名的无神论者,离经叛道,喜欢争论。

按照传统,每个新会员必须准备一篇论文,在第一次出席例会时向其他会员朗读。克里福德准备的论文是《信仰的伦理学》。

他的论文引发了极大的争论。在这篇《信仰的伦理学》里，克里福德声称：对信念的选择不应免受伦理的审判。个体的信念可能诱使其做出不道德的行为，而行为的道德与否取决于个体"是否有权"相信自己所相信的东西。

克利福德举了一个船主送移民船出海的例子。船上满载旅客，船主知道这船很旧，而且当初建造时质量一般，因此他非常担心这船是否能够安全地完成此次航行。但一番挣扎之后，船主还是战胜了自己的疑虑，说服自己相信：再多一次航行也不会有什么大不了的祸事。毕竟，这艘船也是久经风雨了，不管遇上多么恶劣的天气，它也总能安全回家。那么，这一次又怎么会不行呢？

于是，这艘船出海了，然后带着所有乘客沉入了海底。

"对这个船主我们该说什么？"克里福德问道，然后给出了他自己的答案：

当然得这么说：他对那些人的死负有确凿的罪责。应该承认，他确实真诚地相信这艘船的牢靠，但是他这个信念的真诚性丝毫帮不了他，因为面对如此虚弱的证据，他无权这么相信。他关于船不沉的信念，并不是诚实地通过耐心调查而得出的，而是因为他扼杀了自己所有的疑虑。虽说，到最后他认为船不沉这回事确定无疑，但这只是他有意、欣然地诱导自己做出的结论，他必须对此负责。

随后，克里福德又回到了故事的起点，并对结局稍做了一点修改。假如这艘船终于安然无恙地完成了旅行，这是不是就能减轻（其至排除）船主的罪责呢？

决不。一旦行为完成了，是对是错也就永远铁定了，不可能被行为的善果或恶果偶然没有达成这一事实所改变。无论船沉或不沉，船主都不会是无罪的，他只可能是作恶而没被发现罢了。对错问题，只和信念的根源有关，而与信念内容本身无关；只和船主得出信念的方式有关，而与信念是什么无关；只和他是否有权从面前的证据中推论出该信念有关，而与信念最后被证明真或假无关。

在克里福德之前，曾有这样一种观点：信念永远不能被放在伦理的灯下接受拷问；只要你愿意，你可以相信任何事。你甚至可以相信绝无可能的事，就像《爱丽丝漫游奇境·镜中世界》里的白皇后那样。当爱丽丝认为"人不能相信不可能的事"时，这位皇后答道：

"我猜你只是缺乏练习……像你这么大的时候，我每天都会用半小时去相信不可能的事。啊，有时我甚至可以在早餐前相信六件不可能的事。"

不过，对于软件项目管理者来说，"在早餐前相信六件不可能的事"似乎并不是一种难以企及的能力。他们总在相信着各种各样不可能的事，例如在极短的时间里、以极低的预算和极高的效率完成项目。这与那位对自己的船充满信心的船主并无太大区别。虽然这很可能是因为公司传递的压力要求管理者在某个期限前必须完成一个项目。当然，管理者会质疑这一期限的合理性，但是，因为受上司激励或受到业绩渴望的驱动，管理者接受这份挑战性极大的工作，相信这个项目或许也有如期完成的可能。

但项目失败或受挫的事实证明你的"相信"毫无根据。回想克里福德的质询，没错，对于管理者而言，那是他自己相信的，但他是否有权相信？凭面前的证据，他是否有权相信那个日程安排？

只相信有权相信的事，这就是风险管理。说到底，风险管理的核心就是克里福德的"信仰的伦理学"——尽管不确定性的存在使情况愈加复杂，但风险管理要求每个信念必须接受伦理的拷问。它将去除人们工作(例如软件项目)中曾经充斥着的自欺欺人。

§11.2 项目风险管理的基本概念

11.2.1 什么是风险

1. 风险的定义

在韦氏大辞典中,风险被定义为危险、危害,以及暴露于损失或损害之中。这是对风险的狭义理解。广义上,风险被定义为损失发生的不确定性,是对潜在的、未来可能发生损害的一种度量。如果风险确实发生了,则它的发生会对项目产生有害的或者负面的影响。

在不同学科里,风险有各自不同的定义。运筹学领域认为,风险是对可能性和其对应结果的描述,而不考虑对应结果的性质是损失还是收益。金融学领域中,风险是围绕着一项投资所预期回报的结果波动,这种波动既有可能是收益也有可能是损失。而在 IT 项目管理领域,风险是在预期的成本、工期和技术等约束条件上,可能达不到所有计划目标的度量指标。

2. 风险的发生机制及特征

风险的发生需要一定的条件,具体过程如图 11-1 所示。

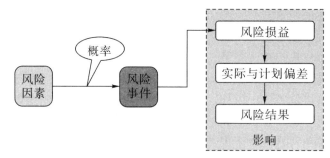

图 11-1　风险发生的机制

导致风险发生的首要条件是与风险源相关的各种风险因素的客观存在,其次是引起风险事件发生的概率大小,即这些风险因素(诱因)被激发的可能性。一旦风险因素被激发而导致风险事件发生,风险就从一种具有不确定性的概率事件转化为现实事件,从广义上来讲就会引起风险损益,这种损益与计划或预期之间存在的偏差就是风险的后果或结果。这是风险事件带来的影响。

风险的发生机制充分反映出风险存在以下各项特征。

第一,风险具有客观性。由于决定风险的各种因素对风险主体是独立存在的,不管风险主体是否意识到风险的存在,也不管风险主体是否相信风险(尤其是消极风险)不会发生,风险在一定条件下都可能变成现实,而不以个人意志为转移。这也正是《信仰的伦理学》中表达的对风险的看法。事实上,在人类社会的发展过程中,风险就一直潜藏于人类从事的各种活动中,无时不有、无所不在。

第二,风险具有不确定性。风险是否发生、发生的概率有多大、何时何地有可能转变为现实的预测都是不确定的。这是由于人类认识的局限性及所获取信息在客观上的不完全性决定的。尽管随着大数据时代的来临,人类可以利用数据挖掘技术和人工智能对风险作出更准确的预测,但也不可能做到完全有把握。

第三,狭义所指的风险具有不利性、绝对性,但在经济投资领域,风险与利益却具有对称性。从不利性来看,风险一旦产生,就会给风险主体带来挫败感甚至引起严重损失。风险的不利性要求无论是个体还是组织,在正确认识风险的基础上,做好风险管控,尽量避免风险,或者将风险的损失降至最低。但从风险与利益的对称性来看,风险和利益往往同时存在,投资主体所冒的风险越大,一旦获利,也能得到越大的经济回报。因此为了实现一定的利益目标,必须以承担一定的风险为前提。

第四,风险具有可变性。在一定条件下风险的性质、风险量大小,以及风险在一定时空范围内的发生或消除都可以相互转化,甚至可能从旧的风险转化为新的风险。

第五,风险具有相对性。这是对风险主体而言的,即使在相同的风险情况下,不同的风险主体对风险的承受能力是不同的,一些主体能够承受的风险,对另一些主体而言却可能是毁灭性的。

3. 风险的分类

风险的内涵非常丰富,因此可以从多个角度来对风险进行分类。

按照风险造成的后果,风险分为纯粹风险和投机风险。纯粹风险是指其结果只有损失而不会带来利益的风险。投机风险是指其结果可能带来损失也可能带来利益的风险。纯粹风险一般可重复出现,因而可以预测其发生的概率,从而相对容易采取防范措施。投机风险重复出现的概率小,因而预测的准确性相对较差。

按照风险的形态,风险分为静态风险和动态风险。静态风险是由于自然力的不规则变化或由于人的行为失误导致的风险。从发生的后果来看,静态风险多属于纯粹风险。动态风险是由于人类需求的改变、制度的改进和政治、经济、社会、科技等环境的变迁导致的风险。从发生的后果来看,动态风险既可属于纯粹风险,又可属于投机风险。

按照风险可否管理,风险分为可管理的风险和不可管理风险。可管理风险是指用人的智慧、知识等可以知晓、预测及控制的风险。不可管理风险是指用人的智慧、知识等无法知晓、预测和控制的风险。

按照风险对目标的影响,风险还可以分为工期风险、费用风险、质量风险、市场风险、信誉风险等。

大多数的组织在进行风险管理实践时是将风险按照其来源进行分类的,将其分为自然风险和人为风险两大类。自然风险是指由于自然力的不规则变化导致财产毁损或个人员伤亡,如风暴、地震等。人为风险是指由于人类活动导致的风险。人为风险又可进一步细分为社会风险、政治风险、经济风险、技术风险等。其中,社会风险是指由于个人或团体行为(包括过失行为、不当行为以及故意行为)或不作为使社会生产以及人们生活遭受损失的风险,如盗窃、抢劫、玩忽职守及故意破坏等行为将可能对他人财产造成损失或人身造成伤害。政治风险跟国家或政府有关,具体是指在对外投资和贸易过程中,因政治原因或订立双方所不能控制的原因,使债权人可能遭受损失的风险。如因进口国发生战争、内乱而中止货物进口,因进口国实施进口或外汇管制等。经济风险是指在生产和销售等经营活动中由于受各种市场供求关系、经济贸易条件等因素变化的影响或经营者决策失误,对前景预期出现偏差等导致经营失败的风险。比如企业生产规模的增减、价格的涨落和经营的盈亏等。技术风险是指伴随着科学技术的发展、生产方式的改变而产生的威胁人们生产与生活的风险。如核辐射、空气污染和噪音等。

11.2.2 项目风险管理的含义及特征

风险是一种概率事件。它可能发生也可能不发生。因此,我们通常会表现出很乐观,不是看不到风险就是希望它们不会发生。如果风险真出现了,这种态度很可能会使项目陷入困境,这是一个大型项目中很可能发生的事情。因此,风险管理被认为是管理大型项目的最佳实践。

项目风险管理是指通过风险识别、风险分析和风险评估去认识项目的风险,并以此为基础合理地使用各种风险应对措施、管理方法、技术和手段,对项目风险实行有效的应对和监控,妥善处理风险事件所造成的不利后果,以最低的成本实现项目总体目标的实践活动的总称。项目风险管理的目标是控制和处理项目风险,防止和减少损失,减轻或消除风险的不利影响,以最低的成本取得对项目安全保障的满意结果,保障项目的顺利进行。

项目的未来充满风险。风险是一种不确定的事件或条件,一旦发生,会对至少一个项目目标造成影响,如范围、进度、成本和质量。风险可能有一种或多种起因,一旦发生,可能有一项或多项影响。风险的起因包括可能引起消极或积极结果的需求、假设条件、制约因素或某种状况。例如,项目需要申请环境许可证,或者分配给项目的设计人员有限,都是可能的风险起因。与之相对应的风险事件是,颁证机构可能延误许可证的颁发,或者表现为机会的风险事件是,虽然所分配的项目设计人员不足,但仍可能按时完成任务,即可利用更少的资源来完成工作。这两个不确定性事件中,无论发生哪一个,都可能对项目的成本、进度或绩效产生影响。风险条件则是可能引发项目风险的各种项目或组织环境因素,如不成熟的项目管理实践、缺乏综合管理系统、多项目并行实施,或依赖不可控的外部参与者等。

因此,风险管理贯穿项目管理的全过程,与项目管理存在密切关系。具体表现在以下几个方面。

第一,从项目的时间、质量和成本目标来看,风险管理与项目管理的目标是一致的,即通过风险管理来降低项目进度、质量和成本方面的风险,实现项目管理目标。

第二,从项目范围管理来看,项目范围管理的主要内容包括界定项目范围和对项目范围变动的控制。通过界定项目范围,可以明确项目的范围,将项目的任务细分为更具体、更便于管理的部分,避免遗漏而产生风险。在项目进行过程中,各种变更是不可避免的,变更会带来某些新的不确定性,风险管理可以通过对风险的识别、分析来评价这些不确定性,从而向项目范围管理提出任务。

　　第三,从项目计划的职能来看,风险管理为项目计划的制定提供了依据。项目计划考虑的是未来,而未来必然存在着不确定因素。风险管理的职能之一是减少项目整个过程中的不确定性,这有利于计划的准确执行。

　　第四,从项目沟通控制的职能来看,项目沟通控制主要是对沟通体系进行监控,特别要注意经常出现误解和矛盾的职能及组织间的接口,这些可以为风险管理提供信息。反过来,风险管理中的信息又可通过沟通体系传输给相应的部门和人员。

　　最后,从项目实施过程来看,不少风险都是在项目实施过程中由潜在变为现实的。风险管理就是在风险分析的基础上,拟定出具体的应对措施,以消除、缓和、转移风险,利用有利机会避免产生新的风险。

　　项目风险源于任何项目中都存在的不确定性。已知风险是指已经识别并分析过的风险,从而可对这些风险规划应对措施。对具体的未知风险,则无法主动进行管理,项目团队应该为未知风险创建应急计划。已经发生的项目风险也可视为一个问题。组织把风险看作是不确定性可能给项目和组织目标造成的影响。组织和干系人愿意接受不同程度的风险,即具有不同的风险承受力。如果风险给项目造成的威胁在可承受范围之内,并且与冒此风险可能得到的收获相平衡时,该风险就是可接受的。例如,对进度进行快速跟进就是为提前完成项目而冒险。个人和团队对风险所持的态度将影响其应对风险的方式。他们对风险的态度会受其认知、承受力和各种成见的左右。应该尽可能弄清楚他们的认知、承受力和成见。应为每个项目制定统一的风险管理方法,并开诚布公地就风险及其应对措施进行沟通。风险应对措施可以反映组织在冒险与避险之间的权衡。要想取得成功,组织应致力于在整个项目期间积极、持续地开展风险管理。在整个项目过程中,组织的各个层级都必须有意地积极识别并有效管理风险。

　　总之,项目从构思那一刻起,就存在风险。在项目推进过程中,如果不积极进行风险管理,实际发生的风险就可能给项目造成严重影响,甚至导致项目失败。

§11.3　项目风险管理过程

　　本节介绍项目风险管理的详细过程。项目风险管理包括了以下六个过程:风险规划、风险识别、风险分析(包括定性分析和定量分析)、风险应对策略的制定以及监控风险的实施。

11.3.1　风险规划

　　风险规划是定义如何实施项目风险管理活动的过程,也叫风险管理规划。认真、明确地进行风险规划,可以提高风险管理成功的概率。风险规划的重要性还在于为风险管理活动安排充足的资源和时间,并为评估风险奠定一个共同认可的基础。风险规划过程在项目构思阶段就应开始,并在项目规划阶段的早期完成。项目风险规划实施的基本过程如图 11-2 所示。

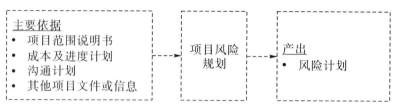

图 11-2 风险规划

实施风险规划的信息主要来自于项目范围说明书、成本计划、进度计划以及沟通计划等。项目范围说明书能让人们清楚地了解与项目及其可交付成果有关的各种可能性,并建立一个框架,以便人们了解最终可能需要多大程度的风险管理。项目成本计划定义了应该如何核定和报告风险预算、应急储备和管理储备。进度计划则定义了应该如何核定和报告进度应急储备。沟通计划定义了项目中的各种互动关系,并明确由谁在何时何地来共享关于各种风险及其应对措施的信息。

此外,可能还会借助其他项目文件或信息。其中,事业环境因素及组织过程资产提供的信息对风险规划较为重要。例如,组织对风险的态度和承受力信息,组织在风险理论到实践方面拥有的知识和经验储备,风险概念和术语的通用定义,风险描述的格式及标准模板,风险管理角色和职责,决策所需的职权级别,经验教训,等等。另外,在编制风险规划时,还应该考虑干系人登记册提供的相关信息。

进行风险规划的常用形式是会议。参会者可包括项目经理、相关项目团队成员和干系人、组织中负责管理风险规划和应对活动的人员,以及其他相关人员。会议关注以下内容:实施风险管理活动的总体计划;用于风险管理的成本种类和进度活动;建立或评审风险应急储备的使用方法;风险管理职责的分配;根据具体项目的需要,"剪裁"组织中有关风险类别和术语定义等的通用模板,如风险级别、不同风险的概率、对不同目标的影响,以及概率影响矩阵。如果组织中缺乏可供风险管理其他步骤使用的模板,会议也可能要制定这些模板。这些活动的输出将汇总在风险计划中。

通过项目风险规划活动获得的成果便是风险管理计划,简称风险计划。风险计划描述将如何安排与实施项目风险管理,它是项目计划的子计划。风险计划经常以表格方式呈现,表 11-1 是一个示例。

一般的项目风险计划可能包括以下内容:

方法论。确定项目风险管理将使用的方法、工具及数据来源。

角色与职责。确定风险管理计划中每项活动的领导者和支持者,以及风险管理团队的成员,并明确其职责。

预算。分配资源,估算风险管理所需的资金,将其纳入成本绩效基准,并建立应急储备的使用方案。

时间安排。确定在项目生命周期中实施风险管理过程的时间和频率,建立进度应急储备的使用方案,确定应纳入项目进度计划的风险管理活动。

表 11-1　XX 软件项目风险管理计划(部分)示例

项目过程	风险识别					应对措施	预防措施
	潜在的风险事件	风险发生后果	可能性	严重后果	风险等级		
需求分析	需求不明确	客户不接受产品或拒绝付款	0.5	9	300	派遣经验丰富的需求分析师与客户深入交流,明确客户主要需求	事先进行需求评审
	项目范围定义不明确	项目没完没了	0.8	9	360	要求需求小组按客户要求变更项目范围	需求要在事先定义清楚并需客户确认。
	项目目标不明确	导致项目进度拖期或成本超支。	0.6	8	240	修改项目目标	事先明确项目目标
	与客户沟通不够	软件不能满足客户需求	0.5	9	270	立即与客户进行沟通	制定沟通管理计划
	需求小组对客户业务了解不够	软件不能实现业务功能	0.6	9	270	修改软件	加强与了解并让客户参与
	需求小组没有真正理解客户需求	软件不能跟踪客户需求	0.8	10	560	根据客户需求修改	让客户确认需求报告
	需求分析报告没有得到客户的确认	客户拒绝签字、验收	0.5	10	250	取消项目或修改项目	事先获得客户确认
	需求不断变化	项目变得没完没了	0.8	9	360	提交 CCB 讨论、决定	建立范围变更程序
	缺乏有效的需求变化管理过程	项目不能按时、按预算完成	0.5	8	160	对需求变化进行评审	建立需求变更程序

风险类别。风险类别提供了一个框架,确保在同一细节水平上全面、系统地识别各种风险,并提高识别风险过程的效果和质量。组织可使用预先准备好的分类框架,它可能是一个简易分类清单或风险分解结构(RBS)。RBS 是按风险类别和子类别来排列已识别的项目风险的一种层级结构,用来显示潜在风险的所属领域和产生原因。示例如图 11-3 所示。

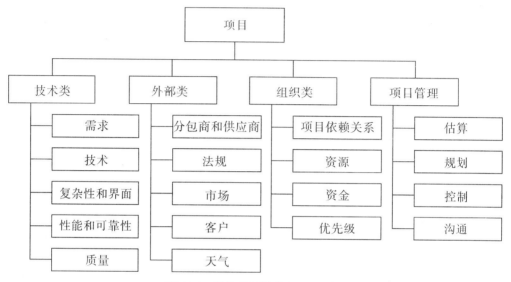

图 11-3 风险分解结构(RBS)示例

风险概率和影响的定义。需要对风险的概率和影响划分层次,来确保定性风险分析过程的质量和可信度。在规划风险管理过程中,应该根据具体项目的需要来"剪裁"通用的风险概率和影响定义,以便给定性风险分析过程使用。表 11-2 是关于对消极影响进行定义的度量示例,可用于评估风险对软件项目 4 个主要目标的影响。

表 11-2 风险对项目主要目标的影响度量表

项目目标	很低(0.05)	低(0.10)	中等(0.2)	高(0.4)	很高(0.8)
成本	增加不显著	增加小于10%	增加10%—20%	增加20%—40%	增加超过40%
进度	拖延不显著	拖延小于5%	拖延5%—10%	拖延10%—20%	拖延大于20%
范围	缩小可忽略,不影响软件功能	缩小影响软件次要功能	缩小影响软件主要功能	缩小影响到客户无法接受	缩小到软件无能满足基本需求
质量	下降不明显	下降到客户能意识到但可以接受	下降到客户有意见不太满意	下降到客户很不满意且不接受	下降到软件无法满足基本需求

表 11-2 中,表头用来表示影响的方法包括相对量表和数字量表(百分比)两种。它们的度量标准是一一对应的。而在度量风险对这些主要目标的影响程度时,对时间和进度的影响程度主要利用数字(百分比)来度量,对范围和质量的影响则利用了相对量表中的

术语,结合产品对客户的影响来进行度量。

概率影响矩阵。应该根据风险可能对项目目标产生的影响,对风险进行优先排序。进行风险优先排序的典型方法是,使用查询表或概率影响矩阵。根据概率和影响的各种组合,把风险划分成高、中、低级别,以便进行相应的风险应对规划。通常由组织来设定概率影响矩阵。

修订的干系人承受力。可在规划风险管理过程中对干系人的承受力进行修订,以适应具体项目的情况。

报告格式。包括风险登记册的内容和格式,以及所需的其他风险报告的内容和格式,用于规定将如何对风险管理过程的结果进行记录、分析和沟通。

跟踪。应该规定将如何记录风险活动。这些记录可用于本项目或未来项目,可用于总结经验教训,还要规定是否需要以及应该如何对风险管理过程进行审计。

11.3.2　风险识别

风险识别是判断哪些风险会影响项目并记录其特征的过程。风险识别活动包括识别并确定项目有哪些潜在的风险(事件)、识别引起这些风险的主要因素,以及识别项目风险可能引起的后果。活动的参与者可包括:项目经理、项目团队成员、风险管理团队(如有)、客户、项目团队之外的主题专家、最终用户、其他项目经理、干系人和风险管理专家。虽然上述人员往往是风险识别过程的关键参与者,但还应鼓励全体项目人员参与风险识别工作。识别风险是一个反复进行的过程,因为在项目生命周期中,随着项目的进展,新的风险可能产生或为人所知。识别的频率以及每一轮的参与者因具体情况而异。应该采用统一的格式对风险进行描述,确保可以把项目中一个风险事件的影响与其他事件进行比较。项目团队应参与识别风险过程,以便创造并维持团队成员对风险及其应对措施的主人翁感和责任感。风险识别的过程如图 11-4 所示。

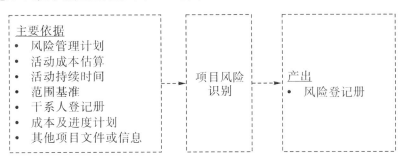

图 11-4　识别风险

(1)识别风险的依据。风险管理计划向识别风险过程提供一些关键输入,包括角色和职责分配、已列入预算和进度计划的风险管理活动,以及可能以风险分解结构的形式呈现的风险类别。

对活动成本估算进行审查,有利于识别风险。活动成本估算是对各活动可能需要的成本的量化评估,最好用一个区间来表示,区间的宽度代表着风险的程度。通过审查,可以得出这样的结论:估算的成本足以或不足以完成某项活动(继而给项目带来风险)。

对活动持续时间估算进行审查,有利于识别与活动或整个项目的时间安排有关的风险。类似地,估算区间的宽度代表着风险的相对程度。

可从项目范围说明书中了解项目的假设条件。应该把项目假设条件的不确定性作为项目风险的潜在原因,认真加以评审。WBS是识别风险过程的关键输入,因为它在方便人们的同时从微观和宏观层面认识潜在风险,可以在总体、控制账户和/或工作包层级上识别,继而跟踪风险。

可以利用干系人的信息,确保关键干系人(特别是客户)能以访谈或其他方式参与识别风险过程,为识别风险提供各种输入。

需要了解项目管理计划中的成本和进度管理计划。特定项目的成本及进度管理方法往往有某种独特的性质或结构,从而增加或降低风险。

项目文件包括假设条件日志、工作绩效报告、挣值报告、网络图、基准、对识别风险有价值的其他项目信息。

可能影响识别风险过程的事业环境因素包括(但不限于):公开发布的信息,包括商业数据库;学术研究资料;公开发布的核对表、标杆、行业研究资料、风险态度。

可能影响识别风险过程的组织过程资产包括(但不限于):项目档案(包括实际数据)、组织和项目的流程控制规定、风险描述的模板、经验教训。

(2)识别风险的主要工具与技术。对项目风险的识别需要依靠专家的经验判断及集体智慧(如头脑风暴、德尔菲方法),同时要借助访谈、项目文档、图解技术等方式、资料及工具。

首先,拥有类似项目或业务领域经验的专家,可以直接识别风险。项目经理应该选择相关专家,邀请他们根据以往经验和专业知识指出可能的风险。头脑风暴的目的是获得一份综合的项目风险清单。通常由项目团队开展头脑风暴,团队以外的多学科专家也经常参与其中。在主持人的引导下,参加者提出各种关于项目风险的主意。头脑风暴可采用由参加者畅所欲言的传统自由模式,也可采用结构化的集体访谈方法,如名义小组技术。可以采用风险类别(如风险分解结构)作为基础框架,然后依风险类别进行识别和分类,并进一步阐明风险的定义。德尔菲技术是组织专家就某个专题达成一致意见的方法。项目风险专家匿名参与。组织者使用调查问卷就重要的项目风险征询意见,然后对专家的答卷进行归纳,并把结果反馈给专家,请他们做进一步评论。这个过程重复几轮后,就可能取得一致意见。德尔菲技术有助于减轻数据的偏倚,防止任何个人对结果产生不恰当的影响。

文档技术主要是对项目文档(包括各种计划、假设条件、以往的项目档案和其他信息)进行结构化审查。项目计划的质量以及项目计划与项目需求和假设条件的匹配程度,都是项目的风险指示器。访谈有经验的项目参与者、干系人或相关主题专家,可以识别出某些风险。根本原因分析是发现问题,找到其深层原因并制定预防措施的一种特定技术。

风险核对表根据以往类似项目或从其他渠道积累的历史信息与知识来编制,也可用风险分解结构的底层作为风险核对表。团队应该注意考察未在核对表中列出的事项。在项目收尾过程中,应对核对表进行审查,并根据新的经验教训改进核对表,供未来的项目使用。

　　风险图解技术可包括:因果图、系统图和影像图。因果图又叫石川图或鱼骨图,用于识别风险的起因。系统图又叫过程流程图,显示系统各要素之间的相互联系以及因果传导机制。影像图是用图形方法表示变量与结果之间的因果关系、事件时间顺序以及其他关系。

　　此外,还可以使用 SWOT 分析方法来识别风险。这种技术从项目的每一个优势、劣势、机会和威胁出发,对项目进行考察,把产生于内部的风险都包括在内,从而更全面地考虑风险。首先,从项目组织或更大业务范围的角度,识别组织的优势和劣势,经常可用头脑风暴法。然后,再识别出产生于组织优势的各种项目机会,以及产生于组织劣势的各种威胁。也可用 SWOT 分析来考察组织优势可以抵消威胁的程度,以及机会可以克服劣势的程度。

　　(3)识别风险的结果。识别风险的主要结果是确定风险登记册中的最初内容。随着其他风险管理过程的实施,风险登记册还将包括这些其他过程的输出,其中所包含的信息也就逐渐增加。风险登记册的编制始于风险识别过程,然后供其他风险管理过程和项目管理过程使用。最初的风险登记册包括如下信息:已识别的风险清单及潜在的应对措施。模板示例如表 11-3 所示。

表 11-3　风险登记册(表)模板示例

(表 1)

风险识别		
风险事件	风险因素	风险发生的后果
01 产品质量不达标	需求不明确	客户不接受产品或拒绝付款
02 项目进度延期	项目范围定义不明确	项目没完没了
03 项目盈利率受影响	项目估算失误	项目成本超支

(表 2)

风险事件	产品未达到质量目标	风险编号	01
风险因素/来源	需求不明确;产品定位不一致;使用新技术……	风险识别日期	2014/5/4
风险后果	客户不接受产品或拒绝付款		
风险严重性	二	风险系数	6
风险可能性	B	风险处理人	XXX
风险减缓措施	派遣经验丰富的需求分析师与客户进行深入的交流,明确客户的主要需求,引导客户对项目做出正确的描述; 产品负责人与高层重要干系人就产品定位达成一致; 尽量使用成熟技术		
跟踪记录	2016/5/4 资深需求师 XXX 与客户进行了一次愉快的交流,明确了本项目的主要需求		

　　已识别风险清单。对已识别风险进行尽可能详细的描述。可采用简单的结构对风险进行描述,例如,某事件可能发生,从而造成什么影响;或者,如果出现某原因,某事件就可

能发生,从而导致什么影响。在罗列出已识别风险之后,这些风险的根本原因可能变得更加明显。风险的根本原因就是造成一个或多个已识别风险的基本条件或事件。这些都应记录在案,并在以后用于支持本项目和其他项目的风险识别工作。

潜在应对措施清单。在识别风险过程中,有时可以识别出风险的潜在应对措施。这些应对措施(如果已经识别出)可作为风险应对策略过程的输入。

11.3.3 定性风险分析

定性风险分析是利用概率/影响矩阵,对各项风险发生的相对概率或可能性、风险发生后对项目目标的相应影响以及其他因素(如应对时间要求,与项目成本、进度、范围和质量等制约因素相关的组织风险承受力),对各项风险进行综合评估,并对已识别风险进行优先排序,从而为后续分析或行动提供基本依据的过程。同时,组织也可以通过关注高优先级的风险来提升项目绩效。

建立概率和影响层级定义,有助于减少偏见的影响。风险行动的时间紧迫性可能会放大风险的重要性。对项目风险相关信息的质量进行评估,也有助于澄清关于风险重要性的评估结果。

定性风险分析通常可以快速且经济有效地为风险应对策略建立优先级,可以为定量风险分析(如果需要)奠定基础。为了确保与项目风险的实时变化保持同步,在整个项目生命周期内应该反复开展定性风险分析。本过程完成后,可进入定量风险分析过程或直接进入风险应对策略过程。定性风险分析的过程如图 11-5 所示。

图 11-5　定性风险分析

1. 定性风险分析的主要依据

定性风险分析要为风险建立等级,因此,首先要借助风险登记册对风险进行梳理,同时,依据风险管理计划,明确风险管理的角色和职责、风险管理的预算和进度活动、风险类别、概率和影响定义、概率影响矩阵以及修订的干系人风险承受力。在规划风险管理过程中通常已经把这些内容"剪裁"成适合某具体项目。如果还没有这些内容,则可以在定性风险分析过程中加以开发。

项目范围说明书为那些采用最新技术的项目或者复杂项目提供评估项目情况的信息,以便尽量减小这些项目带来的不确定性。

此外,组织过程资产中的部分因素也可能影响定性风险分析,例如以往类似项目的信息、风险专家对类似项目的研究、可从行业或专有渠道获得的风险数据库。

2. 定性风险分析采用的主要方式及技术

定性风险分析采用的主要方式首先是专家判断,在此基础上利用风险概率/影响矩阵对各项风险进行定性评估;其次是对风险的类别、紧迫性以及风险数据质量进一步地分析和评估,以便尽量消除那些影响风险评估质量的主观因素及其他因素。

(1)专家判断。专家判断在项目管理中得到广泛应用。在项目风险分析中,那些在新近类似项目中具有风险识别和分析经验的人、正在规划和管理某些特定项目的人,以及熟悉相应风险类别的人员都能在风险分析中发挥专家作用。这些人员中应该包括项目团队成员,也可包括项目外部的经验丰富人员。对他们进行访谈或与他们召开会议来进行风险评估,确定每个风险的概率级别,以及对每个目标的影响程度。其中,风险影响评估旨在调查风险对项目目标(如进度、成本、质量或性能)的潜在影响。它们在进行定性评估阶段划分的等级形式如表 11-4 所示。

表 11-4　风险概率/影响的定性评估表示

风险发生概率的定性等级		风险后果影响的定性等级	
等级	等级说明	等级	等级说明
A	极高	一	灾难性的
B	高	二	严重
C	中	三	轻度
D	低	四	轻微

对已识别的每个风险都要进行概率和影响评估。还应记录相应的说明性细节,例如,确定风险级别所依据的假设条件。根据风险管理计划中的定义,对风险概率和影响进行评级。具有低等级概率和影响的风险,将被列入观察清单中,供将来进一步监测。

但是,由于定性评估容易受项目团队和其他干系人风险态度的影响,因此,为了实现有效评估,就需要清晰地识别和管理定性风险分析过程的关键参与者的风险态度。如果他们的风险态度会导致风险评估中的偏颇,则应该注意对偏颇进行分析,并加以纠正。通常,在项目开始之前,组织要制定风险评级规则,并将其纳入组织过程资产。之后在项目风险识别中,利用该风险评级规则及概率/影响矩阵来评估每个风险的重要性和所需关注的优先级。

(2)风险评估模型。在此基础上利用风险估算模型计算各项风险的风险值,以便对风险进行比较和分级。可以对风险发生的概率及后果影响(严重程度)的等级分别进行相对数字化。例如,将风险发生的概率分为 0.2～1 共五个等级,每个等级间隔 0.2,风险影响等级分为 1～5 共五个等级,数字越高表示后果越严重影响越大。根据风险评估模型估算风险值。模型的形式如下所示。

$$R = P \times I$$

其中,P 表示发生的概率,$P = 0.2, 0.4, 0.6, 0.8, 1$

I 表示发生后果的影响程度,$I = 1, 2, 3, 4, 5$

R 表示风险值,$R \in [0.2, 5]$

（3）风险概率/影响矩阵。风险的概率/影响矩阵形式如图 11-6 所示。

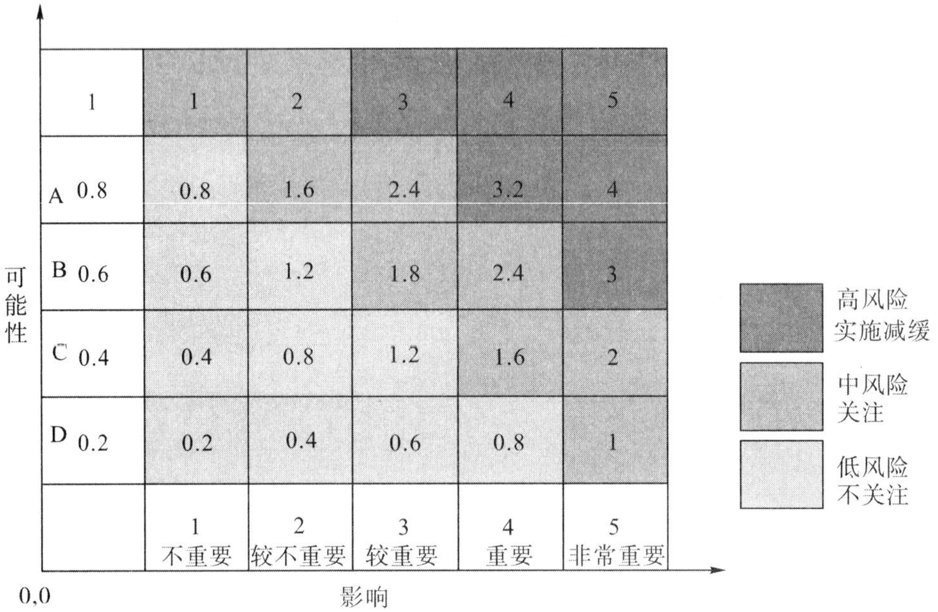

图 11-6　概率影响矩阵

在矩阵中显示组织对三个等级风险所规定的临界值，并把风险划分为低、中、高风险。

在此基础上，组织可以分别针对每个目标（如成本、时间和范围）评定风险等级，并为它们排序。表 11-5 是对某公司 M 信息系统项目风险进行定性评估的示例。

表 11-5　某公司 M 信息系统项目的风险定性分析

风险因素	风险类别	概率	影响	综合系数	排序
用户变更需求	产品规模	0.8	5	4	1
规模估算可能过低	产品规模	0.6	5	3	2
人员流动	人员数目及经验	0.6	4	2.4	3
最终用户抵制该计划	商业影响	0.5	4	2	4
交付期限被紧缩	商业影响	0.5	3	1.5	5
技术达不到预期效果	技术情况	0.3	2	0.6	7
缺少对工具的培训	开发环境	0.4	1	0.4	8

也可以编制一个全面的项目风险评级方案，来反映组织对各个目标的偏好程度，并据此为各个目标分配风险影响的权重，在此基础上对风险进行进一步排序。

风险评级有助于指导风险应对策略的制定。如果风险发生会对项目目标产生消极影响并且处于矩阵高风险区域，就可能需要采取优先措施和积极的应对策略。而对处于低风险区域的威胁，可能只需将之列入观察清单或为之增加应急储备，而不需采取积极管理措施。图 11-5 中给出的数值仅是代表性的。组织应根据自己的需要来决定量表中刻度的数量。

(4)风险类别、紧迫性及数据质量分析。可以按照风险来源（如使用风险分解结构）、受影响的项目工作（如使用工作分解结构），或其他分类标准（如项目阶段），对项目风险进行分类，以明确受不确定性影响最大的项目区域。根据共同的根本原因对风险进行分类，有助于制定有效的风险应对措施。

在某些定性分析中，可以综合考虑风险的紧迫性以及从概率影响矩阵中得到的风险等级，从而得到最终的风险严重性级别。例如，把近期就需应对的风险作为更紧急的风险。

为了保证风险分析的可信度，必须使用准确和无偏倚的数据。因此，要借助风险数据质量分析考察风险数据的准确性、质量、可靠性和完整性。如果数据质量不可接受，就可能需要收集更高质量的数据。

除此之外，应对的时间要求、风险征兆和预警信号等都是确定风险优先级应考虑的指标。

3. 定性风险分析的结果

风险登记册始于风险识别过程，从定性风险分析中得到相关信息后，应该对风险登记册进行更新，并把更新后的风险登记册纳入项目文件。根据定性风险分析的结果，可对风险登记册做如下更新：

对项目风险的相对排序或优先级清单进行更新。可根据各风险的重要程度，使用概率影响矩阵，对风险进行分类。综合考虑每个风险的发生概率及其一旦发生对目标的影响，就可以把各风险归类为"高风险""中等风险"和"低风险"，使各风险之间有相对的优先级关系。由于组织对不同目标的重视程度可能不同，所以可分别针对进度、成本和性能目标排列风险优先级。然后，项目经理可利用风险优先级列表，去关注那些对最重要目标有重要影响的风险（高风险）；对这些风险的应对会带来更好的项目结果。对评定为十分重要的风险，应该说明其概率和影响的评定基础。

对按类别分类的风险进行更新。进行风险分类，可揭示风险的共同原因或需特别关注的项目领域。发现风险集中的领域，有利于提高风险应对的有效性。

对风险成因或需特别关注的项目领域进行更新，发现风险集中的领域，有利于提高风险应对的有效性。

对近期就需应对的风险、需要进一步分析和应对的风险进行更新。

对定性风险分析结果的趋势进行更新。随着分析的反复进行，具体风险可能呈现出某种明显的趋势，从而使风险应对或进一步分析变得更紧迫（更重要）或不太紧迫（不太重要）。

11.3.4　定量风险分析

定量风险分析是就已识别风险对项目整体目标的影响进行定量分析的过程。定量风险分析的对象是在定性风险分析过程中被认为对项目的竞争性需求存在潜在重大影响的风险。定量风险分析过程就是对这些风险事件的影响进行分析。它可以为每个风险单独进行量化评级，或者可以评估所有风险对项目的总体影响。它也是在不确定情况下进行决策的一种量化方法。

定量风险分析通常在定性风险分析之后进行。有时，不需要定量风险分析，就可以制定出有效的风险应对措施。在特定的项目中,究竟采用哪种(些)方法进行风险分析,取决于可用的时间和预算,以及对风险及其后果进行定性或定量描述的需要。在风险应对策略之后,应该随着监控风险过程的开展,重新实施风险定量分析,以确定项目总体风险的降低程度是否令人满意。通过反复进行定量风险分析,可以了解风险的发展趋势,并揭示增减风险管理措施的必要性。定量风险分析的过程如图11-7所示。

图 11-7　定量风险分析

1. 定量风险分析的依据

定量风险分析要为风险进行定量评估,因此,首先要借助定性风险分析得到的各种风险发生的概率及影响等级对风险进行梳理,同时,依据风险管理计划,明确风险管理的概率影响矩阵。项目成本管理计划规定了成本文件的格式,并规定了开展项目成本规划、结构化、估算、预算和控制所需遵守的准则。这些内容有助于为预算或成本计划的定量风险分析确定合理的结构和/或方法。项目进度管理计划为安排和控制项目进度设定了相关的格式和准则。这些内容以及进度计划自身的特性有助于为进度计划的定量风险分析确定合理的结构和/或方法。

另外,以往类似项目的信息、风险专家对类似项目的研究,以及从行业或专有渠道获得的风险数据库等组织过程资产也可能影响定量风险分析。

2. 定量风险分析的主要工具与技术

建模和模拟。建模和模拟利用经验和历史数据,对风险概率及其对项目目标的影响进行量化分析。所需的信息取决于所用的概率分布类型。在建模和模拟中广泛使用的连续概率分布,代表着数值的不确定性,如进度活动的持续时间和项目组成部分的成本的不确定性。而不连续分布则用于表示不确定性事件,如测试结果或决策树的某种可能情景等。项目模拟旨在使用一个模型,计算项目各细节方面的不确定性对项目目标的潜在影响。反复模拟通常采用蒙特卡洛技术。在模拟中,要利用项目模型进行多次计算。每次计算时,都从这些变量的概率分布中随机抽取数值(如成本估算或活动持续时间)作为输入。通过多次计算,得出一个概率分布(如总成本或完成日期)。对于成本风险分析,需要使用成本估算进行模拟。对于进度风险分析,需要使用进度网络图和持续时间估算进行模拟。

敏感性分析。敏感性分析有助于确定哪些风险对项目具有最大的潜在影响。把所有其他不确定因素都固定在基准值,再来考察每个因素的变化会对目标产生多大程度的影响。

3. 定量风险分析的主要结果

风险登记册需要进一步更新,把详细记录量化方法、结果和建议的量化风险报告添加进去。风险登记册的更新主要包括以下内容：

项目的概率分析。对项目可能的进度与成本结果进行估算，列出可能的完工日期和完工成本及其相应的置信水平。分析的结果通常表现为累积分布。可以综合考虑分析的结果与干系人的风险承受力，来量化所需的成本和时间应急储备。应急储备旨在把不能实现成本和时间目标的风险降低到组织可接受的水平。实现成本和时间目标的概率。当项目面临风险时，可根据定量风险分析的结果来估算在现行计划下实现项目目标的概率。

量化风险优先级清单。风险的成本估算完成后，可以针对风险表中的每个风险计算其风险曝光度（即严重程度），并根据其数值大小列出风险优先级清单。在形式最简单的定量性风险分析中，风险曝光度可透过将风险可能性及影响相乘算出。风险曝光度（risk exposure）＝错误出现率（风险出现率）×错误造成损失（风险损失）。此风险清单中包括对项目造成最大威胁或提供最大机会的风险。它们是对成本应急储备影响最大的风险，以及最可能影响关键路径的风险。在某些情况下，可使用模拟分析中生成的龙卷风图来识别这些风险。

定量风险分析结果的趋势。随着分析的反复进行，风险可能呈现出某种明显的趋势。可以从这种趋势中得到某些结论，并据此调整风险应对措施。应该把从定量风险分析过程中得到的新知识，加进关于项目进度、成本、质量和性能的历史信息中。这些新知识可能以定量风险分析报告的形式呈现。该报告可以独立于风险登记册，也可以与风险登记册合并在一起。

11.3.5　风险应对策略

风险应对策略是针对项目目标，制定提高机会、降低威胁的方案和措施的过程。制定风险应对策略的过程在定性风险分析过程和定量风险分析过程（如已使用）之后进行，包括确定和分配某个人（即"风险应对责任人"），来实施已获同意和资金支持的风险应对措施。在风险应对策略的过程中，需要根据风险的优先级来制定应对措施，并把风险应对所需的资源和活动加进项目的预算、进度计划和项目管理计划中。如图 11-9 所示。

拟定的风险应对措施必须与风险的重要性相匹配，能经济有效地应对挑战，在当前项目背景下现实可行，能获得全体相关方的同意，并由一名责任人具体负责。风险应对措施还必须及时。经常需要从几个备选方案中选择一项最佳的风险应对措施。

图 11-9　风险应对策略

风险登记册中包含已识别的风险、风险的根本原因、潜在应对措施清单、风险责任人、征兆和预警信号、项目风险的相对评级或优先级清单、近期需要应对的风险清单、需要进一步分析和应对的分析清单、定性分析结果的趋势，以及低优先级风险的观察清单。

风险管理计划的重要内容包括角色和职责、风险分析定义、审查时间安排（以及从审查中取消风险的时间安排),以及关于低、中、高风险的风险临界值。风险临界值有助于识别需要特定应对措施的风险。

1. 风险应对策略的主要类型

通常有以下七种风险应对策略可供使用:①回避;②转移;③减轻;④接受;⑤开拓;⑥分享;⑦提高。

可用前三种策略来应对威胁或可能给项目目标带来消极影响的风险,利用后三种来应对基于或可能给项目带来积极影响的风险。第四种策略,即接受,既可用来应对消极风险或威胁,也可用来应对积极风险或机会。应该利用风险分析工具为每个风险选择最可能有效的策略或策略组合。然后制定具体行动去实施该策略,包括主要策略和备用策略(如果必要)。可以制定弹回计划,以便在所选策略无效或发生已接受的风险时加以实施。还应该对次生风险(由应对策略导致的风险)进行审查。经常要为时间或成本分配应急储备。制定应急储备时,可能需要说明动用应急储备的触发条件。

回避。风险回避是指改变项目管理计划,以完全消除威胁。项目经理也可以把项目目标从风险的影响中分离出来,或改变受到威胁的目标,如延长进度、改变策略或缩小范围等。最极端的回避策略是取消整个项目。在项目早期出现的某些风险,可以通过澄清需求、获取信息、改善沟通或取得专有技能来加以回避。

转移。风险转移是指把某项风险的部分或全部消极影响连同应对责任转移给第三方。转移风险是把风险管理责任简单地推给另一方,而并非消除风险。转移风险策略对处理风险的财务后果最有效。采用风险转移策略,几乎总是需要向风险承担者支付风险费用。风险转移可采用多种工具,包括(但不限于)保险、履约保函、担保书和保证书等。可以利用合同把某些具体风险转移给另一方。例如,如果买方具备卖方所不具备的某种能力,为谨慎起见,可通过合同规定把部分工作及其风险再转移给买方。在许多情况下,成本补偿合同可把成本风险转移给买方,而总价合同可把风险转移给卖方。

减轻。风险减轻是指把不利风险事件的概率和/或影响降低到可接受的临界值范围内。提前采取行动来降低风险发生概率和/或可能给项目所造成的影响,比风险发生后再设法补救,往往要有效得多。减轻措施的例子包括:采用复杂性较低的流程,进行更多的测试,或者选用比较稳定的供应商。它可能需要开发原型,以降低从实验台模型放大到实际工艺或产品过程中的风险。如果无法降低风险概率,也许可以从决定风险严重性的关联点入手,针对风险影响来采取减轻措施。例如,在一个系统中加入冗余部件,可以减轻主部件故障所造成的影响。

接受。因为几乎不可能消除项目的全部威胁,所以就需要采用风险接受策略。该策略表明,项目团队已决定不为处理某个风险而变更项目管理计划,或者无法找到任何其他的合理应对策略。该策略可以是被动或主动的。被动地接受风险,只需要记录本策略,而不需要任何其他行动;等到风险发生时再由项目团队进行处理。最常见的主动接受策略是建立应急储备,安排一定的时间、资金或资源来应对风险。而对于机会或积极奉献,接受机会则是指当机会发生时乐以利用,但不主动追求。

开拓。如果组织想要确保机会得以实现,就可对具有积极影响的风险采取本策略。本策略旨在消除与某个特定积极风险相关的不确定性,确保机会肯定出现。直接开拓包括把组织中最有能力的资源分派给项目,来缩短完成时间或节约成本。

分享。分享积极风险是指把应对机会的部分或全部责任分配给最能为项目利益抓住该机会的第三方,包括建立风险共担的合作关系和团队,以及为特殊目的成立公司或联营体,其目的就是要充分利用机会,使各方都从中受益。

提高。本策略旨在提高机会的发生概率和/或积极影响。识别那些会影响积极风险发生的关键因素,并使这些因素最大化,可以提高机会发生的概率。提高机会的例子包括为尽早完成活动而增加资源。

此外,还可以针对某些特定事件,专门设计一些应对措施。对于有些风险,项目团队可以制定应急应对策略,即只有在某些预定条件发生时才能实施的应对计划。如果确信风险的发生会有充分的预警信号,就应该制定应急应对策略。应该对触发应急策略的事件进行定义和跟踪,如未实现阶段性里程碑,或获得供应商更高程度的重视。

制定各项风险的具体应对策略可能会带来以下项目文件或信息的更新。

首先是风险登记册的更新。在针对不同的项目风险制定出相应的应对策略后,将其列入风险登记册,从而风险登记册获得更新。风险登记册的详细程度应与风险的优先级和拟采取的应对措施相适应。一般应该详细说明高风险和中风险,而把低优先级的风险列入观察清单,以便定期监测。风险登记册应该主要包括以下内容:已识别的风险及其描述、所影响的项目领域(如 WBS 要素)、风险起因(如 RBS 要素),以及对项目目标的潜在影响、应对策略、风险责任人及其职责。有时候,针对高风险和中风险,还要明确风险发生的触发器、征兆和预警信号;并制定相应的应急计划及实施应对策略所需的预算和进度活动;根据项目的定量风险分析以及组织的风险临界值,计算出来应急储备。

其次,可能引起与风险相关的合同决策的更新。在本过程中可能做出转移风险的决策,如采用保险协议、服务协议和其他协议。相关的合同决策可能是减轻或转移部分或全部威胁的需要,也可能是提高或分享部分或全部机会的需要。选定的合同类型也是分担风险的一种机制。这些决策是规划采购过程的输入。

另外,项目管理计划可能会更新,其更新的内容可能包括进度、成本、质量以及人力资源等管理计划。更新进度管理计划来反映风险应对措施所带来的过程和实践变更。更新成本管理计划,来反映风险应对措施所带来的过程和实践变更。更新质量管理计划来反映风险应对措施所带来的过程和实践变更。更新人力资源计划中的人员配备管理计划来反映风险应对措施所带来的项目组织结构变更和资源分配变更。此外,可能还会涉及WBS、进度基准、成本绩效基准等更新来反映因为风险而产生的新工作(或取消的工作)。

最后,更新的项目文件还可能涉及一些技术文件。随着风险应对措施的制定,会产生一些新信息,技术方法和实体的可交付成果可能因此发生变化。必须重新审查各种支持性文件,以便把新信息包括进去。

11.3.6　风险监控

风险监控是在整个项目中,实施风险应对计划、跟踪已识别风险、监测残余风险、识别新风险和评估风险过程有效性的过程。应该在项目生命周期中,实施项目管理计划中所列的风险应对措施,还应该持续监督项目工作,以便发现新风险、风险变化以及过时的风险。风险监控过程需要采用诸如偏差和趋势分析的各种技术。这些技术需要以项目实施中生成的绩效信息为基础。风险监控过程的其他目的在于确定项目的假设条件是否仍然成立;某个已评估过的风险是否发生了变化,或已经消失;风险管理政策和程序是否已得到遵守;根据当前的风险评估,是否需要调整成本或进度应急储备。

风险监控可能涉及选择替代策略、实施应急或弹回计划、采取纠正措施,以及修订项目管理计划。风险应对责任人应定期向项目经理汇报计划的有效性、未曾预料到的后果,以及为合理应对风险所需采取的纠正措施。在风险监控过程中,还应更新组织过程资产(如项目经验教训数据库和风险管理模板),以使未来的项目受益。风险监控的过程如图11-9 所示。

图 11-9　风险监控

风险监控首先要依据风险登记册,风险登记册提供了已识别的风险、风险责任人、商定的风险应对措施、具体的实施行动、风险征兆和预警信号、残余风险和次生风险、低优先级风险观察清单,以及时间和成本应急储备等。其次,要依据风险管理计划中提供的风险承受力、人员安排(包括风险责任人)、时间以及用于项目风险管理的其他资源。风险监控还要参考与各种实施情况相关的工作绩效信息,这些信息包括(但不限于)可交付成果的状态;进度进展情况;已经发生的成本。这些信息被用于进行绩效分析,包括偏差分析、挣值数据和预测数据等。

在风险监控过程中,经常需要识别新风险,对现有风险进行审核以及删去已过时的风险,因此应该定期进行项目风险审核。反复进行再评估的次数和详细水平,应该根据相对于项目目标的项目进展情况而定;其次,通过风险审计,检查并记录风险应对措施在处理已识别风险和根源方面的有效性,以及风险管理过程的有效性。项目经理要确保按项目风险管理计划所规定的频率来实施风险审计。既可以在日常的项目审查会中进行风险审计,也可单独召开风险审计会议。在实施审计前,要明确定义审计的格式和目标。另外,很多控制过程都会借助偏差分析来比较计划结果与实际结果。为了监控风险事件,应该利用绩效信息对项目执行的趋势进行审查。可使用挣值分析法以及项目偏差与趋势分析的其他方法,对项目总体绩效进行监控。这些分析的结果可以揭示项目在完成时可能偏离成本和进度目标的程度、与基准计划的偏差,可能表明威胁或机会的潜在影响。

在项目实施过程中,可能发生一些对预算或进度应急储备有积极或消极影响的风险。储备分析是指在项目的任何时点比较剩余应急储备与剩余风险量,从而确定剩余储备是否仍然合理。

项目风险管理应该是定期状态审查会中的一项议程。该议程所占用的会议时间长短取决于已识别的风险及其优先级和应对难度。越经常开展风险管理,风险管理就会变得越容易。经常讨论风险,可以促使人们识别风险和机会。

　　监控风险的结果可能涉及风险登记册更新、变更请求，以及其他相关项目文件的更新。风险登记册的更新包括风险再评估、风险审计和定期风险审查的结果，例如新识别的风险事件以及对风险概率、影响、优先级、应对计划、责任人和风险登记册其他内容的更新。还可能需要删去不复存在的风险并释放相应的储备。项目风险和风险应对的实际结果。这些信息有助于项目经理们横跨整个组织进行风险规划，也有助于他们对未来项目的风险进行规划。

　　有时，实施应急计划或权变措施会导致变更请求。变更请求要提交给实施整体变更控制过程审批。变更请求也可包括推荐的纠正措施和预防措施。推荐的纠正措施包括应急计划和权变措施。后者是针对以往未曾识别或被动接受的、目前正在发生的风险而采取的未经事先计划的应对措施推荐的预防措施旨在保证项目实施符合项目管理计划的要求。

　　相关项目文件的更新可能涉及组织过程资产更新及管理计划更新。项目风险管理过程都会生成可供未来项目借鉴的各种信息。应该把这些信息加进组织过程资产中。可能需要更新的组织过程资产包括（但不限于）：风险管理计划的模板，包括概率影响矩阵、风险登记册；风险分解结构；从项目风险管理活动中得到的经验教训。应该在需要时和项目收尾时，对上述文件进行更新。组织过程资产中应该包括风险登记册、风险管理计划模板、核对表和风险分解结构的最终版本。另外，如果经批准的变更请求对风险管理过程有影响，则应修改并重新发布项目管理计划中的相应组成部分，以反映这些经批准的变更。项目管理计划中可能需要更新的内容，与风险应对策略过程相同。

§11.4　IT 项目风险管理理论与实践

　　信息产业的发展是目前发展最快的行业之一，也是对社会影响最大的一个行业，它不但为我们创造了巨大的财富，而且从各个方面改变着我们的生活，达到一个行业，小到一项服务。伴随着软件开发技术的不断更新、软件数量的增多、软件复杂程度不断加大、客户对产品的要求也在不断地提高，随之而来的是 IT 项目给软件开发企业和需求企业带来的巨大风险。IT 项目的成功与否会直接影响到公司的生存。这对软件开发企业来讲应该是更大的难题。一方面是业务需求更加复杂。人们对软件质量和用途的期望大幅度提高，对业务系统的要求也越来越挑剔。另一方面是开发成本不断缩减。在此形势下，风险管理与控制已成为 IT 项目成败的关键。

　　IT 项目由于其具有连续性、复杂性、少参照性，无标准规范等特点，风险程度较高。目前国内的大多数软件开发企业还缺乏对 IT 项目的风险认识，缺少进行系统、有效的度量和评价的手段。据有调查数据显示，有 15%～35% 的 IT 项目中途被取消，剩下的项目不是超期就是超出预算或是无法达到预期目标。另外，IT 项目因风险控制和管理原因失败的约占 90%，可见，软件风险控制与管理在目前的 IT 项目中的重要性。

　　在学术界，对以软件开发为核心的 IT 项目风险的关注早在 20 世纪 60 年代就开始了，软件危机的出现是人们意识到软件开发存在比一般项目更难以识别和把控的风险。随着互联网和移动互联网的逐步发展，越来越多的组织开始转向信息化、数字化以及智能化，基于软件的 IT 项目风险管理在项目实践中变得日趋重要。以 SEI 为代表的软件研究机构或行业组织开始研究软件项目风险管理的框架体系或模型。以微软公司为代表的软件公司也基于自身的软件开发项目实践提出了软件开发项目风险管理的主要内容，包括风险计划、风险识别、风险分析、风险控制以及风险跟踪。

11.4.1　IT 项目风险管理模型：Boehm 模型

目前，以软件业为核心的 IT 行业存在七种经典的项目风险管理模型：Boemh 模型、CRM 模型、Riskit 模型、SoftRisk 模型、IEEE 模型、CMMI 模型以及 MSF 模型。其中最重要的是 Boehm 模型。

1986 年，Boehm 在《软件风险管理》中提出了软件项目风险管理框架，对项目风险进行量化，并定义了风险管理的步骤，具体如图 11-10 所示。

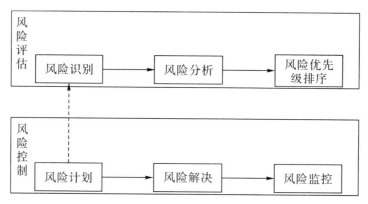

图 11-10　Boehm 风险管理模型

Boehm 把风险管理活动分成两大阶段，每一阶段含有三个步骤。第一阶段是风险评估阶段。此阶段可分为：风险识别、风险分析、风险优先级排序三个步骤。风险识别是指列出可能导致项目失败的相关风险因素。风险分析是利用成本模型、网络分析、统计分析和质量因素分析等方法，逐项评估上述风险因素出现的可能性和风险因素可能产生的损失规模，并考虑多项风险合并以及多项风险互动的因素。风险优先级排序是指通过集体决策技术、成本效益分析等方式，对上述识别和分析的风险因素进行优先级排序。

第二阶段是风险控制阶段。此阶段可分为：风险计划、风险解决、风险监督三个步骤。风险计划是就有关对哪些风险进行控制以及如何控制做出规定的过程。制定风险计划需要明确各项风险因素对项目的影响与发生可能性大小，以及各项风险适合的应对措施，并利用风险解决方案表，成本效益分析、风险管理路线图等方式和工具对风险管理进行协调和整体把控。风险解决则是指通过原型测试、模拟运行、性能评估、人员安排和基于成本的设计等方式，消除或者解决软件项目的风险因素，形成风险解决方案。风险监控主要是对风险发生的条件（风险因素）及可能性等相关数据进行定期或阶段性的监测和跟踪，设置临界值并在必要时采取适当的措施，或者通过会议的方式对当前风险列表进行更新。

每一步骤都有相关的实现技术及工具,其中,风险识别部分是 Boehm 模型的核心部分。它通过对一批经验丰富的软件项目管理人员进行问卷调查,总结出软件项目常见的九大风险因素。本书将这些风险因素的来源划分为项目管理过程及软件开发过程两个方面,并对其归类。具体如表 11-6 所示。

表 11-6　软件项目常见风险因素(Boehm)

风险来源	项目管理过程	软件开发过程
风险因素	• 在无关紧要的部分超支; • 进度和预算不合理; • 人员短缺; • 外包任务出现问题	• 持续不断的需求变更; • 已开发出功能与用户需求不匹配; • 系统架构出现问题; • 用户界面与设计模型不匹配; • 外部模块出现问题

事实上,Boehm 风险清单列表中同时还推荐了各个因素的相关处理意见及方法(上表未列出)。从该清单出发,在软件项目风险管理的实际操作中,项目管理人员可以使用这些风险因素与项目实际风险要素进行对照,以便识别项目中最显著的风险。评估后进行风险计划和监控实施。

在对软件项目的各项风险值进行分析评估时,Boehm 使用了以下模型:

$$RE = P(UO) \times L(UO)$$

其中,RE 表示风险或者风险所造成的影响,P(UO) 是指项目风险事件发生的概率;L(UO) 是指项目风险事件给软件项目带来的破坏性程度。这个模型只能对软件项目各项风险进行定性级别的估算,很难做到精确,但由于开发较早,对后来的软件风险管理方法起到了良好的指导作用。

11.4.2　IT 项目的风险因素及管理技术

尽管 Boehm 模型列出的风险清单能够概括软件项目风险的大多数,但随着互联网项目及系统工程项目的增多,对 IT 项目风险因素的认识逐渐趋于商业和管理层面。与传统的软件项目风险管理相比,IT 项目风险管理的重点是 IT 产品开发过程中所遇到的所有预算、进度和控制等各方面的问题,以及由这些问题而产生的对 IT 项目的影响。

1. IT 项目产品开发过程中的风险因素

IT 项目风险经常会涉及许多方面,如:缺乏用户的参与,缺少高级管理层的支持,含糊的要求,没有计划和管理等,总体概括下来应该有六大方面来源,这六个方面的风险在软件或系统开发的各个过程都会不同程度的存在。具体如图 11-12 所示。

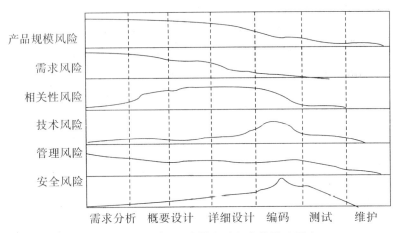

图 11-12　IT 项目产品开发过程中的风险因素

　　产品规模风险。项目的风险是与产品的规模成正比的。与系统规模相关的常见风险因素有：估算产品规模的方法（包括：代码行、文件数、功能点等），产品规模估算的信任度，产品规模与以前产品规模平均值的偏差，产品的用户数，复用的软件数量，产品的需求变更数等。一般规律，产品规模越大，以上的问题就越突出，尤其是估算产品规模的方法，复用软件的（数量），需求变化这三个方面。

　　需求风险。很多项目在确定需求时都面临着一些不确定性。当在项目早期容忍了这些不确定性，并且在项目进展过程当中得不到解决，这些问题就会对项目的成功造成很大威胁。如果不控制与需求相关的风险因素，那么就很有可能产生错误的产品或者拙劣地建造预期的产品。每一种情况对产品来讲都可能致命。与客户相关的风险因素有：对产品缺少清晰的认识，对产品需求缺少认同，在进行需求分析时客户参与不够，没有优先需求，由于不确定的需要导致新的市场，不断变化需求，缺少有效的需求变化管理过程，对需求的变化缺少相关分析等。

　　相关性风险。这里的相关性主要指来自于系统运行环境、项目工作环境及项目外部环境并且对项目目标产生直接或间接影响的风险因素。目前，大部分项目系统集成和软件开发是分开进行的（甚至由不同公司承接）。因此，软件系统赖以运行的硬件环境和网络环境的建设进度对软件系统是否能顺利实施具有相当大的影响。工作环境（包括办公环境和人文环境）的好坏直接影响项目成员的工作情绪和工作效率。与外部环境相关的因素有：客户供应条目或信息，交互成员或交互团体依赖性，内部或外包商的关系，经验丰富人员的可得性，以及项目的复用性。另外，签订的合同不科学、不严谨，项目边界和各方面责任界定不清等也是影响项目成败的重大因素。

　　技术风险。特别要提到的是技术风险。在 IT 项目开发和建设的过程中，技术因素是一个非常重要的因素。软件技术的飞速发展和经验丰富员工的缺乏，意味着项目团队可能会因为技巧的原因影响项目的成功。这些技术风险因素具体包括缺乏培训，对方法、工具和技术理解的不够，应用领域的经验不足，新的技术和开发方法应用等。项目组一定要本着项目的实际要求，选用合适、成熟的技术，千万不要无视项目的实际情况选用一些虽然先进但并非项目所必须且自己又不熟悉的技术。如果项目所要求的技术项目成员不具备或掌握不够,则需要重点关注该风险因素。此外,IT 项目开发和实施过程,所必须用到的管理工具、开发工具、测试工具等是否能及时到位、到位的工具版本是否符合项目要求等,是项目组需要考虑的风险因素。预防这种风险的办法一般是在项目的启动阶段就落实好各项工具的来源或可能的替代工具,在这些工具需要使用之前(一般需要提前一个月左右)跟踪并落实工具的到位事宜。

管理风险。管理风险中最重要的一个方面是对团队成员的管理,包括团队建设和激励、团队核心人员离职、沟通等,处理不好都会给项目带来潜在的风险。首先,团队成员的能力(包括业务能力和技术能力)和素质,对项目的进展、项目的质量具有很大的影响,项目经理在项目的建设过程需要实时关注该因素。预防这种风险的办法是在用人之前先选对人、开展有针对性的培训、将合适的人安排到合适的岗位上;其次,团队成员是否能齐心协力为项目的共同目标服务,团队管理效率是影响进度和质量的关键因素。预防这种风险的办法是项目在建设之初项目经理就需要将项目目标、工作任务等和项目成员沟通清楚,采用公平、公正、公开的绩效考评制度,倡导团结互助的工作风尚等;另外,项目成员特别是核心成员的流动给项目造成的影响是非常可怕的人力资源。人员的流动轻则影响项目进度,重则导致项目无法继续甚至被迫夭折。预防这种风险的办法是尽可能将项目的核心工作分派给多人(而不要集中在个别人身上)、加强同类型人才的培养和储备。上述这些与人员管理有关的问题如果处理不好,可能会使项目的成功变得更加困难。为此,需要定义项目追踪过程并且明晰项目角色和责任,就能处理这些风险因素等。

安全风险。软件产品本身是属于创造性的产品,产品本身的核心技术保密非常重要。但一直以来,我们在软件这方面的安全意识比较淡薄,对软件产品的开发主要注重技术本身,而忽略了专利的保护。软件行业的技术人员流动是很普遍的现象,随着技术人员的流失、变更,很能会导致产品和新技术的泄密,致使我们的软件产品被其他公司窃取,导致项目失败。而且在软件方面关于知识产权的认定目前还没有明确的一个行业规范,这也是IT 项目潜在的风险。

2. IT 项目风险管理的主要技术及工具

以上所说的各类风险都是 IT 项目成败的巨大隐患,利用风险分析工具对以上各类风险进行分析,并加以控制和管理,将风险降到最低,是 IT 项目风险管理的主要内容及目标。

常用的风险管理技术及工具是风险条目检查表。它是利用一组提问来帮助项目风险管理者了解在项目和技术方面有哪些风险。在风险条目检查表中,列出了所有可能的与每一个风险因素有关的提问,使得风险管理者集中来识别常见的、已知的和可预测的风险,如产品规模风险、依赖性风险、需求风险、管理风险及技术风险等。风险条目检查表可以不同的方式组织,通过假设分析、成本效益分析、风险剖面分析、判定树等,给出这些提问确定的回答,就可以帮助项目管理人员估算风险的影响。

另外,我们可以依据风险条目检查表,制作风险控制路线图,让项目管理和实施人员能很直观地看到在项目开发个阶段的风险存在状况和各种风险的大小,并采取相应措施。

从风险发生的概率来看,需求风险和管理风险对项目成败影响最大。当一个 IT 项目开发团队接手项目后,都是按照习惯性的方式来开发软件。需求风险意识比较淡薄,软件需求分析阶段的完成不够细致。但需求变更是 IT 项目经常发生的事情。一个看似很有"钱途"的 IT 项目,往往由于无限度的需求变更而让项目承建方苦不堪言,甚至最终亏损(实际上项目建设方也面临巨大的风险)。预防这种风险的办法是项目建设之初就和用户书面约定好需求变更控制流程、记录并归档用户的需求变更申请。管理风险实际上是项目开发管理层,对项目开发的风险的意识反映。国内的软件企业大多规模较小,企业年轻,开发经验不足,软件工程师都比较年轻,缺少开大型 IT 项目的经验,在管理方面缺少经验,特别在风险管理方面更是缺乏。

3. IT 项目风险计划实例

尽管人们从各个角度对 IT 项目风险、软件风险以及互联网产品开发项目风险进行了清单式的列表和分类,但在实际的项目中,对风险的识别和分析仍然是非常具体的。表 11-7 是某公司对某个 IT 项目制定的风险计划表。

表 11-7　IT 项目风险分析表

排序	输入	风险事件	可能性	影响	风险值	采取的措施
1	客户需求	需求不明确;增加需求,导致需求蔓延	0.7	0.5	0.35	请专业需求分析师和客户代表具体深入细节的交谈,多了解客户的想法,站在客户的角度上思考问题
2	合同	进度要求紧,合同金额和日期有限	0.3	0.5	0.15	可以请一些实习的学生做辅助工作,一来降低成本,二来可以加快进度
3	历史项目信息	开发人员对测试工作不重视	0.3	0.4	0.12	强制性要求每段代码保留测试单元,由 SQA 检查
4	WBS	对需求的开放式系统标准没有合适的测试案例	0.2	0.8	0.16	找专业的测试公司完成测试工作
5	历史项目信息	开发人员的流动	0.15	0.6	0.09	注意项目团队的沟通,及时了解开发人员的动态 控制好项目过程中的文档 从其他的项目组解调人员 从外部招聘有过此类开发经验人员
6	系统设计评审	没有足够的时间进行产品测试	0.5	0.5	0.25	采取加班的方法 修改计划去掉一些任务 与客户商量延长一些时间
7	需求和计划	采用新技术可能导致进度的延期	0.5	0.3	0.15	培训开发人员 找专家作指导 采取边开发边学习的方法,要求他们必须在规定的时间内掌握技术

可以看到,在这个计划表中,项目组主要从客户、合同签订、历史项目信息、工作分解结构(WBS)、系统设计评审、需求和计划几个方面对风险因素进行了辨识,在此基础上对各项风险因素导致的风险事件进行了说明,同时,对风险事件发生的概率及影响、风险值都进行了估算,在此基础上制定了相应的风险应对措施,是一份相对完善的风险计划表。

以上列举的这些风险,应该是 IT 项目建设中经常出现的主要风险,但由于项目本身的个性化特征,针对具体的项目,肯定会出现一些上面没有列举甚至是事先根本无法预期的风险,这就需要项目经理有敏锐的"嗅觉"去识别它们,从而更好地预防和控制风险。

 案例分享

 本案例采编自 2018 年北京邮电大学褚洪江的硕士论文《数据中心无人化运维 DCIM 系统建设项目风险管理研究》。

 习　题

※ **理解分析题**

1. 在《信仰的伦理学》中,有关风险的观点与传统观点有何区别?

2. 项目风险管理的主要过程有哪些?

3. 项目风险识别常用的工具或方法有哪些?

4. 如何对项目风险分类?

5. 定性风险分析和定量风险分析有何区别和联系?

※ **实践题**

学会编制 IT 项目风险分析表。

参考资料

[1] 罗伯特·格拉斯. 软件开发的滑铁卢——重大失控项目的经验与教训[M]. 陈河南,等,译. 北京:电子工业出版社,2002.

[2] Tom DeMarco,Timothy Lister. 与熊共舞[M]. 熊节,马姗姗,译. 北京:清华大学出版社,2004.

[3] Barry Boehm. Software engineering economics[M]. New Jersey:Prenctice Hall,1981.

[4] 褚洪江. 数据中心无人化运维 DCIM 系统建设项目风险管理研究[D]. 北京:北京邮电大学,2018.

附　录

附录 1　　IT 项目管理团队实践课程设计

　　本课程的 IT 项目管理团队实践课程设计是为了让学生将所学 IT 项目管理的理论知识应用于团队合作中的项目实践,学会应用相关的项目管理方法与工具进行项目管理,加强团队沟通与合作能力。扫码观看完整课程设计。

群名称：linger部落
群号：224285792

附录 2　　IT 项目管理教辅资料

　　本附录所包含资料为电子版的各章教辅资料,为主编主讲本课程以来搜集整理的各章文献、相关案例,帮助学习者更好地理解项目管理的相关理论知识。另外,教辅资料还包含了一整套 CMMI 体系的项目管理文档模板,无论是在学习本课程或以后的项目管理工作中都能用到。

　　如果你需要上述资料,请通过查询右上角 QQ 群号或扫描二维码,加入学习群,免费获取相关资料。

　　另外,各章后面的习题,尤其是选择题和判断题,都有参考答案。如果需要,也请加入上述 QQ 群索取。

后　记

　　本书在编写过程中参考了大量 IT 行业及互联网界管理及技术人员在网络上免费公开分享的资料,这些资料主要来自于他们在项目管理工作实践中的心得体会或总结,是 IT 项目管理理论与实践紧密结合的最好体现。在此特别感谢这些 IT 精英! 是你们的无私分享,才让更多正在学习项目管理理论知识的学习者得以窥见实践的真相,体会到理论与实践结合的魅力。

　　编者在参考资料中尽可能地对这些资料的来源进行了标注,但疏漏之处在所难免,若有遗漏,还请谅解。

　　这是一本主要讲述 IT 项目管理的教材。尽管基于软件开发的 IT 项目管理理论在今天仍然被广泛应用,但随着互联网产品的广泛开发与普及应用,传统 IT 项目管理的部分理念、技术与工具在互联网项目管理中已经开始显得有些落伍,这是 IT 项目管理学科自身的局限性导致的。

　　正如网易实践者社区的钟欣所言:"互联网时代突飞猛进,所带来的不仅仅是变化更快的需求,而是整个市场环境、商业模式,甚至是人们生活方式和思维模式的剧烈变化。同样的,这些变化和不适,反映到了软件产品的研发上、项目管理上。……动摇了项目管理在整个产品过程中的作用和定位。由于外部环境的剧烈变化,产品研发迭代的过程已经延伸到了市场运营,这让项目经理们纠结、挣扎也在不断定义和重生。"

　　遗憾的是,到目前为止,还没有见到成体系的互联网项目管理方法论可供项目经理们借鉴。本书在编写过程中力所能及地搜集和整理了部分互联网行业的案例及资料,希望这本教材能为互联网的经理们提供一些参考借鉴。

　　最后,特别要感谢浙江大学出版社的吴昌雷老师和负责校稿工作的李竹月编辑,他们对此书的校订工作倾注了大量心血,并与我进行多次沟通和确认,几经校稿,使本书的质量得到保障。他们严谨、认真、负责的工作精神让我深受感动。在此,向他们以及出版社相关工作人员表示真诚的感谢。

刘　玲

2021 年 10 月 27 日